Kasper · Sprachen des Vergessens

Judith Kasper

Sprachen des Vergessens

Proust, Perec und Barthes
zwischen Verlust und Eingedenken

Wilhelm Fink Verlag

Die FAZIT-Stiftung hat die Entstehung dieser Arbeit durch ein Stipendium ermöglicht.
Die Drucklegung fand die freundliche Unterstützung der FAZIT-Stiftung
sowie der Wissenschaftlichen Gesellschaft in Freiburg im Breisgau.

Bibliografische Information Der Deutschen Bibliothek

Die Deutsche Bibliothek verzeichnet diese Publikation in der
Deutschen Nationalbibliografie; detaillierte bibliografische Daten sind im Internet über
http://dnb.ddb.de abrufbar.

Alle Rechte, auch die des auszugsweisen Nachdrucks, der fotomechanischen
Wiedergabe und der Übersetzung, vorbehalten. Dies betrifft auch die
Vervielfältigung und Übertragung einzelner Textabschnitte, Zeichnungen
oder Bilder durch alle Verfahren wie Speicherung und Übertragung
auf Papier, Transparente, Filme, Bänder, Platten und andere Medien,
soweit es nicht §§ 53 und 54 URG ausdrücklich gestatten.

ISBN 3-7705-3817-X
© 2003 Wilhelm Fink Verlag, München
Herstellung: Ferdinand Schöningh GmbH, Paderborn

DANK AN

Herrn Prof. Joseph Jurt für sein Vertrauen, seine Unterstützung; an Peter Henninger für seine aufmerksame Lektüre und konstruktive Kritik; an Katja Schubert für unseren anregenden Austausch; an meine Mutter für ihr geduldiges Korrigieren.

Danke Luca, für Deine ermutigende und kritische Begleitung in diesen Jahren.

Inhaltsverzeichnis

Einleitung 11
1. Problemstellung 11
2. Zum Aufbau der Arbeit 16

Erster Teil
Rhetorik und Grammatik des Gedächtnisdiskurses
(Marcel Proust, *À la recherche du temps perdu*)

Vorbemerkung 23

I. Die Rhetorik des Gedächtnisses 26

1. Typologie der Gedächtnismetaphern 26
2. Freuds Wunderblock 29
3. Mnemotechnische Metaphern im literarischen Text 31
4. Zur Metaphorisierung des Vergessens in der *Recherche* 33
5. Die Kunst der Täuschung 35
6. Die »madeleine« als Kontamination der Sinne 38
7. »La Bibliothèque nationale« als Kontamination der Diskurse 39
8. »Le cimetière« als ein dem Vergessen überlassener Gedächtnisraum ... 48

II. Die Grammatik des Gedächtnisdiskurses 59

1. Erzähltheoretische Überlegungen 59
2. Aphasie und Hypermnesie des Gedächtnisses 63
3. Die Analogie – Wahrnehmung, Augenblicklichkeit, Verschmelzung ... 72
4. »Die Welt als Buch« – Interpretation, Imagination, Intertextualität ... 80
   4.1. Epiphanie und Vergessen 80
   4.2. Flüchtiges Begehren: »À une passante« 82
   4.3. Kunst und Natur 86
   4.4. Natur als Buch des Lebens 91
   4.5. Intertextualitäten 96
   4.6. Vom ›Gefäß‹ zur ›Konstellation‹ 99
5. Wiederholung und Substitution 101
   5.1. Von der einmaligen Wiederholung zum Wiederholungszwang ... 101
   5.2. Erinnern und Wiederholen in der *Recherche* 104

    5.3. Ich-Substitutionen, Schreibsubstitutionen 106
    5.4. Scheiterndes Erinnern und Vergessen im Horizont des Anderen 111
    5.5. Prousts Poetik und die Frage des Aufschubs 114
    5.6. Unerinnerbares und Unvergeßliches 116
6. Gesten der Antizipation. Performative Sprechakte in der *Recherche* 117
    6.1. Zur Abschließbarkeit des Werkes 117
    6.2. Fiktive Sprechakte 120
    6.3. Berufung als Bestimmung 122
    6.4. Berufung als Ruf 126
    6.5. Zeitliche Wendemarken 127
    6.6. Das Verhältnis zwischen erzähltem und erzählendem Ich 129
    6.7. Der offene Horizont 132

ZWEITER TEIL
Zeugenschaft, Mnemotechnik, Autobiographie
(Georges Perec, *W ou le souvenir d'enfance*)

Vorbemerkung 137

I. ZEUGENSCHAFT IM ZEICHEN DES VERGESSENS 140

1. Literatur und Zeugenschaft 140
2. Die geteilte Präsenz des Zeugen 143
3. Primo Levis »Muselmann« und die Frage der Stellvertretung 146
4. Zeuge und Zeugnis in *W ou le souvenir d'enfance* 149
5. Phantasmagorische Verknüpfungen: autobiographisches und
   Zeugen-Ich 155
6. Einige literaturtheoretische Überlegungen zur Mnemotechnik 159
7. W* als mnemotechnische Allegorie 166
8. Die mnemotechnische Ordnung von W* 169
9. Die Gewalt der mnemotechnischen Maschine 174
10. Gestische Wiederholung und erinnernde Teilhabe 179

II. TRAUM, PHANTASMA, TRAUMA – DIE AUTOBIOGRAPHIE IM ZEICHEN DES VERGESSENS 182

1. Freuds Gedächtnistheorie und die Grenzen der Hermeneutik 182
    1.1. System Bewußt/System Unbewußt 183
    1.2. Der Traum als unentschlüsselbares Gedächtnis 185
    1.3. Bewußtwerdung als Abschaffung des Gedächtnisses 187
    1.4. Die Grenzen der Deutung 189
2. Vom psychischen Apparat zum Sprachapparat 190
    2.1. Perecs Verhältnis zur Psychoanalyse 190
    2.2. Zensur und »contrainte« – die Ersetzung der Psyche
        durch Sprache 193

2.3. *W ou le souvenir d'enfance* als ›Traum-Text‹ 197
2.4. *blanc* und der Buchstabe W.. 204
3. Autobiographie und Kindheitserinnerung.................................... 208
   3.1. Die doppelte Leugnung: »Je n'ai pas de souvenirs d'enfance« 208
   3.2. Korrigierte Unmittelbarkeit: erste Kindheitserinnerungen............... 211
   3.3. ›Reliquien‹ als Erinnerungssupplemente...................................... 219
   3.4. Sprachbrücken zwischen Mutter und Sohn 222
   3.5. Die Schrift als Spur des Unsagbaren... 229
4. Name und Gedächtnis.. 230
   4.1. Name, Sprache, Übersetzung 230
   4.2. ›Archäologie‹ und Entstellung von Namen................................. 233
   4.3. Die Proliferation von Namen.. 237
   4.4. Namen als mnemotechnische Knoten 239

DRITTER TEIL
Vergessen des Ichs und Eingedenken des Anderen
(Roland Barthes, *La chambre claire*)

Vorbemerkung... 243

I. DAS GEDÄCHTNIS DES TODES 247

1. »souvenir« und »néant«... 247
2. Trauer und Melancholie 251
3. Jenseits von Trauer und Melancholie.. 254
4. Absolute Ähnlichkeit 258
5. Das zukunftslose Gedächtnis 261

II. DAS KULTURELLE GEDÄCHTNIS – ORDNUNG UND HETEROGENITÄT, WISSEN UND AFFEKT 266

1. Das Archiv.. 266
2. Kulturelle Rezeptionsweisen 272
3. Wissenschaft und Singularität... 275
4. Subjektivität des Betrachtens – *studium* und *punctum*................ 276

III. DIE WIEDERKEHR DES REALEN – TRAUMATISIERUNG ALS WAHRES EINGEDENKEN...................... 284

1. Die Maske der Bilderflut 284
2. Trauma und Eingedenken 286
3. Die vom *punctum* gezeichnete Sprache 290

EPILOG 293
1. Möglichkeit und Unmöglichkeit des Gedächtnisses –
   die Frage des Imperativs 293
2. Das Gedächtnis des Anderen 298
3. Das Gedächtnis als Gabe 301

LITERATURVERZEICHNIS 305

Einleitung

1. Problemstellung

Was die Dichter zu verkünden haben, empfangen sie dem antiken Mythos zufolge von den Musen, den Töchtern der Mnemosyne. Die Erinnerung verleiht den Dichtern den Stoff und zugleich die Gabe, diesen zu gestalten. Literatur als konstitutiver Bestandteil der Kultur reflektiert in sich die Bildung von Tradition und Kultur als Gedächtnisprozeß. Am engen Zusammenhang zwischen Erinnerung und Literatur oder umfassender zwischen Erinnerung und Kultur wird bis heute festgehalten; denn Kultur geht über die reine Gegenwart hinaus, kann gleichsam als Bezugssystem zwischen der Vergangenheit, dem Selbstverständnis der Gegenwart und den Erwartungen bzw. Maßgaben für die Zukunft beschrieben werden. Dieses Kulturverständnis impliziert, daß man sich dank der Erinnerung in der Zeit zu orientieren weiß, daß man der Erkenntnis fähig ist, die man sich als Welt- und Selbstverständnis aneignen kann.

Das Vergessen erscheint aus dieser Perspektive als Unterbrechung einer Ordnung, einer Identität, als Katastrophe des Gedächtnisses, die selbst wiederum nur durch Erinnerung überwunden werden kann.

In der Literatur, insbesondere in der Erzählung, entspricht die spezifische Abfolge von Erinnern und Vergessen einem narratologischen Muster. Auf die Fraglosigkeit des funktionierenden Gedächtnisses folgt der Einbruch des Vergessens, der durch ganz unterschiedliche Ereignisse hervorgerufen werden kann: durch einen Zaubertrank, einen Unfall oder auch einen Ortswechsel, mithin durch Ereignisse, die einen Identitätsverlust bzw. -wechsel zeitigen. Das Ereignis des Vergessens erscheint als ein konstitutives, strukturierendes Moment der Erzählung, das die Erinnerung als nachträglichen Versuch legitimiert, die Vergangenheit wiederzugewinnen und Kontinuitäten zu schaffen, wo gerade diese unterbrochen schienen. Vergessen und Erinnern treten als antagonistische Kräfte nacheinander auf und schaffen auf diese Weise eine chronologische und räumliche Ordnung der Erzählung. In diesem klassischen Erzählmodell wird das Vergessen nun als gleichsam sekundäres, vorübergehendes Element verstanden, das überwunden werden muß und überwunden werden kann. Als unüberwindliches Phänomen, das seine eigene poetische Kraft entwickelt, bleibt es unter diesen Vorzeichen unbeachtet.

Während sich die Kulturwissenschaften in den letzten Jahren durchaus für das Vergessen interessiert haben[1], es jedoch in unzureichender Weise zumeist als ein

---

1 Davon zeugen zum Beispiel: Nicole Loraux (Hrsg.), *Usages de l'oubli. Contributions de Yosef H. Yerushalmi, Nicole Loraux, Hans Mommsen, Jean-Claude Milner, Gianni Vattimo au Colloque de*

in der Logik der Erinnerung stehendes Phänomen betrachten, das entweder gerade Erinnern ermöglicht oder sich dem Gedächtnisprozeß als negative, mithin zu überwindende Kraft entgegenstellt, hat es bislang von Seiten der Literaturwissenschaft noch wenig Aufmerksamkeit erfahren. Bei der Interpretation konkreter Textgebilde kann man sich indes weder damit begnügen, ganz allgemein Schrift und Text im Zuge des Leitbegriffes der Erinnerungskultur als Gedächtnis zu verbuchen, womit letztlich immer gewonnene und gesicherte Erinnerung gemeint ist, noch damit, das Vergessen auf ein literarisches Motiv zu reduzieren und es als solches zu beschreiben.

Sehr schnell wird deutlich, daß sich das Vergessen, sofern man es in der Erzählung sucht, nie direkt manifestiert. Ja, es scheint, als dichte sich die unter der Schirmherrschaft der Mnemosyne geschaffene Erzählung, also die versprachlichte Erinnerung, wirksam gegen das Vergessen ab. Vergessen kann aus dieser Perspektive höchstens als das verstanden werden, was nicht im Text steht; nichts aber scheint im Text selbst vergessen zu sein. Denn wie kann sich ein Vergessen überhaupt in der Sprache äußern, erinnert doch jedes Wort, sobald es geäußert wird, das Ding, das es nennt? Selbst die Aussage »ich habe es vergessen« entgeht dieser Dialektik nicht, insofern sie sich zumindest an die Tatsache, daß »es« vergessen wurde, noch erinnert. Und zugleich bleibt diese Aussage von einem Vergessen gekennzeichnet, das hinwiederum ihren Erinnerungsstatus radikal in Frage stellen muß.

Die Aporien des Gedächtnisses im Moment seiner Bewußtwerdung sind selten eindrücklicher formuliert worden als in den berühmten Passagen des 10. Buches der *Bekenntnisse* des Augustinus. Die Fragen des Ichs entzünden sich dort gerade am Vergessen:

> Aber wie nun, wenn ich vom Vergessen spreche und ebenfalls verstehe, was dies Wort besagt? Wie kann ich's verstehen, wenn ich mich nicht daran erinnerte? Ich meine ja nicht den bloßen Wortschall, sondern die mit dem Wort bezeichnete Sache. Hätte ich sie vergessen, könnte ich durchaus nicht wissen, was dieser Schall bedeutet. [...] Wenn ich [...] des Vergessens mich erinnere, so ist das Gedächtnis zur Stelle und auch das Vergessen, das Gedächtnis wodurch, und das Vergessen, woran ich mich erinnere. [...] Wie kann es [das Vergessen] also da sein, daß ich mich seiner erinnere, wenn doch sein Dasein die Erinnerung aufhebt? Doch wenn es feststeht, daß wir das, woran wir uns erinnern, im Gedächtnis bewahren [...], wird auch das Vergessen im Gedächtnis bewahrt. [...] Folgt etwa daraus, daß es, wenn wir seiner gedenken, nicht selbst, sondern nur abbildlich gegenwärtig ist? Denn wenn das Ver-

---

Royaumont, Paris 1988; Aleida Assmann/Dietrich Harth (Hrsg.), *Mnemosyne. Formen und Funktionen der kulturellen Erinnerung*, Frankfurt a. M. 1991; Renate Lachmann/Anselm Haverkamp (Hrsg.), *Memoria: Vergessen und Erinnern* (Poetik und Hermeneutik, Band XV), München 1993; *Kunstforum* 128 (1994): *Zwischen Erinnern und Vergessen. Transitorische Turbulenzen II*; Gary Smith und Hinderk M. Emrich (Hrsg.), *Vom Nutzen des Vergessens*, Berlin 1996; Jan Assmann, *Das kulturelle Gedächtnis. Schrift, Erinnerung und politische Identität in frühen Hochkulturen*, München 1997; Marc Augé, *Les formes de l'oubli*, Paris 1998; Aleida Assmann, *Erinnerungsräume. Formen und Wandlungen des kulturellen Gedächtnisses*, München 1999; Paul Ricoeur, *La mémoire, l'histoire, l'oubli*, Paris 2000.

gessen selbst zugegen wäre, würde es bewirken, daß wir vergäßen und nicht, daß wir uns erinnerten? [...] mein eigenes Gedächtnis kann ich nicht begreifen und bin doch von ihm umfaßt.[2]

In vielerlei Hinsicht kann dieses Zitat als Ausgangspunkt der Problemstellung dieser Arbeit verstanden werden. Zunächst einmal frappiert, daß Augustinus ausschließlich Fragen stellt, daß er eine Reihe von Fragen darbietet, die jedesmal als paradoxe Überkreuzung von Erinnern und Vergessen erscheinen und deren Antwort offen bleibt. In sich enthalten sie insofern eine Antwort, als sie gerade deutlich machen, daß das Vergessen ein Phänomen ist, das sich dem direkten Zugriff, der Bestimmung und Definition zu entziehen scheint. Das Vergessen als konventioneller und zugleich dunkler Begriff bleibt in einem Raum der Unbestimmtheit. In dem Moment, da man es zu erfassen sucht, verändert es auch schon seine zu erfassende Gestalt. Das Vergessen tritt dem Betrachter nicht als ein von ihm getrenntes Objekt entgegen, denn er selbst ist immer schon auch von ihm erfaßt. Dies gilt für den Autor, der erinnernd vom Vergessen erzählt, ebenso wie für den Wissenschaftler, der den Text des Autors interpretiert. Aus dieser Einsicht läßt sich folgende methodologische Schlußfolgerung ziehen: Auf eine der Untersuchung voranstehende Definition des Vergessens wird verzichtet; sie kann darüber hinaus auch nicht Ziel der vorliegenden Arbeit sein. Vielmehr wird die Problematik der erkenntnistheoretischen Wechselwirkung zwischen Subjekt und Objekt der Betrachtung zur Diskussion stehen. Eine Phänomenologie des Vergessens im klassischen Sinne kann es nicht geben, eben weil sich das Phänomen des Vergessens dem direkten Zugriff entzieht und nur über Umwege thematisiert werden kann.[3]

Dieses epistemologische Problem wird verkannt, wenn man, wie das häufig geschieht, zwischen unterschiedlichen Formen des Vergessens unterscheiden will, zwischen einem unbewußten und einem bewußten Vergessen, zwischen einem auflösenden, destruktiven Vergessen und einem bewahrenden, konservierenden

---

2 Aurelius Augustinus, *Bekenntnisse*, eingeleitet und übertragen von Wilhelm Thimme, München [7]1994, S. 264f.
3 Folgende erkenntnistheoretische Aussage von Freud leitet meine Vorgehensweise: »Wir haben oftmals die Forderung vertreten gehört, daß eine Wissenschaft über klaren und scharf definierten Grundbegriffen aufgebaut sein soll. In Wirklichkeit beginnt keine Wissenschaft mit solchen Definitionen, auch die exaktesten nicht. Der richtige Anfang der wissenschaftlichen Tätigkeit besteht vielmehr in der Beschreibung von Erscheinungen, die dann weiterhin gruppiert, angeordnet und in Zusammenhänge eingetragen werden. Schon bei der Beschreibung kann man es nicht vermeiden, gewisse abstrakte Ideen auf das Material anzuwenden, die man irgendwoher, gewiß nicht aus der neuen Erfahrung allein, herbeiholt. Noch unentbehrlicher sind solche Ideen – die späteren Grundbegriffe der Wissenschaft – bei der weiteren Verarbeitung des Stoffes. Sie müssen zunächst ein gewisses Maß von Unbestimmtheit an sich tragen; von einer klaren Umzeichnung ihres Inhaltes kann keine Rede sein« (Sigmund Freud, *Triebe und Triebschicksale*, in: *Studienausgabe in 10 Bänden (+ Ergänzungsband)*, hrsg. von Alexander Mitscherlich, Angela Richards, James Strachey, Frankfurt a. M. [13]1997, Band III, S. 81). In der Regel (abgesehen von einigen in der *Studienausgabe* nicht aufgenommenen Texten) wird nach dieser Ausgabe zitiert.

Vergessen, mithin zwischen einem Vergessen, das die Erinnerung bedroht und einem Vergessen, dank dessen überhaupt erst Erinnerung stattfinden kann.

Während die Trennung der Phänomene implizit behauptet zu wissen, was das Vergessen sei, macht Augustinus hingegen in seinen aporetischen Formulierungen gerade die konstitutive Ununterscheidbarkeit zwischen den Wirkungsweisen des Vergessens deutlich. Denn in dem Moment, da er das Vergessen als Gedächtnisinhalt, gleichsam als Objekt zu begreifen sucht, tritt es ihm als Bewegung des eigenen Gedächtnisses entgegen, die das (greifende) Erinnern unterminiert. Genau dieser Doppelbedeutung verdankt sich die irreduzible Unschärfe des Vergessens. Es hat im Gegensatz zur Erinnerung keine direkte Entsprechung in der Sprache: es kann darum nur über den Umweg der Erinnerung thematisiert werden, gleichsam als deren Schatten im Text.

Ausgehend von der Frage nach dem Vergessen *im* Text muß Sprache an sich zunächst einmal als paradoxes Doppelspiel zwischen Repräsentation und Absentierung erscheinen. Jedes Zeichen verweist mithin auf etwas, das dadurch *als etwas Abwesendes* vergegenwärtigt wird. Im Prozeß der Vergegenwärtigung wird dabei das zu Erinnernde zu etwas anderem, eben zu einem ›nicht mehr‹: zu etwas Abwesendem und nunmehr literarisch Repräsentiertem. Diese Alterierung ernstzunehmen heißt, die Erinnerung unter dem Vorzeichen des Vergessens zu betrachten, denn der Akt der Vergegenwärtigung bringt etwas hervor, das das zu Erinnernde ins Vergessen stellt, insofern dieses ›nicht mehr‹ als unwiderruflich und uneinholbar erkannt wird. Aus der Perspektive des Vergessens muß gerade der Abgrund aufscheinen, der sich zwischen dem Damals und der aktualen Vergegenwärtigung einerseits, zwischen der Erinnerung und ihrer sprachlichen Äußerung andererseits einschreibt. Jeder Akt der Erinnerung, der das Vergangene als Wiedergewonnenes vorstellt, erweist sich mithin als ein Akt der Einbildungskraft, der diese Differenz, diesen Bruch noch einmal in Kontinuität umzuwandeln sucht.

Das Vergessen kann zwar nicht als Objekt der wissenschaftlichen Untersuchung verstanden werden, aber doch als perspektivischer Fluchtpunkt, in dessen Sog der Schreibende, Erinnernde und Erkennende immer schon steht. Von ihm aus wird sich die Erinnerung als erzählte ihrer selbst und ihres Entstehungsgrundes bewußt. Denn es wird erinnert, weil etwas in eine zeitliche und räumliche Ferne gerückt ist, weil etwas vergessen ist oder droht, vergessen zu werden, weil das Ereignis des Todes die Zeit und das Bewußtsein durchbrochen hat. Davon zeugt in eindrücklicher Weise die Legende des Simonides von Keos, die Legende vom Ursprung der Mnemotechnik. Simonides ist der einzige Überlebende eines Festmahls; alle anderen Teilnehmer werden durch den plötzlichen Einsturz des Palastes getötet, ihre Leichen bis zur Unkenntlichkeit verstümmelt. Dank des Sängers Simonides, der sich die Sitzordnung der Gäste genau eingeprägt hat, können die Toten identifiziert und begraben werden. Die räumliche Strukturierung seines Gedächtnisses ist ein Grundstein der seit der Antike ausgearbeiteten und bis in die Renaissance immer weiter perfektionierten Mnemotechnik. Zugleich zeugt diese kulturelle Errungenschaft immer davon, daß sie als Ersatz für einen Verlust einspringt; daß sie einer Katastrophe entwachsen ist. Die Legende des Simonides, der zufolge der Akt der Erinnerung die Grablegung ermöglicht, macht auch deutlich, daß Erinnern weder die Vergangenheit verlebendigt noch sie tötet; aber insofern die Erinnerung sich ihrer Entstehung und ihrer Transformation bewußt ist, gedenkt sie des in ihr wohnenden Vergessens, des Todes.

Die vorliegende Arbeit möchte, ausgehend von einer Perspektive des Vergessens, den literarischen Gedächtnisdiskurs betrachten und darin das unauflöslich komplexe und vielgestaltige Verhältnis von Erinnern *und* Vergessen. Mein Anliegen ist es, anhand textnaher Interpretationen zu zeigen, inwiefern das Erinnern sich beispielsweise selbst als Vergessen erweisen kann und inwiefern das Erinnern, wenn es zu einem Abschluß kommt, ein Vergessen zeitigt. Ich möchte des weiteren darüber nachdenken, wie das Erinnern selbst, wenn es gerade nicht als abzuschließender Prozeß verstanden wird, fortwährend auf etwas Vergessenes, vielleicht nie Erinnertes und mithin auch Unvergeßliches verweist. Ich möchte in den Interpretationen nachvollziehbar darstellen, wie ein behauptetes Vergessen in sich nicht selten das permanente Insistieren eines Unerinnerbaren birgt. Nicht zuletzt sollen auch Fälle interessieren, in denen etwas nie Erlebtes als Erinnerung ausgegeben, bzw. umgekehrt, das nie Gewußte mit dem Vergessen verwechselt wird.

In diesen Konstellationen deutet sich schon an, daß erzähltes Vergessen bzw. das Vergessen im Erzählen nicht als etwas Weggelassenes markiert werden kann, sondern daß vom Vergessen selbst eine latente, aber nichtsdestoweniger sehr wirksame Dynamik ausgeht, die den Erinnerungsdiskurs in spezifischer Weise ausrichtet. Diese Dynamik, die sich gerade aus dem Zugleich der immer präsenten Möglichkeit des Vergessens und seiner wesentlichen Abwesenheit ergibt, hat vieles von der Logik des Unbewußten. Im Text manifeste Symptome dieses Vergessens dürften deshalb gerade affektive Werte sein, die das rational bestimmte Erinnerungsprojekt kontaminieren. Sie ›entführen‹ gleichsam den Diskurs in die Sphäre des Traumes, des Phantasmas, der Einbildungskraft. Die Textanalyse, die dieser Kraft des Vergessens eingedenk sein will, muß sich selbst dieser Logik des Unbewußten anvertrauen, sie konsequent verfolgen, um immer wieder die vergessene Nähe zwischen Erinnern und Vergessen aufzuzeigen, das mögliche Zusammenfallen der beiden Gedächtnisvorgänge, ihr Miteinander als Gegeneinander, kurz: Zusammenhänge, die sich der rationalen Logik entziehen. Das Vergessen kann nun nicht mehr als sekundäre Erscheinung (als defektes Gedächtnis) verbucht werden, sondern erweist sich als wenngleich nicht greifbare, so doch irreduzible epistemologische und poetologische Größe.

Die aporetischen Gedächtniskonstellationen ereignen sich – wie der Titel der Arbeit ankündigt – im Spannungsfeld zwischen Verlust und Eingedenken. Der Verlust meint dabei das Unerinnerbare schlechthin, das durch keine Gedächtnisanstrengung wiedergewonnen werden kann. Das Eingedenken wird – im Gegensatz zur Erinnerung, die im wesentlichen die Vergegenwärtigung des eigenen Erlebten meint – als eine Bewegung des Gedächtnisses *zum Anderen* hin verstanden. Es wird sich zeigen, inwiefern gerade der Verlust als Voraussetzung für eine

Form des Eingedenkens des Anderen, und zwar eines singulären, unersetzbaren Anderen, zu verstehen ist, der nicht einfach ins eigene Gedächtnis inkorporiert werden kann.[4]

2. Zum Aufbau der Arbeit

Vor dem Hintergrund dieser erkenntnistheoretischen und methodologischen Fragestellungen möchte ich nach narrativen Strukturen des Vergessens fragen, nach seinen sprachlichen Repräsentationsmöglichkeiten, nach seiner poetischen Kraft und affektiven Dynamik, die als semiotischer Prozeß verfolgt werden können. Dabei wird sich die Perspektive im Verlauf der Arbeit allmählich verschieben: Während zunächst die Gestaltung von Sprach- und Erinnerungsstörungen interessiert, treten schließlich Überlegungen bezüglich der ethischen Dimension des Gedächtnisses immer stärker in den Vordergrund.

Das komplexe Zusammenspiel zwischen Erinnern und Vergessen werde ich ausgehend von drei exemplarischen literarischen Texten der französischen Literatur des 20. Jahrhunderts untersuchen: Marcel Prousts *À la recherche du temps perdu*, Georges Perecs *W ou le souvenir d'enfance*, Roland Barthes' *La chambre claire. Note sur la photographie*. Gemeinsam ist diesen Texten, daß ihnen das Gedächtnis selbst zur erzählerischen und ethischen Frage geworden ist. Doch darüber hinaus sind sie nur vergleichbar in ihrer Unvergleichbarkeit, sind sie getrennt durch ein je anderes Verhältnis zur Zeit, sowohl zur Vergangenheit, die vergegenwärtigt, als auch zur Zukunft, für die diese Erinnerung bewahrt werden soll; sie sind unterschiedlich auch bezüglich des je andersgelagerten Ichs, das da spricht und sich erinnert, sich erinnert an die eigene Vergangenheit und an die anderen oder auch für die anderen, die nicht mehr sprechen können. Die Anerkennung der wesentlichen Unvergleichbarkeit dieser Texte, die doch einem literarischen Kanon und mithin einem kulturellen Gedächtnisraum angehören, ist der Tatsache eingedenk, daß jenseits jeder Tendenz zur kulturellen Homogenisierung die Einzigartigkeit jedes einzelnen literarischen Ereignisses irreduzibel bleibt.

Marcel Prousts *À la recherche du temps perdu*[5] würde nicht bis heute als Schlüsselwerk für eine Poetik der Erinnerung rezipiert werden, stellte dieses Werk nicht ständig die in ihr entwickelte Poetik wieder in Frage und dies implizit durch ein spannungsvolles Mit- und Gegeneinander der Erinnerungserzählung einerseits und der in den Roman eingeflochtenen poetologischen Überlegungen zur »mémoire involontaire« und »mémoire volontaire« andererseits. Diese Spannung

---

4 »Der Andere« wird in dieser Arbeit großgeschrieben, sobald seine Singularität und Unersetzbarkeit betont werden sollen.
5 Zitiert wird nach Marcel Proust, *À la recherche du temps perdu*. Édition publiée sous la direction de Jean-Yves Tadié, Paris 1987-1989 (4 Bände).

werde ich an bestimmten, durch die *memoria*-Tradition ausgeprägten Gedächtnismetaphern aufzeigen, die der Roman bemüht, um seine eigene Poetik zu verdeutlichen (Kap. I des ersten Teils dieser Arbeit). Zugleich jedoch stehen diese Metaphern immer in einem erzählerischen Kontext, der sie noch einmal etwas anderes sagen läßt, als sie suggerieren möchten. Deutlich wird dabei erstens, daß »mémoire involontaire« und »mémoire volontaire« entgegen der behaupteten Poetik keine getrennten Momente im Roman sind; zweitens erweist sich die erzählerische Manipulation einer Gedächtnismetapher, die die Erinnerung als Speicherung hervorhebt, als deren vollzogene Dekonstruktion, hinter der das in ihr wirkende Vergessen sichtbar wird. Darüber hinaus interessieren auf makrostruktureller Ebene unterschiedliche Formen der metonymischen Verschiebung. Am Fall des inszenierten aphasischen Sprechens des Protagonisten Charlus werde ich zeigen, wie die Verwechslung von Wörtern zu einem Vergessen der Sprache führen kann. Verwechslung und Aufschub von Bedeutungen prägen auch das Erinnerungsvorhaben Marcels vor allem in den Albertine gewidmeten Romanen *La prisonnière* und *Albertine disparue*. Die Momente, in denen eine Wahrheit aufscheint, aber nicht entschlüsselt werden kann, häufen sich hier und stehen der Poetik der »mémoire involontaire«, die eine vollständige Offenbarung durch das Gedächtnis selbst meint, diametral entgegen. An die Stelle eines kohärenten Erinnerungsdiskurses tritt ein sich in unendlichen Wiederholungsschleifen vollziehender Substitutionsprozeß, dem zufolge eine Erinnerung stets durch eine alternative, ebenfalls mögliche Erinnerung abgelöst wird. Die Uneinholbarkeit des Vergangenen stellt zu guter Letzt die Entwicklung des erlebenderinnernden Ichs zum erzählenden Ich, mithin die Zukunft des erzählten Ichs, in Frage. Die Unmöglichkeit ihrer Einheit werde ich, ausgehend von einer Interpretation von Marcels Berufung zum Schriftstellers, diskutieren (Kap. II des ersten Teils).

Die Voraussetzungen des Erinnerns in Georges Perecs autobiographisch geprägtem Text *W ou le souvenir d'enfance*[6], der im Zentrum des zweiten Teils dieser Arbeit steht, sind grundlegend anders. Das Ich, das hier spricht, versucht einesteils, sich an ein Ereignis zu erinnern, das nie in seinem Gedächtnis gespeichert war, andernteils sieht es sich mit einer Proliferation von Phantasmagorien konfrontiert, die sich als Erinnerungen ausgeben, indessen keine sind. Sein Gedächtnisdiskurs kreist um eine unauslotbare und unerinnerbare Lücke, auf die er sich, einem Rebus gleich, fortwährend bezieht. Die Erzählung springt hier für etwas ein, das nicht erinnert werden kann. Sie springt auch für diejenigen ein, die diese Erinnerung vielleicht äußern könnten, würden sie noch leben. Daraus ergeben sich zwei eng aufeinander bezogene Gedankenlinien: Erstens werde ich *W ou le souvenir d'enfance* als einen Text lesen, der die Zeugenschaft als notwendige und zugleich unmögliche Stellvertretung für den Anderen bzw. das Erinnern als eine über dem Abgrund der Unmöglichkeit schwebende ethische Verantwortung reflektiert, die ihre erzählerische Entsprechung in einer mnemotechni-

---

6 Georges Perec, *W ou le souvenir d'enfance*, Paris 1975.

schen Konstruktion findet. Diese ist so angelegt, daß sie in jedem Moment ihrer Funktion, als Ersatz für etwas Unersetzbares, schon Zerstörtes einzustehen, eingedenk ist. Durch sie wird nicht das einst Lebendige wiedergewonnen, sondern ein Prozeß der Vernichtung in der Konstruktion selbst nachvollziehbar. Der mnemotechnische Ersatz verdankt sich einem der Sprache selbst innewohnenden Gedächtnis, das ich das ›Gedächtnis der Sprache‹ nenne und das hier als eine weitere Sprache des Gedächtnisses erscheint (Kap. I des zweiten Teils). Zweitens soll die Sprache, die um diese angedeutete Lücke kreist, als eine aus dem Trauma, aus einer unheilbaren Verletzung des Gedächtnisses geborene gelesen werden. Das unwiederbringliche Vergessen, welches das Trauma in sich birgt, trägt den Diskurs, der aus ihm erwächst, in die Sphäre des Phantasmas und des Traums. Diese bieten sich der Deutung an, insofern sie sich dieser zugleich fortwährend entziehen (Kap. II des zweiten Teils).

Im Hinblick auf die Spannweite der Arbeit – zwischen Verlust und Eingedenken – nimmt Perecs Text eine Schlüsselstellung ein. Denn hier wird einsichtig, daß die ethische Verantwortung des Gedächtnisses als Stellvertretung für den Anderen allein aufgrund einer Unmöglichkeit stattfinden kann.

La chambre claire. Note sur la photographie[7] von Roland Barthes führt diesen Gedanken insofern weiter, als in diesem Text wahres Eingedenken des Anderen nur stattfindet, wenn das Gedächtnis in der Konfrontation mit dem Vergangenen gleichsam traumatisiert wird. Genau diesen Zusammenhang diskutiert der Text im Spannungsfeld zwischen individuellem und kulturellem Gedächtnis. Ohne das Konfliktpotential zwischen den beiden Dimensionen zu reduzieren, wird in *La chambre claire* eine Reflexion darüber eingeleitet, wie im Raum des kulturellen Gedächtnisses noch einmal wahrhafte und mithin singuläre, einzigartige Erinnerung stattfinden kann. Für Barthes kann sich diese nur als Schock ereignen, als Verletzung des Gedächtnisses. Dies bedeutet, daß im Moment der Erinnerung selbst die Erinnerung aussetzt, daß das Gedächtnis in seiner Funktionsweise unterbrochen wird. Nur das im Vergessen stehende Gedächtnis ist in der Lage, den anderen als irreduzibel Anderen zu empfangen. In dieser Hinsicht gelingt Barthes' Text, der sich in weitgehend impliziter Weise intensiv mit Prousts Erinnerungskonzeption auseinandersetzt, eine Neuinterpretation der »mémoire involontaire« im Sinne einer Traumatisierung des egologischen Gedächtnisses und seiner Öffnung für das Andere (dritter Teil der Arbeit).

Mit den Interpretationen der literarischen Texte geht eine kritische Auseinandersetzung mit Freuds Gedächtniskonzeption einher. Vor allem in dessen metapsychologischen Schriften finden sich zahlreiche Fragmente für eine nie vollendete Gedächtnistheorie, die die Vorstellung vom Gedächtnis als einem Speicherraum zugunsten derjenigen vom Gedächtnis als einem dynamischen Bah-

---

7 Zitiert wird nach der Originalausgabe Roland Barthes, *La chambre claire*, Paris 1980 mit Verweis auf die Gesamtausgabe Roland Barthes, *Œuvres complètes I-III*. Édition établie et présentée par Eric Marty. Tome I (1942-1965), Paris 1993; tome II (1966-1973), Paris 1994; tome III (1974-1980), Paris 1995.

nungssystem ablösen, des weiteren das Gedächtnis als weitgehend unbewußtes und mithin inkommensurables zu erkennen geben und nicht zuletzt das Unbewußte radikalisieren als etwas, das nie – und sei es in einem Prozeß unendlicher Deutung – restlos entschlüsselt werden kann. Die Psychoanalyse verstehe ich hier nicht als Methode, die auf literarische Werke angewandt wird, sondern vielmehr als einen weiteren zu lesenden – theoretisch ausgerichteten – Text, der selbst von einem Prozeß der Schreibens zeugt, in dem Dynamiken wie Metaphorisierung, Korrektur, Wiederholung, Substitution und nicht zuletzt Gesten der Unabschließbarkeit aufscheinen, die im Hinblick auf das Vergessen bedeutsam sind.

Die dem erkennenden Zugriff sich entziehenden Sprachen des Vergessens, die poetischen und die theoretischen, beleuchten sich auf diese Weise bestenfalls gegenseitig und lassen die je andere als Schatten des Textes hervortreten.

* * *

Auch wenn der Aufbau der Arbeit, der der chronologischen Ordnung der Texte folgt, suggeriert, daß Prousts *Recherche* den klassischen Ausgangspunkt der Untersuchung bildet, Perecs *W ou le souvenir d'enfance* und Barthes' *La chambre claire* schließlich als Abwandlungen unter dem Vorzeichen der Katastrophe gelesen werden, so bildet diese Arbeit vielmehr eine Konstellation von Texten und Überlegungen, in der es kein chronologisches Fortschreiten gibt. Prousts *Recherche* ist ja selbst schon von der Katastrophe gezeichnet, insofern ihr Ende von einem totalen Zusammenbruch der Ordnungen einer evozierten alten Welt, von der Umkehrung der *potentia* des Schreibens in radikale Ohnmacht zeugt. Inwiefern der Gesamtroman von seinem Ende geprägt ist, zeigt sich im wesentlichen in kryptischen Einlagerungen von mnemotechnischen Elementen, in denen das Erzählen und Erinnern ihrer scheinbaren und über weite Strecken suggerierten Selbstverständlichkeit beraubt werden. Meine Aufmerksamkeit für die mnemotechnischen Unterwanderungen der »mémoire involontaire« in der *Recherche* ist nun aber einem Bewußtsein entwachsen, das ich erst an Perecs mnemotechnischer Anlage *W ou le souvenir d'enfance* schärfen konnte. Die Interpretationen im ersten Teil der Arbeit entfalten insofern ihre volle Bedeutung erst aus der Mitte der Arbeit heraus.

Auch Barthes' *La chambre claire* bildet nicht einfach den chronologisch nachgestellten dritten Teil der Arbeit. Die hier erörterte Frage nach dem Umgang mit Gedächtnissupplementen, die Bestandteil des kulturellen Gedächtnisses sind, aber zugleich jenseits einer erlebten Erfahrung stehen, verdichtet sich zur Bestimmung unserer Gegenwart, die einerseits durch die Vorstellung der Möglichkeit grenzenloser Speicherung geprägt ist, andererseits bedroht ist durch ein Vergessen, das sich sowohl angesichts einer Überfülle und scheinbaren Indifferenz von kulturellen Daten manifestiert als auch in der Tendenz, das mediale bzw. mnemotechnische Supplement gegenüber dem natürlichen Gedächtnis abermals abzuwerten, diesmal um sich als sogenannte Nachgeborene aus der Verantwortung zu stehlen. Das Konzept der Teilhabe und dasjenige des Eingedenkens, die hier entwickelt werden, erfahren eine präzise Bedeutung angesichts der Frage, wie Gedächtnisinhalte über die Generationen hinweg überliefert werden können. Wissen und Erinnern auf der Grundlage von Dokumenten sind notwendig, aber nicht ausreichend. Eingedenken kann sich dort ereignen, wo das Vergangene als Unerwartetes, Unvergleichbares, Singuläres in das Gedächtnis gleichsam ungefiltert einbricht und es so seiner selektiven Fähigkeiten einerseits, seiner gesicherten Nachzeitigkeit andererseits beraubt.

Mnemotechnik – dies wird im Verlauf der Überlegungen immer deutlicher – bildet den Ort, von dem aus sich das Erzählen selbst in seinem von der Katastrophe gezeichneten Über-leben reflektiert. Im Über-leben fallen Bruch und Kontinuität, *potentia* und *impotentia* des Erzählens zusammen; die zeitliche Verortung des Bruchs, die Festlegung eines »vor« bzw. »nach« der Katastrophe erscheint mithin fragwürdig, wenn nicht sogar unmöglich. Insofern stellt diese Arbeit selbst eine Gedächtniskonstellation vor, die über den Bruch der Vernichtung hinausweist, aber nur insofern sie beständig darauf verweist; sie zeugt damit in der Interpretation der Frage, wie Texte erinnernd, erzählend mit dem Bruch, dem Ereignis des Todes, der Vernichtung umgehen, selbst von diesen Schwierigkeiten.

ERSTER TEIL

Rhetorik und Grammatik des Gedächtnisdiskurses
(Marcel Proust, *À la recherche du temps perdu*)

Vorbemerkung

Daß der Proustschen Poetik in einem nicht unerheblichen Maße das Vergessen zugrunde liegt, ist nichts Neues. Allzu offensichtlich wird in der *Recherche* an unzähligen Stellen das Vergessen erwähnt, mal als korrosive Kraft, die gegen das Gedächtnis arbeitet, mal als ein Zustand, den das erinnernde Ich gerne erreichen würde. Der Roman macht deutlich, daß Erinnern nur vor dem Hintergrund des Vergessens möglich ist. Darüber hinaus ist oft darauf hingewiesen worden, daß die »mémoire involontaire« selbst dem Vergessen sehr nahekommt, kehren durch sie doch Erlebnisse der Vergangenheit zurück, die dem Gedächtnis lange unverfügbar waren. Gerade die Tatsache, daß dank ihr etwas vergegenwärtigt wird, was noch nicht vom Bewußtsein bearbeitet werden konnte, soll für die Wahrheit der Erinnerung bürgen. Damit scheint es Prousts komplexer Erinnerungspoetik zu gelingen, selbst das Vergessen als eine die Erinnerung bewahrende Kraft auszugeben und es so im Sinne der Erinnerung in sich aufzunehmen.

Insofern die vorliegende Arbeit auf der Suche ist nach dem Vergessen als Größe, die sich diesem dialektischen Umschlag entzieht, wird sie ihre Aufmerksamkeit auf die textimmanenten Widersprüche zwischen Programm und eigentlichem Erzählen legen. Damit folgt sie dem Zweig der neueren Proust-Forschung, die der Dekonstruktion der sogenannten »mémoire involontaire« gewidmet ist – Dekonstruktion in dem Sinne, daß semantische Oppositionen, in denen die literarische Fiktion strukturell fundiert ist, problematisiert und erschüttert werden. Dekonstruktion der »mémoire involontaire« bedeutet, zunächst ein Bewußtsein zu schaffen für den Unterschied zwischen der »mémoire involontaire« als Erinnerungsphänomen und der »mémoire involontaire« als poetisches Prinzip, und mehr noch, für deren Unvereinbarkeit. Darüber hinaus soll die den Roman strukturierende Grundopposition zwischen »mémoire involontaire« und »mémoire volontaire« befragt werden im Hinblick auf mögliche Kontaminationen.

Als eine erste, reflexive Form des Sprechens über das Gedächtnis werden darum in dieser Arbeit die Metaphern interessieren, mit denen die Vorstellungen von »mémoire volontaire« und »mémoire involontaire« veranschaulicht werden. Metaphern werden stets herangezogen, um das Gedächtnis zu thematisieren, selbst in wissenschaftlichen Texten, die eigentlich dazu neigen, die Metapher aus ihrem Diskurs zu verdrängen. Doch offensichtlich ist ein begriffliches Sprechen angesichts der weitgehend unbekannten Vorgänge im Gedächtnis unmöglich. Die *Recherche* übernimmt konventionalisierte Gedächtnismetaphern (wie Buch, Bibliothek und Friedhof), um ihnen jedoch eine neue, überraschende Wendung zu geben. Denn die reflexive Ebene, auf der die offizielle Erinnerungspoetik ausgehandelt wird, ist nie klar von der Gefühlslage des erzählenden und reflektierenden Ichs zu trennen. Der erzählerische Kontext, dem eine bestimmte Erinnerungsmetapher entstammt, läßt sie zuweilen noch etwas ganz anderes sagen, als sie in ihrem Anderssagen auszusprechen meint. Die Inkommensurabilität der Gedächtnisbilder im literarischen Text dürfte mithin einen Zugang zur Frage nach der bildlichen Vergegenwärtigung des Vergessens bieten.

Neben der reflexiven Form interessieren als erzählerische Formen des Vergessens bestimmte metonymisch angelegte Erzählstrukturen, die beim Versuch, erinnernd zwischen der Vergangenheit und der Gegenwart des erinnernden Ichs einen Kreis zu schließen, dieses Ziel auf unterschiedliche Weise unterwandern. In Prousts Gebrauch der Analogie sind beispielsweise beide Tendenzen von vornherein immer angelegt, insofern die Analogie dort, wo sie einen Kreis schließt, diesen im selben Moment auch schon aufhebt: sie leugnet die zeitliche Differenz zwischen dem Vergangenen und seiner Vergegenwärtigung und läßt alles in einen Punkt zusammenfallen. Weitere Erzählstrukturen, in die sich kryptisch das Vergessen einschreibt, sind die Substitution, die statt eines Rückbesinnens ein Ersetzen und Fortstreben beschreibt, und die Wiederholung, die den Kreis vollzieht, aber unablässig diese Bewegung fortsetzt, weil sie zu keinem befriedigenden Abschluß gefunden hat. Daran schließt sich zuletzt die Frage an, ob die beiden den Roman strukturierenden Identitäten – das erinnerte und das erinnernde Ich – am Ende tatsächlich in eine Einheit übergeführt werden können, die aus dem erzählten Ich den zukünftigen Erzähler macht, oder ob nicht vielmehr das im Erinnern wirkende Vergessen zu einer Unabschließbarkeit des Erinnerungsprojektes führen muß und mithin zu seiner Öffnung für eine ganz andere Zukunft.

Die Zweiteilung der Interpretation in eine Rhetorik und eine Grammatik des Vergessens geht auf die erzähltheoretischen Analysen von Jakobson, Genette und de Man zurück. Ihnen zufolge sind Texte in zwei Achsen organisiert: erstens die paradigmatische Achse, Achse der Selektion und der Ähnlichkeitsbeziehungen, auf der die Metapher agiert; zweitens die syntagmatische Achse, Achse der Kombination und der Kontiguitätsbeziehungen, auf der die Metonymie wirkt. Paul de Man hat ein weiteres Begriffspaar für diese zweigliedrige Textorganisation eingeführt: Unter Rhetorik versteht er im weitesten Sinne alle Tropen, unter Grammatik die Frage nach der Komposition des Textes.

Beide Achsen lassen sich selbstverständlich nicht voneinander getrennt betrachten. Die Textanalysen in dieser Arbeit werden nicht zuletzt deshalb immer wieder deren systematische Gliederung durchkreuzen. Wenn bei der Interpretation von Gedächtnismetaphern in der *Recherche* auf deren Kontextualisierung großen Wert gelegt wird, dann geschieht dies, um zu zeigen, wie zuweilen Metaphern nicht nur über Similaritäten, sondern auch über Kontiguitäten hervorgebracht und motiviert werden. Wenn nun tatsächlich grammatische Bewegungen die rhetorischen Figuren kontaminieren und aufbrechen, dann scheinen die beiden Achsen im Text in einem Verhältnis des spannungsvollen Mit- und Gegeneinanders zu stehen, das es nicht nur zu beschreiben, sondern nun auch im Hinblick auf das sich im Text manifestierende Gedächtnis zu denken gilt.[1]

Die Lektüre des Romans aus der Perspektive des Vergessens als eigenständige poetische Dynamik wird das literarische Gedächtnis immer in einem anderen Licht erscheinen lassen, als es sich gerne zeigen würde. Die Frage nach dem Spannungsverhältnis zwischen Erinnern und Vergessen wird von neuem gestellt, das Zusammenspiel und Gegeneinander dieser Kräfte wird dramatisiert nicht zuletzt auch in dem Sinne, daß der Ausgang dieser Konfrontation wieder als offen anerkannt wird, selbst in einem Text, der als vorhandener immer zunächst einmal als gewonnene Erinnerung verbucht werden dürfte.

---

[1] Paul de Man hat an den verdienstvollen Studien von Genette Recht bemerkt, daß sie die Kombination von paradigmatischen, metaphorischen Figuren mit syntagmatischen, metonymischen zwar darstellten, jedoch ausschließlich deskriptiv und undialektisch behandelten, ohne daß die Möglichkeit logischer Spannungen in Betracht gezogen würde (vgl. Paul de Man, »Semiologie und Rhetorik«, in: ders., *Allegorien des Lesens* [amerik. Orig.-Ausg. 1979], Frankfurt a. M. 1988, S. 31-51, hier: S. 36). Im gleichen Sinne betont auch Rainer Warning, daß die Untersuchungen Genettes erst ihre volle Tragweite entfalteten, wenn die Feststellung, daß der metaphorische Stil durch eine metonymische Bewegung kontaminiert ist, mit der Frage nach der Subjektivierung und Perspektivierung von Wahrnehmung in Verbindung gebracht werde (Rainer Warning, »Supplementäre Individualität. Prousts ›Albertine endormie‹«, in: Manfred Frank und Anselm Haverkamp (Hrsg.), *Individualität* (Poetik und Hermeneutik, Band XIII) München 1988, S. 440-468, hier: S. 460).

I. Die Rhetorik des Gedächtnisses

1. Typologie der Gedächtnismetaphern

In ihrem Buch *Erinnerungsräume* stellt Aleida Assmann zwei Thesen zu Gedächtnismetaphern auf. Die erste besagt, daß derjenige, der über das Gedächtnis spricht, nicht ohne Metaphern auskommt. Das Gedächtnis entzieht sich offensichtlich der begrifflichen Benennung, durch die Metapher soll es hingegen wieder eingeholt werden.[1] Das Versagen der begrifflichen Sprache bezüglich der Erfassung des Gedächtnisphänomens könne – so die Vorstellung – durch die Metapher *qua translatio* unterbrochen werden[2]. Die zweite These Assmanns besagt, daß die gewählten Metaphern in einem engen Bezug zu denjenigen Medien stehen, die unser Gedächtnis unterstützen.[3] »Die Frage nach den Gedächtnis-Bildern wird damit zugleich zur Frage nach unterschiedlichen Gedächtnismodellen, ihren historischen Kontexten, kulturellen Bedürfnissen und Deutungsmustern.«[4] Die Medien, die das Gedächtnis unterstützen und die zu Metaphern mutieren, will man über das Gedächtnis selbst sprechen, lassen sich nach Harald Weinrich in zwei Zentralmetaphern aufgliedern. Hier handele es sich einerseits um das Magazin (Tempel, Bibliothek, Archiv), Metapher, die auf die Tradition der Mnemotechnik zurückgehe und das Gedächtnis als Speicher (das Ergebnis der Erinnerung) vergegenwärtige, andererseits um die Wachstafel (Buch, Palimpsest, Spur), die auf Platon zurückgehe und den Erinnerungs*vorgang* repräsentiere.[5]

---

1 Hans Blumenberg schreibt bezüglich des Verhältnisses von Metapher und Begriff in seinem Beitrag »Beobachtungen an Metaphern«, in: *Archiv für Begriffsgeschichte* XV, 1971, S. 161-214: »Der Raum der Metapher ist der Raum der unmöglichen, der fehlgeschlagenen oder der noch nicht konsolidierten Begriffsbildung« (S. 171). Zugleich aber suggeriert die Metapher immer Evidenz von etwas, das wir nicht genau wissen können. Sie ist ein Instrument, welches das ungünstige Verhältnis zwischen der für den Menschen wahrnehmbaren und für den Menschen unsichtbaren Wirklichkeit auszugleichen versucht (vgl. S. 199f.). Daraus folgt, daß die Metapher in dem Maße, in dem sie zur Orientierung des Verstehens beiträgt bzw. solches suggeriert, auch die Unmöglichkeit ihres Vollzuges anschaulich demonstriert. Sie macht die »Konfiguration des ausgeschlossenen oder erschwerten Verstehens durchsichtig« (S. 189).
2 Anselm Haverkamp, »Metaphora dis/continua – Base Respects of Thrift But None of Love«, in: ders. (Hrsg.), *Die paradoxe Metapher*, Frankfurt a. M. 1998, S. 358-372, hier: S. 370.
3 Vgl. Aleida Assmann, *Erinnerungsräume. Formen und Wandlungen des kulturellen Gedächtnisses*, München 1999, S. 149f.
4 Ebd., S. 150.
5 Vgl. Harald Weinrich, »Typen der Gedächtnismetaphorik«, in: *Archiv für Begriffsgeschichte* VIII, 1964, S. 23-26. Eine ergänzende Bemerkung: Die Wachstafel stellt zwar den Vorgang des Gedächtnisses als Einschreibung vor, sie dient aber auch wie das Magazin dem Auslagern und Festhalten von Gedächtnisinhalten. Ich werde sie deshalb in den Bereich der mnemotechnischen

Die Überlegungen von Weinrich und Assmann machen deutlich, daß über Erinnern und Gedächtnis aus einer kulturgeschichtlich-literaturtheoretischen Perspektive nur metaphorisch gesprochen werden kann und daß dafür ein reicher Bildwortschatz seit der Antike ausgebildet worden ist. Hinter diese These muß jedoch noch zurückgegangen werden, um die spezifische semantische Dynamik der Metaphorisierung mitbedenken zu können. Bekanntermaßen beruht die Metapher auf der Annahme einer Analogie zwischen zwei Seinsbereichen, von denen der eine bekannt, der andere unbekannt ist. Vorstellungen aus dem bekannten Bereich werden in der Metapher auf den noch zu entdeckenden Bereich übertragen, der nun sprachlich umrissen werden kann. Das Besondere an der Metapher ist dabei, daß sie in der Lage ist, die reine Begrifflichkeit durch die in ihr angelegte Vieldeutigkeit zu übertreffen. Gerade dort, wo sich der reine Begriff, wie angesichts des Verständnisses des Gedächtnisses, als ungenügend erweist, entfaltet die Metapher ihre kognitive Bedeutung.[6]

Doch beruht dieses ›mehr‹ auf einer Tautologie, die sich der Begriff gerade versagt. Denn eine Analogie kann ja eigentlich nur behauptet werden, wenn man Bildspender und Bildempfänger zuvor semantisch bestimmt hat. Dies scheint die unausgesprochene Voraussetzung jeder Metaphorisierung zu sein. Die Gedächtnismetapher, die eingesetzt wird, weil das Gedächtnis ein unbekanntes Terrain bleibt, setzt zugleich voraus, daß man weiß, was das Gedächtnis ist. Die Metapher eignet sich in spekulativer Weise *terra incognita* an und reduziert sie auf das in ihr Bekannte. Aufgrund ihrer spekulativen Unschärfe, in der nicht mehr klar

---

Metaphern aufnehmen und somit nicht strikt zwischen zwei Traditionen (der mnemotechnischen und der platonischen) unterscheiden. Ausführlich äußere ich mich zur Tradition und Funktionsweise der Mnemotechnik in Kap. I, 6. des zweiten Teils dieser Arbeit. An Weinrichs Systematisierung hat Aleida Assmann kritisiert, daß sie allein räumliche Modelle berücksichtige, daß die zeitliche Dimension, die das Gedächtnis immer entscheidend prägt, in diesen Metaphern hingegen ausgeklammert werde. Sie fügt nun ihrerseits den zwei räumlichen Paradigmen zwei zeitliche hinzu, dasjenige des Erwachens und dasjenige des Erweckens, ohne allerdings damit eine Vollständigkeit der Typologie behaupten zu wollen (Aleida Assmann, »Zur Metaphorik der Erinnerung«, in: dies. und Dietrich Harth (Hrsg.), *Mnemosyne. Formen und Funktionen der kulturellen Erinnerung*, Frankfurt a. M. 1991, S. 13-35). Die zeitlichen Modelle reflektieren die in Gedächtnisprozessen immer möglichen Momente vorübergehender Unverfügbarkeit sowie die prinzipielle Nachträglichkeit des Gedächtnisses. Durch »Erwachen und Erwecken«, so Assmann, habe das Vergessen prinzipiell Eingang in die Metaphorisierung des Gedächtnisses gefunden. Assmanns erweiterte Typologie verwässert nun jedoch einerseits die anfangs behauptete, wesentlich strengere und argumentativ weiterführende These, daß sich die Metaphern aus den gedächtnisstützenden Medien nährten. Andererseits behauptet sie eine Trennung von räumlichen und zeitlichen Vorstellungen, die in dieser Weise nirgends gewährleistet ist. Zwar ist die Metapher vom Gedächtnis als Magazin beständig bestrebt, den Faktor Zeit auszuklammern. Zugleich kann aber die Zeitlichkeit selbst nur über räumliche Metaphern gedacht werden, wie die lineare Vorstellung von Zeit bzw. diejenige von einem ›Zeitraum‹ und ›Zeitpunkt‹ unmittelbar einsichtig macht.

6 Vgl. Hans Blumenberg, *Paradigmen zu einer Metaphorologie*, Frankfurt a. M. 1998, S. 8-12. Blumenbergs Überlegungen schließen in diesem Sinne an Nietzsches Kritik der wissenschaftlichen Vorstellung eines reines Konzepts, die dessen Metaphorizität gleichsam vergessen hat, an. Vgl. hierzu Sarah Kofman, *Nietzsche et la métaphore*, Paris 1972, v.a. S. 25ff.

unterschieden werden kann, ob sie eine nachträgliche Abbildung oder eine erste Kreation von Zusammenhängen meint, wird sie in den wissenschaftlichen, theoretischen Texten zumeist zugunsten des Begriffs ausgeschlossen. Zugleich kann man beobachten, daß der Begriff seinerseits seine metaphorische Herkunft verdrängt und die Metapher immer dort zurückkehrt, wo er auf die Grenzen seiner Möglichkeit trifft, ein existierendes Phänomen erkennend zu bezeichnen.[7]

Der metaphorische Sprung vom Bekannten ins Unbekannte wird indessen häufig durch eine Kontiguitätsbeziehung zwischen den beiden Seinsbereichen gerechtfertigt: im Falle der Gedächtnismetaphern besteht sie als pragmatischer Zusammenhang zwischen dem Gedächtnis und seinen es stützenden Supplementen. Zwischen den Gedächtnismetaphern und dem Gedächtnis dürfen also semantische Berührungen angenommen werden, nicht aber unbedingt semantische Überschneidungen, wie das die Voraussetzung für den metaphorischen Zusammenschluß wäre. Offensichtlich beruht also die Gedächtnismetapher auf einer gleichsam metonymischen Beziehung (*pars pro toto*): Der Teil (zum Beispiel die Vorstellung von einem Gedächtnisraum) steht nun metaphorisch für das Ganze ein, das Technische für das Organische, was immer impliziert, daß zwischen beiden Bereichen Kontinuität herrscht.[8] Das technische Supplement wird mit einem Mal zur Metapher für die unsichtbaren Vorgänge im Gehirn des Menschen.[9] Im Ring der Metapher wird dieser (metonymische) Sprung vorübergehend geschlossen, den jedoch ihre Dekonstruktion wiederum sichtbar machen kann.

Da jedoch die Gedächtnismetaphern durch die Tradition (vor allem die mnemotechnische – ich werde darauf zurückkommen) stabilisiert und konsekriert worden sind, werden sie häufig schon gar nicht mehr als Metaphern wahrgenommen, geschweige denn als solche problematisiert.[10] Es gilt also, hinter diese

---

7 Die aristotelische Vorstellung, daß der Begriff das Primäre sei, aus dem die Metaphern abgeleitet würden, muß in dem Moment verabschiedet werden, wo die metaphysische Vorstellung von einem primären Erkennen ins Wanken gerät. Gerade dort, wo die Wirklichkeit als rätselhafte, sich der Erkenntnis immer zugleich auch entziehende verstanden wird, erweist sich schließlich jeder Begriff als ein Kondensat von Metaphern.

8 Immer schon gab es auch Kritiker dieser Übertragung. Bergson zum Beispiel, obwohl er sich selbst der räumlich orientierten Magazinmetapher bedient, polemisiert gegen ihre Anwendung, um das natürliche Gedächtnis zu beschreiben: »Donc, il n'y a pas, il ne peut y avoir dans le cerveau une région où les souvenirs se figent et s'accumulent« (Henri Bergson, *Matière et mémoire*, Paris 1946, S. 140).

9 Renate Lachmann macht das am Beispiel der antiken Rhetorik deutlich: »Die Mnemotechnik (innere Ordnung) und die artikulierte Rede (äußere Ordnung) stellen die Ordnung des Gedächtnisses her *und das Gedächtnis als Ordnung dar*« (Renate Lachmann, »Text als Mnemotechnik – Panorama einer Diskussion, Kultursemiotischer Aspekt«, in: Anselm Haverkamp und Renate Lachmann (Hrsg.), *Gedächtniskunst: Raum – Bild – Schrift. Studien zur Mnemotechnik*, Frankfurt a. M. 1991, S. XXII, ich unterstreiche).

10 Schließlich werden Metaphern als Konzepte und Begriffe wahrgenommen, ohne daß die verborgene Geschichte ihrer Metaphorisierung noch erkennbar wäre (Typ Katachrese). Derrida spricht treffend von einer »sédimentation métaphorique des concepts« (Jacques Derrida, »La mythologie blanche. La métaphore dans le texte philosophique«, in: ders., *Marges de la philosophie*, Paris 1972, S. 247-324, hier: S. 255).

Gewißheiten zurückzugehen und die Frage der Übertragung neu zu stellen. Denn prinzipiell ist darin das mögliche Verfehlen der Wirklichkeit immer schon mit eingeschlossen. In diesem Zusammenhang spricht Paul de Man von der »blinden Metapher«: sie ist blind, weil sie etwas als Gewißheit hinstellt, was eine bloße Möglichkeit ist, die erst vom Leser realisiert wird.[11] Und möglich ist prinzipiell alles, denn Ähnlichkeiten, aus denen sich die Metaphern generieren, wohnen nicht in den Dingen, sondern werden beständig konstruiert: theoretisch kann dann alles mit allem ähnlich sein.

Wenn man diesem grundsätzlichen Zweifel folgen wollte, müßte man die Metapher schlechthin verabschieden. Doch gerade im Fall der Gedächtnismetapher hat man es ja nicht mit absoluter Beliebigkeit zu tun, sondern mit dem Problem, daß eine pragmatisch nachvollziehbare Kontiguitätsbeziehung als Similaritätsbeziehung ausgegeben wird. Diese Nähe macht die Überzeugungskraft der Metaphern aus[12] (die ja nicht immer gegeben sein muß), zugleich liegt in dieser Nähe jener Sprung verborgen, auf den es hier ankommt: der Sprung vom pragmatischen Supplement zum bildlichen Ersatz. Er beruht gerade auf der grundsätzlichen Differenz zwischen einem künstlichen bzw. technischen Gedächtnis einerseits und einem organischen bzw. natürlichen Gedächtnis andererseits, einer Differenz, die in der Metapher negiert wird.

2. Freuds Wunderblock

Das organische Gedächtnis, das es zu ergründen gilt, scheint zugleich mehr und weniger zu sein als das technische Supplement, das nun als erklärende Metapher für es einstehen soll. Als ein bezeichnendes Beispiel für diese Inkongruenz zwischen Realität und metaphorischem Vorstellungsbild (bzw. Modell) will ich Freuds Metapher vom Wunderblock für das menschliche Gedächtnis erörtern. Die »Notiz zum Wunderblock«[13], in dem Freud dieses Modell vorstellt, enthält zugleich eine Diskussion über die Möglichkeiten und Grenzen der Metapher.

Der Wunderblock ist ein räumliches, dreidimensionales Aufschreibesystem: eine Art Wachstafel, auf der eine durchsichtige Zelluloidschicht aufgelegt ist. Durch Druck bildet sich eine Spur im Wachs ab, die auf der Zelluloidschicht als schwarzer Strich sichtbar wird. Wenn man die Zelluloidschicht abhebt, verschwindet das Bild der Spur, unsichtbar und unlesbar bleibt die Einschreibung

---

11 Paul de Man, »Metapher« [1973], in: ders., *Die Ideologie des Ästhetischen*, hrsg. von Christoph Menke, Frankfurt a. M. 1993, S. 247.
12 Wo die Metapher in überzeugender Weise Unbekanntes vergegenwärtigt, kann möglicherweise die Trennung zwischen den zwei Typen von Metaphern, nämlich erstens den Metaphern, die auf der Analogie beruhen, die in den Dingen selbst liegt, und zweitens den Metaphern, die diese Analogie erst stiften (im Sinne der surrealistischen Metapher) nicht mehr klar gezogen werden. In ihr gehen *mimesis* (im Sinne der einfachen Abbildung von etwas Gegebenem) und *poiesis* (im Sinne der kreativen Gestaltung) vielmehr miteinander einher.
13 Sigmund Freud, »Notiz zum Wunderblock«, in: *Studienausgabe*, a.a.O., Band III, S. 363-369.

im Wachs erhalten. Der Wunderblock geht sowohl als mnemotechnisches Konstrukt als auch als Gedächtnismetapher über die herkömmlichen Modelle hinaus, weil in ihm »unbegrenzte Aufnahmefähigkeit und Erhaltung von Dauerspuren« möglich sind, während man in den Vorrichtungen, durch die in der Regel unser Gedächtnis substituiert wird, entweder die aufnehmende Fläche erneuern (Papier) oder die Aufzeichnung vernichten muß (Schiefertafel).[14] Um nun zu erklären, daß der Erinnerungsapparat im wesentlichen ein Teil des Unbewußten ist, werden die Teile des Wunderblocks folgendermaßen analogisiert:

> Immerhin erscheint es mir nicht allzu gewagt, das aus Zelluloid und Wachspapier bestehende Deckblatt mit dem System W-Bw (Wahrnehmung, Bewußtsein) und seinem Reizschutz, die Wachstafel mit dem Unbewußten dahinter, das Sichtbarwerden der Schrift und ihr Verschwinden mit dem Aufleuchten und Vergehen des Bewußtseins bei der Wahrnehmung gleichzustellen.[15]

Indes versäumt es Freud nicht, die Analogisierung insoweit zurückzunehmen, als er sie als uneigentliches Sprechen, eben metaphorisches Sprechen immer sichtbar macht. Dies wird durch einen kontrollierten Einsatz von Anführungszeichen im Text geregelt. Diese markieren die Differenz zwischen »Erinnerung« und »„Erinnerung"«, zwischen »reproduzieren« und »„reproduzieren"«, zwischen »Erinnerungsspur« und »„dauerhafter Erinnerungsspur"«. Sie nehmen immer schon vorweg, was Freud gegen Ende der Notiz offen ausspricht: »Irgendwo muß ja die Analogie eines solchen Hilfsapparates mit dem vorbildlichen Organ ein Ende finden.«[16] Dies betrifft nicht zuletzt den Wunderblock selbst, der natürlich nur begrenzt Wunder vollbringt. Gerade die technische Erörterung, die Freud vornimmt, entzaubert ihn. Die Grenzen des metaphorischen Vergleichs zwischen »Wunder-Block« und Gedächtnis liegen im übrigen genau in der Verschränkung von ›mehr‹ und ›weniger‹ begründet. ›Mehr‹ als das organische Gedächtnis ist der Wunderblock, weil er jede Berührung als Spur verzeichnet, während das natürliche Gedächtnis vermutlich gar nicht so aufzeichnungsfreudig ist (von dem »vorbildlichen Organ« sagt Freud im ersten Satz seiner Notiz, daß man immer Grund habe, ihm zu mißtrauen). ›Weniger‹ ist der Wunderblock, weil er zwar Speicherung und Auslöschung darstellen kann, aber weder das Wiederaktivieren von Gespeichertem (»„reproduzieren"«), noch die spezifische Differenz, die sich dabei ergibt (»Entstellungen«), noch das immer mögliche Versagen des Gedächtnisses, das als Vergessen ins Bewußtsein tritt. Sein Defizit liegt eindeutig in der Unmöglichkeit, Umarbeitungsprozesse und damit das Wirken der Zeit adäquat darzustellen.[17]

---

14 Ebd., S. 365f.
15 Ebd., S. 368.
16 Ebd.
17 Vgl. dazu auch Sigrid Weigel, »Pathologie und Normalisierung im deutschen Gedächtnisdiskurs«, in: Gary Smith und Hinderk M. Emrich (Hrsg.), *Vom Nutzen des Vergessens*, a.a.O., S. 241-264, hier: S. 251f.

Der Bildschatz des künstlichen Gedächtnisses, selbst wenn es sich um ein technisches »Wunder« handelt, kann nur einen *Teil* der Vorgänge des natürlichen beschreiben. Man beobachtet also einerseits mit dem Wunderblock eine moderne Verkomplizierung der Metapher, deren Leistung gerade in der Verknüpfung der zwei zuvor getrennt betrachteten Zentralmetaphern (Magazin und Wachstafel) zu sehen ist, andererseits jedoch bleibt selbst die komplexeste und wunderlichste Metapher hinter dem zu erforschenden Gegenstand zurück. Freuds »Notiz zum Wunderblock« leuchtet, und das ist ihr Hauptverdienst, auf subtile Weise die Grenzen jeder Modellbildung als Differenz in der Analogisierung aus und macht so überhaupt erst auf den sprachlichen bzw. analytischen Prozeß aufmerksam. Damit erweist sich der Wunderblock als Metapher für das eigene psychologische *Modell* und die ihm immanenten Grenzen und insofern nicht zuletzt auch als tautologische Bewegung: eben als Metaphorisierung eines Modells, nicht der ›Wirklichkeit‹.

3. Mnemotechnische Metaphern im literarischen Text

Die mnemotechnischen Gedächtnismetaphern, die in einer wissenschaftlichen Abhandlung schon nahezu verblaßt erscheinen, erfahren im literarischen Text eine andere Wirkung. Dort werden sie als Stereotypen aufgenommen, in eine literarische Dynamik eingebunden und in poetische Metaphern verwandelt. Die üblich gewordene Redeweise von der Bibliothek als Gedächtnisraum, zum Beispiel, wird im literarischen Text auf *unübliche* Weise wiederaufgenommen und damit eigentlich erst Metapher im aristotelischen Sinne.[18] Der Wechsel der Textgattung (vom wissenschaftlichen zum literarischen Text) kann in diesem Fall als eine zweite Metaphorisierung beschrieben werden; eine Metaphorisierung, die sich in die schon ausgeprägte Struktur der (verblaßten) Metapher einschreibt als Kritik, Subversion oder gar Negierung.[19] Rückwirkend macht sie so, wie das die Anführungszeichen bei Freud tun, ihren elliptischen Sprung kenntlich. Der totale Ring der Metapher wird gleichsam durch sie selbst durchbrochen; sie zeigt sich auf dieser Stufe in ihrem widersprüchlichen Licht, indem sie ihren Eigensinn wieder stärker hervortreten läßt. Denotat und Konnotat, wörtliche und übertragene Bedeutung treten zueinander in Konkurrenz, in ein Verhältnis, das nicht

---

18 Vor dem Hintergrund des Begriffes als üblicher Ausdruck erscheint die Metapher als spezifische Abweichung: »Als fremdartig bezeichne ich die Glosse, die Metapher, die Erweiterung und überhaupt alles, was nicht üblicher Ausdruck ist« (Aristoteles, *Poetik*, übers. von Manfred Fuhrmann, griech.-dt. Ausg., Stuttgart 1993, § 22).
19 Vgl. dazu die Überlegungen von Jacques Derrida in »La mythologie blanche«, a.a.O., S. 291: »La métaphorisation de la métaphore, sa surdéterminabilité sans fond, semble inscrite dans la structure de la métaphore, mais comme sa négativité.«

einfach in einer Sinnsynthese aufgelöst werden kann.[20] Durch die Dynamik der Bedeutungsverdrängung und Bedeutungsauffüllung können sich nun prinzipiell in die Metapher auch ganz andere Bedeutungen einschreiben, die sich beispielsweise dem unmittelbaren Kontext verdanken.

Insofern Literatur mit mnemotechnischen Metaphern spielt, kann sie den Prozeß ihrer Entstehung, die Dynamik ihres Bedeutungszuwachses hervortreten lassen. Tut sie das, erklärt sie sich selbst immer für mindestens doppelbödig: eigentlich und uneigentlich, in einer ohnehin schon uneigentlichen (fiktionalen) Rede, die sich als eigentlich auszugeben sucht. So betrachtet erscheint die Metapher immer als störendes Moment, als Dissonanz, als Element, das, um zu erkennen, Ordnungen durcheinanderbringt. Jedoch wird sie, als Kunst des Verbergens ihrer eigenen Kunst[21], dies immer nur im Verborgenen tun, und erst ein Leseakt *à rebours* kann dies zum Vorschein bringen. Die Metapher verführt durch den Sinn, den sie in ihrer Sinnlichkeit suggeriert. Sie kann dabei geschickt darüber hinwegtäuschen, daß die Analogien, von denen sie stillschweigend ausgeht, möglicherweise eben nicht in den Dingen selbst liegen, sondern ihnen gerade unterlegt werden.[22] Der Leser ist immer geneigt, die Differenz zwischen Sagen und Meinen zugunsten der Sinngebung und Kohärenz aufzuheben. Er kann aber auch – was sollte ihn daran hindern? – die Metapher als semantische Aporie lesen, indem er sich weder für die wörtliche noch für die übertragene Bedeutung entscheidet, sondern anerkennt, daß in *einem* Wort *beides zugleich präsent* ist. Die verborgene Kunst der Metapher wird interpretiert als Spannung, die in ihr zwischen figurativem und referentiellem Sinn statthat. Die Aussage »Das Gedicht ist ein Fasan« provoziert immer mindestens zwei Lesemöglichkeiten: Eine hermeneutisch vernünftige, die das Sinnübertragungsangebot als Aufforderung wahrnimmt und eine grammatikalisch korrekte, die sich dem rhetorischen Spielangebot verwehrt und den Satz als absurden, ver-rückten liest. Genau dieser Raum, dieser Spalt zwischen literalem und übertragenem Sinne, zwischen Geschriebenem und Gedachtem, den die Metapher eröffnet, ist der Raum, in dem und durch den sie wirkt.[23]

---

20 Gérard Genette hat dies für die Proustsche Metapher in eindrücklicher Weise in seinem Aufsatz »Proust palimpseste« (in: ders., *Figures I*, Paris 1966, S. 39-67) dargestellt. Mit dem Konzept des »palimpseste« wird das Phänomen der Überblendung von Literalsinn und übertragenem Sinn in der Metapher treffend beschrieben.
21 Vgl. Anselm Haverkamp, »Nach der Metapher. Nachwort zur Neuausgabe (1995)«, in: ders., *Theorie der Metapher*, Darmstadt ²1996, S. 499-505, hier: S. 504.
22 Vgl. dazu vor allem die Ausführungen von Paul de Man, *Allegorien des Lesens*, a.a.O. und ders., »Die Epistemologie der Metapher« (1978), in: Anselm Haverkamp (Hrsg.), *Theorie der Metapher*, a.a.O., S. 414-437. Die Metapher wird hier im aristotelischen Sinne als Element der Rhetorik gelesen und als solches ernstgenommen. Die Rhetorik wolle nicht belehren, sondern als Theorie der Beredsamkeit in der Lage sein, das *Glaubenerweckende* an jedem vorgegebenen Gegenstand zu untersuchen (vgl. Aristoteles, *Rhetorik*, übers. von Franz G. Sieverke, München ⁵1995, I.2.1., S. 12).
23 Vgl. zu dieser Beschreibung Gérard Genette, »Figures«, in: ders., *Figures I*, a.a.O., S. 205-221, hier: S. 207.

Die im literarischen Text prinzipiell angelegte Störung kann schließlich als Chance gewertet werden, denn sie eignet sich besser als der Begriff, um das nie überschaubare Ganze der Welt zu repräsentieren und ihr damit eine Struktur zu verleihen. Dies gelingt gerade aufgrund des in ihm wirkenden Widersprüchlichen, Unvereinbaren. Der literarische Text steht damit für eine andere Weltsicht ein als der wissenschaftliche Text. Genau dieser Erkenntnis des Widerständigen der Metapher entstammt Hans Blumenbergs Metaphorologie und sein Versuch, die Metapher für die Philosophie zurückzugewinnen. Für ihn wird die Metapher zur einzigen Möglichkeit, über die Lebenswelt zu sprechen. Er entwirft eine Theorie der Unbegrifflichkeit, die dem Entzug einer Erklärung, einer Antwort immer eingedenk bleibt. Kraft ihres semiotischen Mehrwerts kongruiert die Metapher gerade nicht mit Anschaulichkeit, sondern strebt tendenziell immer schon in Richtung Sprengmetapher, also zu jenen Grenzbildern, die ja in erster Linie von den Strapazen zeugen, die bei der Umsetzung einer Erfahrung in Worte entstehen.[24]

4. Zur Metaphorisierung des Vergessens in der Recherche

Wenn die These von der Widersprüchlichkeit der Metapher (auf einer zweiten Stufe ihrer Metaphorisierung) stimmt, dann dürfte es gelingen, darüber einen Zugang zu ›Metaphern des Vergessens‹ zu finden. Denn darum soll es hier gehen, und die bislang theoretischen Überlegungen hatten allein zum Ziel, eine notwendigerweise umwegreiche Piste zur Frage des Vergessens zu bahnen. Das Problem dieser Fragestellung besteht nun genau darin, daß es für das Vergessen keinen eigens ausgeprägten Bildwortschatz gibt. Dies liegt daran, daß – wie wir gesehen haben – der Nährboden für zahlreiche Gedächtnismetaphern der Bereich der gedächtnisstützenden Medien, also die Mnemotechnik ist. In diesen Gedächtnismetaphern wird der Erinnerung absoluter Vorrang gewährt und Vergessen möglichst ausgeschaltet. Das Phänomen des Vergessens hingegen existiert sehr wohl. Dieses scheint sich, mehr noch als das Gedächtnis selbst, der Sprache, dem Begrifflichen, aber auch dem Metaphorischen zu entziehen. Vergessen wird uns mithin sprachlich erfahrbar als Versagen von Sprache. Wenn dieses in ein Bild gefaßt werden soll, geht man zumeist auf das feste Terrain der Gedächtnis- und Erinnerungsbilder zurück und markiert darin eine Lücke: in der topischen Landschaft der rhetorischen Mnemotechnik werden dem Vergessen dann zum Beispiel die öden, sandigen Landstriche zugeordnet.[25] Des weiteren prägen Dunkelheit, Zerstörung (die Verbrennung von Büchern und Bibliotheken, aber auch

---

24 Vgl. dazu die schon zitierten Texte von Hans Blumenberg, »Beobachtungen an Metaphern«, a.a.O; ders., *Schiffbruch mit Zuschauer. Paradigma einer Daseinsmetapher*, a.a.O.; ders., *Paradigmen zu einer Metaphorologie*, a.a.O.
25 Vgl. Harald Weinrich, *Lethe. Kunst und Kritik des Vergessens*, München 1997, S. 16.

das simple Auswischen der Tafel oder das Ausradieren von Wörtern) die Vorstellung vom Vergessen.[26] Es handelt sich in den angeführten Beispielen also stets um Erinnerungsmetaphern mit einem negativen Vorzeichen, nicht um eigenständige Bilder. Offensichtlich wird in ihnen Vergessen immer als etwas dem Erinnern Nachträgliches dargestellt, als ein gewaltvoller Eingriff, eine Katastrophe. Und zugleich ist doch das mnemotechnische Konstrukt selbst etwas Nachgestelltes, eine kulturelle Errungenschaft, die dem *animal obliviscens*, welches der Mensch ist, hilfreich zur Seite steht.[27]

Wenn nun aber die Metapher, und besonders die poetische Metapher, immer schon die Gefahr in sich birgt, noch etwas anderes zu sagen und vielleicht gerade, widerspenstig wie sie ist, ihr Gegenteil, dann wäre in ihr das Vergessen immer als Möglichkeit impliziert. Hierfür müssen gar nicht erst Bilder der Zerstörung, der Katastrophe evoziert werden, die Zerstörung des Bildes geht auf subtile Weise vor sich – durch die paradoxe Struktur der Metapher selbst, durch ihre immer in ihr angelegte Autodekonstruktion, die ein Leseakt ans Licht bringen kann.

In einem Aufsatz aus dem Jahr 1965 hat Elisabeth Gülich das Erinnerungsmetaphernfeld der *Recherche* erschlossen.[28] Dabei hat sie deutlich hervorgehoben, daß sich die Metaphern nach der Grundopposition »mémoire volontaire« und »mémoire involontaire« aufteilen und unterscheiden. Sie unterstreicht damit die von Proust selbst suggerierte binäre Konzeption von Gedächtnisvorgängen, der zufolge die »mémoire volontaire« mit dem Intellekt assoziiert und metaphorisch durch mnemotechnisch-räumliche Bilder vergegenwärtigt wird, die »mémoire involontaire« hingegen auf sinnlicher Wahrnehmung beruht und als epiphanisch-zeitliches Phänomen dargestellt wird. Diese Verteilung wird dazu im Roman durch eine klare Wertung markiert. So schlägt Gülich beispielsweise die in der *Recherche* entscheidende Metapher des Buches der negativ konnotierten »mémoire volontaire« zu, was sie mit einer Textstelle belegt, in welcher der Erzähler die allzu sehr gesuchte Erinnerung als nicht authentische und in ihrer Evozierungskraft begrenzte deutlich zurückweist:

> Et quand plus tard, avides de découvrir une vérité, nous remontons de déduction en déduction, feuilletant notre mémoire comme un recueil de témoignages, quand nous arrivons à cette phrase, à ce geste, impossible de nous rappeler, nous recommençons vingt fois le même trajet, mais inutilement, mais le chemin ne va pas plus loin (IV, S. 91).

Dagegen stelle sich dort authentische Vergegenwärtigung der Vergangenheit ein, wo das Ich zufällig einem niederen Wesen begegne, in dem sich – der keltischen Mythologie zufolge, auf die hier Bezug genommen wird – die eigene Vergangenheit versteckt und zugleich bewahrt habe. Zugang zu jenem Raum vermitteln

---

26 Vgl. ebd., S. 17.
27 Vgl. ebd., S. 11.
28 Elisabeth Gülich, »Die Metaphorik der Erinnerung in Prousts ›À la recherche du temps perdu‹«, in: *Zeitschrift für französische Sprache und Literatur* 75, 1965, S. 51-74.

denn auch, so Gülich, die niederen Sinne: Geschmack, Geruchs- und Tastempfindung (im Gegensatz zum Lesen, das als Wahrnehmungsform an die Buchmetapher geknüpft ist).

Bei Gülich unbedacht bleibt hingegen die Tatsache, daß sich die binäre Konzeption selbst einem metaphorischen Denken verdankt; daß das metaphorische Verfahren zugleich ein wesentlicher Bestandteil der subversiven Poetik Prousts bildet, die jede logische Opposition zu sprengen in der Lage ist:

> ... la vérité ne commencera qu'au moment où l'écrivain prendra deux objets différents, posera leur rapport, analogue dans le monde de l'art à celui qu'est le rapport unique de la loi causale dans le monde de la science, et les enfermera dans les anneaux nécessaires d'un beau style (IV, S. 468).

Die Verwandlung, die die Metapher vollzieht, wird als schleichender Übergang von einer Kausal- in eine Analogiebeziehung gekennzeichnet. Die künstlerische Transformation läßt Ursache und Wirkung zu zwei Größen werden, die mit einem Gleichheits- bzw. Entsprechungszeichen miteinander verbunden werden können. Dies impliziert jedoch auch, daß die Analogisierung als Ordnungsprinzip in der *Recherche* immer zum Zusammenfall von Ordnungen, gerade durch die Verwischung von logischen Beziehungen und Oppositionen, führen kann.[29] Insofern dürfte die binäre Verteilung der Metaphern, wie sie Gülich unterstreicht und Proust selbst natürlich mit seiner berühmten Opposition suggeriert, selbst aus einer solchen metaphorischen Verwandlung hervorgegangen sein, und sie ist daher mit Vorsicht zu genießen.

Die Gesamterzählung unterwandert denn auch konsequent diese scheinbar klar binäre Konzeption; sie ist dabei der prinzipiellen Untrennbarkeit von Zeit und Raum, von Sinnlichkeit und Verstand eingedenk. Die epiphanischen Bilder sind von mnemotechnischen Vorstellungen durchsetzt; dem gegenüber ist das mnemotechnische Bollwerk gegen das Vergessen befördernde Wirken der Zeit, das die *Recherche* selbst sein möchte, selbst schon vom Sog der Zeit erfaßt.

5. Die Kunst der Täuschung

Wenn das Buch, wie Gülich behauptet, tatsächlich metaphorisch für eine nur begrenzte Erinnerung einsteht, dann ist diese These insofern zu radikalisieren, als Marcel fast ausschließlich als lesender Mensch vorgestellt wird, ob er nun in einem realen Buch liest oder seine Umwelt bzw. Innenwelt metaphorisch in ein Buch verwandelt, das er lesen muß, um verstehen zu können.

Schon in der Eingangsszene wird Marcel lesend vorgestellt, und im Verlauf des langen Romans begegnet man ihm immer wieder, in die Literatur versunken oder sich die Welt lesend erschließend. Paul de Man weist in seiner sehr genauen

---

29 Vgl. dazu Kap II, 3. des ersten Teils dieser Arbeit.

Analyse einer Leseszene aus *Du côté de chez Swann* darauf hin, daß der Rückzug in die Bücherwelt zugleich die Möglichkeit erschließt, durch einen Akt des Lesens all das wiederzugewinnen, was die innere Versenkung verworfen hatte, nämlich die Wärme der Sonne, das Licht und sogar die Aktivität der Außenwelt.[30] Das Lesen wird zur Totalerfahrung stilisiert, insofern sich das Ich beispielsweise lesend die sonnige Wärme in den dunklen kühlen Raum, das aktive Leben in die Kontemplation holt.[31] Die Tatsache, daß wir Leser dem Erzähler diese dargestellte Totalerfahrung abnehmen, verdankt sich nach de Man der Verführungskunst und Überredungskraft der Metapher, durch die beide Seinsbereiche in ein Verhältnis gesetzt werden und anschließend in Marcels Phantasie zu einer Synthese finden. Diese Gleichstellung und Synthese beruht, das führt die Interpretation de Mans vor, auf einer grundsätzlichen Täuschung. Die Metapher stellt offensichtlich widersinnige Gleichungen auf, die sie dank ihrer Überzeugungskraft aber als wahr auszugeben vermag. Die der Täuschung entsprungene totalisierende Synthese bedeutet denn auch die Lösung des Schuldkonflikts, in den Marcel gerät, wenn er sich der Aufforderung der Großmutter, ins Freie zu gehen, entzieht, um sich in die dunkle Kühle zum Lesen zurückzuziehen. Lesen als Totalerfahrung erscheint somit auf gleicher Höhe mit der umfassenden Erfahrung, von der die »mémoire involontaire«-Momente sprechen. Lesen und augenblickhaftes Erleben, so wird suggeriert, entsprechen sich; Lesen wird selbst zum Erleben, das über das Erleben draußen noch hinausgeht, weil es einen viel weiteren Seinsbereich in sich aufzunehmen vermag. Lesen steht mithin an der Schnittstelle zwischen Leben und Schreiben, zwischen rezeptivem und produktivem Vermögen.[32] Die Differenz zwischen diesen Haltungen, die gerade in der Metapher elliptisch überbrückt wird, bleibt indessen bestehen, und sie kehrt, als verdrängte, in den entscheidenden Momenten zurück, in denen das Lesen auf Lesehindernisse stößt, in denen die Lust des Schreibens, die durch das Lesen geweckt wird, nicht in einen Schreibakt umgesetzt werden kann.

Die offensichtliche Differenz, welche die Metapher umschließt und negiert, kann als metonymische Bewegung innerhalb ihrer selbst bezeichnet werden. Wie schon in den Eingangsüberlegungen zur Gedächtnismetapher allgemein gezeigt, handelt es sich auch hier eher um eine Kontiguitätsbeziehung, ein Angrenzen,

---

30 Vgl. Paul de Man, »Lesen (*Proust*)«, in: ders., *Allegorien des Lesens*, a.a.O., S. 91-117, hier: S. 94.
31 »Der Erzähler kann, *ohne von Sinnen zu wirken*, behaupten, daß Marcels Phantasie durch sein Verbleiben und Lesen auf seinem Zimmer »zum vollen Schauspiel des Sommers« Zugang hat, zu den Attraktionen direkter physischer Tätigkeit nicht minder und daß er über ihn weit wirksamer verfügt als es ihm in der Außenwelt, die er nur in kleinen Stücken hätte aufnehmen können, möglich gewesen wäre« (ebd., ich unterstreiche).
32 Ursula Link-Heer, *Benjamin liest Proust*. Sur la lecture III, Publikation der Marcel Proust Gesellschaft, Köln 1997, S. 19. Die Metapher als Stilmittel der Kunst ist darüber hinaus für Proust nicht einfach Repräsentation, sondern Kreation, die sogar die Verwandlung ins Gegenteil bedeuten kann. Die Kunst Elstirs, die explizit als metaphorischer Prozeß bezeichnet wird, ist dafür das prägnanteste Beispiel (vgl. II, S. 190). In der metaphorischen Weltwahrnehmung können stets eine Sache und ihr Gegenteil zugleich präsent sein.

ein Aufeinanderfolgen als um eine Überschneidung, die pragmatisch vollzogen werden könnte. Die Metapher bedeutet einen Wunsch, markiert elliptisch jedoch auch die Schwelle, die zur Realisierung überwunden werden müßte. Dies ist auch dann noch der Fall, wenn das Lesen bei Marcel eine Stufe erreicht hat, auf der es um das Erkennen des eigenen Selbst geht.

Eine Interpretation, die diese Disjunktion in den Vordergrund stellt, ist doppelt angelegt: Einerseits will sie ästhetisch empfänglich sein und läßt sich auf den Zauber der Metapher ein, andererseits rhetorisch aufmerksam, um die Widersprüche und Ungereimtheiten innerhalb der Metapher wahrzunehmen. Sie »löst die [von der Metapher etablierte] Pseudosynthese zwischen Innen und Außen, Zeit und Raum, Behälter und Inhalt, Teil und Ganzem, Bewegung und Stillstand, Selbst und Verstehen, Schreibenden und Leser, Metapher und Metonymie auf, die der Text aufgebaut hat«[33]. Zwar markiert die *Recherche* das Lesen als authentischen Zugang zur Welt und zum eigenen Ich (dessen Inneres auch als Buch bezeichnet wird), nimmt die Möglichkeit in der Metapher selbst aber immer wieder zurück. Offen wird die Skepsis gegenüber diesem Weg dann ausgedrückt, wenn dem begnadeten Leser Marcel Lesefehler unterlaufen, und dies ist nicht selten der Fall.

Wenn nun Erinnern fest ans Lesen und Entziffern gebunden ist, dann lassen sich Lesefehler, Entzifferungsprobleme, »erreurs optiques« metaphorisch als Vergessen auslegen.[34] Anhand Marcels Interpretation der drei Bäume von Hudimesnil als Buch der Natur und Buch des Selbst werde ich dies ausführlich interpretieren.[35] Aber man kann auch an die Lektüre der Landschaft von Combray denken, deren wahre Topographie sich Marcel erst ganz am Ende des Romans erschließt, oder an die Lektüre des Telegramms, das ihm Gilberte schickt und das er für eine Nachricht der toten Albertine hält. Zugleich wird in diesem Versagen immer das träumerische Element beim Lesen bedeutsam, das in den frühesten Leseszenen entscheidend ist (»quand je lisais, je rêvassais souvent, pendant des pages entières, à toute autre chose« (I, S. 41)), das selbst wiederum den intelligiblen Aspekt des Lesens unterbricht und es für andere Wahrnehmungsformen öffnet. Auch von daher wird erkennbar, daß die Binarität der Gedächtnisformen vielmehr als fließender Übergang bezeichnet werden muß.

---

33 Paul de Man, »Lesen (*Proust*)«, a.a.O., S. 105.
34 »Erreurs optiques« (II, S. 229) sind – wie Rainer Warning ausführt – die Folge der »illusions optiques« (II, S. 194), die das metaphorische Verfahren hervorbringen und die Marcel an den Bildern Elstirs bewundert (vgl. ders., »Vergessen, Verdrängen und Erinnern in Prousts *À la recherche du temps perdu*«, in: Anselm Haverkamp und Renate Lachmann (Hrsg.), *Memoria. Vergessen und Erinnern*, a.a.O., S. 159-194, hier: S. 166).
35 Vgl. Kap. II, 4. des ersten Teils dieser Arbeit.

6. Die »madeleine« als Kontamination der Sinne

Mit der »madeleine« versucht Proust ein alternatives Bildfeld zu eröffnen, um die Vorstellung einer »mémoire involontaire« im Gegensatz zu den intentional ausgerichteten Konstruktionen der Mnemotechnik zu versinnbildlichen. Sie spricht nicht den Intellekt, sondern allein die Geschmacksempfindung an; sie ist kein äußeres Supplement, sondern wird durch körperliche Aufnahme (also durch Verinnerlichung) wirksam. Wenn man nun jedoch diese Metapher gegen den Strich liest, sie Wort für Wort ernst nimmt, zeigt sich, daß ihr Name nicht nur für jenes muschelförmige Teegebäck steht, sondern auch für andere Bedeutungen. Unter anderem hat das Gebäck Namensgleichheit mit der *Eglise St. Marie Madeleine*, die von den Parisern seit jeher nur *La Madeleine* genannt wird.[36] Eine Kirche stellt nun wiederum den traditionellen Erinnerungsort der Heilsgeschichte dar (was ausgerechnet in der *Madeleine* nicht der Fall ist; sie ist schmuck- und bilderlos). Die Homonymie, die Proust nicht entgangen sein wird (ebenso wenig wie der Bezug zur Heiligen Magdalena bzw. die Analogie der Form des Gebäcks mit einer Muschel[37]), rückt nun zwei getrennte Erinnerungssysteme, eben die sinnliche Inkorporierung und die mnemotechnische Ergänzung, in untrennbare Nähe.[38] Diese der »madeleine« immanente Spannung wird noch direkt, wenngleich abgrenzend ironisch, in dem sich in *Contre Sainte-Beuve* befindenden Entwurf der »madeleine«-Szene ausgespielt, wo es heißt, daß die Evozierung eines Raumes nichts bringe, da die Dinge, die in sich verborgen die Erinnerung trügen, so klein seien, daß man ihnen auf diese Weise kaum begegne. Erst die Geschmacksempfindung – als dem Zufall überlassene Assoziation – bringe schließlich die wahre Erinnerung hervor.[39] In der endgültigen Fassung werden die räumlichen Assoziationen getilgt, im Namen leben sie jedoch weiter.

---

36 Während die Metapher auf der behaupteten Ähnlichkeit zweier Signifikate beruht, ergibt sich diese Bedeutungseinschreibung über die Ähnlichkeit (bzw. Deckungsgleichheit) zweier Signifikanten (Figur des »calembour«). Die »madeleine« ist ein schönes Beispiel für die Überlagerung und Durchkreuzung beider Phänomene (vgl. Jean Ricardou, »„Miracles"« de l'analogie (Aspects proustiens de la métaphore productrice)«, in: Jacques Bersani, Michel Raimond und Jean-Yves Tadié (Hrsg.), *Cahiers Marcel Proust 7*, a.a.O., S. 11-39, hier: S. 22ff.).

37 Die »madeleine« wird charakterisiert als »grassement sensuel, sous son plissage sévère et dévot« (I, S. 46).

38 Die Kirche *La Madeleine* hat das Schicksal der Bedeutungsverwandlung und -verfremdung im übrigen schon öfters ereilt. Nach dem Modell des Pantheons erbaut, sollte sie zunächst Ort für öffentliche Institutionen sein. Es bestanden verschiedene miteinander konkurrierende Vorschläge: Einrichtung einer Bibliothek, einer Bank etc. Napoleon beendete den Streit 1806, indem er den Ort dem Ruhm der »Grande Armée« widmete. 1814 beschloß Ludwig XVIII, daß *La Madeleine* wieder eine Kirche sein sollte. Ort des Gedenkens, des Gedächtnisses war die Kirche also immer schon, wenngleich immer wieder für andere Erinnerungen. Sie erscheint mithin als Projektionsfläche und entpuppt sich als ›Magazin‹, das ganz unterschiedliche Inhalte in sich aufnehmen kann. Sie muß als Raum bilderlos sein, um so vielseitige Funktionen annehmen zu können.

39 Vgl. Marcel Proust, »Contre Sainte-Beuve«, in: *Contre Sainte-Beuve, précédé de Pastiches et mélanges et suivi de Essais et articles*. Édition établie par Pierre Clarac avec la collaboration d'Yves Sandre, Paris 1971, S. 211f.

Darüber hinaus kehrt die räumliche Ordnung als Koordinatensystem wieder, wenn sie selbst das Auftauchen von Erinnerungen sprachlich bezeichnen soll. Von unten nach oben steigt Erinnerung auf; aber auch: hinten bzw. hinter den Dingen ist etwas verborgen, das es von vorne zu greifen gilt.

Von der »madeleine«, in die Marcel »machinalement« (I, S. 44) gebissen hat, heißt es denn auch, daß sie »l'édifice immense du souvenir« (I, S. 46) trüge. Der verdrängte Bereich des Intelligiblen, Technischen und Mechanischen wirkt gerade auch hier über Metaphern im gefeierten Moment der »mémoire involontaire« weiter. Mnemotechnische Elemente vereinen sich in der *Recherche* nahtlos mit religiös-mystischen Metaphern, die das Ereignis einer »résurrection«, einer spontanen Wiederauferstehung der Vergangenheit suggerieren. Somit erscheinen die mnemotechnischen Überreste gleichsam als etwas Natürliches, Organisches, über ihren technischen und nützlichen Charakter täuscht die neue Metapher geschickt hinweg. Metaphorisch werden unbelebte Metaphern in belebte umgewandelt. Einmal mehr gelingt es der Metapher, Entgegengesetztes in einer scheinbaren Harmonie zusammenzuschließen. Umgekehrt jedoch werden die Vorstellungen von Natürlichkeit und Spontaneität mit einem ironischen Fragezeichen versehen.

7. »*La Bibliothèque nationale*« als Kontamination der Diskurse

Das *Kunst*-Werk soll sich bei Proust gerade nicht einer *Kunst* des Gedächtnisses verdanken, die er als mechanisch und voluntaristisch ablehnt. Das Mnemotechnische wird daher aus den wahren Erinnerungsmomenten zurückgedrängt, damit metaphorisch der Eindruck des Spontanen und Natürlichen erweckt werden kann. Zugleich zeugen diese Metaphern immer noch kryptisch von ihrer mnemotechnischen Herkunft, mit der das Kunstwerk, das sie erschafft, ja in unauflöslicher Verbindung steht.

Die mnemotechnischen Metaphern, die nichtsdestoweniger die *Recherche* durchziehen, dienen nun einerseits der offensichtlichen Diffamierung der »mémoire volontaire«, andererseits werden sie doch auch zur Veranschaulichung des neuen Gedächtnisbegriffes (»mémoire involontaire«) herangezogen. Funktionieren Metaphern gewöhnlich aufgrund der Übertragung von *stereotypen* Eigenschaften[40] des Bildspenders auf den Bildempfänger, so kann man in der *Recherche* beobachten, wie der Übertragungsmechanismus an sich beibehalten wird, jedoch

---

40 So wird es in den grundlegenden, neueren Metapherntheorien immer wieder formuliert. Nach der Interaktionstheorie von Max Black, auf die sich auch Donald Davidson beruft, werden wir durch die Metapher dazu veranlaßt, ein mit dem metaphorischen Wort assoziiertes »System von Selbstverständlichkeiten« auf das Subjekt der Metapher anzuwenden. Im Falle von »Der Mensch ist ein Wolf« beziehen wir spontane Assoziationen, die meist selbstverständliche Eigenschaften (Stereotype) des Wolfes sind, auf den Menschen (vgl. Max Black, »Metaphor«, in: ders., *Models and Metaphors. Studies in language and philosophy*, New York [7]1981, S. 44f. und Donald Davidson, »Was Metaphern bedeuten«, in: Anselm Haverkamp (Hrsg.), *Die paradoxe Metapher*, a.a.O., S. 49-75, hier: S. 69).

ungewöhnliche, verborgene Eigenschaften des Bildspenders dem Bildempfänger zugeordnet werden. Mit Hilfe dieser poetischen Verfahrensweise gelingt es Proust, das Janusgesicht der mnemotechnischen Systeme, das Inkommensurable in der Technik, das ihm innewohnende Vergessen (als Form der exzessiven Semiosis, Überschreibung bzw. auch der immer möglichen Auslöschung von Schreibspuren) ins Spiel zu bringen. Dazu schreibt sich metonymisch eine zweite Bewegung in diese Metaphern ein, die deutlich macht, daß sich ihre Erwähnung zuweilen ganz anderen Interessen als der »objektiven Erörterung« des Gedächtnisses verdankt, zum Beispiel Gefühlseinstellungen, die mit einer ganz bestimmten Erinnerung verbunden sind. Das allgemeine Interesse am Phänomen Gedächtnis steht in unmittelbarer Nähe zur assoziativen Wiederkehr von Vergangenheitsmomenten. Beide sind durch den Text fein miteinander verwoben. Diese Verschränkung muß den zitierten Gedächtnismetaphern abermals eine andere Wendung verleihen. Zwei Beispiele will ich hier eingehender untersuchen, nämlich die Metapher der Bibliothek und diejenige des Friedhofs.

Die Gedächtnismetapher Bibliothek erscheint in der *Recherche* als eine absolute. So wie nach der gesetzlichen Vorschrift des *dépôt légal* von allen in Frankreich gedruckten Büchern ein Belegexemplar in der *Bibliothèque nationale* zu Paris aufbewahrt werden muß, so funktioniere laut Proust auch das Gedächtnis.[41] Alles was außerhalb jenes Raumes liege, bleibe unauffindbar, unerinnerbar. In der vorliegenden Metapher wird nun aber der bildspendende Bereich der *Bibliothèque nationale* nicht auf das Gedächtnis oder die Erinnerung, sondern auf das *Vergessen* übertragen. Das Vergessen wird gleichsam zu einem Depot umfunktioniert, aus dem die wahren, unwillkürlichen Erinnerungen unverändert frisch, da nie angerührt und nie dem Licht der Erkenntnis und dem Abarbeiten ausgesetzt, an der Bewußtseinsoberfläche auftauchen:

> Au grand jour de la mémoire habituelle, les images du passé pâlissent peu à peu, s'effacent, il ne reste plus rien d'elles, nous ne le retrouverons plus. Ou plutôt nous ne le retrouverons plus, si quelques mots [...] n'avaient été soigneusement enfermés dans l'oubli de même qu'on dépose à la Bibliothèque nationale un exemplaire d'un livre qui sans cela risquerait de devenir introuvable (II, S. 4).

Dieser ungewöhnliche Vergleich ist zugleich ein in sich unauflöslich widersprüchlicher. Anstatt an der üblichen Opposition »mémoire/oubli« festzuhalten, verschiebt der Erzähler (scheinbar) die Frage. Es scheint jetzt um den Gegensatz zwischen einer »mémoire habituelle«, einem Gedächtnis, das durch die Gewohnheit langsam die Erinnerung an die Vergangenheit und vor allem die an sie geknüpften Gefühlswerte abschwächen läßt, und einer »mémoire« zu gehen, in der die Erinnerungen unverblaßt stark immer wieder von neuem aufscheinen. Die »mémoire habituelle« steht insofern mit der »mémoire volontaire« in Verbin-

---

41 Diese Analogie wird durch einen ausgeführten Vergleich eingeführt, der auf das elliptische Moment der Metapher verzichtet.

dung, als gerade das durch Gewohnheit abgestumpfte Gedächtnis die willentliche Anstrengung braucht, um Vergangenheit wiederzuerinnern. Diese Wiedererinnerung wird dann den ähnlich fahlen Gefühlswert aufweisen wie die »mémoire habituelle«. Die »habitude« beherrsche darüber hinaus, so heißt es kurz zuvor, das ganze Gedächtnis:

> ... les souvenirs d'amour ne font pas exception aux lois générales de la mémoire, elles-mêmes régies par les lois plus générales de l'habitude (II, S. 4).

In dieser Verallgemeinerung wird keine Ausnahme zugestanden, es sei denn, sie liege im Vergessen selbst begründet, das die Gewohnheit gerade nicht in Betracht ziehen kann. Die Gewohnheit bringt zwar selbst eine Art Vergessen als emotionale Abschwächung, als Verblassen von Erinnerungen hervor, sie betrifft aber nur Bilder der Vergangenheit, die immer schon vergegenwärtigt wurden, jedoch nicht solche, die in einem Raum des Vergessens sorgfältig aufbewahrt lagen. Dem Gesetz der »mémoire habituelle« entkommen darum gerade die kleinen Nebensächlichkeiten[42], die dank eines äußerlichen Reizes wieder auftauchen und eine Vergangenheit samt Gefühlsintensität wieder aufsteigen lassen können. Doch genau diesen emotional-unwillkürlichen Bereich mit dem institutionalisierten Gedächtnis einer Kultur, der Nationalbibliothek, in Verbindung zu setzen, die selbst wiederum als Raum des Vergessens bezeichnet wird, bleibt unerklärlich, solange man der durch den Text suggerierten Logik des Vergleichs folgen will.

Die »mémoire habituelle«, die auf den ersten Blick wie ein Vergessen aussehen mag (»les images pâlissent, s'effacent, il ne reste plus rien d'elles«), wird einige Zeilen später dann als eine ausgewiesen, die die emotionale Wirkungskraft der Erinnerung zwar abschwächt, sie dadurch aber nur um so länger andauern läßt: »Elle affaiblit mais stabilise, elle amène la désagrégation mais la fait durer indéfiniment« (II, S. 5). Auch sie ist und bleibt also Erinnerung.

Diesen Überlegungen gehen minutiöse Beschreibungen aller Stationen voran, die Marcel bei seinem Weg zum ›endgültigen Vergessen‹ von Gilberte durchläuft. Dieses Vergessen ist ein schmerzhafter Weg, der über die Vernichtung aller Erinnerungsmomente läuft, und ist zugleich ein Weg, von dem er sich Heilung verspricht. Nun entgehen die kleinen, vermeintlich unscheinbaren Momente der Zersetzung durch die Gewohnheit, weil sie gar nicht mehr bewußt erinnert, also auch nicht abgearbeitet werden können. Vielmehr waren sie nie präsent, lagen von Beginn an im Vergessen verborgen. Sie zeigen abermals, daß es in diesem Denken eigentlich gar kein wirkliches Vergessen gibt. Dies zumindest behauptet die Dialektik von Erinnern und Vergessen, die das Vergessen selbst zum wahren Gedächtnis erklärt und Vergessen als Verlust prinzipiell ausschließt. Dieser dialektische Umschlag ist, spätestens seit den Anfängen der Psychoanalyse, nichts

---

42 »Le moi [...] resurgissait, et il m'était rendu beaucoup plus fréquemment par une chose futile que par une chose importante« (II, S. 3).

Außergewöhnliches. Außergewöhnlich jedoch – und dem Metaphernsystem Prousts widersprüchlich – ist, daß dieser Umschlag durch einen explizit mnemotechnischen Vergleich vollzogen wird, der darüber hinaus Marcels Ziel, ein ›endgültiges Vergessen‹ zu erreichen, als unmögliches Unterfangen erkennen läßt.

Das Beispiel für ein solches im Vergessen geborgenes Moment, das in unmittelbarer Textnähe zu diesen dargelegten Gedächtniserörterungen steht, betrifft ein Syntagma, einen Satzfetzen, den Marcel zufällig von einem Gespräch zwischen Fremden auf den Dünen von Balbec aufschnappt: »la famille du directeur du ministère des Postes«:

> Par exemple, pour anticiper sur mon séjour en Normandie, j'entendis à Balbec un inconnu que je croisai sur la digue dire: »La famille du directeur du ministère des Postes.« Or (comme je ne savais pas alors l'influence que cette famille devait avoir sur ma vie), ce propos aurait dû me paraître oiseux, mais il me causa une vive souffrance, celle qu'éprouvait un moi, aboli pour une grande part depuis longtemps, à être séparé de Gilberte (II, S. 4).

Mit einer eingehenden Interpretation dieser konkreten Reminiszenz soll versucht werden, die hier vorgenommene dialektische Abschließung gegen Vergessen durch das Bild totaler Erinnerung (*Bibliothèque nationale*) wenn auch nicht zu widerlegen, so doch von der Erzählung her stärker zu diskutieren.

Der zweite Teil von *À l'ombre des jeunes filles en fleurs* (*Noms de pays: le pays*) – aus dessen Auftakt die Bibliotheksmetapher stammt – beginnt mit einer merkwürdigen Affirmation:

> J'étais arrivé à une presque complète indifférence à l'égard de Gilberte, quand deux ans plus tard je partis avec ma grand-mère pour Balbec« (II, S. 4).

Das »presque« (das in offensichtlichem Widerspruch zum Adjektiv »complète« steht, das es näher bestimmt) führt uns mit Marcel in einen prekären Zwischenraum zwischen Erinnern und Vergessen. »Presque complète indifférence« will heißen: Marcel erinnert sich kaum noch an Gilberte, und wenn überhaupt, ohne Schmerz, ohne Sehnsucht. »Presque« heißt aber auch, daß dem noch nicht ganz so ist, nur »ungefähr« (»presque« kann auch die Bedeutung von »à peu près« annehmen). So »ungefähr« erscheinen im folgenden auch Erzählung und Kommentar. Denn dieses »presque« wird zeitlich unbestimmt weit ausgedehnt, d.h. findet im übertragenen Sinne seine Fortsetzung auch auf Diskursebene. Mit diesem »ungefähren« Satz wird der erste Teil von *À l'ombre des jeunes filles en fleurs,* der ganz der (unmöglichen) Annäherung zwischen Marcel und Gilberte gilt, sowohl abgeschlossen als auch fortgesetzt. Im ersten Teil des Buches (I, S. 578-630) erfindet Marcel nach dem ersten Bruch unterschiedliche Strategien des Vergessens, die allerdings alle in der Logik der fortdauernden Hoffnung auf eine Wiederbegegnung, d.h. in der Logik der Erinnerung stehen. Als er schon fast am Ziel, sozusagen fast bei der »complète indifférence« angelangt ist, geschieht der

Rückfall: Marcel gibt der Versuchung, Gilberte doch wieder zu sehen, nach. Nun folgt jedoch die bittere Enttäuschung. Denn als Marcel sich mit seinem teuer erworbenen Geschenk auf dem Weg zur Ferngeliebten befindet, erblickt er sie zufällig mit einem anderen, unbekannten Mann auf den Champs-Elysées. Daraufhin ereignet sich eine das Ich beinahe zerreißende Doppelbewegung des Gedächtnisses: auf der einen Seite die Erinnerung an eine grausame Vergangenheit, die die Zerstörung der Erinnerungsbilder zeitigt, auf der anderen die Restituierung und Verewigung eines Wunschbildes. Schließlich läßt die Einsicht in die Uneinholbarkeit der Vergangenheit den Wunsch nach einem Ortswechsel aufkommen, um Assoziationen zu vermeiden. Von Balbec ist die Rede. Doch anstelle der Abfahrt tritt zunächst eine Ersatzhandlung ein: Die Sehnsucht nach Gilberte findet ihre Umleitung und Erfüllung im schon früher erlebten Vergnügen, Mme Swann (die Mutter von Gilberte) auf ihren Ausfahrten im Bois de Boulogne zu beobachten. Diese visuelle Sinnlichkeit wird ausdrücklich als poetische Empfindung bezeichnet (I, S. 639), behauptet also einen Grad von Sublimierung, der schon in Richtung Kreation vorausweist.

Mit diesem Ende des ersten und dem Beginn des zweiten Teils, der Abreise nach Balbec, soll offensichtlich ein Bruch markiert werden. Der Kapitelwechsel bedeutet zusätzlich einen Zeitsprung, denn zwischen dem Entschluß, nach Balbec zu fahren, und der eigentlichen Abreise liegen zwei Jahre. Ein zeitlicher Bruch also, der zu der inneren Entwicklung Marcels in keinerlei Relation steht. Hier hat man vielmehr, trotz gegenteiliger Affirmation, den Eindruck von Kontinuität: »J'étais arrivé à une presque complète indifférence à l'égard de Gilberte«, mit diesen Worten wird das zweite Kapitel, zwei Jahre später, eröffnet. Die dominante Stellung des Satzes mit dem letzten Akzent auf Gilberte weist indes darauf hin, daß sich wenig geändert hat.

Wenn das Ich zuvor noch dem Leser gestanden hatte, daß seine Gleichgültigkeit gegenüber Gilberte eine nur simulierte sei, so gibt es sie jetzt als echte aus. Indes wird in der erneuten Affirmation der Gleichgültigkeit ihr Scheincharakter sofort entlarvt. Zugleich scheint Marcels Gefühl exakt jener Aporie zu entsprechen, die sich zwischen seinem Verlangen nach Vergessen und der Gesamtästhetik der *Recherche*, in der es kein Vergessen gibt, ohnehin einstellen muß. Aporie, die in der »presque complète indifférence« noch einmal zu einer Kompromißformel findet.

Das »presque« erfährt in der weiteren Ausführung eine zeitliche Wendung: »mon indifférence n'était encore qu'intermittente« (II, S. 3). Der Ortswechsel, der die Gleichgültigkeit gerade vervollständigen sollte, bewirkt nun das genaue Gegenteil. Das Ereignis, das dafür einsteht, wird vorweggreifend sofort erzählt (»pour anticiper sur mon séjour« (II, S. 3)), noch ehe die Reise nach Balbec, die Ankunft etc. überhaupt ausgeführt werden. Das »presque« erfährt gegenüber dem »complète« eine immer stärkere Ausleuchtung; in eine unbestimmte Zukunft ausgedehnt, wird es *vor* allem anderen erzählt.

Die Erinnerung an Gilberte scheint mächtig zurückzukehren, als Marcel zufällig das schon zitierte Syntagma »la famille du directeur du ministère des Postes« hört. Er erinnert sich daran, daß in seiner Anwesenheit Gilberte einmal mit ihrem Vater von der Familie des »directeur du ministère des Postes« gesprochen habe. Dieser Satz, der ihm eigentlich hätte gleichgültig sein können, löst heftiges Erinnerungsleiden in ihm aus:

> ... il [ce propos] me causa une vive souffrance, celle qu'éprouvait *un* moi, aboli pour une grande part depuis longtemps, à être séparé de Gilberte« (II, S. 4, ich unterstreiche).

Zunächst einmal wird in dieser Reminiszenz deutlich, daß der empfundene Schmerz (»vive souffrance«) mehr dem eigenen vergangenen Ich gilt als der abwesenden Geliebten. Zugleich deutet sich in dem von mir kursiv gesetzten unbestimmten Artikel schon die Neigung zur Verallgemeinerung an, deren Höhepunkt man schließlich einige Zeilen später in der Metapher der Bibliothek findet. Das hieße aber auch, daß der Name Gilberte am Ende des Satzes nicht mehr das Individuum Gilberte Swann bezeichnet, sondern schon als Name für *alle* geliebten und abwesenden Objekte einsteht.[43] Die Bewegung der Erinnerung klammert gerade das zu erinnernde Singuläre – nämlich Gilberte – aus. Als Singuläre wird sie vergessen.

Diese Vermutung erhärtet sich durch eine weitere Beobachtung. Heißt der Erinnerungsauslöser zunächst »la famille du directeur du ministère des Postes«, so verdichtet sich das Syntagma, nachdem es mit einer früheren Aussage Gilbertes in Verbindung gebracht worden ist, alsbald zu »directeur du ministère des Postes«. In der Tat gibt uns sogar der Ich-Erzähler selbst zu verstehen, daß die Familie des Direktors keine Bedeutung für ihn habe (»je ne savais pas alors l'influence que cette famille devait avoir sur ma vie« (II, S. 4)). Der Leser darf indessen ergänzen: Der Direktor hingegen hat möglicherweise eine Bedeutung. In der weiteren Ausführung der Reminiszenz können wir mikroskopische Verschiebungen beobachten: »la famille du directeur du ministère des Postes« wird verkürzt zu »directeur du ministère des Postes« und schließlich leicht modifiziert zu »directeur au ministère des Postes«. Das bedeutet zugleich, daß sich die Aufmerksamkeit von Gilberte (dem Aussagesubjekt) abermals wegbewegt und zwar hingeführt wird auf das von ihr damals genannte Subjekt, »directeur du ministère des Postes« (das vorher nur attributive Ergänzung war für »la famille«).

Wenn nun plötzlich dieser anonyme Direktor im Zentrum von Marcels Aufmerksamkeit steht, dann muß ihm irgendeine besondere Bedeutung zukommen. Meine These ist, daß sich genau an dieser Stelle in mikroskopischen Textbewegungen ein anderer Diskurs breit macht, der durch das Desaster der letzten Begegnung mit Gilberte eigentlich hätte ausgelöst werden müssen, nämlich der Diskurs der Eifersucht, die Frage, wer dieser andere war, mit dem Gilberte auf den Champs-Elysées spazierenging. Der »directeur« könnte genau jene Leerstelle in Marcels Gedächtnis füllen (»diriger un poste« – eine Stelle belegen), die ihn –

---

43 Hier deutet sich ein Gesetz der Substitution an, das den weiteren Verlauf des Romans strukturell prägt und auf das ich in Kap. II, 5. des ersten Teils dieser Arbeit genauer eingehen werde.

unausgesprochen – quält. Daß diese Frage Marcel mehr als alles beschäftigen muß, wird darüber hinaus viele Seiten später in *Albertine disparue* offenbar, als Marcel nach Jahren Gilberte wieder begegnet und die Frage nach jenem Unbekannten sofort wieder auftaucht.[44] In der jetzt interessierenden Passage ist es ein »inconnu«[45], der mit seinen zufällig ausgesprochenen Worten bei Marcel jene Assoziationskette auslöst, in die man, ausgehend von der Textdynamik, den Signifikanten »inconnu« mit hineinnehmen darf: damit entsteht »directeur«/ »inconnu«/»Gilberte«. Der »directeur« wäre auf der Ebene der Assoziation, die für den Leser nur die Zeichenebene des Textes sein kann, die Auflösung des Rätsels, ohne daß darin dessen Identität schon offenbart würde. Sie bleibt unbekannt (»inconnu«).[46] In dieser Interpretation geht es weniger darum, die Identität von Marcels Nebenbuhler aufzudecken, vielmehr darum, deutlich werden zu lassen, daß in der Reminiszenz Gilberte nur scheinbar wieder auftaucht. Eigentlich fällt sie durch das Erinnerungsnetz, das zwischen Marcels altem Ich, den verallgemeinernden Aussagen und dem »directeur« gespannt wird, hindurch. In den Verschiebungen löst sich Gilberte geradezu auf. Kryptisch verborgen allerdings lebt sie fort, dort, wo Marcel sie wiederum nicht ahnt. Als er die Worte des Fremden hört, steht er auf den Dünen, jener schwellenartigen Formung der Küstenlandschaft. Später erfährt der Leser, was Marcel zu diesen Spaziergängen motiviert. Ihn leitet die Hoffnung, jenes Mädchen mit dem Fahrrad wieder zu sehen, das sich dann nach und nach in der Identität »Albertine« verdichtet, deren Name in »Gilberte« schon lesbar geworden war.[47] Und so bleibt auch Gilberte als Name in demjenigen Albertines – unerinnert – bewahrt.

---

44 »... – Dans l'intervalle il y avait eu pourtant les Champs-Elysées. – Oui, mais là vous m'aimiez trop, je sentais une inquisition sur tout ce que je faisais.« Je ne pensais pas à lui demander quel était ce jeune homme avec lequel elle descendait l'avenue des Champs-Elysées, le jour où j'étais parti pour la revoir [...], ce jour qui aurait peut-être changé toute ma vie si je n'avais rencontré les deux ombres s'avançant côte à côte dans le crépuscule« (IV, S. 270).

45 »... j'entendis à Balbec un inconnu que je croisai sur la digue dire: »La famille du directeur du ministère des Postes« (II, S. 4).

46 Jedoch wird diese Identität zeitlich bestimmt. Sie steht für die in dieser Szene ebenfalls angestellten Reflexionen über Chronologie und Anachronismus ein. Das Leben sei selten chronologisch, werde ständig überlagert von Anachronismen, wovon die erörterte Reminiszenz erzählt, indem sie sogleich als ein solcher Anachronismus markiert und somit nachträglich (über ein Plusquamperfekt) wiederum in die etablierte Chronologie eingefügt wird. In diesem Sinne wird jedoch versucht, den Anachronismus als Phänomen, das weder eindeutig der Vergangenheit noch der Gegenwart zugeordnet werden kann, aufzuheben. Dennoch, als echter Anachronismus erweist sich der »directeur« dann, wenn er abermals zurückkehrt und sogar die Gegenwart des Ichs überholt, zeichnet ihn doch das Beiwörtchen »-post-« als nachkommend aus und versetzt umgekehrt das Ich in eine nicht mehr lebendige Vergangenheit. Der Schmerz rührt daher, daß das »-post-« ihm deutlich vor Augen führt, daß es für ihn ›vorbei‹ ist.

47 Françoise weigert sich, in einem Brief den Namen Gilberte wiederzuerkennen. Das Gi sehe aus wie ein A, das Ende sei einfach ein langer Schnörkel, so daß Gi-lbert-e als A-lbert-ine entziffert werden müßte (vgl. I, S. 493). Dieses Verlesen findet dann tatsächlich statt, als Marcel in Venedig ein Telegramm von Gilberte erreicht, das er fälschlicherweise der toten Albertine zuordnet (vgl. IV, S. 234 f.).

An die »directeur du ministère des Postes«-Reminiszenz knüpft sich direkt eine längere Reflexion über das Wesen der Erinnerung an, als ob sie nur zu diesem Zwecke erzählt worden sei. Zunächst soll durch eine ganze Reihe von Metaphern das Phänomen der Erinnerung, die durch den flüchtigsten Reiz geweckt wird, veranschaulicht werden:

> C'est pourquoi la meilleure part de notre mémoire est hors de nous, dans un *souffle pluvieux*, dans *l'odeur de renfermé d'une chambre* ou dans l'*odeur d'une première flambée*, [...]. Hors de nous? En nous, pour mieux dire, mais dérobée à nos propres regards, dans un oubli plus ou moins prolongé. [...] Au grand jour de la mémoire habituelle, les images du passé pâlissent peu à peu, s'effacent, il ne reste plus rien d'elles, nous les retrouverons plus. Ou plutôt nous ne les retrouverons plus, si quelques mots (comme »directeur au ministère des Postes«) n'avaient pas été soigneusement enfermés dans l'oubli, de même qu'on dépose à la Bibliothèque nationale un exemplaire d'un livre qui sans cela risquerait de devenir introuvable (II, S. 4, ich unterstreiche).

Die Metaphernreihe ist sehr heterogen: da werden zunächst Bilder genannt, die das Flüchtige selbst sind, insbesondere der Geruch und der Hauch. Die prekären Bilder nähern sich in ihrem Bildwert dem Vergänglichen, der Gefahr des Vergessens, ja sogar der Vernichtung und Auslöschung. Vor allem in der Feuermetapher wird ja letztlich aufgrund der Wortwahl »flambée« stärker die Vorstellung eines flackernden, bewegten Feuers geweckt als diejenige des Feuergeruchs. Die Reihe von Bildern, die für das Ephemere einstehen, findet hingegen ihren Abschluß mit einer eindeutigen Erinnerungsmetapher, der *Bibliothèque nationale*, die der aufgebauten Erinnerungsvorstellung nun diametral entgegensteht: weniger aufgrund des Inhalts als aufgrund der Bildrhetorik selbst.

Die ersten Bilder sind Metaphern für ein Vergessen, das als Erinnerung ausgewiesen wird; durch die Präposition »dans« wird diesen raumlosen Bildern eine räumliche Ordnung unterstellt, was sie semantisch an die mnemotechnischen Metaphern anschließbar macht. In der letzten Metapher vollzieht sich das Entgegengesetzt-Gleiche: das konventionelle Bild der Erinnerung steht nun für das Vergessen ein, das abermals – nur von der anderen Seite – als Gedächtnisraum charakterisiert wird. Daß wir dem Erzähler seine Interpretation und Ausweitung des Erinnerungsbegriffes abnehmen, verdankt sich einer Textbewegung, der wir gerade eben in der »directeur du ministère des Postes«-Reminiszenz begegnet sind: Im Überkreuzen und Vertauschen von Bildwerten können unerwünschte semantische Werte ausgeklammert werden. Hier schließt sich der Text über Bilder gegen das Vergessen ab.[48] Dabei wird die Doppelbedeutung von Vergessen – Gegenbegriff zu »mémoire« (Gedächtnis), Gegenbegriff zu »souvenir« (Erinne-

---

48 Die übliche Assoziation vom Verlöschen, Verbleichen der Erinnerungen mit dem Vergessen wird zerbrochen. Sie sind Konsequenzen der »mémoire habituelle«, die darum aber noch nicht in ein Vergessen umgewertet wird, da sie – ganz im Gegenteil – die Erinnerung unendlich verlängert.

rung) – ausgespielt, um letzteren verschwinden zu lassen.[49] Die Metaphern sprechen ja nur vom Vergessen als *Gedächtnis-Raum*, aus dem dann Erinnerungen aufsteigen, wie diejenige des »directeur du ministère des Postes«. Das Vergessen als Komplementärbegriff zur Erinnerung wird stillschweigend übergangen in einer Metaphernreihe, die den Eindruck erweckt, alle Bereiche (im Wechselspiel von »innen« und »außen«) abzudecken, um dann ihren krönenden Abschluß in der alles überstülpenden Metapher der *Bibliothèque nationale* zu finden. Dabei wurde das Vergessen als Möglichkeit aus dem Diskurs hinauskatapultiert wie zuvor Gilberte aus der Reminiszenz. Letztere ist das vom Text selbst gelieferte Beispiel dafür, wie dieses vergessene Vergessen kryptisch weiterwirkt.

Das unvermutete mnemotechnische Bild der *Bibliothèque nationale* ist nur schwer als Metapher für die Vorstellung von einer plötzlichen Reminiszenz zu akzeptieren. Denn die Bibliothek ist organisiert, ist ein strukturiertes Archiv, das nur wenig mit dem spontanen Erinnern gemein hat. Die binäre Struktur von »mémoire involontaire« und »mémoire volontaire« wird durch diesen Bildbruch subvertiert. Das Technische, Kalkulierte dringt in den Bereich des Zufälligen, Spontanen und bildet dort einen ironischen Gegendiskurs. Und umgekehrt wird der Bereich des organisierten Wissens konterkariert, wenn behauptet wird, daß auch dort alles vom Zufall abhängt.

Die subversive Nähe, die das Bild von der Bibliothek zwischen dem Willkürlichen und dem Unwillkürlichen herstellt, verdankt sich wiederum einer poetischen Unschärfe, die an das »presque« gemahnt, von dem ich in dieser Szene ausgegangen bin. Die Argumentation über Metaphern wirkt durchweg unscharf, »ungefähr«. Da diese allgemeinen Metaphern in einem Kontext stehen, der durch zurückgedrängte und nur spurenhaft sichtbare Eifersucht geprägt ist, liegt die Vermutung nahe, daß dieser Bildbruch von einer emotionalen Dynamik her zu verstehen ist, welche die logisch exakte durchkreuzt. Diese Vermutung wird auch durch andere Untersuchungen unterstützt, die die metonymische Bewegung innerhalb der Proustschen Metaphern herausgearbeitet haben.[50] Folgen wir also der Poetik der Unschärfe in dieser Szene, die sich dem metonymischen Einfluß auf die Metapher verdankt: Wie schon bei der Doppelung der »madeleine« in Gebäck und Kirche ist es die über Kontiguität gesteuerte Assoziation, die uns eine Verbindung zwischen dem »directeur des Postes« (über »poste«, »porre«, »poser«) zum »directeur du dépôt«, schließlich zum »dépôt légal« und vom »ministère« zu einer anderen staatlichen Einrichtung, der »Bibliothèque *nationale*« erstellen läßt.

---

49 Elisabeth Gülich wiederholt in ihrer Typologisierung exakt diese Gegenüberstellung, ohne sie zu problematisieren. Sie schreibt: »Gedächtnis und Vergessen sind also insofern gleichbedeutend, als sie eine ›réserve‹ an Erinnerungen darstellen« (Elisabeth Gülich, »Die Metaphorik der Erinnerung ...«, a.a.O., S. 54). Daß das Vergessen nicht nur ein Raum, sondern auch ein Vorgang ist, wird hier schlichtweg übersehen.
50 Julia Kristeva, *Le temps sensible. Proust et l'expérience littéraire*, Paris 1994, S. 268. Vgl. aber auch Ursula Link-Heer, *Benjamin liest Proust*, a.a.O., S. 49 und Gérard Genette, »Métonymies chez Proust«, in: ders., *Figures III*, Paris 1972, S. 41-63.

Jene Querverbindungen sind im übrigen typische Link-Bildungen (›Eselsbrücken‹), um eine mnemotechnische Struktur aufzubauen. Sie beruhen häufig gerade auf homophonen, überdeterminierten und emotional geprägten Verknüpfungen.

Was passiert aber umgekehrt mit der Totalmetapher *Bibliothèque nationale*? Als Bildspender strahlt sie Merkmale auf den näher zu bezeichnende Signifikanten aus (das Vergessen), zugleich wird natürlich auch sie kontaminiert durch den gewagten Vergleich, dem sie dient. Würde man den Vergleich von rechts nach links lesen, stünde in etwa geschrieben: die *Bibliothèque nationale* ist wie das Vergessen. Das scheint nun absurd und ist doch genau der Satz, der der Proustschen Opposition von »mémoire volontaire« und »mémoire involontaire«, d.h. technisch-organisiertem (rein äußerlichem, negativ konnotiertem) und organisch-spontanem (wahrhaftigem) Erinnern entsprechen würde. Lesbar würde im Bild der *Bibliothèque nationale* eine räumliche Ordnung des Vergessens, deren Totalität auf einem Exzeß an Semiosis beruht: alles wird hier aufbewahrt und nichts erinnert. So gelesen wäre es ein Sinnbild der »indifférence complète«.

8. »Le cimetière« als ein dem Vergessen überlassener Gedächtnisraum

Das Gedächtnismedium Buch (im vorliegenden Falle die *Recherche*), das schriftlich Bilder und Metaphern für das Gedächtnis entwickelt, ist selbst immer auch Metapher für das Gedächtnis. Inszeniert es Gedächtnismetaphern, so bedeutet dies einerseits ein poetisches Nachdenken über das Gedächtnis, die Erinnerung, zugleich aber zeichnet sich darin immer auch eine Selbstreflexion ab, die das Medium der Schrift betrifft. Dieses ist nicht weniger enigmatisch als das Gedächtnis selbst, sobald man sich ihm reflexiv zuwendet. Der Einsatz von Metaphern setzt sich darum auf der Ebene der poetischen Selbstreflexion fort. Dies stellt einen in der Literatur geläufigen Gestus dar. Berühmt ist das Bild von einer Kathedrale, die auf nichts gebaut sei, das Bild, welches Flaubert bemüht, um seine Poetik zu veranschaulichen. Ebenso wie dieses Bild selbst nun schon eine radikale Invertierung des ursprünglichen metaphorischen Bildwertes bedeutet (eine Gedächtnismetapher, die schlechtweg ihres Gedächtnisgehaltes beraubt ist), stellt sich auch bei Proust die Metaphernreihe in verzerrtem Licht dar, die den noch zu schreibenden Roman beleuchten soll. Der Unmöglichkeit eingedenk, diesen Roman abzuschließen, spricht das erlebend-erinnernde Ich von einer »cathédrale inachevée«, um anschließend diese Vorstellung (die, obwohl sie das Unabgeschlossene betont, die Größe des Projektes noch unterstreicht) wieder fallen zu lassen und bescheidener vom Roman als einem »Kleid« zu sprechen:

> ... je travaillerais comme auprès d'elle [gemeint ist die Haushälterin Françoise], et presque comme elle (du moins comme elle faisait autrefois: si vieille maintenant, elle n'y voyait plus goutte); car épinglant ici un feuillet supplémentaire, je bâtirais mon

livre, je n'ose pas dire ambitieusement comme une cathédrale, mais tout simplement comme une robe (IV, S. 610).

Die handwerkliche Arbeit der Näherin dient der Analogisierung des Schreibprojektes, motiviert einerseits durch die Verwandtschaft der Materialien, andererseits durch die collagenartige Vorgehensweise. Ebenso fragil wie der Stoff eines Kleides erweist sich die Schreibunterlage, die gleichfalls den Motten ausgesetzt ist. Darüber hinaus besteht die Arbeit von Françoise vor allem aus dem Flicken von Löchern, dem Einnähen von Stoffetzen, was an Prousts Kreationsverfahren erinnert, dem zufolge Textstücke in langen »paperoles« (ein Ausdruck von Françoise) aneinandergeklebt werden. Diese Vorgehensweise findet hier bildlich Eingang in den Roman selbst. Die Metapher wird offensichtlich bemüht, um vor allem die Zerbrechlichkeit und Vergeblichkeit des Projektes zu vergegenwärtigen; Françoise weist als erfahrene Näherin darauf hin, daß nicht alles flick- und reparierbar ist:

> Françoise me dirait, en me montrant mes cahiers rongés comme le bois où l'insecte s'est mis: »C'est tout mité, regardez, c'est malheureux, voilà un bout de page qui n'est plus qu'une dentelle« et l'examinant comme un tailleur: »Je ne crois pas que je pourrai la refaire, c'est perdu. C'est dommage, c'est peut-être vos plus belles idées. Comme on dit à Combray, il n'y a pas de fourreurs qui s'y connaissent aussi bien comme les mites. Ils se mettent toujours dans les meilleures étoffes« (IV, S. 611).[51]

Abermals wird das Unvollendete angedeutet, jedoch nicht als Fragment im romantischen Sinne, das zum Ganzen strebt (»cathédrale inachevée«), sondern als fortwährender Zersetzungsprozeß von innen heraus (»le bois où l'insecte s'est mis«). Das Kunstwerk, das nach der Transsubstantiation der flüchtigen Erinnerungseindrücke strebt, bleibt somit selbst der Zeit verhaftet, die doch dadurch gerade überwunden schien.[52] In diesem Sinne muß auch die Metapher des Friedhofs gelesen werden, die der Roman an anderer Stelle für sein in ihm entworfenes Projekt einsetzt und die hier genauer untersucht werden soll. Wie schon mit

---

51 Wie man diesen Eindruck von Françoise einschätzen soll, bleibt indessen offen. Einerseits muß man dieses Bild beim Wort nehmen, weil Françoise immer wörtlich spricht und weil sie zudem als altersschwach und fast erblindet charakterisiert wird. Daß sie in der Lage ist, die Löcher im Text zu identifizieren, spricht also von deren Ausmaß. Umgekehrt jedoch kann ihre eklatante Sehschwäche selbst schuld an dieser Einschätzung sein. Es würde sich dann nicht um den Zerfall der Manuskripte, sondern um den Zerfall ihres Sehsinnes handeln.
52 In einem von Genette zitierten Brief Prousts an Lucien Daudet vom 27. November 1913 (in Gérard Genette, »Proust palimpseste«, in: *Figures I*, a.a.O., S. 4) spricht er von einer Schreibweise »où s'est accompli le miracle suprême, la transsubstantiation des qualités irrationnelles de la matière et de la vie dans des mots humains«. Julia Kristeva nimmt diese Briefstelle wieder auf und bezieht sie auf den ganzen Roman. »Cette manière est la sienne, et la métaphore réalise pour ceux qui veulent la lire avec sa doublure sensorielle, la transsubstantiation dont rêve le romancier« (Julia Kristeva, *Le temps sensible* ..., a.a.O., S. 264). Dies betrifft jedoch nur eine Seite der Metapher. Ihre Schattenseite, nämlich die Zerstörung, die dieser Umwandlung immer vorausgeht und die prinzipiell immer nachfolgen kann (aufgrund der Zerbrechlichkeit des Gedächtnissupplements) wird im Roman stets mitreflektiert.

der Bibliothek wird mit dem Friedhof abermals eine Institution herbeigerufen, die als kulturelles Bollwerk gegen das Vergessen dienen soll. Stellt die Bibliothek den Versuch dar, ein gesamtes kulturelles Wissen systematisch zur Verfügung zu stellen, so der Friedhof den in jeder Kultur ausgeprägten Versuch, einen Umgang mit dem Tod zu ermöglichen. Dies bedeutet, dem Ereignis des Todes (dem Inkommensurablen schlechthin) nachträglich einen begrenzten, vom sonstigen Leben abgetrennten (und zugleich zugänglichen) Raum zuzuweisen, in dem die Leiche verortet, vergraben und der Sicht entzogen wird. Anstelle des Anblicks tritt das Symbol, der Grabstein, der mit dem eingravierten Namen dem Ort eine Identität zuweist, dank dem das Andenken an den Verstorbenen garantiert werden soll. Das Symbol springt also für etwas ein, dessen Gegenwart unerträglich wäre. Der Friedhof und das an ihn gebundene Begräbnisritual bilden die wesentliche Grundlage für einen kulturellen Akt der Verwandlung des Ereignisses des Todes in eine Form des Andenkens, aus dem nicht zuletzt der Tod selbst (als derjenige, der sich jeder Symbolisierung entzieht) ausgeklammert wird (indem man zum Beispiel die Leiche dem Blick des Trauernden entzieht).

Nun führt die *Recherche* diesen Raum des Todes als topisches Modell an, um die Zukunft der schriftlich veräußerten Erinnerung zu versinnbildlichen. Doch dem nicht genug: Die Proustsche Friedhofsmetapher ist gerade jener deiktischen Sinnstruktur, die der symbolischen Form des Andenkens auf dem Friedhof zugrundeliegt, beraubt:

> ... un livre est un grand cimetière où sur la plupart des tombes on ne peut plus lire les noms effacés. Parfois au contraire on se souvient très bien du nom, mais sans savoir si quelque chose de l'être qui le porta survit dans ces pages (IV, S. 482).

Die vorliegende Metapher beruht also auf einer doppelten semantischen Ausrichtung. Sie setzt ein Bild und zer-setzt es sofort: (1) Das Buch sei ein Friedhof; (2) das Buch sei ein Friedhof (weitgehend) ohne Namen.[53] Zu fragen ist also, was ein Friedhof ohne Namen bedeutet bzw. wie ein Buch, das auf diese Weise metaphorisch bestimmt wird, aussieht. Deutlich wird in (1), daß das Buch testamentarischen Charakter hat, damit ausdrücklich das Andenken an die Toten bejaht, zugleich seine Nachträglichkeit eingesteht, die es auf eine unbestimmte Zukunft ausrichtet, die nicht einmal die Zukunft des schreibenden Ichs meinen kann (denn es selbst verfaßt dieses Testament auch für sich selbst). (2) bedeutet die Rücknahme dieser Funktion. Denn wenn Friedhof bzw. Buch eine Gedächtnisstruktur bedeuten, die doch gerade über den Akt einer Benennung ihre Erinnerungsfunktion ausübt, was bleibt dann von ihr, wenn sie gerade dieser Möglichkeit (der Benennung) beraubt ist?[54] Die Metapher spricht insofern eher von

---

53 Der Roman erprobt in diesem Moment der Selbstreflexion eine Auto-Dekonstruktion, die möglicherweise selbst nicht weiter zu dekonstruieren ist. Der Verlauf dieser Selbstreflexion wird hier darum zunächst einmal dargestellt.
54 Der kulturelle Zusammenhang zwischen Erinnerung und Bestattung wird ja schon in der Legende des Simonides, der Gründungslegende der Mnemotechnik, auf auf die ich eingangs Bezug

der Auflösung von Verweissystemen und bedeutet als Gedächtnismetapher ein substanzloses Modell, gleichsam eine Gedächtnissimulation ohne Referenz auf Reales. Das Buch hat somit selbst in dem Moment, da es ein Überleben der Vergangenheit und der Verstorbenen in der Schrift garantieren will, am Tod als Auslöschung und Vergessen teil, ist es doch selbst ein ›totes Medium‹. Dieses steht nicht für Ewigkeit ein, sondern ist selbst dem Verfallsprozeß ausgeliefert. Die ungewöhnliche Metapher des Friedhofs, auf dem die Namen ausgelöscht sind, diskutiert das Gedächtnis des zu schreibenden Romans als topographisch strukturierte, symbolische Form, um Erinnerung über den Tod hinaus zu bewahren; sie führt in die räumlichen Modelle der kulturellen Gedächtniskonstruktionen die aus ihr verdrängte Zeitlichkeit wieder ein und problematisiert darüber hinaus die Frage nach der Singularität innerhalb der Symbolisierung und schriftlichen Veräußerung von Erinnerung.[55]

Das symbolische Überleben der Toten verdankt sich der Erinnerung anderer. Diese wird durch den Grabstein als symbolische Identität im Zusammenschluß von einem Ort und einem Namen gestützt. Im Namen soll das Gedenken an den Namensträger bewahrt werden, der Name selbst eignet sich in besonderer Weise für eine Einschreibung ins Gedächtnis. Die symbolische Einheit von Name, Ort und Lebensgeschichte, die auf dem Friedhof für die Dauer des Andenkens einsteht, wird jedoch durch den Roman schon von vornherein als Chimäre entlarvt, erweisen sich doch die Namen als Etiketten ohne Substanz, von daher als auswechselbar, das heißt sowohl der Tilgung (dies ist der Fall von Gilberte Swann, die sich nach dem Namen des neuen Gatten ihrer Mutter nennt, Gil-

---

genommen habe, sinnfällig. Der Erinnerungsakt beruht auf der Rekonstruktion einer Identität, dank der Leiche, Name und Grab eine symbolische Einheit bilden können. Genau dieser Akt fällt in der *Recherche* aus.

55 Meine Interpretation des Werkes möchte der durch weite Teile der Forschung untermauerten Metaphysik Prousts widerstehen, derzufolge gerade in der Kunst die Überwindung der Zeit erreicht werde. Wenn beispielsweise Paul Ricoeur einerseits zurecht darauf hinweist, daß »le temps retrouvé« nicht einfach mit den kurzen und flüchtigen »mémoire involontaire«-Momenten identifiziert werden dürfe, da diese Identifikation den langen Weg der Desillusionierung leugne, der gerade den Glauben an die Wiedergewinnung von Einheit in der Reminiszenz unterlaufe, so interpretiert er andererseits diese offensichtlich im Roman angelegte Zersetzung als Entdeckung der »dimension extra-temporelle« des Kunstwerkes. Das Außerzeitliche brauche dann auch nicht mehr die Zeichen, deren Substanz im Laufe der Desillusionierung verloren gegangen sei (vgl. Paul Ricoeur, *Temps et récit II*, Paris 1984, S. 195). Doch was ist ein Kunstwerk ohne Zeichen, auf denen es beruht? Insofern scheint gerade das Bild des Friedhofes eine semiotische Diskussion einzuleiten: Die erinnernde Aneignung des Todes ist immer ein zeichengebundener Vorgang, eine gleichsam unendliche Semiose, in der sprachliche Zeichen immer nur wiederum auf andere sprachliche Zeichen verweisen, nie aber auf eine außersprachliche Wirklichkeit. Der Tod ist aber etwas »unhintergehbar Reales, nichts Semiotisches« (Thomas Klinkert, *Bewahren und Löschen. Zur Proust-Rezeption bei Samuel Beckett, Claude Simon und Thomas Bernhard*, Tübingen 1996, S. 21). Er kann nur als Trope gelesen werden – die Verschriftlichung trägt selbst die Spur des Todes in sich, und zugleich ist der Tod immer auch das unreduzierbar und uneinholbar Andere. Klinkert schreibt weiter: »Man kann den Tod [...] als gestaltpsychologisches Kipp-Phänomen betrachten, als Scharnier zwischen den Bereichen des Semiotischen und des Realen. [...] Dieser wiederum erlaubt nur ein allegorisches, tropisches Sprechen, weil er semantisch leer ist. Dadurch aber wird der Erzählerdiskurs automatisch immer auch zu einer Reflexion über Sprache« (ebd.).

berte S. Forcheville, ehe sie selbst in die Familie der Guermantes einheiratet[56]) als auch der Usurpation ausgeliefert (dies ist der Fall von Mme de Villeparisis[57] und Mme Verdurin, später Princesse de Guermantes[58]). Andere verzichten auf ihren Eigennamen zugunsten eines Pseudonyms (dies ist der Fall von Bloch[59]). Daß der Name symbolisch für eine dauerhafte Identität einstehen könnte, ist für den Roman und seine Gedächtniskonstruktion von vornherein ausgeschlossen. Und zugleich heißt es, sämtliche Vorstellungen von einem Gedächtnis vernichtend, welches das Andenken an den anderen treu bewahren würde: »Un nom, c'est tout ce qui reste bien souvent pour nous d'un être, non pas même quand il est mort, mais de son vivant« (IV, S. 545). Namen garantieren also keine Erinnerung; zugleich bleiben häufig nur sie im Gedächtnis erhalten.

Der Tod, der in der *Recherche* als Name für jede Alterierung einsteht, Alterierung bis zur Unkenntlichkeit, die fast alle Protagonisten und insbesondere das Ich selbst schon unzählige Male durchlaufen haben[60], streicht grundsätzlich jede Erinnerungskonstruktion (immer schon *post mortem*) durch, die auf Identitätssymbolen beruht. Der Name ist ein solches Identitätssymbol, das in der Proustschen Friedhofsmetapher keinen Platz mehr findet. Vielmehr steht der Friedhof mit den ausgelöschten Namen für eine Vorstellung von Namen ein, die entsubstantialisierte und zeitlich begrenzte Setzungen sind und die also in den symbolischen und im wesentlichen räumlich strukturierten Gedächtnisorten keine adäquate Darstellung finden können, es sei denn als unlesbare Spuren, die selbst wiederum den Gedächtnisort von innen heraus korrodieren. Die Metapher transzendiert in diesem Fall nicht Erinnerung in ewiges Andenken, sondern sie vermittelt zwischen Schrift und Spur, Bewahrung von Erinnerung und Verfall von Gedächtnisstrukturen. Der Friedhof eignet sich in besonderer Weise für die Vergegenwärtigung dieser Spannung, denn nichts ist dem Vergessen näher als der Tod (der sich grundsätzlich der erinnernden Aneignung entzieht), und für bzw. gegen nichts werden so viele Erinnerungszeichen aufgerichtet wie für den Toten bzw. gegen den Tod.

Die Frage nach der Veränderung von Erinnerungen in der Zeit, nach deren Überlagerungen sowie deren Verfall erhält im Verschwinden der Namen als Auslöschung der Schrift Einzug ins Bild. Der verdrängte Anteil, nämlich die irreduzible Zeitlichkeit des Gedächtnisses, kehrt in der modifizierten Metapher von einem Friedhof, der offensichtlich dem Verfall (durch die Zeit) preisgegeben ist, wieder. Erst diese ihrer Basis beraubte Metapher kann überhaupt für die Er-

---

56 Vgl. IV, S. 167ff.
57 Vgl. II, S. 590.
58 Vgl. IV, S. 531.
59 Vgl. IV, S. 530.
60 Am Ende des ersten Balbec-Aufenthaltes heißt es: »Pour être exact, je devrais donner un nom différent à chacun des moi qui dans la suite pensa à Albertine« (II, S. 299); zu Beginn von *La Prisonnière*: »... quand tous mes autres »moi« seront morts« (III, S. 522). An vielen anderen Stellen finden sich ähnliche Aussagen. Treffend faßt Georges Poulet diese Alterationen zusammen: »La mort, c'est d'être différent de soi-même« (ders., *Études sur le temps humain I*, a.a.O., S. 406).

fahrung der Verdichtung, Verschiebung und Überlagerung von Erinnerungen einstehen, die der Roman fortwährend inszeniert.

Der hermetische Raum (das Grab stellt ja in ganz konkretem Sinne einen solchen dar) schließt sich gegen Zeitlichkeit ab und steht daher für Bewahrung und Konservierung[61]; zugleich jedoch immer für eine Bewahrung, die der Gefahr ausgeliefert ist, sich auch dem Gedächtnis gegenüber abzuschließen (eben als hermetischer, undurchlässiger Raum). Führt nun die Proustsche Metapher diesen hermetischen Raum in die Zeit ein, wird dieser an die aktualisierende Erinnerung angeschlossen. Erst in dieser Verbindung tritt eine Gedächtnistopographie überhaupt aus der Vergessenheit. Exakt in diesem Moment der Aktualisierung kann die Unvollkommenheit der Gedächtnisstruktur bewußt werden. Denn im Gedächtnisraum selbst findet sich die Erinnerung nicht mehr zurecht, sie sucht die einzelnen Gräber auf und weiß sie nicht zu identifizieren. Sie wird einzig der Tatsache gewahr, daß sie sich auf einem Terrain des Andenkens befindet; wessen dabei gedacht werden sollte, bleibt indessen der Erinnerung unbekannt. Das Buch schafft also einen Gedächtnisraum, der sich von den einzelnen Erinnerungen abgelöst hat. Bewahrung meint mithin nicht automatisch Erinnerung, sondern kann sich als Gedächtnis getarnter Entzug entpuppen. Umgekehrt bedeutet Erinnerung wiederum die Aufhebung der Bewahrung, die Übergabe des Inhalts an die Zeit (die Erinnerungs- und Schreibzeit), damit deren Auslieferung an das immer in der Zeit drohende Vergessen.

Doch nicht erst die Zeit der Erinnerung bringt in diesem Bild die Zeitlichkeit der Gedächtnisstruktur und ihren Verfall hervor, die Zeit hat schon längst vor deren Errichtung gewirkt und die Zuschreibung von Name und Ort von vornherein verunmöglicht. Vielleicht ist nicht allein die Verwahrlosung des Friedhofes an der Auslöschung der Grabinschriften schuldig, sondern das Vergessen, das schon längst herrschte und auch bei der Anlage der Gräber den Ton angab. Auf dieses die Gedächtnismonumente antizipierende Vergessen scheint der Roman anzuspielen, wenn die Kette der Substitution von Erinnerungsobjekten bis in das Bild des Friedhofes hineinreicht. Marcels zeitlich aufeinanderfolgenden Lieben und seinen nachträglichen höchst brüchigen Erinnerungen kann im Roman (im Friedhof) keine räumliche Entsprechung (im Sinne einer topographischen Geschiedenheit) verliehen werden.[62] Wo die durch die Zeit hervorgebrachte Substitution in eine räumliche Gedächtnistopographie symbolisch überführt werden soll, fallen mit einem Mal alle Glieder der Kette in eins oder aber sie liegen sinn- und identitätslos im Raum: sie sind nicht mehr zu individualisieren; sie wurden

---

61 In diesem Sinne läßt sich die religiöse Bedeutung, die der Bewahrung der irdischen Reste zugrundeliegt, verstehen, bilden sie doch eine symbolische Korrespondenz zum ewigen Leben der Seele.
62 Die traditionelle Vorstellung vom Friedhof unterstreicht hingegen gerade in den gängigen Grabformeln (»hic jacet«, »ci gît«, »hier ruht«) die räumliche Unverrückbarkeit des Andenkens. »Das Grab als Ruhestätte des Toten ist ein Ort numinoser Präsenz«, an dem sich der Erinnerungsakt im indexikalischen Gestus des Zeigens selbst vollzieht (vgl. Aleida Assmann, *Erinnerungsräume ...*, a.a.O., S. 324).

weder jemals in ihrer Identität erkannt, noch zu ihren Lebzeiten erinnert.[63] In dem Moment, da also die topographische Struktur zitiert wird, wird sie auch schon durch die Ununterscheidbarkeit der Inhalte innerhalb des Gedächtnisses unterwandert. Denn in der Dynamik der Substitution wird stets das Neue zum Grab des Älteren.[64] Das Grab steht damit gerade für ein Vergessen, das unter einem anderen Namen bzw. im Akt der Überschreibung von Namen weiter erinnert wird:

> J'avais bien souffert successivement pour Gilberte, pour Mme de Guermantes, pour Albertine. Successivement aussi je les avais oubliées, et seul mon amour dédié à des êtres différents avait été durable (IV, S. 481).

Vergessen sind die Namen, die anderen Menschen in ihrer Verschiedenheit, bewahrt offensichtlich das Gefühl, die in-differente Liebe des Ichs. Gestaltet wird ein vom Erlebnis abstrahierendes Gedächtnis:

> Et certes il n'y aurait pas que ma grand-mère, pas qu'Albertine, mais bien d'autres encore dont j'avais pu assimiler une parole, un regard, mais qu'en tant que créatures individuelles je ne me rappelais plus (IV, S. 482).

Im Raum des Friedhofs, in dem die Namen auf den Gräbern gelöscht sind, bleibt nur ein einziger identifizierbarer Ort: derjenige des Betrachters selbst. Da nun das Ich selbst fortlaufend von der Erfahrung der Veränderung, ja der vollkommenen Transformation eines Ich-Zustandes in einen anderen spricht und darüber hinaus für diese Verwandlungen den Namen ›Tod‹ einsetzt, eignen sich die vielen namenlosen, gleichsam leeren Gräber als Bild für die eigene Vergangenheit. Die verwischten Grabtafeln erscheinen als Projektionsflächen, die das betrachtende Ich mit seinen eigenen Erinnerungen neu beschreiben kann. An diesem Punkt der Überlegungen zeigt sich, wie eine Metapher, die zunächst einmal von einem hohen Maß an zeichentheoretischem Problembewußtsein zeugt, ebenso für eine extrem narzißtische Wahrnehmung des anderen einstehen kann. Die Auslöschung des Namens steht hier einerseits für die Erfahrung des Todes als radikale Alterierung, andererseits wird in diesem Bild die Frage nach dem Anderen gleich mit ausgelöscht. Dessen Name bildet nicht einmal mehr einen Widerstand für das Gedächtnis des Ichs, das sich nun ungestört im Friedhof selbst bespiegeln und betrauern darf. Mit anderen Worten: Die Konzeption dieses Friedhofes inszeniert eine höchst komplexe Überkreuzung von narzißtischer Aneignung von Identitäten und deren totaler Dissemination, die für eine irreduzible Alteritätserfahrung einsteht. Oder umgekehrt: Ein narzißtisch übersteigerter Akt der Aneignung (bzw. ein vermessenes Bild) versucht, die Dissemination noch einmal in einem Identitätsmoment zu bündeln (als Vielzahl von Orten in einem begrenzten und eigenen Gedächtnis-Raum) bzw. versucht die irreduzible

---

63 Siehe in diesem Zusammenhang vor allem Kap. II, 5. des ersten Teils dieser Arbeit.
64 Vgl. zu dieser Wendung Aleida Assmann, »Zur Metaphorik der Erinnerung«, a.a.O., S. 20.

Alterität noch einmal ins Eigene umzuwandeln und sei es für den Preis ihrer Vernichtung und Beerdigung.

Genau in dieser höchsten Spannung vollzieht sich die Konzeption des Werkes, für das ja der Friedhof nur die Metapher ist, über welche die Frage, wie das Buch mit dem Andenken an die Toten (an die schon Gestorbenen, aber auch an all die Sterblichen) umgehen soll, verhandelt wird. Der Roman selbst wird damit als kulturelle Institution des Gedächtnisses ernstgenommen, und er muß sich gerade darum mit ethischen Fragestellungen konfrontieren. Kann ein Roman, der sich als Gedächtnisprojekt ausgibt, tatsächlich den Toten, an die er sich erinnert, gerecht werden? Die Metapher des Friedhofs suggeriert indes, daß der geplante Roman auf Kosten der Auslöschung von Singularität entsteht, denn alles Gelebte geht nun in ihn ein und allein diese letzte Transformation scheint dem Gelebten Sinn zu geben:

> Tous ces êtres qui m'avaient révélé des vérités et qui n'étaient plus, m'apparaissaient comme ayant vécu une vie qui n'avait profité qu'à moi, et comme ils étaient morts pour moi (IV, S. 481).

Das Ich saugt gleichsam die »vérités« aus den Begegnungen mit anderen Menschen, die selbst nurmehr deren Behältnisse und leere Hüllen darstellen. Für das Überleben dieser »vérités« muß das Singuläre vernichtet werden. Somit wird deutlich, daß ein Roman als kulturelle Objektivierung das treue Andenken geradewegs durchkreuzt, obgleich seine Idee aus diesem Bedürfnis heraus entstanden ist.

> J'avais beau croire que la vérité suprême de la vie est dans l'art, j'avais beau, d'autre part n'être plus capable de l'effort du souvenir qu'il m'eût fallu pour aimer encore Albertine que pour pleurer encore ma grand-mère, je me demandais si tout de même une œuvre d'art dont elles ne seraient pas conscientes serait pour elles, pour le destin de ces pauvres mortes, un accomplissement (IV, S. 481).

Das künstlerische Verfahren der Metamorphose, das der junge Marcel im Atelier Elstirs erkannt hat, nämlich den Dingen ihren Namen wegzunehmen, den ihnen Gott gegeben hatte, um sie neu zu erschaffen[65], stellt sich in dem Moment, da es auf die Erinnerungen angewandt wird (und nicht mehr auf Landschaften wie bei Elstir), als Gewissensfrage. Beide Ansprüche – »vérité suprême« in der Neuschöpfung und treue Erinnerung an das Singuläre – stehen unvermittelt neben- und gegeneinander; der Chiasmus bleibt ungelöst und bildet als Symptom eine lange Isotopie von Reue-, Schuld- und Sühnevorstellungen aus.

---

65 »... le charme de chacune consistait en une sorte de métamorphose des choses représentées, analogue à celle qu'en poésie on nomme métaphore et que si Dieu le Père avait créé les choses en les nommant, c'est en ôtant leur nom, ou en leur donnant un autre qu'Elstir les récréait« (II, S. 191).

Der künstlerische Akt der Sublimierung einer singulären Erinnerung in eine höhere, allgemeingültige Wahrheit scheint in der *Recherche* insofern unvollständig, als die angestrebte Objektivierung zu einer narzißtischen Selbstdarstellung neigt, die selbst nur bedingt für eine »vérité suprême« gehalten werden darf. Aus dieser (immer antizipierten, weil für Marcel noch ausstehenden) verfehlten Umgestaltung erwachsen Schuldgefühle, die sowohl den Akt des Schreibens betreffen als auch das Gedächtnis selbst, das immer schon untreu war:

> Il était triste pour moi de penser que mon amour auquel j'avais tant tenu, serait, dans mon livre, si dégagé d'un être que des lecteurs divers l'appliqueraient exactement à ce qu'ils avaient éprouvé pour d'autres femmes. Mais devais-je me scandaliser de cette infidélité posthume et que tel ou tel pût donner comme objet à mes sentiments des femmes inconnues, quand cette infidélité, cette division de l'amour entre plusieurs êtres, avait commencé de mon vivant et avant même que j'écrivisse? (IV, S. 481).

Die »infidélité posthume« ist in Wirklichkeit eine »ante primum«, die sich auch in der Abfolge, Ersetzung und Überlagerung der Liebesobjekte abzeichnet.[66] Die Schuld der Untreue liegt weit zurück, ebenso wie das Vergessen selbst, das im Roman immer wieder ausdrücklich als Tötung verstanden wird.[67] In das Begräbnis schreibt sich also von vornherein eine Profanierung ein.[68] Profanierung meint mehr als ein unwillkürliches Verfehlen (zum Beispiel in Form einer natürlichen Schwäche des Gedächtnisses), nämlich einen willkürlichen Akt der Schändung, der Beschmutzung des Andenkens. Die Schuld wird im nachträglichen Werk nicht aufgehoben, sondern fortgeschrieben, denn sie liegt gerade in der unzulässigen Profanierung der Erinnerung an den anderen, *um* das *eigene* Werk zu schaffen.[69] Die Sühne (»l'expiation«), mit der die religiöse Semantik fortgeschrie-

---

66 Siehe wiederum Kap. II, 5. des ersten Teils dieser Arbeit.
67 Vgl. Wendungen wie »... il en est de même de l'oubli, du néant mental ...« (II, S. 178); »Je n'aimais plus Gilberte. Elle était pour moi comme une morte qu'on a longtemps pleurée, puis l'oubli est venu ...« (III, S. 111); »Gilberte était presque morte en moi ...« (III, S. 642).
68 Ausdrücklich gesteht das Ich die Profanierung des Andenkens, das es beim zukünftigen Leser vermutet, auch für sich selbst ein: »La profanation d'un de mes souvenirs par des lecteurs inconnus, je l'avais consommée avant eux« (IV, S. 481). Noch ehe das Kunstwerk im konkreten Sinne anvisiert wird, neigt die Wahrnehmung des Anderen zur künstlerischen Umformung: »Nous sommes des sculpteurs. Nous voulons obtenir d'une femme une statue entièrement différente de celle qu'elle nous a présentée« (III, S. 648).
69 Die Dialektik von Bewahrung und Zerstörung, die in der Friedhofsmetapher ausgespielt wird, liegt jedem künstlerischen Schöpfungsakt zugrunde. Am deutlichsten vielleicht hat Benjamin diese Dialektik an der Figur des Allegorikers gezeigt, der immer auch ein Melancholiker ist (zum Zusammenhang von Erinnern und Vergessen in Trauer und Melancholie, s. Kap. I, 2. des dritten Teils dieser Arbeit). Der Allegoriker beraubt gerade in der erinnernden Aneignung die Dinge ihres Gehaltes und füllt sie mit neuen Bedeutungen. »Wird der Gegenstand unterm Blick der Melancholie allegorisch, läßt sie [die Allegorie] das Leben von ihm abfließen, bleibt er als toter, doch in Ewigkeit gesicherter zurück. [...] An Bedeutung kommt ihm das zu, was der Allegoriker ihm verleiht. Er legt's in ihn hinein und langt hinunter: das ist nicht psychologisch, sondern ontologisch hier der Sachverhalt. In seiner Hand wird das Ding zu etwas anderem und es wird ihm ein Schlüssel zum Bereiche verborgenen Wissens, als dessen Emblem er es verehrt« (Walter

ben wird, deutet immerhin die Möglichkeit einer Wiedergutmachung der Schuld an. Sie findet jedoch nicht im Schreiben des Werkes statt (wie dessen Interpretation als Sublimierung und Transsubstantiation nahelegen würde), sondern muß durch körperliches Leiden geleistet werden:

> Ô puissé-je, en expiation, quand mon œuvre serait terminée, blessé sans remède, souffrir de longues heures, abandonné de tous, avant de mourir! (IV, S. 481).

Der pathetische Ausruf – sofern man ihn ernst nimmt – meint implizit, daß die Wahrheit der Kunst nicht für die Aufhebung der Schuld einsteht, sondern die Kunst letztlich die Schuld noch vermehrt, die nur durch körperlichen Schmerz abgebüßt werden kann.

Wenn körperliche Bezichtigungen eingesetzt werden, so jedoch immer im Hinblick auf die Erweckung von Erinnerungen, nie als Selbstzweck allein. Der Sühnegedanke ist immer an einen Erinnerungsakt gebunden. Nun betrifft in Marcels Fall die Schuld genau die Erinnerung selbst, die auf unterschiedliche Weise veruntreut wurde (durch Vergessen, Umschreibung, narzißtische Selbstbespiegelung). Diese Schuld wird nun abermals – im Sühnegedanken – durch einen Erinnerungsakt überformt, der – der Nachträglichkeit selbst nachträglich – diese wiedergutmachen soll. Das bedeutet eine andauernde Erinnerung an die Schuld des Vergessens, eines Vergessens, das – davon zeugt das irreversible Bild der ausgelöschten Namen – nicht wieder einzuholen ist. Der Friedhof und das Buch werden damit weniger zum Ort der Trauer über den Tod der anderen als vielmehr zum Ort der Selbstbezichtigung, der Trauer darüber, daß diese Trauer nicht stattfinden kann. Die logische Konsequenz dieses verfehlten Begräbnisses ist die Wiederkehr der Toten als Gespenster, als Erynnien, als Schuldgefühle.[70]

Eine Instanz, die von dieser Schuld freisprechen würde, gibt es in der Proustschen Welt nicht. Allein eine Schuldgemeinschaft kann die Schuld des Ichs etwas aufwiegen (aber nicht aufheben). Die Leser werden die Veruntreuung der Erinnerung fortschreiben, indem sie sich die vielen Namen (!) als Merkzeichen für ihre eigenen Erinnerungen aneignen, die sie beim Lesen leiten werden. Das Ich hofft also nicht auf Erlösung von dieser Schuld, sondern auf Lösung des Werkes von seiner veruntreuten Erinnerung, um als autopoetischer Gedächtnisraum in eine neue Treuegemeinschaft mit dem Leser einzutreten.

Feiert einerseits die Proustsche Ästhetik die Metapher als höchstes Stilprinzip und sprachliche Transsubstantiation, so wird diese Vorstellung *in* Metaphern problematisiert. Wenn immer wieder betont wird, daß Proust sich auf den letzten Seiten der *Recherche* ganz und gar auf die überzeugende Ausarbeitung seiner synästhetischen Poetik konzentriert, die Empfindung und Erinnerung, Wahr-

---

Benjamin, *Ursprung des deutschen Trauerspiels*, in: *Gesammelte Schriften*, hrsg. von Rolf Tiedemann und Hermann Schweppenhäuser, unter Mitwirkung von Theodor W. Adorno und Gershom Scholem, Frankfurt a. M. 1974 – 1989, Band I.1., S. 359). Benjamin bezeichnet diesen Vorgang als »allegorische Zerbröckelung und Zertrümmerung« (ebd., S. 364).
70 Zur Figur der Wiederkehr des Nicht-Erinnerten, siehe Kap. II, 5. des ersten Teils dieser Arbeit.

nehmung und Zeichen, Leben und Werk zusammenzuführen wüßte[71], so wird darüber vergessen, daß genau in diesen Seiten diese Poetik auch fortwährend in Frage gestellt wird. Die Friedhofsmetapher macht dies deutlich, wird doch durch sie die angestrebte Synthese wieder aufgebrochen: In der Transformation eines Seinsbereichs in einen anderen vollzieht sich ein Bruch, in den sich die Schuld eingenistet hat als Symptom und mithin Merkzeichen dafür, daß dieser Bruch nicht aufgehoben werden kann, es sei denn durch einen Akt der Tötung.

---

71 Vgl. dazu zum Beispiel Julia Kristeva, *Le temps sensible* ..., a.a.O., darin v.a. das ausführliche Kapitel »Apologie de la métaphore«, S. 246-279.

II. Die Grammatik des Gedächtnisdiskurses

1. Erzähltheoretische Überlegungen

Die Analyse der Gedächtnismetaphern hat gezeigt, daß sich räumliche Bilder prinzipiell gegen das Vergessen abzuschließen suchen. Wenn in den Metaphern Spuren des Vergessens ausgemacht werden konnten, so verdankte sich dies einerseits einer Lektüre, die ihr Anderssagen als wörtliche Leseaufforderung annahm, und andererseits einer Kontextualisierung der Metaphern, durch die semantische Beziehungen zutage traten, die als metonymisch bezeichnet wurden. Die sich selbstverständlich gebenden Metaphern erhalten aus dieser Perspektive ihre wahrnehmungspsychologisch-emotionale Motivation und temporale Determination.

Im Spannungsfeld zwischen der paradigmatischen und der syntagmatischen Achse des Textes soll nun die Aufmerksamkeit auf letztere gelegt werden: Sie ist die Achse der Organisation und Komposition des Textes, auf der sich Modus, Aspekt und Frequenz des Textes erkennen lassen und auf der sich im Vor- und Zurückweisen die zeitliche Ausdehnung der Geschichte erschließt. Während die in der Metapher wirkende Verdichtung diese gerade gegen die Zeit abzuschließen sucht, haben wir es bei der Metonymie mit einer verschiebenden und verzeitlichenden Kraft zu tun. Sie gestaltet im Text die Nachträglichkeit des Erinnerungsaktes bzw. dessen antizipierende Gesten als irreduzible Ungleichzeitigkeit, die die Metapher als Suggestion von verdichteter Augenblickhaftigkeit indessen zu leugnen sucht.[1]

Die entscheidende Frage ist jedoch, wie auf der syntagmatischen Ebene das im Erinnern und Erzählen statthabende Vergessen theoretisch beschrieben werden kann. Hier ergeben sich handfeste methodische Probleme. Die Erzähltheorie, die bezüglich Textstrukturen einen vielversprechenden Zugang darstellt, hat den Nachteil, daß sie nur sehr begrenzt überhaupt den Zusammenhang zwischen Erinnern und Erzählen behandelt hat, geschweige denn dem Vergessen darin nachgegangen wäre.[2] Weder ein rein deskriptiver noch ein normativer erzähl-

---

[1] Vehikel dieser metonymischen Bewegung sind zum Beispiel Gegenstände, die den Besitzer wechseln, Fahrzeuge, durch die sich die Kontemplation in Flüchtigkeit auflöst, Telegramme, die zu spät eintreffen, Tote, die als Gespenster wiederkehren. Obwohl sie eine Figur der Wiederkehr beschreiben, sind sie doch wesentlich verschieden von den »mémoire involontaire«-Wiederauferstehungen. Näheres dazu in den folgenden Kapiteln.

[2] Selbst die umfangreiche Studie *Temps et récit* (Paris 1983-1985) von Paul Ricoeur stellt vor allem die Frage nach dem Zusammenhang von Zeit und Erzählung, Zusammenhang, der natürlich auch für das Gedächtnis maßgeblich ist, jedoch diesbezüglich von Ricoeur weitgehend ausgeblendet wird. Sein jüngstes Buch *La mémoire, l'histoire, l'oubli* (Paris 2000) versucht diese

theoretischer Zugang, der von einem idealen Erzähl-Erinnerungsmodell ausginge, um dann die Abweichungen davon als Vergessen zu beschreiben, erscheint hier sinnvoll. In der Frage nach dem Nexus von Erinnern, Vergessen und Erzählen führen auch die vielen neueren kulturwissenschaftlichen Studien zum Gedächtnis nicht weiter. In aller Regel behandeln sie den Text an sich als Gedächtnissupplement und widmen sich, wenn sie überhaupt konkrete Texte analysieren, ausschließlich dem Erinnern und Vergessen als Motiv, nicht aber als Struktur, die den Text prägt.

Die Kognitionspsychologie kommt der Problemstellung am nächsten, indem sie stereotype Konversationsmaximen und Erzählschemata, die die Textlinguistik herausgearbeitet hat, sowohl als Elaboration als auch als Organisation der Verbalisierung von Erinnerung anerkennt. Dabei wirke, so Siegfried S. Schmidt, als Maßgabe hauptsächlich die Kohärenz, aus Rücksichtnahme auf den kommunikativen Kontext, in dem Texte stehen. Dieser These zufolge gilt:

> Erinnern und Erzählen folgen [...] denselben Mustern kohärenter Konstruktion von Zusammenhängen zwischen Handlung und Handlungsresultat, Vorgang und Folge, Ursache und Wirkung, wobei ein Hauptgewicht auf der Klärung kausaler und temporaler Relationen liegt. Erinnern und Erzählen koordinieren sich gegenseitig.[3]

Diese aus dem alltagskommunikativen Bereich deduzierten Normvorstellungen sind sicherlich richtungweisend, aber nicht ohne weiteres als Maßstab auf das literarische Gedächtnis, d.h. auf ein in der Literatur inszeniertes Gedächtnis zu übertragen. Denn wenn man dies tun würde, dann wäre allein schon das Fehlen temporaler Relationen in der *Recherche* ein Grund, den Status der Erinnerung in dieser Erzählung in Frage zu stellen. Der Roman zielt ja auf eine Vorstellung von Erinnerung, die durch derartige rationale Kommunikationsmodelle überhaupt nicht berührt wird.

Die zitierte kognitionspsychologische These stellt ein idealtypisches Modell dar, in dem offensichtlich stillschweigend davon ausgegangen wird, daß die Repräsentation eines Gedächtnisses, die Äußerung eines Gedächtnisses und schließlich die Konstruktion eines Text-Gedächtnisses ein und dieselbe Bewegung darstellten und somit deckungsgleich seien. Im Gegensatz dazu muß davon ausgegangen werden, daß prinzipiell eine Differenz besteht zwischen der Vorgehensweise des Gedächtnisses und der Konvention von Texten, die als dessen Manifestation angenommen werden. Äußert sich zum Beispiel in der strikt chronologischen Erzählung in besonders adäquater Weise ein intaktes Gedächtnis? Oder erweist sich nicht vielmehr die Wirklichkeit selbst, die zu erinnern und zu erzählen wäre, als weitaus komplexer denn eine lineare, chronologisch geordnete

---

Lücke zu schließen, jedoch verzichtet diese Studie auf erzähltheoretische Ausführungen und genauere Textinterpretationen.
3 Vgl. Siegfried J. Schmidt, »Gedächtnis – Erzählen – Identität«, in: Aleida Assmann und Dietrich Hardt (Hrsg.), *Mnemosyne* ..., a.a.O., S. 378-397, hier: S. 388.

Ereignisverkettung? Es genügt, daß die erzählte Wirklichkeit mehr als eine Person umfaßt, damit die chronologische Erzählung in Schwierigkeiten gerät: denn im strengen Sinne müßte sie dann ständig einen Erzählstrang unterbrechen, um darzustellen, was zu eben diesem Zeitpunkt der anderen Figur geschehen ist.[4] Die chronologische Erzählung ist eine Konvention, die sich weder von den Ereignissen noch vom Gedächtnis herleitet, wenngleich das Gedächtnis sich oftmals Stützen durch chronologische Ordnung sucht. Dies bedeutet aber, daß es auf Konventionen zurückgreift und diese sich nachträglich aneignet. Sie scheinen ihm nicht immanent zu sein.[5]

Konventionen sind gleichsam vortheoretische Annahmen, die in die Theorie immer mit eingehen. Die Literatur als diejenige Form von Texten, der es durch ihre Vielschichtigkeit und Offenheit gelingt, das Theoriegebäude, das sie zu umfassen sucht, zu sprengen, ist also am geeignetsten, bestimmte Vorstellungen – im vorliegenden Fall bestimmte Vorstellungen von der Manifestation eines Gedächtnisses im Text – immer wieder von neuem in Frage zu stellen. Sie ist in den seltensten Fällen reine Umsetzung einer Theorie.[6] Zugleich bedarf es der theoretischen Ansätze zur Ausrichtung eines Erkenntnisinteresses, die im besten Falle selbst einer Lektüre unterworfen, anstatt schlicht angewandt werden. Die Verbindung zwischen Fragen der Texthermeneutik und Fragen nach dem Funktionieren des Gedächtnisses verdeutlichen mithin die aporetischen Seiten des hermeneutischen Zirkels: Offensichtlich werden Textmuster und technische Modelle als Metaphern herangezogen, um das Gedächtnis zu erklären; und umgekehrt wird diese gewonnene Gedächtnisvorstellung wiederum auf Texte übertragen. In dieser hermeneutischen Wechselwirkung wird jedoch die Differenz, die sich zwischen beiden Fragen einstellt, geleugnet; sie wird deutlich, sobald man die Modellbildung als metaphorisches Verfahren einsichtig macht und dessen Grenzen aufzeigt.[7] Die zwei Unsicherheitsfaktoren müssen also zugleich in ihrer Unsicherheit wahrgenommen und gleichsam aneinander geschärft werden. Sie heben sich unterdessen nicht in einem erworbenen Wissen auf. Da die hier zur Interpretation stehende Frage des Vergessens selbst das Gedächtnis verunsichert, muß ein Denken, das sich zu Wissen kristallisieren will, eine solche Frage

---

4 Vgl. Tzvetan Todorov, »Les catégories du récit littéraire«, in: *Communications* 8, 1966, S. 125-151, hier: S. 127.
5 Der Anachronismus kann unter Umständen viel ›realistischer‹ sein. Proust selbst schreibt: »Notre mémoire ne nous présente pas d'habitude nos souvenirs dans leur suite chronologique, mais comme un reflet où l'ordre des parties est renversé« (I, S. 568).
6 In diesem Sinne ist sicherlich zu verstehen, daß die frühe These der Proust-Forschung, der Roman setze Bergsons »mémoire«-Vorstellung in ihre Erzählung um, inzwischen verworfen wurde.
7 Ein Beispiel dafür ist der »Wunderblock« von Freud, der in der Interpretation eines technischen Apparates als Modell für das Gedächtnis die Gesetze dieser Übertragung und die Grenzen des analogen Verfahrens, auf dem sie beruht, deutlich macht (s. Kap. I, 2. des ersten Teils dieser Arbeit).

verfehlen: Denn das Vergessen scheint nie zum direkten Gegenstand eines Erkennt-nisdiskurses werden zu können, steht es doch selbst fortwährend für den Entzug eines Wissens, das auch den Diskurs über es notwendig kontaminieren muß. Zugleich eröffnet natürlich gerade das Vergessen als Unterbrechung des Wissens die Chance, das Gedächtnis zu befragen. Insofern gilt es das Verhältnis von Textbeschreibung und Theorie in seiner Spannung offenzuhalten, was immer wieder zur Textbeschreibung von Theoriegebilden führen muß. Freuds metapsychologische Schriften eignen sich in besonderer Weise für eine solche Theorie-Lektüre. Sie haben maßgeblich zu einer ›Theorie des Gedächtnisses‹ beigetragen, ohne daß sie sich je zu einem geschlossenen Theoriegebilde verdichtet hätten. In Freuds Ausführungen werden die Unsicherheitsfaktoren, die einer solchen Theorie immer innewohnen, als fortwährender Korrekturvorgang deutlich gemacht. Sie zeugen damit von einer Schreibweise, die von den Inkommensurabilitäten ihres Gegenstandes zutiefst geprägt ist.

Die Literatur, namentlich die *Recherche*, führt in die Inszenierung eines Gedächtnisses zugleich eine Reflexion über es ein. Will diese eine Poetologie sein, wie sie am Ende des Romans für sich behauptet, so muß sie sich an der Erzählung selbst messen lassen. Das Verhältnis jedoch zwischen den programmatischen Ausführungen über die »mémoire involontaire« und der tatsächlichen Erzählung erweist sich in vielerlei Hinsicht als irreduzibel spannungsvoll. Die Hermeneutik als Frage der Vermittlung zwischen Theorie und Praxis, zwischen Methode und Erscheinung scheint mithin in den literarischen Text getragen und kann von ihm ausgehend abermals gestellt werden.

Die Differenz zwischen Poetologie und Praxis in der *Recherche* besteht darin, daß die Poetologie offensichtlich ihren Gegenstand verfehlt, insofern sie zwar Aussagen macht über die spontane Erinnerung als Ereignis und Erfahrung, aber relativ wenig über die Art und Weise des Erzählens, also über Modus, Aspekt und Frequenz zu erkennen gibt. Dahinter steht offensichtlich die Unvereinbarkeit von momentanem, spontanem Erinnern einerseits und Erzählen als zeitlich ausgedehntem, linearem und intelligiblem Vorgang andererseits. Zwar können epiphanische Momente des Erinnerns erzählerisch dargestellt werden – etwa in der zeitlichen Verdichtung durch Metaphern –, die Gesamterzählung geht jedoch weit über diese Momente hinaus bzw. bleibt dahinter zurück; sie läßt sich jedenfalls nicht vollständig aus der Epiphanie ableiten.

Die Konstruktion des epiphanischen Moments, der im Text für den Erinnerungsauslöser einsteht, nicht aber für den Erinnerungsdiskurs selbst, weist jedoch in sich selbst die Spannung zwischen paradigmatischer und syntagmatischer Achse auf, die sie metaphorisch aufzuheben sucht im Sinne der Suggestion reiner Gegenwärtigkeit. Die »mémoire involontaire«-Momente beruhen ja zunächst auf der kontingenten Beziehung zweier Gegenstände (über die Kontiguität), die durch das wahrnehmende Subjekt in eine Ähnlichkeitsbeziehung übergeführt und damit erst bedeutsam wird. Die Kontiguität wird offensichtlich als Raum der Kontingenz gedeutet, den die Kunst in einen Raum der Ähnlichkeitsbeziehungen überführen kann; letzterer wird als notwendiger Sinnzusammenhang und quasi organische Totalität⁸ angenommen. Geht man hinter diesen dialektischen Umschlag zurück und durchbricht den behaupteten Transformationsvorgang durch die Einführung von erzähllogischen Argumenten, dann erweist sich letzterer als Paradox von der Abschaffung der Achse der Kontiguität, als Schrumpfung der Textdiegese auf einen Punkt. Die narrative Praxis der *Recherche* erweist sich, aus diesem im Roman angelegten Paradox heraus, als Einlösung und Dekonstruktion ihrer Poetik zugleich.⁹ Die Achse der Kontiguität gewinnt als Gegenbewegung zum poetologischen Programm mit Blick auf das Vergessen entscheidende Bedeutung. Denn wenn die Epiphanie für das Wiedergewinnen von Erinnerungen steht, die als Ähnlichkeitsbeziehungen gestaltet einen Gedächtnisraum bilden, dann können diejenigen Momente auf syntagmatischer Achse, die durch diesen Akt verfehlt werden, als Momente gelesen werden, die sich der Transformation und Integration in ein Gedächtnis geradewegs entziehen. Der romanimmanente Ausgangspunkt für eine Diskussion des Vergessens im erinnernden Erzählen dürfte somit in der Spannung zwischen den beiden Textachsen, zwischen Ähnlichkeit und Kontiguität, zwischen metaphorischem und metonymischem Verfahren liegen.

2. *Aphasie und Hypermnesie des Gedächtnisses*

Einen ersten Ausgangspunkt für die Diskussion dieser Spannung im Hinblick auf das Vergessen finden wir in einem Diskurs, in dem das Motiv des Vergessens selbst eine Sprache des Vergessens hervorbringt. Es ist der Diskurs des Aphasikers, wie er uns am Ende der *Recherche* in Charlus' Sprechweise entgegentritt. Von diesem Fall auszugehen erlaubt erstens, anhand von Detailanalysen auf Satzebene grundsätzliche Fragen des Erzähldiskurses zu erörtern. Zweitens liegt mit der Aphasie ein Fall von Sprachstörung vor, der von Roman Jakobson in einer sehr weitsichtigen Studie mit den Kategorien analysiert wurde, mit denen man auch Erzähltexte beschreiben kann: eben mit den eingeführten Kategorien der Similarität und der Kontiguität. Seiner bipolaren Auffassung von Sprache zufolge ist jedes Zeichen durch Selektion und durch Kombination determiniert. Dem zufolge kann man zwei große Klassen der sprachlichen Alteration bzw. Aphasie unterscheiden: erstens das Versagen der Selektion bei relativ intakter Kontextualisierung bzw. Kombination; zweitens das Versagen der Kombination und Kontextualisierung bei relativ intakter Vorgehensweise auf der Achse der Selektion.[10]

---

8 Vgl. Wolfgang Marx, »Das »Wunder der Analogie«, in: *Romanische Forschungen* 102, 1990, S. 42-57, hier: S. 46.
9 Vgl. zu diesem Zusammenhang auch Rainer Warning, »Vergessen, Verdrängen und Erinnern«, a.a.O., S. 161.
10 Vgl. Roman Jakobson, »Deux aspects du langage et deux types d'aphasies«, in: ders., *Essais de linguistique générale,* Paris 1963, S. 50. Durch unterschiedliche Grade der Abstufung der Krankheit ergeben sich verschiedene Aphasie-Typen, auf die hier im einzelnen nicht eingegangen werden soll. Manche betreffen stärker die Rezeption und Wahrnehmung, manche wiederum

Das Beispiel des Aphasikers Charlus soll Aufschluß geben über die konkrete Manifestation der Aphasie im Satz, darüber hinaus auch über die Frage nach dem Zusammenhang zwischen Aphasie und Amnesie, den der Roman ausgehend von der Begegnung zwischen Marcel und Charlus implizit zu diskutieren scheint.

Kurz bevor Marcel in *Le temps retrouvé* in den Hof des Hôtel de Guermantes eintritt und dort sein sogenanntes »pavé«-Erlebnis hat, daraufhin in der Bibliothek, in einen traumhaft zeit- und ortsentbundenen Zustand versunken, seine Konzeption von Literatur entwickelt, kurz vor diesen zentralen und oftmals für die Deutung des Romans herbeizitierten Passagen, steht seine letzte und aus theoretischer Sicht interessanteste Begegnung mit M. de Charlus (IV, S. 438-443). Charlus ist eine der wenigen Figuren, außer Marcel selbst, die sich erinnert und deren Erinnerungsweise zugleich vom Erzähler reflektiert und problematisiert wird.[11] Alle anderen Figuren treten mehr oder weniger nur als erinnerte Wesen auf, ohne eigene Erinnerung. Es ist zugleich diejenige Figur, deren körperliche Degradation am genauesten beschrieben wird. Ein Schlaganfall führte zunächst zur Erblindung von Charlus, wobei dessen Sprechfertigkeit und Gedächtnis unberührt schienen. In *La prisonnière* noch zelebriert der blinde Charlus sein exzellentes Gedächtnis: »M. de Charlus se mit à les [les amants d'Odette] énumérer avec autant de certitude que s'il avait récité la liste des rois de France« (III, S. 804). Charlus' Gedächtnis ist der Gotha, das Buch der Adelsgenealogie, ergänzt um ein geheimes Buch der Intrigen und Liebesverhältnisse, das im übrigen den Zugang zum Kreis der Guermantes regelt. Als Marcel Jahre später auf seinem letzten Weg in die mondäne Welt der Guermantes noch einmal Charlus trifft, haben sich die Symptome seiner Apoplexie offensichtlich verlagert: Charlus kann zwar wieder sehen, ist jetzt aber von einer zunehmenden Aphasie bedroht, also einem fortschreitenden Verlust des Sprechvermögens.[12] Seine Ausdrucksweise ist

---

beeinträchtigen stärker den Ausdruck. In der Tat wird schon in den frühen Studien zur Aphasie (Carl Wernicke, *Der aphasische Symptomencomplex*, Breslau 1874; Sigmund Freud, *Zur Auffassung der Aphasien. Eine kritische Studie*, Leipzig und Wien 1891) zwischen einer ganzen Reihe von Aphasie-Typen unterschieden, von denen für die literarische Inszenierung und Anverwandlung letztlich nur diejenigen interessant sind, die sich nicht in Stummheit äußern, sondern in einem paraphasischen Sprechen. Letzterem liegt eine Sprachstörung zugrunde, bei der ein adäquates Wort durch ein weniger adäquates Wort ersetzt wird, das aber eine gewisse Beziehung mit dem richtigen Wort aufrechterhält (phonetischer oder paronymer Bezug). Eine detaillierte Auflistung der Aphasie-Typen unternimmt Freud in seiner viel zu wenig beachteten frühen Studie zur Aphasie, deren deutsche Ausgabe praktisch unauffindbar ist, weswegen ich auf die französische Edition verweise (Sigmund Freud, *Contribution à la conception des aphasies*, Paris 1983, S. 57f.).

11 Die meisten Figuren werden zwar in ihrer Redeweise dargestellt, die sich jedoch in den seltensten Fällen als Erinnerung gibt. Eine weitere Ausnahme stellt dagegen Albertine dar, deren erinnernde oder vielmehr zum Vergessen neigende Sprechweise ebenfalls kommentiert wird. Sie bricht immer wieder Sätze ab, um sie in ganz anderer Weise fortzuführen (was Marcel als Anakoluth zu interpretieren weiß, ohne jedoch den durch den Satzabbruch unterdrückten Sinn rekonstruieren zu können); siehe III, S. 659 und III, S. 841.

12 Das Wandern der Symptome von der Blindheit zur Aphasie erscheint etwas unwahrscheinlich. Die weitere Interpretation wird andeuten, daß auch schon die Äußerungen des blinden Charlus von der Aphasie gekennzeichnet sind. Da Marcel selbst nur über Dritte gehört hat, daß Charlus

in der Tat durch einen ständigen Korrektur- und Ersetzungsvorgang der Signifikanten geprägt. Das Krankheitsbild des dem Tode Nahestehenden wird vom Erzähler relativ genau geschildert. Seiner körperlichen Alteration entspricht eine Alteration des Sprechens:

> Il y avait d'ailleurs deux M. de Charlus, sans compter les autres. Des deux, l'intellectuel [Charlus I] passait son temps à se plaindre qu'il allait à *l'aphasie*, qu'il prononçait constamment un mot, une lettre pour une autre. Mais dès qu'en effet il lui arrivait de le faire, l'autre M. de Charlus [Charlus II], le subconscient, lequel voulait autant faire envie que l'autre pitié et avait des coquetteries dédaignées par le premier, arrêtait immédiatement, comme un chef d'orchestre dont les musiciens pataugent, la phrase commencée, et avec une ingéniosité infinie rattachait ce qui venait ensuite au mot dit en réalité pour un autre mais qu'il semblait avoir choisi. Même sa *mémoire était intacte*, d'où il mettait du reste une coquetterie, qui n'allait pas sans fatigue d'une application des plus ardues, à faire sortir tel souvenir ancien, peu important, se rapportant à moi et qui me *montrerait qu'il avait gardé ou recouvré toute sa netteté d'esprit* (IV, S. 440, ich unterstreiche).

Die hier beschriebene Aphasie scheint mit einer zweifachen Persönlichkeitsspaltung einherzugehen. Der von mir als Charlus I Bezeichnete ist selbst schon ein gedoppelter: Es ist der Aphasiker, der ständig ein falsches Wort, einen falschen Buchstaben setzt, weil er die Fähigkeit zur Unterscheidung von Phonemen und Signifikanten verloren hat (»il prononçait constamment un mot, une lettre pour une autre«). Zugleich ist dieser Charlus I aber auch die Instanz, die sich dessen bewußt ist und sich ständig darüber zu beklagen scheint. Charlus II hingegen möchte das fehlerhafte Sprechen kaschieren und knüpft an das falsch gesetzte Wort eine logische Fortsetzung, so daß der verwechselte Signifikant nachträglich als der bewußt gewählte ausgegeben wird. In dieser Diagnose wird indirekt deutlich (und das verschweigt der Erzähler), daß sich Charlus im Laufe seines Diskurses, der als »Sprechen unter der Bedingung konstanter Abweichung«[13] bezeichnet werden kann, immer weiter von seiner anfänglich intendierten Aussage entfernt, ja vielmehr, daß ein gänzlich unkohärenter (oder hochpoetischer) Text entstehen müßte, da der kranke Sprecher sich sowohl auf substituierende Weise auf der paradigmatischen Achse als auch auf assoziativ-logische Weise auf der syntagmatischen Achse bewegt. Da nun jeder Signifikant immer zugleich auf den beiden Achsen angesiedelt ist, ist dieses Sprechen, so wie es geschildert wird, einer fortwährenden Zerreißprobe unterworfen. Trotz dieses Tatbestandes kommt der Erzähler zu dem Schluß, daß sowohl Charlus' Gedächtnis als auch dessen Verstand völlig in Ordnung seien: »... son intelligence n'était pas atteinte ...« (IV, S. 439); »... je m'aperçus que le malade gardait absolument intacte son intelligence« (IV, S. 440); »Même sa mémoire était intacte ...« (ebd.). Allein die Ausdrucksebene

---

erblindet sein soll, könnte es sein, daß er die Redewendung »cécité verbale«, die für die Aphasie relativ geläufig ist, in seiner Erinnerung zu »cécité« verkürzt hat.
13 So Hans-Dieter Gondek sehr zugespitzt über die Aphasie, siehe ders., *Angst Einbildungskraft Sprache. Ein verbindender Abriß zwischen Freud – Kant – Lacan*, München 1990, S. 67.

sei von der Aphasie tangiert: »... il me parla très vite, d'une voix si imperceptible que je ne pus distinguer ce qu'il me disait« (IV, S. 439); »Entendant le baron prononcer difficilement et à faux certains mots ...« (IV, S. 441); »... une nouvelle faute de prononciation que commit le baron ...« (ebd.). Die Diagnose sieht also eine strikte Trennung zwischen Verstand und Gedächtnis einerseits und der Artikulation andererseits vor. Sie entspricht im übrigen dem Forschungsergebnis von Adrien Proust, dem Vater von Marcel Proust, der als Mediziner eine Studie zur Aphasie verfaßt hat. Dieser zufolge betrifft die Aphasie nur die äußere Ebene der Artikulation:

> ... l'aphasie n'est-elle pas simplement la lésion de ce pouvoir que nous avons d'exprimer extérieurement notre pensée? [...] Ainsi donc, il y a indépendance entre la pensée et le langage.[14]

Die Zerstörung betreffe, so Adrien Proust, allein die äußere, konventionelle Seite des Gedankens, die er »langage artificiel« nennt. Daß der Sohn diese Diagnose in seinem Roman wieder aufnimmt, mag insofern verwundern, als den Schriftsteller das von der Sprache losgelöste, rein virtuelle Gedächtnis kaum interessieren dürfte, denn gerade er sucht ja nach einer geeigneten ›Übersetzung‹, d.h. nach einer möglichen Kommunikation der Erinnerung. Wie aber sieht eine ›intakte Erinnerung‹ in aphasischen Satzformationen aus? Während die abstrakte, oben zitierte Diagnose ein extremes, unverständliches Sprechen suggeriert, verbleiben die zwei kurzen Beispielsätze im Bereich des Vernünftig-Verständlichen. Sie sind jedoch – trotz oder gerade wegen ihrer Kürze und Einfachheit – durchaus aufschlußreich.

Der erste Satz wird vom Erzähler selbst als Beispiel eingeführt, das beweisen soll, daß Charlus ständig bestrebt ist, zu zeigen, daß sein Gedächtnis intakt ist. Er tut dies, indem er zusammenhanglos – nicht dem Gesprächskontext, sondern seiner unkontrollierten Assoziation folgend – völlig unbedeutende Erinnerungen artikuliert:

> Même sa mémoire était intacte, d'où il mettait du reste une coquetterie, qui n'allait pas sans la fatigue d'une application des plus ardues, à faire sortir tel souvenir ancien, peu important, se rapportant à moi et qui me montrerait qu'il avait gardé ou recouvré toute sa netteté d'esprit. Sans bouger la tête ni les yeux, ni varier d'une seule inflexion son débit, il me dit par exemple: »Voici un poteau où il y a une affiche pareille à celle *devant laquelle j'étais la première fois que je vous vis à Avranches, non je me trompe*, à Balbec« (IV, S. 440, ich unterstreiche).

Mit dem Beispielsatz wird die anfängliche Diagnose sowohl widerlegt als auch erweitert im Hinblick auf die konkrete Symptomatik. Die Zurschaustellung des Gedächtnisses (als praktisch zweckloses, an Details ohne weiteren Zusammen-

---

14 Adrien Proust, *De l'aphasie*, Paris 1873, S. 11.

hang erprobtes) widerlegt nun insofern die These von Adrien Proust, daß Gedächtnis und sprachliche Äußerung getrennte Phänomene seien, als offensichtlich das Gedächtnis nach Ausdruck drängt, schließlich und endlich alles auf den Ausdruck ankommt. Ohne die Ausdrucksseite mag das Gedächtnis vielleicht intakt sein, es ist dann aber in absoluter Innerlichkeit so selbstbezogen, daß es unbekannt bleibt. Im Ausdruck des Aphasikers wiederum erweist es sich als defektes, weil es zum Beispiel von einem alterierten Gesprächskontext ausgeht. Hier zum Beispiel verfehlt die Bemerkung sowohl den aktuellen Gesprächskontext als auch den früheren der Begegnung zwischen Marcel und Charlus. Das Gedächtnis, das sich in den Mittelpunkt und zur Schau stellen will, äußert sich über Randphänomene, nennt dekorative und kontingente Details wie das Plakat, auf das Charlus verweist. Der Verwechslung von Situation und Rahmen entspricht eine Verwechslung der Wörter »Avranches« und »Balbec«, die selbst wiederum wesentliche räumliche Informationen bezeichnen. Im Beispielsatz erfolgt dann die Korrektur »non je me trompe, à Balbec«, die vom Erzähler als richtig bestätigt wird, womit dieser selbst sich der Ostentation des Gedächtnisses anschließt. Eine klare Trennung, die Jakobson noch zwischen den zwei Klassen von Aphasie ausmachen möchte, kann im konkreten Fall gar nicht gezogen werden, bewegt sich doch jedes Zeichen auf beiden den Sprachsinn organisierenden Achsen. Die Verwechslung auf der Ebene der Kombination und Kontextualisierung zieht natürlich eine Substitution von Wörtern nach sich.

Der zweite Beispielsatz stellt gleichfalls eine auf den ersten Blick, wenngleich theatralische, so doch vernünftige Aussage dar, die jedoch auf den zweiten Blick noch einmal anders gelagerte aphasische Symptome enthält:

> C'est avec une dureté presque triomphale qu'il répétait sur un ton uniforme, légèrement bégayant et aux sourdes résonances sépulcrales: »Hannibal de Bréauté, mort! Antoine de Mouchy, mort! Charles Swann, mort! Adalbert de Montmorency, mort! Boson de Talleyrand, mort! Sosthène de Doudeauville, mort!« (IV, S. 441).

Wenn Charlus in den früheren Szenen durch einen perfekt memorierten Gotha bestach, so bleiben davon in seinem degenerierten Zustand zwei Elemente übrig: die Form der Auflistung und die Namen als postume Nennung. Die soziale Kodierung der Namen hingegen fällt aus. Doch verdankt sich diese egalitäre Liste nicht der Vorstellung, daß im Tod alle gleich seien, sondern sie ist offensichtlich ein Resultat der Aphasie. Dies wird nicht so sehr im Sprechen deutlich, als vielmehr in einer mindestens ebenso aussagekräftigen Handlung. Als die dem Adligen Charlus immer unwürdige Mme de Saint-Euverte in ihrer Kutsche vorbeifährt, huldigt dieser ihr, als sei sie die Königin von Frankreich:

> M. de Charlus se découvrit, s'inclina, et salua Mme de Saint-Euverte avec le même respect que si elle avait été la reine de France. [...] M. de Charlus, qui jusque-là n'eût pas consenti à dîner avec Mme de Saint-Euverte, la saluait maintenant jusqu'à terre. Il saluait peut-être par ignorance du rang de la personne qu'il saluait *(les articles du*

code social pouvant être emportés par une attaque comme toute autre partie de la mémoire) ... (IV, S. 438f., ich unterstreiche).[15]

Das einzige Mal wird an dieser Stelle explizit von einem möglichen Gedächtnisverlust gesprochen, um ihn jedoch auf einen speziellen inhaltlichen Aspekt einzuschränken. Strukturell scheint hingegen der Gedächtnisverfall schon viel früher eingesetzt zu haben, denn der perfekte Gotha verdankt sich letztlich einem wiederholten Auswendiggelernten, das jeglicher komplexeren Sinnzusammenhänge entbehrt. Auf der letzten Stufe des offensichtlich angegriffenen Gedächtnisses bleibt nur noch die Aneinanderreihung von Namen der Toten. Diese sind jene Elemente – das beklagt der Erzähler an anderer Stelle – die häufig als Rudimente weiterleben, wo alles andere schon in Vergessenheit geraten ist.[16] Die Form der Liste offenbart in diesem Fall den oben nach Jakobson genannten zweiten Typ von Aphasieerkrankung, der sich auf der syntagmatischen Achse ausgebreitet hat:

> Dans ce type d'aphasie, déficiente quant au contexte, et qu'on pourrait appeler trouble de la contiguïté, l'étendue et la variété des phrases diminuent. Les règles syntaxiques qui organisent les mots en unités plus hautes sont perdues; cette perte, appelée agrammatisme, aboutit à dégrader la phrase en un simple »tas de mots« ... .[17]

Die gleichsam sanktionierte Form der Liste steht im Falle von Charlus als Kompromißbildung ein zwischen dem Aphasiker (Charlus I) und dem Ich-Anteil, der sich den Anschein des intakten Gedächtnisses geben will (Charlus II).[18]

Welchen Status hat jedoch eine Erinnerung, die sich nur noch in der Auflistung und Wiederholung von Namen erschöpft? Bedeutet die Aphasie den Sprachverfall, so geben ihre Symptome Auskunft über die Degeneration der in der Sprache wirksamen Elemente wie Lexik und Grammatik. Diese stellen je-

---

15 Siehe im Vergleich dazu die Ablehnung, die Charlus gegenüber Mme de Saint-Euverte an der Soirée bei der Herzogin von Guermantes bezeugt (III, S. 100).
16 Im Wiederaufsagen der Namen stellt sich eine, wie der Erzähler einmal von sich selbst feststellt, monotone Wiederholung ein, die nichts an Erinnerung hinzufügt. Der Erzähler macht die folgende Bemerkung im Zusammenhang mit seiner nach Albertines Flucht einsetzenden Trauer: »... elle [Albertine] n'existait guère en moi que sous la forme de son nom. [...] Si j'avais pensé tout haut, je l'avais répété sans cesse et mon verbiage eût été aussi monotone ...« (IV, S. 16).
17 Roman Jakobson, »Deux aspects de langage ...«, a.a.O., S. 57; »tas de mots« ist eine Wendung des Neurologen Hughling Jackson.
18 Ein von Freud zitierter Aphasie-Fall (der wie Charlus einen Hirnschlag erlitten hat) zeigt, wie tatsächlich die Liste als Hilfsmittel eingesetzt wird, um die Sprechfähigkeit bis zu einem gewissen Grade wiederherzustellen. Ich zitiere nach der frz. Ausgabe: »Un malade [...] avait à la suite d'une attaque d'apoplexie, perdu la mémoire des substantifs et des noms propres, mais se souvenait de leur première lettre avec une parfaite sûreté. Il avait trouvé pratique de se constituer une liste par ordre alphabétique des substantifs les plus utilisés, qu'il gardait toujours sur lui et qui lui permettait de parler« (Sigmund Freud, *Contribution* ..., a.a.O., S. 91). Ansätze zur alphabetischen Ordnung lassen sich auch in den aphasischen Satzbeispielen ausmachen: »Avranches«, »Balbec«, dann nach dem Anlaut des Vornamens: »(H)annibal de Bréauté«, Antoine de Mouchy«, »Charles Swann«; dann Wiederaufnahme des A-B-C: »Adalbert de Montmorency«, Boson de Talleyrand«, wobei der letzte Name aus der Ordnung fällt (»Sosthène de Doudeauville«). Siehe zur Liste auch Kap. II, 4. des zweiten Teils dieser Arbeit.

doch selbst eine Art Gedächtnis dar, das man das Gedächtnis der Sprache nennen kann. Während die paradigmatische Achse beschreibbar ist als »rapport associatif [qui] unit des termes *in absentia* dans une série mnémonique virtuelle«, ist die syntagmatische Achse aktuale Assoziation (»*in praesentia*«).[19] Die Sprache selbst erweist sich also als Teil des menschlichen Gedächtnisses und nicht als etwas ihm äußerliches, sekundäres. Die Aphasie stellt damit in erster Linie ein Vergessen dar, das die Sprache selbst betrifft. So schreibt Jakobson ausgehend vom Verlust der Fähigkeit, verwandte Bedeutungen zu unterscheiden:

> ... dès que l'aphasique n'est plus en mesure de distinguer linguistiquement des significations voisines, les mots sémantiquement proches perdent toute différence fonctionnelle, ce qui fait s'évanouir le fondement même de la différence des mots. L'amnésie des mots s'installe alors; un mot remplace tous ceux qui lui sont sémantiquement proches et assume leur sens.[20]

Oder umgekehrt: Der Gedächtnisausfall ist als innersprachlicher Funktionsmechanismus beschreibbar, wenn Sprache als ein kontinuierliches Assoziationsfeld begriffen wird, in das Störungen als Assoziationsverhinderungen eingetragen werden. Zugleich können Kompensationen in Form anderer Assoziationsströmungen für den Ausfall eintreten.[21]

Selbst wenn die Interpretation der Textstelle zum Ergebnis gekommen ist, daß die Aphasie von Charlus auch als Amnesie zu verstehen ist, bleibt die Frage, warum erstens im Roman immer wieder behauptet wird, daß Charlus' Gedächtnis in Ordnung sei und warum zweitens kaum anschauliche Redebeispiele den interessanten Fall vergegenwärtigen, wo doch sonst in der *Recherche* eingehend von der direkten Rede Gebrauch gemacht wird.

Die überraschende Tatsache, daß der Erzähler die Trennung von Gedächtnis und Sprachfertigkeit betont, ermöglicht es indessen erst, den Krankheitsfall fruchtbar für den Erinnerungsdiskurs zu machen. Denn Charlus ist ein leidenschaftlicher Erinnerer geblieben, stets bestrebt, die Fertigkeiten seines Gedächtnisses in Szene zu setzen. Das heißt, daß wir es mit einer Hypertrophie der Erinnerung, zugleich aber mit einer ständigen Substitution und Korrektur von Signifikanten zu tun haben, die den Erinnerungsinhalt beeinträchtigen und die Erinnerung selbst abdriften lassen in einen nicht mehr eindeutigen Text, bestenfalls in ein komplexes Nebeneinander von Korrekturen und Varianten, von denen keine mehr als richtig gelten kann. Mit dem Verlust der Fähigkeit, den richtigen Signifikanten zur richtigen Zeit zu setzen, stellt sich das Vergessen der Wörter

---

19 Ferdinand de Saussure, *Cours de linguistique générale*, publié par Charles Bally et Albert Séchehaye [1916]. Édition critique préparée par Tullio de Mauro, Paris 1995, S. 171.
20 Roman Jakobson, *Langage enfantin et aphasie*, Paris 1969, S. 40.
21 Vgl. Hans-Dieter Gondek, *Angst Einbildungskraft Sprache ...*, a.a.O., S. 51.

ein. Und je mehr der Aphasiker erinnert, desto stärker mag sich denn auch das Vergessen in seinem Diskurs breit machen.[22]

Der Erzähler, der sonst sehr ausführlich die Diskurse seiner Protagonisten wiedergibt, hält sich hier jedoch erstaunlicherweise sehr zurück. Wie dieses schizophrene Sprechen genau aussehen mag[23], wird dem Leser größtenteils vorenthalten. Der Erzähler schafft aber durch seine eindringliche Diagnose einen interpretatorischen Raum, in dem diese auf das Sprechen von Charlus projiziert werden kann. Eine direkte Transkription von Charlus' Sprechakten würde die Lesbarkeit des Textes gefährden, die der Erzähler ja zu bewahren gewillt ist. Und nicht zuletzt ist seine eigenartige Zurückhaltung mit der Tatsache begründbar, daß eine beunruhigende Nähe zwischen Charlus' und seinem eigenen Sprechen zu bestehen scheint. Denn das aphasische, d.h. das sich selbst substituierende Sprechen, ist nicht zuletzt ein – sonst nie vom Erzähler eingestandenes – Prinzip seines Schreibens. Besonders einsichtig wird dies an der schon zitierten Stelle, in der das erzählende Ich die Verdopplung von Charlus und dessen sich fortwährend korrigierendes Sprechen diagnostiziert. Unterschwellig wird dabei sein Diskurs selbst vom diagnostizierten Symptom infiziert:

> Même sa mémoire était intacte, d'où il mettait du reste une coquetterie, qui n'allait pas sans fatigue d'une application des plus ardues, à faire sortir tel souvenir ancien ... (IV, S. 440).

Der Relativsatz »qui n'allait pas ...« bleibt unvollständig und findet nur scheinbar seine Fortsetzung in der Infinitivergänzung »à faire sortir«, die eigentlich den Anschluß an den Kausalsatz »d'où il mettait ...« bildet. »À faire sortir« ist somit eine vom Erzähltext selbst hervorgebrachte Kompromißlösung, die sich aus der doppelten Dynamik von aphasischem Sprechen und dem Willen zur Kaschierung ergibt.

Über dieses konkrete Beispiel hinausgehend, in dem Charlus' Sprechweise und die Schreibweise des Erzählers in engster Weise miteinander verknüpft sind, läßt sich aufgrund der Analysen von Jakobson ein allgemeinerer Zusammenhang

---

22 Die Hypermnesie ist nach Thédule Ribot ein Symptom für das Endstadium der Zerstörung des Gedächtnisses (Théodule Ribot, *Das Gedächtnis und seine Störungen*, Hamburg und Leipzig 1882, S. 119). Im gleichen Sinne wird die Aphasie häufig als Regression bezeichnet, die den kindlichen Spracherwerb geradewegs rückgängig macht (vgl. Roman Jakobson, *Langage enfantin...*, a..a.O., S. 108f.). Wie genau Prousts Kenntnisse der Aphasie waren, zeigt sich auch in den wiederholten Hinweisen, daß sich Charlus wie ein unselbständiges Kind verhalte. Am Ende dieser Regression steht der Tod. Will man diese Diagnose auf den Erzähler im Roman anwenden, der sich am Ende plötzlich an alles erinnert, dann dürfte nur zu deutlich werden, welchem Wettlauf das Schreiben mit dem Tod ausgesetzt ist.

23 Vgl. zur Schizophrenie, zur Verrücktheit von Charlus auch die Ausführungen von Gilles Deleuze, »Table ronde«, in: Jacques Bersani, Michel Raimond und Jean-Yves Tadié (Hrsg.), *Cahiers Marcel Proust 7*, a.a.O., S. 88f. und S. 106f.

zwischen Aphasie und literarischem Diskurs feststellen: Wenn die Aphasie auf der einen Seite eine Verarmung, ja Dekomposition der Sprache, eine Regression in den frühkindlichen Sprachstand bewirkt, so ist sie auf der anderen Seite auch ein poetisches Prinzip. Denn die Sprachbewegung folgt beim Aphasiker den Gesetzen der Similarität und Kontiguität; dies sind auch die Gesetze, auf denen Metapher und Metonymie beruhen.[24]

Schauen wir uns den Kontext der Begegnung des Erzählers mit Charlus an. Dieser geht unmittelbar ein erstes »pavé«-Erlebnis voraus, das zumeist überlesen wird, das aber schon alle notwendigen Bedingungen des ›eigentlichen‹ »pavé«-Erlebnisses im Hofe von Guermantes aufweist:

> Elles [les Champs-Elysées] *étaient fort mal pavées*, mais [...] tout d'un coup, la voiture roule plus facilement, [...], on glisse sur les allées couvertes d'un sable fin ou de feuilles mortes. [...] mais je sentis tout d'un coup la suppression des obstacles extérieurs [...]. Et comme un aviateur qui a jusque là péniblement roulé à terre, »décollant« brusquement, je m'élevais lentement vers les hauteurs silencieuses du souvenir (IV, S. 436f., ich unterstreiche).

Diese erste »pavé«-Szene steht eindeutig im Schatten der zweiten, großen »pavé«-Szene, die, weil sie als epiphanisches Erlebnis geschildert wird, die dominante Position beansprucht. Der Leser scheint geneigt, jenes zweite Erlebnis, das der Charlus-Szene unmittelbar nachfolgt, als erstes zu nehmen, als ›Anfang‹ einer Reihe von Epiphanien zu lesen, die eine andere Gedankenfolge einleiten. Wir haben es hier mit einer zunächst nur strukturell ersichtlichen Doppelung zu tun, die zumeist unbemerkt bleibt. Auf der einen Seite steht das erste »pavé«-Erlebnis und die absonderliche Begegnung mit Charlus, auf der anderen Seite das zweite »pavé«-Erlebnis, an das sich die romantheoretischen Erörterungen anschließen. In den beiden Szenen werden zwei grundsätzlich verschiedene Diskurse aktualisiert: zunächst das Sprechen (und Schreiben) in Substitutionen, Inszenierung eines gleichsam automatischen Gedächtnisses, das durch Sprachstörungen gesteuert wird; dann, im Anschluß an das zweite »pavé«-Erlebnis, die Poetik der »mémoire involontaire« für den geplanten Roman und eine in diesem Zusammenhang ganz anders angelegte Substitutionstheorie, auf die ich weiter unten eingehen werde[25]. Doch unmerklich tritt in dieser Szene zur vordergründigen Opposition zwischen »mémoire involontaire« und »mémoire volontaire« eine dritte Form des Gedächtnisses, »la mémoire aphasique« oder auch: »la mémoire automatique«, jedenfalls ein Gedächtnis, das sich weder vom Willen des Subjektes ableitet noch durch dieses als Geschenk des Zufalls angenommen werden kann. Man könnte auch sagen, daß es die verdrängte Seite der »mémoire invo-

---

24 Vgl. Roman Jakobson, *Langage enfantin ...*, a.a.O., S. 109.
25 Vgl. Kap. II, 5.5. des ersten Teils dieser Arbeit.

lontaire« selbst ist, nämlich das Unwillkürliche im Sinne der Fremdsteuerung durch die mnemotechnische Eigenwilligkeit der Sprache.

Diese verdrängte Seite des Gedächtnisses wirkt in der Figur Charlus untergründig auch im folgenden, bis an das Ende des Romans, ohne genannt zu werden, als Leit- und Angstbild weiter. Der »bâl des têtes« ist als beschriebenes Ereignis letztlich genau die äußere Entsprechung des von der Aphasie angegriffenen Gedächtnisses. Die dort beschriebene Gesellschaft ist selbst vom Tod und vom Vergessen der sozialen Kodierung ihrer Namen gezeichnet, die als Hüllen bleiben und beliebig usurpiert werden können. Marcel sieht sich konfrontiert mit einer totalen Invertierung der Verhältnisse, mit einem kollektiven Vergessen jeglicher sozialer Differenzen. Schließlich bleibt er als Beobachter und Beteiligter selbst von all dem nicht unberührt. Die Euphorie schwindet angesichts der starken Eindrücke von Tod, Verfall und Vergessen und macht der Angst vor der eigenen Unfähigkeit, vor dem möglicherweise nahen, eigenen Tod, ja sogar vor einem »accident cérébral« (IV, S. 614) Platz.[26]

Dieser dramatischen Zuspitzung widmen sich ausführlich die Kapitel II, 5.5. und II, 6.

3. Die Analogie: Wahrnehmung, Augenblicklichkeit, Verschmelzung

Immer mit Aufmerksamkeit auf das Spannungsverhältnis zwischen Paradigma und Syntagma des Textes sollen nun strukturelle Elemente, die vom Roman selbst als notwendig für die Poetik der »mémoire involontaire« anerkannt werden, untersucht werden. Doch wie weiter oben schon angedeutet, beziehen sich Prousts Ausführungen stets ausschließlich auf den Moment der epiphanischen Wiederauferstehung der Vergangenheit bzw. auf das Glück, das dieser Moment mit sich bringt. Die Konsequenz, die daraus gezogen wird, heißt zunächst ganz allgemein Kunstschaffen:

> Aussi, cette contemplation de l'essence des choses, j'étais maintenant décidé à m'attacher à elle, à la fixer, mais comment? par quel moyen? (IV, S. 454)
> [...] Or, ce moyen qui me paraissait le seul, qu'était-ce autre chose que faire une œuvre d'art? (IV, S. 457)

---

26 Als Fußnote darf erwähnt werden, daß Marcel Proust selbst glaubte, an Aphasie zu leiden und sich darum 1918 von dem berühmten Neurologen Joseph Babinski untersuchen ließ (vgl. George Painter, *Proust, the later years*, Boston 1965, S. 279).

Wie aber soll das Kunstwerk gestaltet werden? Wie würde sich die »mémoire involontaire«-Poetik auf das Erzählen selbst auswirken? Nur in dieser Hinsicht ist ja überhaupt die Rede von einer dem Roman immanenten Poetik gerechtfertigt. Damit steht man vor der unentschiedenen und möglicherweise unentscheidbaren Frage, ob die auf ein zukünftiges Schreiben hin entworfene Poetik durch den Roman selbst eingelöst ist, oder ob dies als immer noch zu leisten vorgestellt wird. Man kann jedoch beobachten, daß durch den ganzen Roman hindurch mehr oder weniger die Wahrnehmungsperspektive Marcels (der noch nicht Schriftsteller ist) als Erzählperspektive eingehalten wird. Zugleich hat der Leser einen durchkomponierten Text vor sich, der gleichsam einen schon geordneten und strukturierten Gedächtnisinhalt darstellt, den sich der Leser aneignen kann. Eine entscheidende Kategorie für einen gedächtnisfreundlichen Text stellt die Analogie dar. Durch sie erkennt der Leser Elemente wieder und prägt sie sich dadurch besonders ein. Die Analogie als Kompositionsprinzip vermittelt insofern kongenial die Empfindung von Identität zwischen Vergangenheit und Gegenwart, als sie auch eine Kategorie der Wahrnehmung ist. Als Kompositionsprinzip auf syntagmatischer Ebene findet die Analogie ihre Form im Leitmotiv, auf paradigmatischer Ebene liegt sie den rhetorischen Figuren des Vergleiches und der Metapher zugrunde. Die romanimmanente Poetik suggeriert nun, daß die auf syntagmatischer Achse agierende Analogie, die der Leser vor sich hat, erkannt und in eine auf paradigmatischer Achse agierende Metapher umgewandelt werden soll. Erst hier wird auf künstlerischer Ebene die Analogie, die die Zeit im Text strukturiert, in zeitlose Wahrheit umgewandelt. Dies scheint zumindest eine der Hauptaussagen unter dem Eindruck der »mémoire involontaire«-Erlebnisse in der Bibliothek von Guermantes zu suggerieren. Die Empfindung beruht auf dem »miracle de l'analogie«:

> ... l'être qui alors goûtait en moi cette impression la goûtait en ce qu'elle avait de commun dans un jour ancien et maintenant, dans ce qu'elle avait d'extra-temporel, un être qui n'apparaissait que quand, par une de ces identités entre le présent et le passé, il pouvait se trouver dans le seul milieu où il pût vivre, jouir de l'essence des choses, c'est-à-dire en dehors du temps [...]. Cet être-là n'était jamais venu à moi, ne s'était jamais manifesté, qu'en dehors de l'action, de la jouissance immédiate, chaque fois que *le miracle d'une analogie* m'avait fait échapper au présent. Seul, il avait le pouvoir de me faire retrouver les jours anciens, le temps perdu ... (IV, S. 450, ich unterstreiche).

Die Gestaltung der Analogie, ihre Überführung in zeitenthobene, künstlerische Wahrheit leistet die Metapher:

> ... la vérité ne commencera qu'au moment où l'écrivain prendra deux objets différents, posera leur rapport, analogue dans le monde de l'art à celui qu'est le rapport unique de la loi causale dans le monde de la science, et les enfermera dans les anneaux nécessaires d'un beau style. Même, ainsi que la vie, quand en rapprochant une qualité commune en les réunissant l'une et l'autre pour les soustraire aux contingences du temps, dans une métaphore (IV, S. 468).

Läßt die Erinnerung nachträglich Analogien zwischen differenten Momenten des Lebens erkennen, so ist umgekehrt die Analogie auch sprachlicher Ausdruck dieses Erinnerungsvorganges, den der Künstler zur Metapher verdichtet.

Nun wurde die Analogie als Prousts herausragendes Stilprinzip erkannt.[27] Im Roman kommt sie jedoch nicht nur in ihrer metaphorischen Verdichtung vor, sie wirkt auch in der (Erzähl-)zeit auf syntagmatischer Ebene in vielfacher Weise. Im Sinne der Ausbildung einer kohärenten Makrostruktur zum Beispiel liegt sie in der Leitmotivik vor[28], die den Text mit einer immanenten Gedächtnisstruktur durchzieht, die der Leser nachvollziehen und sich als Erinnerung durch seinen Leseakt aneignen kann. Man denke an das Leitmotiv vom Hören und Wiederhören der Sonate von Vinteuil, dem der Leser folgt, indem er lesend dieselbe Erfahrung des vorübergehenden Vergessens und Wiedererkennens vollzieht, die Swann hörend macht.[29] Desgleichen beruhen die »mémoire involontaire«-Momente immer auf einer analogen ersten Erfahrung, die beim zweiten Mal, im Moment des Erkennens der Ähnlichkeit mit der ersten Erfahrung, sinnstiftend wird.[30] Wiedererkennen ist für Proust die Bedingung des Erkennens[31], und umgekehrt meint die Analogiebildung die sprachliche Artikulation der Entdeckung des Bekannten im (gerade noch) Unbekannten. Über die Rückbindung an vergangene Erfahrungen können neue Eindrücke in das Gedächtnis aufgenommen

---

27 Vgl. zum Beispiel die Eingangssätze von Gérard Genette in »Métonymies chez Proust«, die schon eine Kritik an dieser wiederholten Feststellung einleiten: »Le rapport métaphorique, fondé sur l'analogie, est si important chez Proust, si manifestement au cœur de sa théorie et de sa pratique esthétiques comme de son expérience spirituelle, que l'on est tout naturellement conduit, comme il l'a été lui-même, à en surestimer l'action au détriment d'autres relations sémantiques« (ders., *Figures III*, a.a.O., S. 41).

28 Siehe zum Beispiel Marcel Muller, *Préfiguration et structure romanesque dans »À la recherche du temps perdu«*, Kentucky 1979; Inge Backhaus, *Strukturen des Romans. Studien zur Leit- und Wiederholungsmotivik in Prousts »À la recherche du temps perdu«*, Berlin 1976; Stefano Agosti, *Realtà e metafora. Indagini sulla »Recherche«*, Milano 1997.

29 Nachdem Swann das erste Mal die Sonate von Vinteuil hört und von ihr tief berührt wird, vergißt er sie zunächst: »Mais il n'était pas arrivé à savoir de qui était l'œuvre qu'il avait entendue, il n'avait pu se la procurer et avait fini par l'oublier. [...] Puis il cessa d'y penser« (I, S. 208). Das Wiederhören, das in einer unbestimmten zeitlichen Distanz zum ersten Mal steht, im Text jedoch direkt im Anschluß an das erste Mal erzählt wird, hebt das vorübergehende Vergessen in einem Wiedererkennen auf: »... tout d'un coup [...] il reconnut [...] la phrase [...] qu'il aimait« (ebd). Die Wiederaufnahme eines Motivs bildet einen Rahmen, durch den ein Vergessen zeitlich begrenzt und schließlich aufgehoben wird.

30 Marcel Muller behauptet sogar einen im Werk durch Präfiguration angelegten theologischen Sinnhorizont, dem zufolge der noch unvollkommene Swann den zukünftigen Messias Marcel ankündige, der das Werk schließlich vollbringen werde. In dieser heilsgeschichtlichen Deutung fügen sich analogisch-präfigurierend alle Ereignisse zu einem letztgültigen Sinnhorizont zusammen (Marcel Muller, *Préfiguration*..., a.a.O.). In einer solchen messianisch orientierten, durchaus nachvollziehbaren Interpretation werden jedoch die vielen Anzeichen, die der heilsgeschichtlichen Orientierung geradewegs zuwiderlaufen, übersehen.

31 Vgl. Hans-Robert Jauss, *Zeit und Erinnerung in Marcel Prousts ›À la recherche du temps perdu‹* [1955], Heidelberg 1970, S. 168.

werden. Die Analogie hat erkennende Funktion für den Protagonisten, zurückweisende und vorausdeutende Funktion für den Text.[32]

Leitmotive, das heißt Wiederholungen, die Assoziationen wecken[33], werden anerkannt als diejenigen Muster, die das Gedächtnis Marcels und mit ihm das Gedächtnis des Romans ausprägen. Daß sich die Analogisierung als Wahrnehmungsweise, wie sie der Roman vorführt, der Gedächtnisausprägung auch entgegenstellen kann, ist bislang nur unzureichend dargestellt worden. Dabei gibt Benjamin in seinem Proust-Essay mit seiner berühmten Formulierung, daß Prousts Roman eine »im Stand der Ähnlichkeit entstellte Welt« entwerfe, in der einerseits der passionierte Kultus der Ähnlichkeit sich ausdrücke, andererseits das surrealistische Gesicht des Daseins zum Durchbruch komme, schon die Richtung an, in der Analogiebildungen in der *Recherche* interpretiert werden müssen.[34] Das Denken in Korrespondenzen, das zugleich die äußere Wirklichkeit »entstellt«, verweist auf einen Wahrnehmungszustand, der das wache Bewußtsein der Ratio hinter sich läßt und in die Welt des Traums und der Imagination hineinreicht. Während die Analogie auf einer Kopräsenz von Identität und Differenz, Sympathie und Antipathie zugleich beruht, auf der Kopräsenz von Kräften also, die zwei Dinge aufeinander beziehen, sie währenddessen jedoch als räumlich und zeitlich geschiedene auseinanderhalten läßt, deutet sich in der *Recherche* ein Auseinanderreißen dieser gleichzeitig wirkenden Kräfte an. Entweder wirkt die Identität innerhalb der (tatsächlichen oder imaginierten) Analogie so stark, daß Differenz ganz ausfällt, die zwei Vergleichsmomente sich überlagern und in eins fallen, oder aber der Eindruck von Differenz verhindert die Wahrnehmung von Ähnlichkeiten ganz. Die Wahrnehmung einer einzigen Person zu mehreren verschiedenen Zeitpunkten wird dann jedesmal als ein erstes Mal beschrieben, wo der Leser eigentlich einen Wiedererkennungseffekt erwarten dürfte.

Diese extremen Ausprägungen von Wahrnehmung, die selbst ein Fallbeispiel für Aphasie abgeben könnten, ziehen zwei extreme Erzählfrequenzen nach sich. In Genetteschen Termini kann man einerseits von einer starken Tendenz zur Iteration (einmal n Ereignisse als eines erzählen) sprechen und andererseits von einer starken Tendenz zu deren Gegenteil: n-mal n ähnliche Ereignisse erzählen.[35] Der ersten Erzählfrequenz, der Iteration, die auf der Ebene des Diskurses zugunsten der Abstraktion und Synthetisierung jegliche Differenz auf Ereignisebene ausspart, weist Genette eine dominante Rolle in der *Recherche* zu. Denn die Welt Marcels, vor allem die Welt seiner Kindheit (*Combray, Noms de pays: le Nom, Autour de Mme Swann*), ist von einer ausgesprochenen Regelmäßigkeit geprägt.

---

32 Soweit die klassische Definition des Leitmotivs, aus der Musik übernommen und in die Literatur übertragen (vgl. Metzler, *Literaturlexikon*, Stichwort »Leitmotiv«).
33 Inge Backhaus, *Strukturen des Romans ...*, a.a.O., S. 42.
34 Walter Benjamin, »Zum Bilde Prousts«, in: *Gesammelte Schriften*, a.a.O., Band II.1., S. 310-324, hier: S. 314.
35 Vgl. Gérard Genette, *Figures III*, a.a.O., S. 147 ff.

Dies suggeriert zumindest eine iterative Erzählweise, die jeder Handlung und jedem Ablauf (selbst auf der Achse der Hauptereignisse) den Charakter eines Rituals verleiht. Durch die Regelmäßigkeit wird Zeit insofern ausgeschaltet, als in ihr das Inkommensurable nicht vorkommt und die Ereignisse somit voraussehbar werden.[36] So ist die erzählte Welt Combray der epiphanischen Erscheinung einer Korrespondenz entsprungen und stellt sich zugleich als innerweltlichen Zusammenhang dar, der auf analogen Ordnungen beruht. Für die Differenz scheint in dieser Poetik und in dieser kindlichen Welterfahrung kein Platz zu sein.

Die Analogie steht jedoch nicht nur für eine erzählerische Ordnung ein, sie kann als Wahrnehmungskategorie auch zur Verschmelzung und mithin Verfremdung der Dinge führen. Für eine solche Erfahrung, die aufgrund starker Identifizierung zum Identitätsverlust führt, steht an herausragender Stelle die Eingangsszene des Romans. Hier vollzieht sich in der traumhaften Entstellung zwischen Wachen und Schlafen eine Analogisierung zwischen dem Ich und den Gegenständen, von denen es gerade noch las, die deren Differenz untereinander vollständig vernichtet. Die Folge ist die unter dem Einfluß der Analogisierung sich vollziehende Verwandlung des Ichs in die beim Lesen evozierten Gegenstände:

> ... je n'avais pas cessé en dormant de faire des réflexions sur ce que je venais de lire, mais ces réflexions avaient pris un tour un peu particulier; il me semblait que j'étais moi-même ce dont parlait l'ouvrage: une église, un quatuor, la rivalité de François Ier et de Charles Quint. Cette croyance survivait pendant quelques secondes à mon réveil; elle ne choquait pas ma raison (I, S. 3)[37].

Die Konfusion von Wahrnehmungen, unter deren Ägide Dinge ineinander verschmelzen und sich ineinander verwandeln, wird im Roman zur »condition même de l'expérience de la mémoire involontaire«[38]. Das heißt jedoch, daß die »mémoire involontaire« gerade die Kompromißlösung der Analogie, Kompromiß zwischen Identität und Differenz, auf der sie beruht, sprengt. Oder anders gesagt: Man findet im Roman einen kompromißlosen Einsatz von Analogien, der sie selbst zu etwas ganz anderem, zu etwas »Entstelltem« macht. Genau in dieser Alterierung kippt jedoch die Erinnerungsfigur in den Ausdruck kreativer Imagi-

---

36 Vgl. ebd., S. 154.
37 Im übrigen werden in dieser allerersten Verwandlung bzw. Metaphorisierung des Ichs selbst drei Elemente genannt, die je in einem engen Zusammenhang zu den zentralen erinnerungsauslösenden Medien in der *Recherche* stehen: die Kirche (*La Madeleine*); das Quartett, das auf die Musik und damit indirekt auf die Sonate für Klavier und Violine von Vinteuil anspielt; »François Ier und Charles Quint« meint hier den Buchtitel, verweist also einerseits auf die Bedeutung des Buches selbst, andererseits auf die Verführungskraft des Titels, die in der späten Wiederbegegnung mit George Sands *François le Champi* wirksam wird.
38 Gérard Genette, *Figures III*, a.a.O., S. 154.

nation, die, um sich die Kontinuität der Welt für die eigene Identität anzueignen, diese gleich in einen Punkt zusammenfallen läßt.

Neben dieser Tendenz zur Verschmelzung stehen extreme Differenzerfahrungen, die sich mit dem Ausbruch aus der regelmäßig und nach einer festen Ordnung ablaufenden Zeit der Kindheit einstellen. Die iterative Erzählweise verliert außerhalb der Welt von Combray ihre wirklichkeitserschließende Funktion, wird nichtsdestoweniger aufrechterhalten und mit der Inkommensurabilität der Welt konfrontiert. So zum ersten Mal, als Marcel in den Parkanlagen der Champs-Elysées Gilbertes Anwesenheit in das Ritual von Combray integrieren und somit antizipieren will, deren Da- bzw. Fernsein jedoch nach ganz unbekannten Gesetzmäßigkeiten geregelt ist bzw. sich vielleicht auf gar keine Gesetzmäßigkeit zurückführen läßt. Marcels Wahrnehmung wird dadurch dermaßen beeinträchtigt, daß er jedes unerwartbare Wiedersehen mit Gilberte wie ein erstes Mal erfährt, ohne daß eine Erinnerungsspur sich schon in seinem Gedächtnis gebildet hätte, die den aktuellen Eindruck mit früheren hätte in Verbindung bringen können. Die differentielle Wahrnehmung, wo eigentlich Identität herrscht, erfährt mit dem ersten Balbec-Aufenthalt eine weitere Steigerung. Ehe Marcel Albertine persönlich kennenlernt, hat er ausführlich Gelegenheit, sie und ihre »Bande« am Strand von Balbec zu beobachten. Doch ein stabiles Beobachtungsbild als Reihe von Momenten des Wiedererkennens will sich nicht einstellen. Der Eindruck von Differenz überwiegt, wovon folgende Beschreibung ausführlich Zeugnis gibt:

> La fillette [...] ressemblait à celle de la petite bande qui, sous un polo noir, avait dans un visage immobile et joufflu des yeux rieurs. Or, celle qui rentrait en ce moment avait aussi un polo noir, mais elle me semblait encore plus jolie que l'autre [...]. Pourtant, comme elle poussait une bicyclette pareille et comme elle portait les mêmes gants de renne, je conclus que les différences tenaient peut-être à la façon dont j'étais placé et aux circonstances, car il était peu probable qu'il eût à Balbec une seconde jeune fille de visage malgré tout si semblable [...]; les jours suivants, quand je revis la petite bande sur la plage, et même plus tard quand je connus toutes les jeunes filles qui la composaient, je n'eus jamais la certitude absolue qu'aucune d'elles – même celle qui de toutes lui ressemblait le plus, la jeune fille à la bicyclette – fût bien celle que j'avais vue ce soir-là au bout de la plage, au coin de la rue, jeune fille qui n'était guère, mais était tout de même un peu différente de celle que j'avais remarquée dans le cortège (II, S. 185f.).

Auch als Marcel schließlich das Mädchen mit ihrem Namen bezeichnen und damit identifizieren kann, herrscht die Differenzerfahrung zwischen Sehen und Wiedersehen derart vor, daß auf der Ebene des Erzähldiskurses der »récit itératif« von einem »récit répétitif«[39] abgelöst wird, in dem tendenziell n ähnliche Ereignisse n mal erzählt werden. Die Welt zerfällt Marcel unter der Hand in unzählige Wahrnehmungsmomente, weil sie nicht nach einer analog strukturierten Regelmäßigkeit funktioniert. Jedoch meint dies hier nicht eine im tatsächlichen Sinne

---

39 Gérard Genette, *Figures III*, a.a.O. S. 147.

»singulative« Erzählweise, sondern der iterative Diskurs wird gleichzeitig aufrechterhalten, als unvermittelte Aneinanderreihung unzähliger Typen[40]. Es ist von »chacune de ces Albertine« die Rede, die jeden Tag anders aussehen kann und zu einer Serie von Typen synthetisiert wird:

> *Il en était d'Albertine* comme de ses amies. *Certains jours*, mince, le teint gris [...]. D'autres jours, sa figure plus lisse [...]. *D'autres fois*, le bonheur baignait ces joues d'une clarté si mobile [...]. *Mais le plus souvent* aussi elle était plus colorée, et alors plus animée [...]; et *chacune de ces Albertine* était différente, comme est différente chacune des apparitions de la danseuse dont sont transmutées les couleurs, la forme, le caractère, selon les jeux innombrablement variés d'un projecteur lumineux. C'est peut-être parce qu'étaient si divers les êtres que je contemplais en elle à cette époque que plus tard je pris l'habitude *de devenir moi-même un personnage autre selon celle des Albertine* à laquelle je pensais: un jaloux, un indifférent, un voluptueux, un mélancolique, un furieux ... (II, S. 298f., ich unterstreiche).

Die iterativ-analoge Erzählweise, die sich hier zugleich vervielfältigt und zerteilt, verliert ihren identitätsstiftenden Charakter und läßt den Zerfall des wahrnehmenden Ichs erkennen. Das Ich nimmt alles momentan wahr, ohne zwischen den einzelnen Momenten eine kausale Abfolge, geschweige denn eine Identität erstellen zu können.[41] Zwischen jeden Moment schreibt sich eine Unterbrechung der Erinnerung ein, die es unmöglich macht, das Leben in seiner Kontinuität wahrzunehmen. Genette spricht im Zusammenhang mit dieser unterbrochenen Serialität von einem »oubli perpétuel« als einer »incapacité foncière du héros proustien [...] à percevoir la continuité de sa vie, et donc la relation d'un »temps« à l'autre«[42].

Die Passage spricht von einer Differenzerfahrung, die sich schließlich – ich werde weiter unten ausführlich darauf eingehen – als unaufhebbar erweist. Selbst als Marcel Albertine, die inzwischen seine Geliebte geworden ist, in seinem Haus einsperrt, bleibt sie eine Serie von Identitätstypen, die sich nicht zu einem einheitlichen Bild verdichten.

Unvermittelt nebeneinander und direkt aufeinander bezogen stehen schließlich extreme Verschmelzung und totale Differenzerfahrung in der Abschlußszene des »bâl des têtes«. Nach der epiphanischen »mémoire involontaire«-Erfahrung in der Bibliothek von Guermantes, die erneut jene starke Empfindung von Korrespondenzen und Identitäten im Ich bewirkt, welche die Zeit aufzuheben scheint, stellt sich die ganz entgegengesetzte Erfahrung des Verfalls und des Todes ein, die im übrigen schon zuvor die Grundstimmung ausmachte und die Ereignisse des letzten Bandes durchgehend prägt. Dort berichtet Gilberte zunächst Marcel vom inneren Zerfall ihrer Beziehung zu St. Loup, Marcel selbst verbringt Jahre in

---

40 Vgl. dazu ebd., S. 163f.
41 Auf der Textoberfläche wird diese unterbrochene, in einzelne Typen und Momente zerfallende Wahrnehmung durch ein wiederholtes »maintenant« wiedergespiegelt (vgl. ebd., S. 169).
42 Ebd., S. 169.

einem Sanatorium, der Erste Weltkrieg bricht aus, die Frivolität verdeckt nur dürftig den Niedergang der Pariser Salonkultur, Cottard, M. Verdurin und St. Loup sterben, Charlus ist an Aphasie erkrankt. In der großen Schlußszene des »bâl des têtes« verdichtet sich diese Tendenz zu einem riesigen grotesken Gemälde des Todes. Die einzelnen Personen haben durch die Zeit eine totale Verwandlung erfahren, die sie zum Teil durch ein sie zusätzlich alterierendes »travestissement« wieder wettzumachen suchen. Dort, wo Identität herrscht, wird nun abermals extreme Differenz wahrgenommen, so daß Marcel allein über den Namen (der nun zum Homonym wird) eine Identität rekonstruieren kann, ohne sie im eigentlichen Sinne zu erkennen bzw. anzuerkennen. Die Analogie, die hier nicht der Identität zugrundeliegt, sondern sich vielmehr über sie legt, erweist sich als eine unaufhebbare Aporie zwischen Bekanntem und Unbekanntem, Identität und Alterität, Kontinuität und Diskontinuität. Marcel drückt seine Eindrücke genau in dieser irreduzibel widersprüchlichen Weise aus: »... l'être humain pouvait subir des métamorphoses aussi complètes que celles de certains insectes« (IV, S. 501); »la personne [...] me semblait à la fois inconnue et connue« (IV, S. 515), um schließlich zu räsonieren:

> En effet, »reconnaître« quelqu'un, et plus encore, après n'avoir pas pu le reconnaître, l'identifier, c'est penser sous une seule dénomination deux choses contradictoires, c'est admettre que ce qui était ici, l'être qu'on se rappelle n'est plus, et que ce qui y est, c'est un être qu'on ne connaissait pas; c'est avoir à penser un mystère presque aussi troublant que celui de la mort dont il est, du reste, comme la préface et l'annonciateur. Car ces changements, je savais ce qu'ils voulaient dire, ce à quoi ils préludaient (IV, S. 518).[43]

Auf die Offenbarung der Zeitlosigkeit der Kunst folgt unmittelbar die Offenbarung der Zeit als alterierende Kraft (»ainsi le nouveau et si méconnaissable Argencourt était là comme la révélation du Temps, qu'il rendait partiellement visible« (IV, S. 503)). Kunst und Leben stehen in dieser großen Abschlußszene unvermittelt nebeneinander wie extreme Identitäts- und extreme Differenzerfahrung.

Prousts Kunstgriff scheint nun gerade darin zu liegen, die beiden in der Regel gleichzeitig auftretenden Kräfte von Ähnlichkeit und Differenz in ihren extremen Ausprägungen auszutesten, einmal unter Ausblendung der Differenz, dann unter Ausblendung der Ähnlichkeit, um sie schließlich in ein extremes dialektisches Spannungsverhältnis zu setzen, aus dem heraus das Schreiben als dringende Notwendigkeit entsteht. Denn nur weil extremer Verfall und Veränderung durch das Wirken der Zeit wahrgenommen wird und nur weil zugleich auf die vorige Erfahrung von Einheit im Imaginären zurückgegriffen wird, kann das Schreibprojekt, so wie es als Roman vor uns liegt, entworfen werden. Die Poetik des Romans verdankt sich damit offensichtlich weniger der Erinnerung, die auf der

---

43 »Reconnaître« wird nur noch in seiner sogenannten Form anerkannt (»reconnaître«), nicht als Möglichkeit, die Vergangenheit selbst wiederzugewinnen.

ausgewogenen Analogie beruht, als vielmehr der Imagination, die die Metamorphose als Kunstprinzip ins Spiel bringt. Sie formt die Ähnlichkeit zur Entstellung und zwingt die Differenz durch Verwandlung in eine groteske Identität.

In einer weiteren ausführlichen Interpretation möchte ich nun zeigen, wie der Wunsch, Ähnlichkeits- und mithin Sinnbeziehungen zwischen zwei unterschiedlichen Seinsbereichen herzustellen, auch scheitern kann, Identifikationen zu einem totalen Identitätsverlust führen, da sie keinen Sinn bzw. ganz unerwarteten Sinn kommunizieren. Zugleich soll dabei – im Hinblick auf die anfängliche Überlegung bezüglich der zwei sich dialektisch bedingenden Organisationsachsen des Textes – gezeigt werden, wie das Suchen nach Analogien einmal mehr durch ganz andere Kräfte hervorgebracht wird als durch das Gedächtnis selbst. Die unvollständige Reminiszenz in der Begegnung mit den drei Bäumen in Hudimesnil während des ersten Balbec-Aufenthaltes, um die es im folgenden gehen wird, ist in erster Linie auch ein Wahrnehmungsproblem, das sich weniger als Leitmotiv bzw. Analogie erklären läßt, denn als Ergebnis von Kontaminationen, Übertragungen von Assoziationen, Begehren und Wissen von einem Kontext in den nächsten.

4. »Die Welt als Buch« – Interpretation, Imagination, Intertextualität

4.1. Epiphanie und Vergessen

»Das Vergessen betrifft immer das Beste, denn es betrifft die Möglichkeit der Erlösung« – schreibt Benjamin in seinem Kafka-Essay.[44] Diese so apodiktische Aussage ist eine, die sich selbst zurücknimmt, weil sie selbst im Vergessen steht. Das, was Erlösung meint, wird genannt und zugleich nicht gewußt, denn es ist vom Vergessen umhüllt. Erlösung wird in Prousts *Recherche* in den Offenbarungsmomenten erwartet, die an Erinnerung, Erkennen von Ähnlichkeiten, darum Wiedererkennen gebunden sind. Wiedererkennen und Erinnern bedeuten Erlösung, weil sie die Erkenntnis des ganzen Lebens umfassen, eine Wahrheit offenbaren, in der dann gelebt werden könnte. Die Benjaminsche Vorstellung scheint der Proustschen genau entgegengesetzt, stellt sie doch die Erlösung ins Vergessen, also in eine Logik des Entzugs, und nicht in die Erinnerung, die Logik der Einlösung.

Erscheinung als Offenbarung ist jedoch nur ein Typus von Wahrnehmung, der die *Recherche* kennzeichnet, daneben stehen zahlreiche Erscheinungen, die dieses Modell der Epiphanie auf ganz unterschiedliche Weise konterkarieren. Genau diese sollen uns des weiteren interessieren, um den Mäandern des Verges-

---

44 Walter Benjamin, »Franz Kafka. Zur zehnten Wiederkehr seines Todestages«, in: *Gesammelte Schriften*, a.a.O., Band II.2., S. 409-438, hier: S. 434.

sens auf die Spur zu kommen. Daß eine Nähe zwischen der Erinnerung als Epiphanie und dem Vergessen besteht, wird allein schon dadurch einsichtig, daß diese an die prekäre Zeit des Augenblicks gebunden ist. »Ihre Wahrnehmung« – schreibt Benjamin und gemeint ist die Wahrnehmung einer Ähnlichkeit, die auch den Proustschen Epiphanien immer zugrunde liegt – »ist in jedem Fall an ein Aufblitzen gebunden. Sie huscht vorbei, ist vielleicht wiederzugewinnen, aber kann nicht eigentlich wie andere Wahrnehmungen festgehalten werden. Sie bietet sich dem Auge ebenso flüchtig, vorübergehend wie eine Gestirnkonstellation. Die Wahrnehmung von Ähnlichkeiten also scheint an ein Zeitmoment gebunden.«[45] In ihrem Aufscheinen liegt also immer schon die Möglichkeit des Verschwindens begründet, ehe die Offenbarung überhaupt verstanden werden konnte.

Die Wahrnehmung von Ähnlichkeit, die der Offenbarung zugrundeliegt, ist jedoch in den meisten Fällen nicht unmittelbar einsichtig, sondern wird als dunkle und *zu entziffernde* Korrespondenz geschildert, die somit einen *Akt des Lesens* erfordert. Das Intelligible steht jedoch der Plötzlichkeit des Epiphanischen diametral entgegen. Darüber hinaus stehen in der *Recherche* verschiedene Lesemodelle miteinander in Konkurrenz, die sich gegenseitig durchwirken, durchkreuzen und die alle zugleich Marcels Zugang zu seiner Umwelt, zu anderen Menschen, aber auch zur Natur kennzeichnen. Wir begegnen dabei magisch-romantischen Korrespondenz- und Sinnvorstellungen, denen unvermittelt Vorstellungen irreduzibler Differenz gegenüberstehen, die sich von einem streng gefaßten Lesemodell herleiten und jede außertextliche Ähnlichkeit als kulturell – vor allem über literarische Texte – vermittelte bloßlegen.

Anhand des Motivs der Wahrnehmung von Bäumen möchte ich nun die verschiedenen Ähnlichkeits-, Lese- und Erinnerungsmodelle aufzeigen, die in der *Recherche* entwickelt werden. Allein die Vielfalt der durchgespielten Wahrnehmungsmodelle steht der *einen* Vorstellung von einer magischen Präsenz des Vergangenen im Modus der Ähnlichkeit entgegen. In dieser Konfrontation stellen die drei Bäume von Hudimesnil[46] ein herausragendes Beispiel dar. Denn sie stehen einerseits noch in der Logik der Epiphanie, andererseits bleibt hier offen, was die Erscheinung mitteilt. An einer solchen Erscheinung ohne Mitteilung, einer im Vergessen stehenden Epiphanie, die noch einmal für den naturmagischen

---

45 Walter Benjamin, »Lehre vom Ähnlichen«, in: *Gesammelte Schriften*, a.a.O., Band II.1., S. 204-210, hier: S. 206f.
46 Siehe II, S. 74-76. Zur Vergegenwärtigung: Marcel fährt in Begleitung von Mme de Villeparisis in einer Kutsche durch die normannische Landschaft und erblickt in der Ferne drei Bäume, auf die er zufährt. Die Konstellation, die sie mit dem Verlauf der Straße bilden, stellt für das wahrnehmende Ich eine epiphanische Erscheinung vor, die ungeklärt bleibt. Als die Kutsche schließlich an den Bäumen vorüberfährt, Marcel notgedrungen ihnen den Rücken zuwenden muß, ohne das Geheimnis ihrer Mitteilung gelöst zu haben, überfällt ihn die Verzweiflung darüber, daß hier ein Moment der Wahrheit greifbar nahe und er nicht in der Lage war, sich ihn anzueignen.

Glauben an Korrespondenzen einsteht, entzündet sich die textimmanente Diskussion um die Lesbarkeit von Natur und Texten.

Zugleich wird sich aber auch zeigen, daß der unmittelbare Kontext der Kutschfahrt, die schließlich zum Höhepunkt der Begegnung mit den drei Bäumen führt, diesen wahrnehmungspsychologisch vorbereitet. Ähnlich wie es schon an Metaphern beobachtet wurde, sind auch in dieser Szene Wahrnehmungen immer durch vorangehende Emotionen und Einbildungen kontaminiert. Dabei stellt sich die Frage, welche Folgen dies für die Epiphanie selbst hat.

Erinnerung und Vergessen schreibend eindrücklich zu machen, heißt auch, dem progressiven Strom der Schrift Zeichen entgegenzusetzen, die den retrospektiven Charakter des Gedächtnisses bedeuten. Analepsen, Rückverweise, Parallelismen auf makrostruktureller Ebene spielen diesbezüglich eine herausragende Rolle. Sie beziehen dabei den Leser mit in das Gedächtnis ein, das er progressiv lesend kennenlernt und rückwärtsblätternd, retrospektiv erinnernd als sein eigenes erprobt. So kann man zunächst beobachten, daß die drei Bäume von Hudimesnil, auch durch die Hinweise des Erzählers, sich nicht (nur) auf einen dem Text vorgängigen Eindruck beziehen, sondern auf eine im Text selbst beschriebene und geschaffene Konstellation. Das Lesergedächtnis bleibt von der Suche nach der Ähnlichkeit also nicht ausgeschlossen.

Ganz offensichtlich bildet die Begegnung mit den drei Türmen von Martinville (I, S. 177ff.) eine mögliche Reminiszenz zu den drei Bäumen von Hudimesnil. Zwischen den beiden Szenen bestehen zahlreiche Bezüge: In beiden Fällen liegt eine Dreierkonstellation vor, die Marcel jeweils aus einer fahrenden Kutsche erblickt, stellt sich ein von der Wahrnehmung ausgelöstes Glücksgefühl ein und folgt schließlich der – scheiternde – Versuch, den Ursprung dieses Gefühls zu begreifen. Zwar beginnt Marcel nach der eindrücklichen Wahrnehmung der Kirchtürme von Martinville zu schreiben, doch enthält der Text keine Antwort auf die Ursache des erlebten Glücksgefühls, es sei denn sie liegt im nachträglichen Schreiben selbst begründet. Neben den offensichtlichen Analogien und den vom Erzähler gelegten Interpretationsspuren durch Korrespondenz-Bildung (ein dem Erinnerungsverfahren Marcels nachgebildeter Prozeß auf der Textebene – ich werde darauf zurückkommen) scheint die Szene der drei Bäume von Hudimesnil indes durch emotionale Faktoren bestimmt, die in den der Szene vorangehenden Ereignissen aufgebaut, kryptisch als Wahrnehmungsfaktor weitergetragen werden und nachfolgend die Sensibilität, Wahrnehmung und Reflexion Marcels wesentlich beeinflussen.

4.2. Flüchtiges Begehren: »À une passante«

Die Kutschfahrt führt Marcel zunächst in die imaginäre Welt seines Begehrens, Erinnerungen an flüchtige Begegnungen mit hübschen Mädchen bereiten als Stimmung die erste konkrete Wahrnehmung einer nicht weiter beschriebenen »fillette« vor, an der die Kutsche schnell vorüberfährt (II, S. 72). Der flüchtige

Augenblick weckt das Begehren, aus der flüchtigen Wahrnehmung einen Eindruck entstehen zu lassen, und zwar nicht nur des anderen im eigenen Bewußtsein, sondern auch einen Eindruck des Selbst im anderen:

> À peine avais-je le temps de voir la fillette qui venait dans notre direction; et pourtant – comme la beauté des êtres n'est pas comme celle des choses, et que nous sentons qu'elle est celle d'une créature unique, consciente et volontaire – dès que son individualité, âme vague, volonté inconnue de moi, se peignait en une petite image prodigieusement réduite, mais complète, au fond de son regard distrait, aussitôt, mystérieuse réplique des pollens tout préparés pour les pistils, je sentais saillir en moi l'embryon aussi vague, aussi minuscule, du désir de ne pas laisser passer cette fille sans que sa pensée prît conscience de ma personne, sans que j'empêchasse ses désirs d'aller à quelqu'un d'autre, sans que je vinsse me fixer dans sa rêverie et saisir son cœur. Cependant notre voiture s'éloignait (II, S. 72).

Diese an sich unbedeutende Szene – die sekundenlange Wahrnehmung eines namenlosen Mädchens – verselbständigt sich sogleich in den bildreichen Reflexionen des Erzählers. Das Reizvolle des Fremden, Singulären verdichtet sich in ein kleines und – wie er behauptet – komplettes Bild, wird zum Eigenen. Der darauf folgende Vergleich der Wahrnehmung mit einer Befruchtung zeugt vom vorauseilenden Begehren, das – nach Verinnerlichung und Ergänzung des flüchtigen Bildes – auf die »fillette« verzichten kann. Das Singuläre, von dem der Reiz ausging, wird im Akt der Aneignung völlig ausgelöscht. Auf »mysteriöse« Weise fällt dem Samenspender auch die Konzeption zu – Konzeption des »Embryos des Begehrens«. Das Bild bedeutet dabei schon die Einlösung des in ihm ausgedrückten Verlangens. Auf der Bildebene der Begegnung zwischen Pollen und Stempel werden das Begehren nach Gedächtniseinschreibung (»le pistil« [der Stempel] verweist darauf) und das sexuelle Begehren zusammengeführt.

Deutlich wird an dieser ersten mit Begehren aufgeladenen Szene, daß Marcel die flüchtige Wahrnehmung als Auslöser für Phantasien zu nutzen weiß, die sich verselbständigen und schließlich ganz auf das Objekt verzichten können. In Windeseile geht die Verwandlung des anderen in ein inneres Bild vor sich. In eben solcher Windeseile – der Laufschritt der Pferde gibt den Rhythmus vor – verschwindet das Objekt aus den Augen. Gewonnen ist die Phantasie, nicht gelungen jedoch ist die Gegenbewegung, nämlich die »mysteriöse« Replik, d.h. sich selbst im anderen als Eindruck zu bewahren:

> Cependant notre voiture s'éloignait, la belle fille était déjà derrière nous et comme elle ne possédait de moi aucune des notions qui constituent une personne, ses yeux, qui m'avaient à peine vu, m'avaient déjà oublié (II, S. 72).

Doch das fatalistische Wissen vom Scheitern, das angenommene Wissen um das Fehlen des Eindrucks, also um dieses Vergessen, ist selbst schon wieder in die Logik des Erfassens eingeführt, gehört es doch zur »petite image prodigieusement réduite, mais complète« der »fillette«.

Die flüchtige Begegnung schafft ein Bild des Begehrens, das in der Formulierung zugleich Einlösung meint, sie führt darüber hinaus zur Ausformung eines Gesetzes:

> ... si l'imagination est entraînée par le désir de ce que nous ne pouvons posséder, son essor n'est pas limité par une réalité complètement perçue dans ces rencontres où les charmes de la passante sont généralement en relation directe avec la rapidité du passage (II, S. 72f.).

Die Logik des Begehrens, die an Zeit und Geschwindigkeit gebunden ist, schreibt schließlich dem Wahrnehmenden die Aufgabe zu, das Flüchtige in allegorische Schönheit umzuwandeln:

> Pour peu que la nuit tombe et que la voiture aille vite, à la campagne, dans une ville, il n'y a pas un torse féminin, mutilé comme un marbre antique par la vitesse qui nous entraîne et le crépuscule qui le noie, qui ne tire sur notre cœur, à chaque coin de route, du fond de chaque boutique, les flèches de la Beauté, de la Beauté dont on serait parfois tenté de se demander si elle est en ce monde autre chose que la partie de complément qu'ajoute à une passante fragmentaire et fugitive notre imagination surexcitée par le regret (II, S. 73).

Das Streben nach künstlerischem Ausdruck und das sexuelle Begehren werden in solchen Überlegungen als ein und dieselbe Bewegung, nämlich hin ins Imaginäre, Allegorische und zuletzt Bewahrende beschrieben. Offensichtlich ist der Versuch der Überführung des Flüchtigen ins Allegorische dem literarischen Vorbild Baudelaire verpflichtet. Das berühmte Gedicht *À une passante*[47], dessen Struktur (Flüchtigkeit – Eindruck – Wunsch nach Ewigkeit – Vergeblichkeit) und Semantik (»la passante«, »un torse féminin« verweist auf »sa jambe de statue«, »flèche« auf »éclair«, die Bilder des Begehrens sind auch bei Baudelaire Bilder der Befruchtung (»germer« (V. 7); /»Dont le regard m'a fait soudainement renaître/ (V. 10)) hier wieder aufgenommen werden, dient als Lese- und Schreibvorlage. »À une passante« wird doppelt lesbar: einerseits als Huldigung einer schönen unbekannten Passantin, andererseits als Huldigung des Gedichts mit demselben Titel.

Halten wir nun fest: Die Grundstimmung der Kutschfahrt ist offensichtlich diejenige des Begehrens, das zugleich nach künstlerischem Ausdruck drängt, aber auf der Schwelle des Wunsches verharrt.

---

47 Charles Baudelaire, *Les fleurs du mal* XCVI, in: *Œuvres complètes*. Texte établi, présenté et annoté par Claude Pichois, Paris 1975, Band 1: La rue assourdissante autour de moi hurlait./Longue, mince, en grand deuil, douleur majestueuse,/Une femme passa, d'une main fastueuse/Soulevant, balançant le feston et l'ourlet;//Agile et noble, avec sa jambe de statue./Moi, je buvais, crispé comme un extravagant,/dans son œil, ciel livide où germe l'ouragan,/La douceur qui fascine et le plaisir qui tue.//Un éclair ... puis la nuit! – Fugitive beauté/Dont le regard m'a fait soudainement renaître,/Ne te verrai-je plus que dans l'éternité?// Ailleurs, bien loin d'ici! trop tard! jamais peut-être!/Car j'ignore où tu finis, tu ne sais où je vais,/O toi que j'eusse aimée, ô toi qui le savais!

Es folgt nun eine weitere Erzähleinheit, eine zweite konkrete – ebenso flüchtige – Begegnung, diesmal mit einem Milchmädchen (»la laitière«). Die Wahrnehmung und der sofort darauf folgende Verlust des Wahrgenommenen versetzt Marcel in einen Zustand gesteigerter Erregung (»accroissaient l'état d'agitation« (II, S. 74)). In der Erwartung weiterer Begegnungen mit ähnlichen Mädchen gesteht sich Marcel indes schon die Gefahr ein, das Gefühl zu fälschen, insofern ihm bewußt ist, daß er es künstlich hervorbringen kann. Begehren und schöpferische Kraft treten nun in Konflikt:

> Mais peut-être, en espérant qu'un jour, plus libre, je pourrais trouver sur d'autres routes de semblables filles, je commençais déjà à fausser ce qu'a d'exclusivement individuel le désir [...], et du seul fait que j'admettais la possibilité de le faire naître artificiellement, j'en avais implicitement reconnu l'illusion (II, S. 74).

Das künstlerische Prinzip, das gerade als Gesetz formuliert worden war, wird nun als künstliches denunziert, das die aufrichtige Wahrnehmung, das aufrichtige Gefühl verhindert. Damit wird in zwei parallelen Szenen – der Begegnung mit der »fillette« und der Begegnung mit der »laitière« – die künstlerische Ambition in ein unauflösbares Konfliktfeld geführt: Künstlerische Schöpfung braucht Wahrnehmung und negiert sie zugleich.

Die Fahrt indessen geht weiter – in weitere Wahrnehmungswidersprüche. Auf die Besichtigung der Kirche von Carqueville, mit der als weiterer Wahrnehmungskontrast das Zusammenspiel von Kunst und Natur eingeführt wird (s. 4.2.), folgt unmittelbar die Begegnung mit einer weiteren Frau, der Fischerin oder – wie das durch die religiöse Sphäre ›geläuterte‹ Begehren suggeriert – mit der Sünderin (»la belle pêcheuse« (II, S. 76)). Das narzißtische Wahrnehmungsmodell, das aus den vorangehenden Frauenbegegnungen bekannt ist, verwickelt sich nun vollends in Aporien. Die Penetration des Wesens (bzw. Körpers) der »pêcheuse« und die Spiegelung des eigenen Bildes wollen gleichzeitig erreicht werden. Indessen verhindert die Spiegelung das Eindringen, wirft sie das Ich doch auf sich selbst zurück. Der unauflöslich paradoxe Prozeß bricht ab, erweist sich als Fremderfahrung, die semantisch im Bild der Lichtbrechung aufgehoben ist und syntaktisch die Inkorporationsphantasie einrahmt:

> Et cet être intérieur de la belle pêcheuse semblait m'être *clos* encore, je *doutais* si j'y étais entré, *même après* que j'eus aperçu ma propre image se refléter furtivement dans le miroir de son regard, suivant un indice de *réfraction* qui m'était aussi *inconnu* que si je me fusse placé dans le champ visuel d'une *biche* (II, S. 76, ich unterstreiche).

Die kursiv gesetzten Syntagmen markieren die Grenze der (phantasmagorischen) Verschmelzung, markieren das irreduzibel Fremde, das sich sowohl auf die Fischerin als auch auf das eigene Ich, das sich als Fremdes im Blick des anderen erkennen müßte, bezieht. »La biche« führt dabei einerseits den intimen Diskurs weiter (»ma biche« als Liebesbezeichnung), muß hier aber auch als fremder Blick einer »Hirschkuh« wörtlich genommen werden; semantisch wird somit die Lichtbrechung als Sinn- und Bildbrechung (»la réfraction«) fortgeführt.

4.3. Kunst und Natur

Die Wahrnehmung der drei Bäume von Hudimesnil bildet den Abschluß der Tageseindrücke. Sie steht unausgesprochen in der Logik des Begehrens, die anhand der drei Mädchenfiguren dargelegt wurde, die in ihrer Abfolge im übrigen eine Steigerung des Begehrens auch in Form der ›Reifung‹ (vom »jungfräulichen Mädchen« über die »fruchtbare, milchspendende Frau« zur »Sünderin«) beschreiben. Die drei Bäume (Wiederaufnahme der Dreizahl), deren Art unbekannt bleibt, während sonst die Pflanzen meist beim Namen genannt werden, evozieren ein tiefes Glücksgefühl, das dann in ein ebenso tiefes Unglück umschlägt. In der symbolisch erhöhten Konstellation spitzt sich die Frage nach der Erinnerung in der Wahrnehmung des anderen zu und stellt sich dem Erzähler als existentielle Frage. Das von den Bäumen geborgene und vorgestellte Geheimnis der an sie gebundenen Reminiszenz und der damit verknüpften Glücksempfindung bleibt ungelöst. Marcel meint in dieser Baumkonstellation das vergessene Buch seiner Kindheit lesen zu können. Doch die Natur spricht zu ihm, indem sie schweigt, sie schenkt ihm an dieser Stelle das Vergessene nicht zurück. Sie vermag ihn nur an etwas Vergessenes zu erinnern. Die Natur offenbart ein Geheimnis, um es im selben Moment zu verdecken.

Was zuvor die Mädchen in Marcel weckten, wecken in nun noch gesteigerter Form drei Bäume. Dabei konkurrieren zwei Bedeutungsmodelle. Zunächst wird der Sinn – den Penetrationsvorstellungen zufolge – *in* und *hinter* den Bäumen gesucht[48]:

> Je regardais les trois arbres, je les voyais bien, mais mon esprit sentait qu'ils recouvraient quelque chose sur quoi il n'avait pas prise, comme sur ces objets placés trop loin dont nos doigts, allongés au bout de notre bras tendu, effleurent seulement par instant l'enveloppe sans arriver à rien saisir (II, S. 77).

Die Vorstellung des Erzählers, daß die Landschaft oder bestimmte Objekte Gefäße bildeten, die einen Inhalt aufbewahrten – sei es die Seele eines Verstorbenen, seien es vergessene Erinnerungen des eigenen Ichs –, findet ihren mythischen Beleg schon in *Combray*. Insofern spricht auch dieser Verweis nicht nur Marcels Gedächtnis, sondern auch dasjenige des Lesers an. Im unmittelbaren Kontext der »madeleine«-Szene wird auf einen keltischen Aberglauben ange-

---

48 Wieder tauchen die mnemotechnischen Vorstellungen von einem Erinnerungsraum auf, der auf einen Außenbereich verlegt wird. Da uns jedoch zugleich in der *Recherche* ein erinnerndes Ich begegnet, das über seine Erinnerung in dem Sinne überhaupt nicht verfügt, weil dieses Ich in sich gebrochen und zersplittert ist, kommt es zu einer ständigen Überkreuzung von Innen- und Außenbereich: Die Psyche des Ichs wird nach außen projiziert, in der Hoffnung, ihr dort zu begegnen. Umgekehrt wird dann natürlich die Außenwelt reduziert auf die Möglichkeit, den Erinnerungsspeicher des Ichs darzustellen. Daraus ergibt sich eine geradezu hysterische Daueraneignung der Umwelt.

spielt, dem zufolge die Seele eines Toten in einem niederen Wesen wiederaufersteht:

> Je trouve très raisonnable la croyance celtique que les âmes de ceux que nous avons perdus sont captives dans quelque être inférieur, dans une bête, un végétal, une chose inanimée, perdues en effet pour nous jusqu'au jour, qui pour beaucoup ne vient jamais, où nous nous trouvons passer *près de l'arbre*, entrer en possession de l'objet qui est leur prison. Alors elles tressaillent, nous appellent, et sitôt que nous les avons reconnues, l'enchantement est brisé. Délivrées par nous, elles ont vaincu la mort et reviennent vivre avec nous (I, 43f., ich unterstreiche).

Wortwörtlich trifft dieser Aberglaube auch auf die Szene der drei Bäume zu. Insbesondere mag im Nachhinein der Hinweis auffallen, daß das Wiederfinden der vergessenen Seele in der Begegnung mit *dem* Baum (»près de l'arbre«, mit bestimmten Artikel) möglich wird. In Hudimesnil beben und rufen die Bäume genau so, wie es in der Erläuterung des keltischen Mythos (»elles tressaillent, nous appellent«) gesagt wird:

> Je vis les arbres s'éloigner en agitant leurs bras désespérés, semblant me dire: »Ce que tu n'apprends pas de nous aujourd'hui, tu ne le sauras jamais. Tu nous laisses retomber au fond de ce chemin d'où nous cherchions à nous hisser jusqu'à toi, toute une partie de toi-même que nous t'apportions tombera pour jamais au néant« (II, S. 79).

Von Anfang an erweist sich die Natur als eine, die hinter ihrer Erscheinung ein Geheimnis zu bewahren scheint. Sie ist nur »couvercle«, »enveloppe« für etwas anderes. Gilles Deleuze erörtert diesen synekdochischen Blick auf die Welt sehr ausführlich. Er schreibt:

> Il y a deux figures fondamentales à cet égard; l'une concerne plus particulièrement les rapports contenant-contenu, l'autre, les rapports parties-tout. La première est une figure d'emboîtement, d'enveloppement, d'implication: les choses, les personnes et les noms sont des boîtes, d'où l'on tire quelque chose d'une toute autre forme, d'une toute autre nature, contenu démesuré.[49]

Der »contenu démesuré«, den die Natur in sich bergen soll, meint nun in der Vorstellung des Ichs nichts anderes als das Bild der eigenen Seele, des eigenen Lebens.

In der Szene der drei Bäume, in der sich die intelligible Mitteilung ihrer Bedeutung nicht einstellt, wird dennoch am Glauben, daß es eine solche gibt, festgehalten. Der Glaube ist in der *Recherche* jedoch nie einfache Affirmation, sondern wird einerseits wahrnehmungspsychologisch vorbereitet, so daß auch der Leser nicht umhin kann, ihm zu erliegen, andererseits wird er immer zugleich

---

49 Gilles Deleuze, *Proust et les signes*, Paris ²1976, S.140.

schon wieder in impliziter Weise problematisiert.[50] Ich und Anderer, Innen und Außen treten in Projektion und Glaube in ein Wechsel- und Verwechslungsspiel, das die Wahrnehmung alteriert und eine Epiphanie suggeriert, die unterdessen unvollständig bleibt. Der Erzähler entlarvt dabei auf subtile Weise Marcels Einbildung von einer unmittelbaren Erfahrung als eine durch Lektüren, Begehren, Aberglauben vorgespiegelte. Der Leser ist selbst eingespannt zwischen seinem aktuellen Leseeindruck, der ihn dazu verleitet, Marcels Wahrnehmung Glauben zu schenken und seinem durch Lektüre des Romans ausgeprägten Gedächtnis, das diese Wahrnehmung auf einen überlieferten Aberglauben zurückführt, der den Verwechslungen und Projektionen einen metaphysischen Sinn zuschreibt.

Eine weitere Textspur, die auf dieses Vexierspiel der Wahrnehmung zusteuert, wird in anderen Ich-Baum-Konstellationen vorbereitet und zugleich durch sie – sobald das Gedächtnis des Lesers sie aufeinander bezieht – dekonstruiert.

Der Leser begegnet Marcel schon in Combray bei seinen Versuchen, sich in die Heckenrosen zu vertiefen, in der Hoffnung, daß ihm da eine Offenbarung zuteil werde. Eine Szene zeigt sehr deutlich, wie sich die Wahrnehmung von zwei realen, übereinandergelegten Ebenen durch Unschärfe in eine mystisch anmutende Offenbarungserwartung umwandeln kann. Eine Dornenhecke erscheint in Marcels Vorstellung als junges Mädchen in frühlingshafter Festtagskleidung (I, S. 138). Kurz darauf erblickt er zum ersten Mal Gilberte, die *hinter* eben dieser Hecke auftaucht, was allerdings so beschrieben wird, als habe seine Vision gleichsam eine Realität hervorgebracht (I, S. 139f.). Als Marcel ihrer gewahr wird, wird sie jedoch auch schon von ihrer Mutter zurückgerufen, was der Vision ein Ende bereitet, zugleich aber die Bedingung der Augenblickhaftigkeit erfüllt, die für das Epiphanische als konstitutiv erkannt wurde. Diese erste Erfahrung verallgemeinert sich. Sexuelle Wünsche werden stets in die Natur projiziert und prägen damit die Verknüpfung zwischen den drei Mädchen und den drei Bäumen, die in Hudimesnil bedeutsam wird:

> Mais si ce désir qu'une femme apparût ajoutais pour moi aux charmes de la nature quelque chose de plus exaltant, les charmes de la nature, en retour, élargissaient ce que celui de la femme aurait eu de trop restreint (I, S. 154).

Wieder der Logik der Unschärfe und Verwechslung zufolge verwandelt sich die Frau als Objekt der Sehnsucht in ein pflanzliches Wesen: »un produit nécessaire et naturel de ce sol [...]. Cette fille que je ne voyais que criblée de feuillages, elle était elle-même pour moi comme une plante locale« (I, S. 155). Die Verwechs-

---

50 Paradigmatisch für diese Doppelbewegung von Affirmation und Rücknahme bzw. Skepsis und Glaube steht die »madeleine«-Episode. Da heißt es, als Marcel noch angesichts des ihn übermannenden Gefühls zweifelt: »Il est clair que la vérité que je cherche n'est pas en lui [le breuvage], mais en moi« (I, S. 45). Die Bezeichnung »breuvage« (eine Art magischer Saft) für den Tee besagt jedoch schon das Gegenteil und führt zur Affirmation einer vollständigen Wiederauferstehung der Vergangenheit: »... et tout Combray et ses environs, tout cela qui prend forme et solidité, est sorti, ville et jardins, de ma tasse de thé« (I, S. 47).

lung beruht auf Analogien, die in beiden Richtungen gelesen werden. Somit ähnelt die Frau nicht nur einer Pflanze, sondern die Pflanze einer Frau; der schöpferische Blick kann aus der Pflanze eine Frau hervorzaubern. Nichtsdestoweniger werden gerade diese frühen Naturmeditationen immer wieder ironisch gebrochen, wenn das Ich die Vergeblichkeit seines Unternehmens eingestehen muß:

> Je fixais indéfiniment le tronc d'un *arbre* lointain, de derrière lequel elle [une femme] allait surgir et venir à moi; l'horizon scruté restait désert, la nuit tombait, c'était sans espoir que mon attention s'attachait, comme pour aspirer les créatures qu'ils pouvaient recéler, à ce sol stérile, à cette terre épuisée; et ce n'était plus d'allégresse, c'était de rage que je frappais les *arbres* du bois de Roussainville d'entre lesquels ne sortait pas plus d'êtres vivants que s'ils eussent été des *arbres peints* sur la toile d'un panorama [...]. Ils ne m'apparaissaient plus que comme les créations purement subjectives, impuissantes, illusoires, de mon tempérament. Ils n'avaient plus de lien avec la nature, avec la réalité qui dès lors perdait tout charme et toute signification (I, S. 156 f., ich unterstreiche).

In dieser frühen Szene ist die Kritik an der Kunst, die in der Natur ihre eigens geschaffenen Bedeutungen wiederzuerkennen sucht, schon ganz ausformuliert. Doch zugleich handelt es sich um eine Kritik, die von Triebimpulsen gesteuert wird, sich als Wutausbruch gegen eine Natur äußert, die eben nicht den eigenen Vorstellungen entspricht; sie drückt somit keine wirkliche Absage an das eigene Wahrnehmungsmodell aus. Als Ausdruck des Begehrens bleibt die Kritik vorübergehend, während das Begehren sich ungehindert fortsetzt.

Doch nicht nur Begehren und Wahrnehmung prägen die Erinnerungsstruktur in der *Recherche*, sondern immer auch die Frage nach dem Kunstschaffen, die schon angedeutet wurde. In die Konstellation Natur – Mädchen fügt sich die Kirche als Paradigma der Kunst und des Sakralen ein. Auch sie wird durch Superpositionen von Wahrnehmungen eingeführt und mit den anderen Eckpunkten von Marcels Sinnhorizont verknüpft.

Ich kehre nun zurück zur Ausgangspassage, dem Ausflug nach Hudimesnil. Der Szene von den drei Bäumen geht der Besuch der Kirche von Carqueville voraus, auf den ich schon im Zusammenhang mit der »pêcheuse« hingewiesen habe. Marcel erblickt die Kirche zunächst durch einen »bloc de verdure«. Der Vorhang aus Blättern verdeckt und gibt auch hier zugleich den Blick frei; ja, die gestörte Wahrnehmung, so kommentiert der Erzähler, forme in ihm erst recht die Idee einer Kirche:

> Dans le bloc de verdure devant lequel on me laissa, il fallait pour reconnaître une église faire un effort qui me fît serrer de plus près l'idée d'église (II, S. 75).

Vegetatives und steinernes Kunstwerk legen sich übereinander, verschmelzen in eins und geben Marcel ein fremdes Bild, das auf einer optischen Täuschung beruht: die Wölbung der Blätter wird zur Wölbung des Kirchenfensters, der Wind bringt über die Zwischenschicht des windbewegten Blattwerkes (scheinbar) den Portalvorbau in Bewegung. Das Ganze wird zu einer »façade végétale«. Das beschriebene Wahrnehmungsphänomen löst sich in der Beschreibung nach und nach von der Wahrnehmung selbst und wird zur eigenständigen, poetischen Metapher, bei der man nicht mehr unterscheiden kann, was nun Bildspender, was Bildempfänger ist. Das hier als Wahrnehmung beschriebene Phänomen spiegelt im übrigen exakt die in der *Recherche* umgesetzte Poetik der Metapher wider, die Marcel auch in den Bildern Elstirs – wesentlich später – wiedererkennt. Die bewegten Blätter geben der Kirche das Mobile, die Kapitelle verleihen den Blättern das Sakrale, die Ornamentik der Kapitelle wiederum ist selbst schon organischen Elementen nachgeahmt. Die Übertragung geschieht also erneut in beiden Richtungen: Natur erhöht den ästhetischen Reiz des Bauwerkes, das Bauwerk verleiht der Natur den sakralen Charakter. Zwischen Natur und Kunst herrschen fließende Übergänge, die durch formale Ähnlichkeiten motiviert und erst durch den Wahrnehmenden konstituiert werden. Schon sehr früh erkennt Marcel die Analogien, wenn sich vor seinem Auge auf dem ersten Spaziergang in Combray die Weißdornhecken in eine gotische Kathedrale verwandeln (I, S. 136). Das Licht- und Schattenspiel, das entsteht, wenn sich die Sonne im Blattwerk bricht, erinnert Marcel an den Lichteinfall durch Kirchenfenster. Den Duft der Pflanzen assoziiert er mit dem Duft, den er vor dem Altar wahrgenommen hatte, der mit Blüten geschmückt war, die Struktur der Blüte wiederum mit der spätgotischen Architektur, die das Kirchengewölbe auf schlanken Pfeilern errichtete. Die Heckenrosen wirken dagegen naiver, bäuerlicher, unausgesprochen klingt mit, sie seien im romanischen Stil erschaffen. Wieder begegnet der Leser dem Phänomen, daß durchaus logische Analogien (der Künstler schafft nach der Natur) umgedreht werden (in den Augen Marcels scheint die Natur nach der Kunst geschaffen) und damit einen Wahrnehmungsschwindel hervorrufen. Erst aufgrund dieser Umkehrung kann Natur überhaupt als bedeutungstragendes System – gleich der Kirche – angesehen und entschlüsselt werden. Nichtsdestoweniger scheint auch hier, wie in den anderen zitierten Szenen, immer schon die Erfahrung der Unmöglichkeit auf, diesen angenommenen Sinn zu entschlüsseln:

> J'avais beau rester devant les aubépines à respirer [...], mais sans le laisser approfondir davantage, comme ces mélodies qu'on rejoue cent fois de suite sans descendre plus avant dans leur *secret*. Je me détournais d'elles un moment, pour les aborder ensuite avec des forces plus fraîches (I, S. 136f., ich unterstreiche).

Und weiter:

> Puis je revenais devant les aubépines *comme* devant *ces chefs-d'œuvre* dont on croit qu'on saura mieux les voir quand on a cessé un moment de les regarder, mais j'avais beau me faire un écran de mes mains pour n'avoir qu'elles sous les yeux, le sentiment qu'elles éveillent en moi restait *obscur* et vague, cherchant en vain à se dégager, à venir adhérer à leurs fleurs (I, S. 137, ich unterstreiche).

Die Superposition von Natur und Kirche läßt die beiden im Roman entfalteten Deutungen eines Sinnes, der »in« oder »hinter« der Natur liegt, zu: einerseits einen in der Szene der drei Bäume bekundeten Glauben an die Beseelung der Natur, der somit ein transzendenter Sinn zukommt (den der Sakralbau repräsentiert und auf die Natur überträgt); andererseits die Rückführung des »hinter« den Dingen liegenden Sinnes auf eine räumliche Konstellation. Die symbolische Deutung der drei Bäume ist also durch die vorherigen Wahrnehmungen motiviert. In den drei Bäumen verdichtet sich die Sehnsucht nach den drei Mädchen[51] und manifestiert sich die erneute Vermischung von Natur- und Kunstelementen, wie Marcel sie vor der Kirche von Carqueville erfahren hat.

Die Combray-Szenen dürften deutlich gemacht haben, daß die in den drei Bäumen von Hudimesnil signifikante Projektion nichts Neues darstellt, Marcels Wahrnehmungsmuster noch einmal wiederholt, in neuerlicher Spannung, da statt des ironischen Begleittextes hier die pure Verzweiflung steht, die durch die Vorstellung einer tatsächlichen – aber nicht verstandenen – Offenbarung noch verstärkt wird.

4.4. Natur als Buch des Lebens

Der Blick auf eine Landschaft aus einer Kutsche wird als Leseakt vorgestellt. Die Landschaft verwandelt sich unter dem Blick des Lesenden in ein Zeichensystem, das entschlüsselt werden kann. Deutlich wird das Drama der Begegnung mit den drei Bäumen als Leseakt markiert, ist es doch semantisch durchzogen von einer Isotopie des Lesens:

> ... je me demandai si toute cette promenade n'était pas une *fiction*, [...] Mme de Villeparisis *un personnage de roman* et les trois vieux arbres la réalité qu'on retrouve en levant les yeux de dessus *le livre* qu'on était en train de *lire* (II, S. 77, ich unterstreiche).

> ... le paysage [...] comme ces *pages* qu'on est tout d'un coup ému de retrouver dans un *ouvrage* qu'on s'imaginait n'avoir jamais *lu*, ils surnageaient seuls du *livre* oublié de ma première enfance (ebd., ich unterstreiche).

Die fremd-vertraute Landschaft spricht zum Ich, das in dieser ein schon interiorisiertes, aber vergessenes Bild seiner selbst zu erblicken meint. Wenn die Kommunikation gelingt, dann verliert die Natur ihr fremdes Gesicht, sie wird im Akt der Erinnerung zum Spiegel des erinnernden Subjektes. Das Vergessen, das in dieser Konstellation als unterbrochene Kommunikation, als Trennung zweier

---

51 Auch die drei Türme von Martinville, die ja explizit mit den drei Bäumen in Zusammenhang gesehen werden, erinnern Marcel an drei Mädchen. In dem kleinen Prosastückchen, das er über die Kirchtürme schreibt, heißt es: »Ils [les clochers] me faisaient penser aussi aux trois jeunes filles d'une légende, abandonnées dans une solitude où tombait déjà l'obscurité ...« (I, S. 179).

Sinnbereiche beschrieben wird, würde sich in dem Moment auflösen, in dem sich die Natur mitteilte. Es wirkt indessen weiter, ja wird erst schmerzhaft bewußt in den Erscheinungen, die sich zu keiner Offenbarung entfalten. Die unvollständige Epiphanie, die Erscheinung ohne Offenbarung, ist eine Erinnerung an das irreduzible Vergessen selbst. Die in der Szene vorgestellte unauflösliche Differenz zwischen Natur und Ich läßt Interpretationen über das Zeichenmodell zu, das hier (immer noch) über die Natur gelegt wird. Zeichen vergegenwärtigen nicht einfach, lernt Marcel, sondern sie verweisen auf etwas Abwesendes. Die Bäume als Zeichen zu lesen, heißt anzunehmen, daß sie einen Sinn gespeichert haben, heißt aber im vorliegenden Fall auch anzuerkennen, daß sie auf ein dem Leser entfallenes Signifikat verweisen: »ils surnageaient seuls du livre oublié de ma première enfance« – die alten Bäume, die ihres Alters wegen von einer Vergangenheit zeugen, sind die überlebenden Reste, die Spuren von etwas, das, eben weil es so alt ist und mithin weit zurückliegt, vergessen wurde. Daß diese Spuren Sinn tragen (»ce que je croyais seul vrai« (II, S. 79)), suggeriert, daß einst der Sinnbereich des Ichs und derjenige dieser Natur eins waren.

Die Erinnerungssuche vollzieht sich über die Wahrnehmung der Natur als Zeichensystem.[52] Marcel liest die Natur wie ein Buch. Als Buch werden aber auch seine Erinnerungen aufgefaßt. Später wird die Aufgabe des Schriftstellers in der Übersetzung des inneren Buches in ein literarisch veräußertes gesehen. Die Gleichsetzungen von Natur und Buch, von Gedächtnis und Buch suggerieren strukturierten Sinn, der bereit ist, gelesen zu werden. Marcel hat einen durchweg lesenden Zugang zur Welt. Und zugleich macht er immer wieder die Erfahrung, daß der Bereich außerhalb des Buches nicht einfach auf dieses reduzierbar ist. Was in der Szene der drei Bäume vorgeführt wird, ist eine Hermeneutik, die sich in ihrer Verfahrensweise selbst auflöst im Sinne einer Dissemination von Bedeutungen. Die Bäume bilden eine Konstellation, die für Marcel augenblickhaft sinnfällig wird, ohne Sinn zu offenbaren. Daher wird die spontane Eingebung in einen Lese- und Dechiffrierprozeß übergeführt. Wir haben es also mit einer komplexen Überlagerung von unmittelbarer Erfahrung und geistiger Anstrengung zu tun, die Proust in seiner Poetik möglichst auseinanderzuhalten sucht. Momenthafte Eingebung ohne Sinnerschließung führt zur unabschließbaren Hypothesenbildung, zur Suche nach der passenden Erinnerung. Der Zeichenleser stellt hier gleich sechs Hypothesen, die je als Frage formuliert werden, über den Erinnerungsgehalt der Bäume auf (vgl. II, S. 286):

1) Die Bäume sind die Reste einer zerstörten Erinnerungslandschaft, sind einige Seiten, die von einem vergessenen Buch (der Kindheit) übriggeblieben sind.

---

52 Vgl. dazu die eindrückliche Arbeit von Gilles Deleuze, *Proust et les signes*, a.a.O.. Deleuze macht deutlich, wie sich dem Proustschen Ich die ganze Welt als Zeichen mitteilt, die es erst entschlüsseln muß. Die Zeichen erweisen sich mal als leere (die mondänen Zeichen) oder als lügenhafte (die Liebeszeichen) oder aber als nicht entschlüsselbare. Zur Szene der drei Bäume von Hudimesnil äußert sich Deleuze allerdings nur sehr knapp: »Les trois arbres, [...] sont un véritable échec, puisque leur sens n'est pas élucidé« (ebd., S. 20).

2) Die Bäume gehören einer Traumlandschaft an, die immer gleich ist, und ihr fremdes Erscheinen resultiert aus der Objektivierung, die sie am Tage erfahren.

3) Es handelt sich um ein neues Bild, aus dem Traum der letzten Nacht, das als Tagesrest übriggeblieben, aber schon so verblaßt ist, daß es scheint, als käme es von weiter her.

4) Er hat die Bäume noch nie gesehen, aber hinter ihnen verbirgt sich ein dunkler Sinn, der ebenso schwierig zu fassen ist wie eine weit zurückliegende Vergangenheit, so daß er sich aufgrund dieser Analogie einbildet, eine Erinnerung wiederzuerkennen.

5) Die Bäume verbergen nichts und allein seine Müdigkeit, seine Sehschwäche hat ihn die Zeit doppelt sehen lassen, wie man manchmal Dinge doppelt im Raum sieht (mit Sehschwäche ist hier Erinnerungsschwäche gemeint, der Blick nach innen).

6) Die Bäume, die doch auf ihn zukommen (daran kein Zweifel), sind Gespenster aus der Vergangenheit, die Rückkehr von verschwundenen (verstorbenen) Freunden aus der Kindheit.

In den Hypothesen, die ein angestrengter hermeneutischer Akt des Ichs hervorbringt, schreibt sich nun ein dem religiösen Deutungsmuster wiederum entgegengesetzter Diskurs ein, nämlich der psychologische, um nicht zu sagen psychoanalytische. Nicht von transzendenter Bedeutung ist mehr die Rede, sondern von Traum, Tagesrest, Sehstörung, Einbildung. Die Hypothesen lösen die angenommene, erhoffte Epiphanie in ein *déjà vu* auf, jene Erinnerungstäuschung, die etwas Unbekanntes auf unbegründete Weise bekannt erscheinen läßt.[53] Der Leseakt ist – das machen der Paradigmenwechsel, aber auch das Verschließen der Augen, um den empfangenen Eindruck zu verlängern, deutlich – ein ganz nach innen gerichteter. Der Erinnerungsakt wandelt sich insofern in ein Vergessen, als in ihm immer eine Zone der Unbestimmtheit erreicht wird. Es gibt in der Regel kein präzises Vergessen, die Unterscheidung zwischen vorhergehender und totaler Unverfügbarkeit, zwischen dem Schon-Gewußtem, Schon-Gesehenem aber Vergessenem und dem Noch-nie-Gesehenen kann nie klar getroffen werden. Das *déjà vu* läßt sich als die ins Innerliche bzw. Psychologische gewendete Wahrnehmungs-Störung und Unschärfe begreifen, die wir in den kognitiven Szenerien überall beobachten konnten. Es kann somit als Umschlagpunkt des Gedächtnisses angesehen werden, wo ein Akt der Erinnerung sich als Akt des Vergessens erweist.

Das *déjà vu* als psychologischer Umkehrpunkt von Erinnerung in Vergessen führt uns zurück auf das Lesemodell, das eine homologe Wendung erfährt. Die Natur offeriert sich nicht einfach einem Leseakt, sondern erweist sich als eine Hieroglyphenschrift, die nur schwer entschlüsselt werden kann.

---

53 Vgl. zum *déjà vu* Sigmund Freud, »Eine Erinnerungsstörung auf der Akropolis. Brief an Romain Rolland«, in: *Studienausgabe*, a.a.O., Band IV, hier: S. 290. Das Eigentümliche an dieser Erinnerung ist, daß ihre zeitliche und räumliche Situierung einem Vergessen anheimgefallen ist.

Semiotisch kann die Hieroglyphe als ein Zeichen beschrieben werden, das eine noch sinnlich wahrnehmbare Ähnlichkeit mit dem von ihr Bezeichneten aufweist und mithin motiviert ist. Sie steht als Ideo- oder Piktogramm zwischen Bild und abstraktem Alphabet. Dieser Zusammenhang eröffnet einerseits den Glauben an den magischen Zusammenhang zwischen Sprache und Natur, dem zufolge alles mit allem kommuniziert, wie ihn die romantische Poetik inszeniert.[54] Während in dieser Hinsicht eher das Sinnliche, Irrationale der Ähnlichkeit betont wird, kann umgekehrt die Hieroglyphe auch für den Optimismus einstehen, die Welt durch die Entschlüsselung der alten Symbole als prinzipiell transparente erkennen zu können (Warburton), was zur Demystifizierung des Sinn- und Ähnlichkeitszusammenhanges führt. Zugleich zeugt die Hieroglyphe auch von einer enormen Schwierigkeit des Lesens, die die Gefahr der Unlesbarkeit immer wach hält.[55] Insofern nimmt sie – ähnlich wie das *déjà vu* für das Gedächtnis – eine Zwitterstellung zwischen Lesbarkeit und Unlesbarkeit ein.

In einer romantischen Perspektive wird die Operation, den ursprünglichen Sinn der Welt wiederzufinden, zur Selbstfindung des Naturbeobachters.[56] Die Hieroglyphe Natur fungiert als Spiegel dieses gleichsam narzißtischen (weil sich in der Natur spiegelnden) und zugleich »hieroglyphisierten Ichs«[57]. Das Wechselverhältnis von Fremdartigkeit und Vertrautheit, von Ohnmacht und Durchdrungensein bestimmt die Erfahrung der Lesbarkeit. Im Spiegel der Natur erkennt sich das Ich als Vertrautes und zugleich in seiner eigenen ihm innewohnenden Fremdheit. In der *Recherche* wird indes der romantische Impuls sogleich in eine Kritik überführt. In den drei Bäumen von Hudimesnil spiegelt sich das Ich als ein sich fremd und rätselhaft gewordenes, und als in *Le temps retrouvé* nochmals auf sie angespielt wird, scheint in ihnen die Natur als absolut fremde auf, zu dem das Ich in keinerlei Beziehung mehr steht (s. Kap. 4.5.). Deutlich wird, daß das Dechiffrieren eigentlich eine durch das Ich vorgenommene Projektion einer an Sakralbauten studierten Symbolsprache auf den Bereich der Natur darstellt. Insofern scheint mir die optische Täuschung, die Marcel im Anblick der Kirche von Carqueville beschreibt, der entscheidende kritische Subtext zu sein, in dem die romantische Vorstellung von Transsubstantialisation[58] zurückgenommen wird.

---

54 Vgl. Hans Blumenberg, *Die Lesbarkeit der Welt*, Frankfurt a. M. 1981, S. 235ff.
55 Sie selbst ist eigentlich – mit Rousseau gesprochen – ein transparentes, weil motiviertes Zeichen. Doch dem Menschen ist der Sinn dafür aufgrund seiner immer abstrakter werdenden Sprache abhanden gekommen (vgl. Jean-Jacques Rousseau, *Essai sur l'origine des langues*, in: *Œuvres complètes. Écrits sur la musique, la langue et le théâtre*. Édition publiée sous la direction de Bernard Gagnebin et Marcel Raymond et al, Paris 1995, Band 5, S. 374-429, hier: S. 376).
56 Vgl. Hans Blumenberg, *Die Lesbarkeit der Welt*, a.a.O., S. 248 und S. 254.
57 Ebd., S. 248.
58 Vgl. auch hierzu ebd., S. 237: »Transsubstantialisation« meint zum Beispiel bei Novalis »die universale Plastizität, die alles für alles andere eintreten lassen kann«, in der alles sich in etwas anderes auflösen kann.

Die Vorstellung von der Welt als lesbares Buch ist also bei Proust keine, die sich zu einem romantischen Sinnzusammenhang abdichten würde. Vielmehr setzt Proust da ein, wo die Romantisierung der Welt das Vertraute verfremdet und dadurch einer neuen Lektüre eröffnet, mithin einer »Kunst der Vervielfältigung und Erneuerung vorgegebener Sinngebung, als eine Form der »recréation«[59]. Volker Roloff betont, daß die Hieroglyphe einen unabschließbaren Leseprozeß und Dechiffriervorgang auslöst, der nie zum ›wahren Buch‹ zurückführe. Die Wahrheit liege vielmehr in der magischen Verwandlungsfähigkeit der Lektüre selbst.[60] Während jedoch Roloff den »déchiffrement« weiterhin im Sinne Marcels als Initiation zur Selbstlektüre und Selbsterkenntnis faßt, scheint mir dieser Prozeß noch viel weiter zu gehen, hin zu anderen Lesern und anderen Büchern. Denn als nicht abgeschlossener Zeichenzusammenhang enthält das Modell der Lesbarkeit Querverweise – auch auf den jeweils aktuellen Leser, der exakt die Wahrnehmungsposition besetzt, die Marcel zu Beginn der Szene der drei Bäume für sich beschreibt. Ich zitiere nochmal den entscheidenden Satz, diesmal im Hinblick auf Marcel als Leser der *Recherche* selbst:

> ... *je me demandai si* toute cette promenade n'était pas une fiction, Balbec un endroit où je n'étais jamais allé que par l'imagination, Mme de Villeparisis un personnage de roman et les trois arbres la réalité qu'*on* retrouve en levant les yeux de dessus le livre qu'*on était en train de lire* et qui *vous* décrivait un milieu dans lequel *on* avait fini par se croire effectivement transporté (II, S. 77, ich unterstreiche).

Die kursiv gesetzten Teile sollen hier nicht nur die Isotopie des Lesens hervorheben (s.o.), sondern vor allem auch die pronominale Struktur (»on«, »vous«), die sich bei genauem Lesen an einen impliziten Leser wenden muß, in dessen Sinnbereich sich Marcel einbezieht. Das Ich gehört also nicht nur der fiktiven Ebene von Mme de Villeparisis an (das neben ihr in der Kutsche sitzt), sondern auch dem Bereich des Lesers dieses Romans. In dieser Dopplung oder Teilung kann Marcel zum Leser seiner eigenen Person werden, die ihm wie seine Umwelt zum fiktiven Text wird. Die subtile Aufspaltung der Szene in zwei Wahrnehmungsebenen dient zugleich dazu, der dramatischen Einbildung Marcels Glaubwürdigkeit zu verleihen, da der Leser genau jenen Wahrnehmungsakt – das Lesen – mit Marcel teilt und ihm weiter zu folgen geneigt ist, auch dann, wenn genau jener Eindruck des Fiktiven, Imaginären als Wahrheit des Lebens behauptet wird.

---

[59] Vgl. Volker Roloff, »Lesen als »déchiffrement« – zur Buchmetaphorik und Hermeneutik bei Novalis und Proust«, in: Edgar Maas und Volker Roloff (Hrsg.), *Marcel Proust. Lesen und Schreiben. Zweite Publikation der Marcel Proust Gesellschaft*, Frankfurt a. M. 1983, S. 186-205, hier: S. 199.
[60] Vgl. ebd., S. 200.

4.5. Intertextualitäten

Nehmen wir also die Leseanweisung ernst und lösen wir die suggestive Metapher der Natur als lesbares Buch zugunsten des Buches selbst auf. Denn effektiv ist es das einzige, das wir Leser vor uns haben und das Marcel lesen gelernt hat. Deleuze hat das Ich in der *Recherche* einmal treffend als Ägyptologen bezeichnet[61], ich habe selbst schon auf die Metaphorik der Hieroglyphe verwiesen, will nun jedoch von jeder metaphorischen Übertragung absehen und den Ägyptologen als das auffassen, was er tatsächlich ist, nämlich als jemanden, der *kulturelle* Zeichen entziffert und in andere übersetzt.

Marcels Welterfahrung ist eine literarisch übermittelte, keine an der Natur geschulte. Seine scheiternden Deutungsversuche beruhen auf einer Verwechslung von *natura* und *techne*. Der Roman eignet sich diese Verwechslung als poetisches Prinzip an. Andere Leser wiederum können versuchen, dieses poetische Prinzip zu erkennen und es als kulturellen Lese- und Schreibprozeß zu interpretieren.

Die unvollständige Epiphanie ist eingerahmt von Bedeutungszuschreibungen; sie selbst bleibt unfaßbar, mithin leer. Eingangs herrscht das Wahrnehmungsmodell des Lesens vor, das sich abschließend (als das Ich der Erscheinung den Rücken gekehrt hat) äußert als Möglichkeit, durch Angelesenes die eigene Situation der Verzweiflung zu beschreiben. Gleich mehrere Mythensubstrate werden herbeizitiert, um die Enttäuschung zu beschreiben und zu überhöhen, ihr wenigstens nachträglich einen kulturellen Sinn zuzuschreiben, wo der Sinn der drei Bäume selbst verborgen blieb.

Die Kutschfahrt zitiert implizit einen Gang in den Hades, wie er im 11. Buch der *Odyssee* oder auch in Vergils *Aeneis* nachzulesen ist. Doch im Gegensatz zu den antiken Vorbildern weiß Marcel die durch die drei Bäume (Eingang zum Hades) hindurchscheinenden Nachrichten der Toten nicht zu entschlüsseln:

> Comme des ombres ils semblaient me demander de les emmener avec moi, de les rendre à la vie. Dans leur gesticulation naïve et passionnée, je reconnaissais le regret impuissant d'un être aimé qui a perdu l'usage de la parole, sent qu'il ne pourra nous dire ce qu'il veut et que nous ne savons pas deviner (II, S. 79).[62]

---

61 Vgl. Gilles Deleuze, *Proust et les signes*, a.a.O., S. 112.
62 In früheren Entwürfen wird noch direkt auf die *Aeneis* angespielt: »Fantômes d'un passé cher [...] ils me tendaient des bras impuissants, comme ces ombres qu'Enée rencontre aux enfers« (vgl. Annette Kittredge, »Des théodolithes et des arbres. L'arrêt du train, les arbres d'Hudimesnil (Couliville)«, in: *Bulletin d'informations proustiennes* 24, 1993, S. 39-65, hier: S. 55f.). Die Umarbeitung der Passage führt den Ausdruck »gesticulation« ein, der möglicherweise auf die Unterscheidung zwischen »geste« und »gesticulation« anspielt, die Rousseau in seinem *Essai sur l'origine des langues* trifft. Während die ursprüngliche »langue du geste« natürlich und klar sei, würde die »gesticulation« nur noch in redundanter Form die Artikulation begleiten (Jean-Jacques Rousseau, *Essai sur l'origine des langues*, a.a.O., S. 376). Proust überträgt hier Vorstellungen von der Pervertierung der menschlichen Sprache auf den Ausdruck der Natur und beleuchtet damit abermals ironisch die Projektionen des Ichs.

Die Stimmen aus dem Jenseits erscheinen Marcel als *eigene* Erinnerung. Dieser Konstellation entsprechen – mythisch gesprochen – die Erynnien, deren Wohnort der Hades ist und in denen die Erinnerung zur Verfolgung, Strafe und Rache wird.

Der Übergang zum nächsten Mythologem, dem Leiden Prometheus', das die Szene abschließt, führt genau diesen Strang, die Frage nach Schuld und Strafe, fort. Im Fall Marcels bleibt sie uneindeutig wie die Erscheinung selbst; sie scheint sich jedoch zu multiplizieren als andauerndes Nichterkennen. Das Schuldgefühl, das sich aufgrund der Tatsache einstellt, die Toten zwar gehört, aber nicht verstanden zu haben, verweist auf eine nachmalige Verdrängung und Verkennung schon verdrängter Schuld, die auf die früheste Kindheit (»la première enfance«) zurückgeht. Der mythische Subtext suggeriert die mögliche Übertretung des Gesetzes der Blutsverwandtschaft, über das die Erynnien wachen, die für die erzürnte oder gar getötete Mutter einstehen.

»Enchaîné à mon strapontin comme Prométhée sur son rocher, j'écoutais mes Océanides«[63] heißt es im Nachspiel der Szene, in Anbetracht des ihn umgebenden Vogelgezwitschers (»[l]'invisibilité des innombrables oiseaux qui s'y répondaient tout à côté de nous dans les arbres« (II, S. 79)). Das Bild von Schuld und Strafe stellt nun auch noch eine andere Frage, nämlich diejenige nach Natur und Kunst und ihren Grenzen, die hier offensichtlich – einer prometheischen Geste gemäß – übertreten wurden.

Die mythischen Meeresnymphen, die ursprünglich den Erynnien als Dienerinnen beigegeben wurden, tauchen in der antiken Tragödie als Chor auf. Der Okeanidenchor versinnbildlicht eine Zuschauermenge, die das Leiden des Prometheus bezeugt. Der philologische Streit um die ästhetische Bedeutung des Chores kennt – ich folge hier der Darstellung Nietzsches – im wesentlichen zwei Positionen. Die erste besagt, daß der Chor einen idealischen Zuschauer repräsentiere, der noch auf der Bühne Prometheus für leibhaftig präsent hält (Position Schlegels). Der zweiten, Schillerschen zufolge bilde der Chor eine »lebendige Mauer«, die die Tragödie um sich herum ziehe, »um sich von der wirklichen Welt rein abzuschliessen und sich ihren idealen Boden und ihre poetische Freiheit zu bewahren«[64].

In der verkürzten und verspielten Form, in der dieses Mythologem in der *Recherche* zitiert wird, verbleibt es in einer irreduziblen Mehrdeutigkeit. Will man es als reinen Mythos lesen, dann wird sicherlich der Zusammenhang zwischen

---

63 Dieselbe mythische Einkleidung kommt auch einer ganz anderen Szene zu: Von Charlus, den ich an anderer Stelle als Alter Ego Marcels gedeutet habe, heißt es, als er sich in seinem Bordell von einem jungen Mann auspeitschen läßt: »... et là, enchaîné sur un lit comme Prométhée sur son rocher, recevant les coups d'un martinet en effet planté de clous que lui infligeait Maurice, je vis, déjà tout en sang, et couvert d'ecchymoses qui prouvaient que le supplice n'avait pas lieu pour la première fois, je vis devant moi M. de Charlus« (IV, 394). So unterschiedlich die beiden Prometheus-Figuren erscheinen, so unterstreicht doch diese zweite sado-masochistische noch einmal die auch im vorliegenden Bild eingeschriebene Ebene sexuellen Begehrens.
64 Friedrich Nietzsche, *Die Geburt der Tragödie*, in: *Kritische Studienausgabe* [1967ff.], hrsg. von Giorgio Colli und Mazzino Montinari, München 1980, Band I, S. 54.

Okeaniden und Erynnien, die im übrigen immer zu dritt auftauchen, sinnfällig. Will man den Hinweis auf den Gesang der Okeaniden (das Vogelgezwitscher) als ironische Wiederaufnahme des antiken Chors lesen, dann stellt sich wiederum die Frage, welche Kunstauffassung sie repräsentieren. Das Ich im Text selbst, mal sich mit der Natur ganz identifizierender Protagonist, dann wieder Leser seiner selbst, scheint selbst zu schwanken zwischen Naturalismus und Illusionismus des Schauspiels, dem er – als Protagonist, als Zuschauer – beiwohnt. Dasselbe gilt immer auch für den Leser, dessen ästhetischer Sinn ja gerade durch die intertextuellen Bezüge direkt herausgefordert wird.

Das mythische Zitat erweist sich ob seiner Ambivalenz im wesentlichen als ironischer Kommentar zu Marcels Sinnaufladung der drei Bäume, läßt seinen Leseakt als Hybris erkennen, der notwendig zum Scheitern verurteilt ist. Zugleich ersetzt das Zitat das Naturgedächtnis durch ein kulturelles Gedächtnis.

Als zweites, zeitlich nicht ganz so weit zurückgreifendes intertextuelles, von Marcel angelesenes (kulturelles) Gedächtnis scheinen Baudelaires *Correspondances* auf. Die Drei-Bäume-Szene kann als Umschreibung, als Prosaversion des Sonnetts gedeutet werden :

La Nature est un temple où de vivants piliers
                                        [Verbindung von Natur und Sakralbau]
Laissent parfois sortir de confuses paroles;   [das Sprechen der Bäume]
L'homme y passe à travers des forêts de symboles   [die Natur als Zeichenensemble]
Qui l'observent avec des regards familiers.
Comme de longs échos qui de loin se confondent
Dans une ténébreuse et profonde unité,
                          [die dunkle und damit schwer zu entziffernde Bedeutung]
Vaste comme la nuit et comme la clarté
Les parfums, les couleurs et les sons se répondent.
[...][65]

Die *Correspondances* halten einen Begriff der Erfahrung fest, der kultische Elemente einschließt.[66] Zugleich sind sie schon modernes Zeugnis eines unwiederbringlich Verlorenen. Dieses Verlorene ist selbst nur noch als Zitat wiederzugewinnen. Will man die Drei-Bäume-Szene als solches lesen, dann stellt sie keine mögliche Sinnerfahrung vor, sondern nur noch das ironische Spiel mit anachronistischen Vorstellungen.

Die Intertextualitäten sind ein bezeichnendes Beispiel dafür, wie das individuelle Gedächtnis von einem kulturellen Gedächtnis, das über den Akt des Lesens angeeignet wurde, erweitert wird. Noch einmal steht Lesen für eine suggerierte Totalerfahrung ein (s. Kap. I, 5.). Zugleich verhindert dieser Zugang in der interpretierten Szene die Vergegenwärtigung einer einmaligen, singulären Erfahrung.

---

65 Charles Baudelaire, *Les fleurs du mal*, a.a.O., S. 11.
66 Vgl. Walter Benjamin, »Über einige Motive bei Baudelaire«, in: *Gesammelte Schriften*, a.a.O., Band II.2., S. 605-653, hier: S. 638.

Eliane Boucquey[67] hat in einem Aufsatz auf überzeugende Weise gezeigt, daß das Vergessen, das in den drei Bäumen aufscheint, von Proust bewußt konstruiert ist. Der Leser kann die Konstruktion des Verschwindens einer Erinnerung in den Entwürfen zur *Recherche* nachvollziehen. In den ersten Entwürfen besteht noch deutlich eine Analogie zwischen einer vergleichbaren Landschaft in Combray und derjenigen in Hudimesnil. Im Laufe der Arbeit an der *Recherche* hat Proust die allzu deutliche Analogie verwischt. Die ursprünglich analoge Szene präsentiert sich in der Endfassung folgendermaßen: Die Bäume am Eingang der Allee in Combray gruppieren sich symmetrisch, während die drei Bäume in Hudimesnil nur asymmetrisch angeordnet sein können. Dagegen bilden in Combray drei Bauernhöfe eine analoge Konstellation.

Verdichtungen und Verschiebungen als Mechanismen traumhafter Erinnerungsarbeit bergen immer die Gefahr des Nicht-Wiedererkennens in sich und damit diejenige des Vergessens. Das literarische Verfahren, das macht Proust hier gleichsam in einer *mise en abyme* deutlich, folgt denselben Prinzipien und setzt sich in der Gestaltung von Erinnerung immer schon dem Wirken des Vergessens, das in der Verfremdung liegt, aus. Der Leser teilt dieses Vergessen, er geht denselben Weg wie Marcel. Vergessen zeigt sich also nicht nur als Unlesbarkeit der Natur, sondern auch als Unerinnerbarkeit der *Recherche* selbst.

Die drei Bäume tragen in ihrer Rätselhaftigkeit und Uneindeutigkeit die Poetik des Romans *in nuce* in sich. Hieroglyphisch ist nicht nur die Natur, sondern auch die Kunst, für die dies als Gesetz gefordert wird. Die Schönheit beruht auf dem Ungenauen, der »suite d'hypothèses« (II, S. 73), sie würde durch allzu genaue Kenntnis zerstört. Das Leiden Marcels und die Poetik des Romans fallen in diesem Punkt exakt zusammen.

4.6. Vom ›Gefäß‹ zur ›Konstellation‹

Wenn man die Erscheinung der drei Bäume als eine durch bestimmte Gefühlseinstellungen, Wahrnehmungsstrukturen und Leseeindrücke vorgeprägte erkennt, dann dürften Epiphanien als Einbruch einer transzendenten Wahrheit generell in Frage zu stellen sein. Die Offenbarung entpuppt sich – aus der kontextuellen Perspektive – zumeist als Modus der (poetisch fruchtbaren) Verwechslung. Einmal mehr jedoch gehen das Bewußtsein des erzählenden Ichs und des erzählten Ichs auseinander. Marcel bleibt an den naiven Glauben gebunden, was sich als maßlose Enttäuschung äußert, die sich sogar bis zur Todesangst steigert: »... j'étais triste comme si je venais de perdre un ami, de mourir à moi-même, de renier un mort ou de méconnaître un dieu« (II, S. 79). Das erzählende

---

67 Eliane Boucquey, »Les trois arbres d'Hudimesnil. Souvenir retrouvé«, in: *Bulletin des amis de Marcel Proust et de Combray* 38, 1988, S. 74-91.

Ich setzt dies in ein ironisches Licht, wenn es die Baumgruppe an Marcel vorüberziehen und ihn selbst einem Esel gleich, der wider Willen der Erscheinung den Rücken wendet, dem »dos d'âne« folgen läßt. Der textimmanenten Kritik folgend, kann man die Todeserfahrung umdeuten als Übertretung (»méconnaître un dieu«) eines Gebotes, nämlich Leugnung des Gesetzes des Todes (»renier un mort«): Leugnung der Tatsache, daß es ein absolutes Vergessen gibt; Übertretung der Grenze des Vergessens, wenn man sich unbedingt an etwas erinnern will, das nicht erinnerbar ist.

Das Ende des Romans wird dann auch mit einer (scheinbar) endgültigen Absage an die Beredsamkeit der Natur eingeleitet, in der das Motiv der Bäume explizit noch einmal aufgenommen wird:

> Arbres, pensai-je, vous n'avez plus rien à me dire, mon cœur refroidi ne vous entend plus. Je suis pourtant ici en pleine nature, eh bien, c'est avec froideur, avec ennui que mes yeux constatent la ligne qui sépare votre front lumineux de votre tronc d'ombre. Si j'ai jamais pu me croire poète, je sais maintenant que je ne le suis pas. Peut-être dans la nouvelle partie de ma vie, si déséchée, qui s'ouvre, les hommes pourraient-ils m'inspirer ce que ne me dit plus la nature. Mais les années où j'aurais peut-être été capable de la chanter ne reviendront jamais (IV, S. 433f.).

Der Zuwachs an semiotischem Bewußtsein aufgrund der erlittenen Leseenttäuschungen führt zu einer Demystifizierung der Natur. Dafür wird ein anderes Erkenntnismodell wirksam, das die Natur nicht mehr als Gefäß versteht, sondern als Konstellation. Bei seinem letzten Ausflug nach Tansonville wird Marcel zum ersten Mal gewahr, daß »le côté de Méséglise« und »le côté de Guermantes«, die er stets als getrennte Welten angesehen hatte, geographisch nahe beieinander liegen und durch Wege miteinander verbunden sind. Die geographische Konstellation wird ihm zum sinnfälligen Deutungsmuster gesellschaftlicher Strukturen. Wichtiger noch in unserem Zusammenhang ist, daß Marcel lange Zeit, als er der Natur dunklen Sinn zu entreißen suchte, offensichtliche Bezüge übersehen hat.[68] Erst am Ende wird die Natur als kulturell geprägte Landschaft erkannt. Die späte Offenlegung der Geographie Combrays konterkariert die an den Bäumen erprobte Hermeneutik, die nichtsdestoweniger bis zuletzt weitergeführt wird.[69]

---

68 Die beiden Erkenntniswege – Hoffnung auf Offenbarung eines Geheimnisses und reine Wahrnehmung von realen Konstellationen stehen zueinander wie die beiden Suchwege, die in Edgar Allan Poes Novelle *Der entwendete Brief* (1845) vorgeführt werden. Während der Präfekt der Pariser Polizei den Brief in allen noch so verborgenen Winkeln suchen läßt, findet Dupin ihn am offensichtlichsten, aber übersehenen Ort. Die Novelle wird zum geradezu paradigmatischen Ausgangspunkt für die psychoanalytische Theoriebildung der Verdrängungslogik innerhalb der Sprache (Jacques Lacan, »Le séminaire sur „La lettre volée"«, in: ders., *Écrits I*, Paris 1966; Jacques Derrida, *La carte postale de Socrate à Freud et au-delà*, Paris 1980; Philippe Lacoue-Labarthe und Jean-Luc Nancy, *Le titre de la lettre (une lecture de Lacan)*, Paris 1990).

69 Im Rausch der Epiphanien im Hof der Guermantes wird ihm die Natur wieder zum Spiegel seiner selbst: »... un nuage, un triangle, un clocher, une fleur, un caillou, en sentant qu'il y avait peut-être sous ces signes quelque chose de tout autre que je devais tâcher de découvrir, une pensée qu'ils traduisaient à la façon de ces caractères *hiéroglyphiques* qu'on croirait représenter seule-

5. Wiederholung und Substitution

5.1. Von der einmaligen Wiederholung zum Wiederholungszwang

La formule proustienne pour la répétition, c'est le temps perdu retrouvé. Nous en avons donné trois équivalents: stylistique, sous la figure de la métaphore, optique, sous les apprêts de la reconnaissance, spirituel enfin, sous le vocable de l'impression retrouvée. Sous des dénominations différentes, la répétition s'est ainsi avérée être tout autre chose qu'une reviviscence. Bien plus, c'est lorsque l'immédiat court-circuit entre deux sensations semblables, obtenu dans les moments bienheureux, est supplanté par la longue médiation de l'œuvre d'art, que la répétition revêt sa signification plénière, celle qui nous a paru condensée dans l'admirable expression de *distance traversée*. Dans les moments bienheureux, deux instants semblables étaient miraculeusement rapprochés. Par la médiation de l'art, le miracle fugitif est fixé dans une œuvre durable. Le temps perdu est égalé au temps retrouvé.[70]

Paul Ricoeurs Ausführung zur Wiederholung in der *Recherche* suggeriert, daß diese auf der Ebene der Gestaltung exakt der erlebten Empfindung entspreche, die durch die »mémoire involontaire« zuteil geworden sei. In der Wiederholung finde somit die Erinnerung ihre adäquate Repräsentation und Dauer. Sie korrespondiert in dieser Ausführung mit der klassischen Interpretation der Analogie, der zufolge sich das Ich als Zentrum im Raum die »verlorene Zeit« wieder aneignet, indem es sich selbst in einen durch Ähnlichkeiten gegebenen sinnvollen Zusammenhang mit ihr stellt. Abgesehen von allen zeichentheoretischen Zweifeln, die sich im Hinblick auf eine solche Interpretation einstellen mögen, soll hier bemerkt sein, daß stillschweigend von einer strikt einmaligen Wiederholung im Sinne der Erinnerung als Wieder-Holung ausgegangen wird.

In der Tat ist natürlich die Wiederholung eine Grundvoraussetzung des Erinnerungsvorganges: »La mise en mémoire de nos perceptions se fait principalement par répétition ou par association«, schreiben Jean-Yves und Marc Tadié. Sie denken dabei vor allem an den Pawlowschen Hund und an das Auswendiglernen von Telefonnummern, Melodien etc.[71] Damit wird jedoch schon deutlich, daß die Wiederholung einen gewissen Automatismus des Gedächtnisses und damit eher ein stereotypes Verhaltensmuster meint als einen Erinnerungsakt im reproduktiven und zugleich kreativ-vorwärtsgewandtem Sinne, ohne daß dieser Unterschied von den beiden »mémoire«-Experten genauer thematisiert würde.

---

ment des objets matériels. Sans doute ce *déchiffrage* était difficile mais seul il donnait quelque vérité à *lire*« (IV, S. 457, ich unterstreiche). Damit wird die Vorstellung, daß die Natur ein, wenn auch schwer lesbares, Buch sei, wieder aufgenommen.
70 Paul Ricoeur, *Temps et récit III*, a.a.O., S. 241.
71 Jean-Yves & Marc Tadié, *Le sens de la mémoire*, Paris 1999, S. 104f.

Nun liegt in der Proustschen Ästhetik jede Wiederholung, die über dieses »Einmal Wieder« hinausgeht, schon jenseits ihrer selbst. Sie muß, um glückhafte Erinnerung zu sein, sofort wieder ausgesetzt werden. Doch die Wiederholung neigt zufolge ihrer immanenten Logik zur Fortsetzung, zur Selbstreproduktion, zum Wiederholungsdrang. Dieses »Weiter« liegt schon verborgen in der einmaligen Wiederholung, spricht doch der epiphanische Moment nicht nur von seiner prekären Einmaligkeit, die beinahe Kein-mal gewesen wäre, sondern immer auch davon, daß er sich keinesfalls vervielfältigen darf. Was bedeutet die Vervielfältigung des »analogen Wunders«? Sicherlich nicht eine Vervielfältigung des Glücks. Die Wiederkehr des Vergangenen in wiederholter und nicht mehr auf das »Wunder der Analogie« begrenzter Form hat vielmehr das Antlitz des Unheimlichen. Es ist die gespenstische, alptraumhafte Wiederkehr dessen, was man schon vergessen wähnte. Findet die Euphorie ihre Anschauung in der einmaligen Wiederholung, im epiphanischen Ereignis, so drückt sich die Dysphorie (Schmerz, Angst, Zweifel), die weite Strecken der *Recherche* prägt, diegetisch in der wiederholten Wiederholung aus.[72]

Während die strikt einmalige Wiederholung von einem Urtext, einem Original ausgeht, das adäquat übersetzt werden könnte, erscheint die mehrfache Wiederholung in einem ganz anderen Licht: Das nachmalige Wiederholen verweist auf eine immer schon vorgängige Wiederholung bzw. Repräsentation eines (abwesenden) Textes. Während Prousts Poetik noch die metaphysische Vorstellung von einem Original behauptet, das in Literatur umgesetzt werden könne, leistet seine Erzählung indes die Dekonstruktion der Vorstellung, daß dem Übersetzungsvorgang ein Text zugrundeliege, der schon da sei in unberührter und unveränderter Präsenz.[73] Erzählerisch ereignet sich eben die Multiplizierung von Wiederholungen, die deutlich macht, daß es um ein Original geht, das nie gegenwärtig war, daß es um einen Text geht, der immer schon aus Transkriptionen besteht, im Sinne Derridas, der schreibt:

> Tout commence par la reproduction. Toujours déjà, c'est-à-dire dépôts d'un sens qui n'a jamais été présent, dont le présent signifié est toujours reconstitué à retardement, *nachträglich*, après coup, *supplémentairement*... .[74]

---

72 Zum Zusammenhang zwischen dem Unheimlichen und der Wiederholung siehe Sigmund Freud, »Das Unheimliche«, in: *Studienausgabe*, a.a.O., Band IV, S. 242-274, v.a. S. 259, 261, 264.
73 Jacques Derrida, »Freud ou la scène de l'écriture«, in: ders., *L'écriture et la différence*, Paris 1967, S. 293-340, hier: S. 313: »... le concept de traduction [...] ou de transcription [...] n'est pas dangereux en ce qu'il fait référence à l'écriture mais en ce qu'il suppose un texte déjà là, immobile, présence impassible d'une statue, d'une pierre écrite ou d'une archive dont on transporterait sans dommage le contenu signifié dans l'élément d'un autre langage ... .«
74 Ebd., S. 314.

Die Erinnerung wird so zum prekären Produkt von »Nach-Schriften« und »Umschriften«, die über keinen verläßlichen Ursprung verfügen.[75]

Eine Darstellung von Erinnerung als einer Form vergegenwärtigender Reproduktion wie die eingangs zitierte erweist sich als ungeeignet für das Verständnis des Vergessens, vor allem des Vergessens, das stattfindet, *während* man sich erinnert. Statt das Vergessen für einen Unglücksfall des Erinnerns zu halten, muß das Erinnern gerade vom Vergessen her verstanden werden.

Im vorangehenden Kapitel wurde deutlich, daß sich selbst im Akt des Erinnerns, das auf dem klassisch analogen Denken beruht, Entfremdungserfahrungen einstellen können, die nicht mehr aufgehoben werden. Mit dem Fremden wird im analogen Denken nicht gerechnet, es dringt unkontrolliert in den Raum zwischen das Ich, seiner Gegenwart und seiner Vergangenheit und bricht von innen her den Erinnerungsvorgang auf. Die Wiederholung, die über das Ein-mal der vergegenwärtigenden Repräsentation hinausgeht, kann als Fortschreibung eines Zersetzungsprozesses verstanden werden, der mit der scheiternden Vergegenwärtigung und Identifizierung durch Analogisierung begann.

In seinem Essay »Erinnern, Wiederholen, Durcharbeiten« hat Freud die beiden der Vergangenheit zugewandten Bewußtseinsbewegungen Erinnern und Wiederholen klar voneinander geschieden. Während das Erinnern als Ergebnis des Durcharbeitens einer vergangenen, unbewältigten Situation vorgestellt wird, meint die Wiederholung hingegen genau das Gegenteil, insofern in ihr und durch sie das Unbewältigte handelnd fortgesetzt wird:

> ... so dürfen wir sagen, der Analysierte erinnere überhaupt nichts von dem Vergessenen und Verdrängten, sondern er agiere es. Er reproduziert es nicht als Erinnerung, sondern als Tat, er wiederholt es, ohne natürlich zu wissen, daß er es wiederholt.[76]

Als Beispiel erwähnt Freud einen Patienten, der sein trotziges Verhalten gegenüber seinen Eltern nicht als Erinnerung erzählt, sondern sich in solcher Weise gegen den Arzt benimmt. Eine solche Verschiebung von Erinnern auf ein wiederholendes Handeln in der therapeutischen Gesprächssituation wird von Freud »Übertragung« genannt.[77] Er spricht in diesem Zusammenhang von einer »unerwünscht treuen« Reproduktion, in der, anstatt zu »erinnern«, noch einmal »ge-

---

75 Vgl. Rainer Warning, »Vergessen ...«, a.a.O., S. 161. In diesem Sinne müßte man die Präfiguration als Kompositionsprinzip der *Recherche* interpretieren.
76 Sigmund Freud, »Erinnern, Wiederholen, Durcharbeiten«, in: *Studienausgabe*, a.a.O., Ergänzungsband, S. 209f.
77 Erinnern wird durch Wiederholung in aktueller Situation ersetzt: »Je größer der Widerstand ist, desto ausgiebiger wird das Erinnern durch das Agieren (wiederholen) ersetzt sein. [...] so tritt sofort das Erinnern dem Agieren den Platz ab« (ebd., S. 211). Desgleichen in der späteren Schrift, *Jenseits des Lustprinzips*, in: *Studienausgabe*, a.a.O., Band III, S. 228: »Der Kranke kann von dem in ihm Verdrängten nicht alles erinnern, vielleicht gerade das Wesentliche nicht [...]. Er ist vielmehr genötigt, das Verdrängte als gegenwärtiges Erlebnis zu wiederholen, anstatt es, wie der Arzt es lieber sähe, als ein Stück der Vergangenheit zu erinnern.«

jammert«, noch einmal das Verhalten »vorgeführt« bzw. »gezeigt« wird[78]. Die unbewußte Phantasie, die durch den Erinnerungsakt ins Bewußtsein übergeführt und damit überwunden werden soll, erweist sich in der Wiederholung als unüberwindbare und unzerstörbare Größe.

Die Therapie versucht, den Wiederholungszwang über das Durcharbeiten in echte Erinnerung überzuführen, indem unter anderem der Widerstand bewußt gemacht, danach durchbrochen und schließlich die Akzeptanz bestimmter verdrängter Elemente herbeigeführt werden soll. Freud bringt jedoch den Begriff des Durcharbeitens kaum mit denen des Erinnerns und der Wiederholung zusammen, auch wenn er ihn als einen Mittelbegriff aufzufassen scheint, in dem sich die beiden anderen treffen. Das Durcharbeiten meint ein Vertiefen in die Widerstände, ein Wiederholen, jedoch im Sinne einer Deutungsveränderung, Reparation, Ausbesserung, durch welche die Befreiung des Subjekts vom Wiederholungszwang begünstigt werden kann. Unberücksichtigt in dieser Darstellung bleibt, daß der Versuch, umzudeuten, zu reparieren und auszubessern selbst wiederum als unabschließbarer Korrekturvorgang fortgeschrieben werden kann und damit einem Wiederholungszwang zweiten Grades folgt, wie er schon aus anderer Warte (ohne ihn dort so genannt zu haben) für den Aphasiker beschrieben wurde.

5.2. Erinnern und Wiederholen in der Recherche

Offensichtlich gilt, daß Erinnerung auf Wiederholung beruht, daß jedoch die Wiederholung nicht automatisch Erinnerung meint, sondern sich als Wiederholungszwang dieser geradewegs entgegenstellt. Während in der Therapiesituation Sprechen, Reflektieren und Handeln, das heißt Erinnern und Wiederholen analytisch voneinander geschieden werden können, ist dies nicht mehr möglich, wenn man Erinnerung und Wiederholung in ihrer literarischen Gestaltung betrachtet. Scheinbar befindet man sich hier, so suggeriert häufig ein psychoanalytischer Kurzschluß, von vornherein auf der Ebene des Durcharbeitens. Die literarische Gestaltung sei, so die Vorstellung, die Formgebung, die zur Überwindung des in ihr Erinnerten beitrage. Da *mimesis* immer sowohl Abbildung als auch Umgestaltung bedeutet, liegt in ihr einerseits die Trauer über den Verlust der treuen Vergegenwärtigung, andererseits die Chance der Überwindung und Sublimierung von schmerzhaften Anteilen des Vergangenen begründet. Es können aber im Text selbst Wiederholungsfiguren ausgemacht werden, jenseits der mimetischen Repräsentation, die der »zwanghaften wiederholenden Handlung«, die Freud aus seiner Praxis überliefert, durchaus verwandt sind. Zwar kann man auf literarischer Ebene nicht scharf zwischen Handeln und Erinnern unterscheiden, da beide im Erzählen aufgehen, aber man kann natürlich die Übertragung von

---

78 Sigmund Freud, »Erinnern, Wiederholen, Durcharbeiten«, a.a.O., S. 210.

vergangenen Gefühlseinstellungen auf einen aktualen Erinnerungs- und Reflexionsvorgang nachweisen. Wie stark dies der Fall für die *Recherche* selbst ist, wurde immer wieder ansatzweise deutlich, wenn von der metonymischen Unterminierung gegenwärtiger Eindrücke gesprochen wurde. So wirken vor allem in den beiden Albertine-Romanen die traumatischen Anteile des Vergangenen als Symptom der Eifersucht auf der Ebene der Erinnerung, Erzählung und Gestaltung weiter. Denn die *Recherche* erzählt nicht einfach im *passé simple* (Aspekt der in sich abgeschlossenen Vergangenheit) von der einstigen Eifersucht Marcels auf seine Geliebte Albertine (wie dies noch in *Un amour de Swann* für die Erzählung von Swanns Eifersucht gegenüber Odette möglich ist), sondern die Erzählweise ist im wesentlichen eine von der Eifersucht durchwirkte. Eine Trennung zwischen Erinnern und Wiederholen findet im Roman insofern nicht statt, als über weite Strecken das Erinnern selbst von einer Art Wiederholungszwang bestimmt wird. Die progressive Bewegung in Richtung Überwindung des Traumas, in Richtung nachmaligen Vergessens als Lösung, konkurriert mit einer wiederholenden Erinnerung, die im wesentlichen regressiv ist, indem sie die Eifersucht fortführt. Das Zugleich von Erinnern und Wiederholen, das Zugleich von Progression und Regression führt zu einer prinzipiellen Unabschließbarkeit des Erzählens. Das Vergessen wirkt im doppelten Sinne innerhalb dieser Erzählung: erstens als dasjenige Abwesende, das sich dem Erinnern fortwährend entzieht (das nicht einholbare vergangene Ereignis); zweitens als das von ihm selbst entsandte, anwesende Symptom, das den Erinnerungsakt ständig auf das Abwesende zurückbeziehen läßt. Mit Genette läßt sich in erzähltheoretischen Termini ein solcher Diskurs als »raconter *n fois* ce qui s'est passé *une fois*«[79] bezeichnen. In diesem wird die irreduzible Nachträglichkeit der Erinnerung bezüglich eines Ereignisses, das im eigentlichen Sinne nie präsent war, weil es sich vielleicht selbst einem Phantasma verdankt, für die Erzählung absolut determinierend. Das Ereignis, auf das sich der Erinnerungsakt nachträglich bezieht, ist als dasjenige, das sich fortwährend der Erinnerung entzieht, ein ›durchgestrichenes‹: es ist anwesend, weil der Erinnerungsvorgang obsessiv darauf abzielt; es ist abwesend, weil der Erinnerungsvorgang es ständig nur unzureichend vergegenwärtigt bzw. ganz verfehlt.

Nun betont Proust immer wieder den Anspruch, die Vergangenheit so darzustellen, wie sie tatsächlich war, ein Anspruch, der die prinzipielle Differenz, die zwischen Empfindung und Gestaltung, Vergangenheit und Vergegenwärtigung besteht, leugnet; ein Anspruch, der offensichtlich die Gesetze der *mimesis* verkennt[80]. Wenn man aber – gleichsam gegen Proust – seinen Anspruch mit den Gesetzen der *mimesis* noch einmal in Einklang bringen will, dann führt dies zur

---

79 Gérard Genette, *Figures III*, a.a.O., S. 147, ich unterstreiche.
80 »Ce n'était d'ailleurs même pas seulement un écho, un double d'une sensation passée que venait de me faire éprouver le bruit de la conduite d'eau, mais cette sensation elle-même« (IV, S. 453). Besonders deutlich wird dieser Anspruch in *Préface* zu *Contre Sainte Beuve* ausgesprochen. Die Epiphanien münden in der Affirmation: »... j'entends cette journée *elle-même*, et non son froid fantôme« (Marcel Proust, *[Projets de préface]*, in: ders., *Contre Sainte Beuve* ...., a.a.O., S. 213).

Anerkennung einer »treuen Repräsentation« (bzw. mit Freud, einer »allzu treuen Repräsentation«) auf der Ebene des Wiederholungszwanges. Die Wiedergewinnung des Vergangenen findet nicht in der epiphanischen Erscheinung statt, sondern vielmehr gilt, daß die Vergangenheit gar nicht wiedergewonnen werden kann, weil sie nie vergangen ist. Sie schreibt sich, sich selbst treu bleibend, unter dem Deckmäntelchen der Veränderungen durch die Zeit hin unbeirrt fort.

5.3. Ich-Substitutionen, Schreibsubstitutionen

In der metapsychologischen Schrift *Jenseits des Lustprinzip* (1920) nimmt Freud die sechs Jahre zuvor im therapeutischen Kontext angeschnittene Frage nach Erinnern, Wiederholen und Durcharbeiten wieder auf und verleiht ihr eine pointierte Wendung, vor der er selbst zuweilen zurückschreckt. Diese entscheidende Wende wird durch die Entdeckung des Todestriebes im Wiederholungszwang eingeleitet. Wenn der Organismus danach drängt, einen früheren Zustand wiederzugewinnen, dann fehlt nur noch ein Schritt, und Freud vollzieht ihn, um festzustellen, daß diese Regression auf einen anorganischen Ausgangspunkt zielt, »den das Lebende einmal verlassen hat und zu dem es über alle Umwege der Entwicklung zurückstrebt«[81]. Doch ebenso wenig wie man in der literarischen Erzählung zwischen Erinnern und Wiederholen unterscheiden kann, kann man hier Lebenstrieb und Todestrieb voneinander trennen.[82] Erzählerische Progression geht mit einer fortlaufenden Regression einher, oder anders gesagt, die Regression verbirgt sich hinter scheinbarer erzählerischer Progression. Diese Verschränkung von Konservation und Progression, Wiederholung und Variation kann man die Figur der Substitution nennen. Sie prägt die *Recherche* sowohl auf der Ebene der Ereignisse, wo eine Liebesbeziehung durch homolog ähnlich gelagerte abgelöst wird, als auch auf der Ebene des nachträglichen Erinnerungsdiskurses, wo ein Ereignis durch eine Reihe von Erinnerungssubstituten darzustellen versucht wird.

Jede Wiederholung ist auch eine Substitution, bzw. jede Substitution kann als Wiederholung in Variation beschrieben werden, d.h. jede ›Umschrift‹, jede ›Übersetzung‹ (des ›inneren Buches‹ in ein Werk) steht immer schon auf der Stufe der Substitution, ist nicht Ursprung, nicht ›Präsenz‹ (die der Erzähler nichtsdestoweniger behauptet, wiedergewinnen zu können). Vor allem im Hinblick auf die Gestaltung der Liebesgeschichten im Roman wird das Gesetz von Substitution und Wiederholung wirksam.[83] Sie spielen sich nach stets gleich ab-

---

81 Sigmund Freud, *Jenseits des Lustprinzips*, a.a.O., S. 248.
82 Dies wird eine sinnfällige Konstellation vor allem am Ende des Romans, wo es um die Frage nach dem Zusammenhang zwischen Schreiben, Leben und Tod im Kontext existentieller Not des Protagonisten geht. Siehe dazu Kap. II, 5.5. des ersten Teils dieser Arbeit.
83 Vgl. dazu Serge Doubrovsky, »Table ronde«, in: Jacques Bersani, Michel Raimond und Jean-Yves Tadié (Hrsg.), *Cahiers Marcel Proust 7*, a.a.O., S. 107: »... ce sont toujours les mêmes histoires, les mêmes personnages, les mêmes situations qui reparaissent sans cesse avec chaque fois

laufenden Mustern ab und verlieren damit ihre Unverwechselbarkeit und Einmaligkeit. Bezüglich des späten Liebesverhältnisses von M. de Guermantes zu der vermutlich uralten Mme de Forcheville heißt es denn auch:

> Mais cette liaison avait pris des proportions telles que le vieillard, *imitant* dans ce dernier amour la manière de ceux qu'il avait eus autrefois, séquestrait sa maîtresse au point que si mon amour pour Albertine avait *répété*, avec de grandes variations, l'amour de Swann pour Odette, l'amour de M. de Guermantes *rappelait* celui que j'avais eu pour Albertine (IV, S. 593, ich unterstreiche).

Die Vorstellung von Liebe (als Einmaligkeit und wahrem Gefühl) wird in einer solchen Aufreihung ausgehöhlt: Liebe heißt hier immer schon »imiter«, »répéter«, »rappeler à«. In gleicher gesetzmäßiger Abfolge stehen Marcels Lieben zueinander. Das Ersetzte wirkt dabei im Neuen, Ersetzenden, das nie totale Er- oder Neusetzung ist, weiter. Hier wird nun auch, vom Erzähler selbst ins Spiel gebracht, das Vergessen zum Thema:

> Car à l'être que nous avons le plus aimé nous ne sommes pas si fidèle qu'à nous-même, et nous l'oublions tôt ou tard pour pouvoir – puisque c'est un des traits de nous-même – recommencer d'aimer (IV, S. 487).

Die Diskontinuität stellt sich in der Ersetzung des anderen ein, während sich das Ich gleich bleibt und immer wieder auf die gleiche Weise lieben wird:

> Nous aurons besoin avec la femme suivante des *mêmes* promenades du matin ou de la reconduire de *même* le soir, ou de lui donner cent fois trop d'argent (ebd., ich unterstreiche).

Hier ist von einem Vergessen die Rede, das eigentlich kein Vergessen darstellt, denn die Erinnerung lebt in der Wiederholung weiter, ohne als Erinnerung anerkannt zu werden. Aus einem solchen Prozeß geht auch die Liebe zu Albertine hervor. Dabei zeigt sich nicht zuletzt, daß die immer wiederkehrende gleiche Art, den anderen wahrzunehmen und zu lieben, gerade nichts mit einer stabilen Identität zu tun hat, vielmehr von einer fast automatischen Form der Aneignung des je anderen zeugt. Denn die ›Serienproduktion‹ von Liebesobjekten führt dazu, daß Albertine selbst nicht als singuläres und in sich identisches Wesen wahrgenommen werden kann. Um ihr Wesen kreisend zu umschreiben, verwendet der Erzähler im Gegenteil wiederholt Begriffe, die die Vorstellung von Identität des anderen (aber auch überhaupt) radikal in Frage stellen, so zum Beispiel, daß Albertine ein »être disséminé dans l'espace et dans le temps« sei, eine »suite d'événements« (III, S. 612), die nicht in einem Erinnerungsbild oder -diskurs

---

une légère variation. [...] Les choses se répètent obsessionnellement [...]; tout se passe comme si le récit devenait de plus en plus fantasmatique. On n'est plus du tout dans un réalisme narratif quelconque, mais dans un délire qui se donne comme narration.«

gebannt werden könne. Dem entspreche, so der Erzähler selbst, eine Vervielfältigung des erinnernden, suchenden Ichs (»en moi, [...] substitution de personne«, III, S. 533), so daß der Erinnerungsdiskurs selbst keiner stabilen Sprechinstanz mehr zugeordnet werden kann. Dieser Zerfallsprozeß von Identitäten, der im Hinblick auf Marcels Wahrnehmung (Kap. II, 3.), im Hinblick auf das Sprechen am Fall Charlus erörtert wurde (Kap. II, 2.), schreibt sich für den Protagonisten unter verschärften Bedingungen fort, als Albertine verschwindet und schließlich zu Tode kommt. Ab diesem Zeitpunkt ist sie nur noch Vergangenheit, jedoch eine, die nie im wirklichen Sinne präsent war, indem sie ein stabiles Bild für Marcels Wahrnehmung dargeboten hätte. Minutiös wird nach dem Verlust die Reaktion von Marcels Gedächtnis auf diese radikale Abwesenheit beschrieben. Während nun eine Kraft im Sinne der progressiven Erinnerungs- und Trauerarbeit nach der Überwindung des Schmerzes und einer Heilung im Vergessen sucht, führt eine andere, regressive Kraft immer wieder zurück zu jenen inquisitorischen Momenten, die das Zusammensein von Marcel und Albertine in *La Prisonnière* über weite Strecken prägten. Dort tritt ein Diskurs zutage, der an die Erstellung einer Prozeßakte gemahnt.[84] Im nachträglichen Gedächtnis schreibt sich dieses inquisitorische Verhältnis als ein Erinnerungsdiskurs fort, der unter der führenden Kraft der fortdauernden Eifersucht ein Untersuchungsverfahren einleitet, das Züge eines (weitgehend ins Innere verlegten) Detektivromans annimmt. Als Marcel bei diesen nachträglichen Versuchen, die sexuelle Wahrheit Albertines zu erfahren, sich mit seiner Einsamkeit konfrontiert sieht, ist er zunehmend ausschließlich auf sein Gedächtnis angewiesen, das ihm auf all seine offenen Fragen Antworten liefern soll. Einmal erinnert er sich zum Beispiel, daß Aimé ihm im Laufe seines zweiten Balbec-Aufenthaltes zugeflüstert hat, daß Albertine »mauvais genre« sei. Daraufhin versucht er vergeblich, sich genau an dessen Worte zu erinnern:

> Mais j'avais beau me le demander, la personne qui se posait la question et la personne qui pouvait offrir le souvenir n'étaient, hélas, qu'une seule et même personne, moi, *qui se dédoublait momentanément, mais sans rien s'ajouter* (III, S. 592, ich unterstreiche).

Das monologische Zwiegespräch ist der Grundmodus der einsamen, selbstquälerischen Phantasmen, die Marcel bezüglich der ihm unzugänglich bleibenden Albertine beherrschen. Es zeugt abermals von einem emotional gesteuerten Gedächtnisdiskurs angesichts eines unüberwindbar scheinenden Vergessens, der weder der »mémoire involontaire« noch der »mémoire volontaire« zugeschlagen werden kann. Dieser trägt vielmehr einerseits als rationale, detektivische ›Recherche‹ auf der Basis von Indizien Züge der willensgesteuerten Rekonstruktion eines

---

84 Die Prozeßakte (frz. »le mémoire«) steht mit dem Gedächtnis (frz. »la mémoire«) insofern in Zusammenhang, als sie sich als eine nachträgliche Rekonstruktion eines Ereignisverlaufes für die Einschreibung in ein zukünftiges Gedächtnis eignet.

vergangenen Ereignisses, andererseits nicht-willentliche, irrationale Züge, die jedoch nicht dem Zufall überlassen, sondern von einer unbeherrschbaren Obsession hervorgebracht sind. Marcel, und mit ihm in einer wiederholenden Geste der Erzähler, verlieren sich in Hypothesen über die Trennungsgründe von Albertine, über ihre mögliche Untreue. Jede Hypothese ist Konstruktion einer ›Wahrheit‹[85], immer schon Ersatz für eine ›Wahrheit‹, die dann selbst wieder durch eine andere ersetzt wird: zur ›Wahrheit‹ Albertines dringt der Erzähler indes nicht vor, im Gegenteil, in der Proliferation von möglichen Erinnerungsvarianten verschwindet immer mehr die Idee von *einer* Wahrheit. Der Zusammenhang zwischen *aletheia* (Wahrheit) und *a-leth-eia* (Unvergessen, Erinnern) bricht hier auseinander, selbst wenn er noch einmal als Ausgangspunkt gewählt wird. Die *anamnesis* wird als Erkenntnisweg gewählt, führt aber nicht zur Erkenntnis.

Nach dem Tod Albertines radikalisiert sich das Erinnern in Substitutionen. Die ›Wahrheit‹ Albertines ist unwiederbringlich selbst gestorben; Marcels Versuch, sich an bestimmte Momente zu erinnern, anhand derer er dann auf die sexuellen Neigungen Albertines schließen könnte, das einzige Erkenntnisinteresse dieses Eifersüchtigen, ist radikal verspätet:

> Je ne pouvais me rappeler si Albertine avait rougi quand j'avais naïvement proclamé mon horreur de cela, je ne pouvais me rappeler, car ce n'est souvent que longtemps après que nous voudrions bien savoir quelle attitude eut une personne à un moment où nous fîmes nullement attention [...]. Mais dans notre mémoire il y a une lacune, il n'y a pas trace de cela. Et bien souvent nous n'avons pas fait assez attention, au moment même, aux choses qui pouvaient déjà nous paraître importantes, nous n'avons pas bien entendu une phrase, nous n'avons pas noté un geste, ou bien nous les avons oubliés. Et quand plus tard avides de découvrir une vérité nous remontons de déduction en déduction, feuilletant notre mémoire comme un recueil de témoignages, quand nous arrivons à cette phrase, à ce geste, impossible de nous rappeler, nous recommençons vingt fois le même trajet, mais inutilement, mais le chemin ne va pas plus loin (IV, S. 91).[86]

Fragen bleiben ohne Antwort. Auch als das gestorbene Gedächtnis Albertines durch dasjenige Andrées ersetzt wird, bleibt die erste Frau unzugänglich, weil die zweite selbst undurchsichtig ist (vgl. IV, S. 178ff.).

Die vielen Spekulationen, Wiederholungen der gleichen Geschichte in Variationen von Albertines »gomorrhischen« Wesen fügen sich aneinander nach dem

---

85 »... je construisais si bien la vérité, mais dans le possible seulement ...« (IV, S.10).
86 Die textkritische Ausgabe von *Albertine disparue* durch Jean Milly (Marcel Proust, *Albertine disparue*. Édition intégrale. Texte établi, présenté et annoté par Jean Milly, Paris 1992), die deutlich macht, daß die Ausgabe letzter Hand einerseits den Textumfang um zwei Drittel des Umfangs gekürzt hat und andererseits die Umstände des Todes Albertines präzisiert, widerspricht der These nicht, daß das Geheimnis Albertine ungelöst bleibt. In diesem Text findet sich zwar ein weiteres Indiz dafür, daß Albertine ein lesbisches Verhältnis zu Mlle Vinteuil unterhielt. Selbst wenn Marcel daraufhin äußert, daß er sicher sei, daß Albertine von Anfang an gelogen habe, hat diese Behauptung insofern nichts Definitives, als sie zuvor schon mehrmals geäußert wurde und nachher durch weitere Spekulationen letztlich wieder unterlaufen wird.

Gesetz der Serie, ohne je zu einem Abschluß zu finden, denn jede als mögliche Erinnerung ausgegebene Variante *fügt* im Grunde *nichts hinzu* (»n'ajoute rien«), wenn es darum geht, die ›Wahrheit‹ Albertines zu finden.[87] Im Gegenteil, die Proliferation zieht eine Fragmentierung der Erinnerung nach sich, die einem – von Marcel schließlich auch gewünschten – Vergessen gleichkommt; allerdings einem Vergessen, das nie vollständig, selbst nur fragmentarisch ist und unerwünschte, schockartige Reminiszenzen provoziert.

Albertine kehrt schließlich noch einmal zurück, und zwar nicht in epiphanischer Vollständigkeit, sondern als unheimliches Gespenst, als Marcel meint, auf einem Telegramm, das er in Venedig erhält und das von Heirat spricht, ihre Unterschrift zu erkennen. Diese Szene ist insofern aufschlußreich, als sie ganz nahe der »mémoire involontaire« steht und doch zugleich ihre Unterminierung darstellt, ohne indes »mémoire volontaire« zu sein. Während die Telegramm-Szene häufig so gedeutet worden ist, wie sie Marcel für sich selbst in Venedig interpretiert, nämlich als unvollständige Wiederauferstehung und damit Beweis für einen vollzogenen Abschied (und das Erreichen eines angestrebten Vergessens), spricht doch allein die Tatsache, daß Marcel »Albertine« liest, wo »Gilberte« geschrieben steht, das Gegenteil aus.

Kaum deutlicher könnte man den Komplex aus Serialität, Substitution und Fragmentierung inszenieren als in dieser Szene des Ver-lesens. Sie zeugt davon, daß Albertine nicht vergessen bzw. bewältigt wurde, sondern daß die Serialität ihres Wesens durch die vielen nachträglichen Hypothesen wieder auseinandergebrochen wurde: aus Serialität wird mithin Dissemination. In ihrer Unerinnerbarkeit wird sie damit zugleich unvergeßlich. Fragmentiert und zerstreut wie sie ist, kann sie sich prinzipiell mit allem zu einer Assoziation verbinden und überall wiedergefunden werden. Nicht mehr dem seltenen Zufall verdankt sich eine Reminiszenz, sondern Marcel wird im wahrsten Sinne des Wortes von Bildern der Vergangenheit heimgesucht. Eine Wendung des venezianischen Briefträgers erinnert ihn an den Satz einer Badenden in Balbec über Albertine; eine Adler-Skulptur in San Giorgio erinnert ihn an die Ringe Albertines, die einst seine Eifersucht so sehr erregten und von denen er nie erfahren hat, wer sie ihr geschenkt hat. Diesen assoziativen Momenten ist jedoch nicht die Wahrheit der »mémoire involontaire« eigen, vielmehr zeugen sie von der Wiederkehr des Verdrängten in unverständlichen und unheimlichen Symptomen.

Dieser offensichtlichen Dynamik der Substitution, die der Wahrheitssuche nichts hinzufügt, stehen die poetologischen Erörterungen diametral entgegen, in

---

[87] Der Erzähler spricht mit Vorliebe von »supplément«, »supplémentarité«, wenn er von Substitution spricht. Er suggeriert damit ein Hinzufügen, das jedoch gar nicht stattfindet. Gérard Genette beschreibt den substitutiven Korrekturvorgang als Analepse, als nachträglichen Versuch, eine Lücke im Text zu schließen: »C'est en effet la fonction la plus constante des rappels, dans la *Recherche*, que de venir modifier après coup la signification des événements passés, soit en rendant signifiant ce qui ne l'était pas, soit en réfutant une première interpretation et en la remplaçant par une nouvelle« (Gérard Genette, *Figures III*, a.a.O., S. 96 und siehe auch S. 98f. zu Marcels nachträglicher Interpretation von Albertines Verhalten).

denen die Substitution als literarisches Verfahren vorgestellt wird, um vom individuellen Einzelfall zur Darstellung des Allgemeingültigen zu gelangen. Nicht die einzelne Liebesgeschichte interessiere Marcel, sondern das ›Wesen‹ der Liebe selbst, das er auf dem Weg der Substitution meint, destillieren zu können:

> Ces substitutions *ajoutent* à l'œuvre quelque chose de désintéressé, de plus général, qui est aussi une leçon austère que ce n'est pas aux êtres que nous devons nous attacher, que ce ne sont pas les êtres qui existent réellement et sont par conséquent susceptibles d'expression, mais les idées (IV, S. 487, ich unterstreiche).

Der erste offensichtliche Widerspruch zwischen der Reihe der unabschließbaren Erinnerungssubstitutionen, um ein Singuläres einzuholen, und der sublimierenden Abstraktion vom Einzelnen löst sich auf, wenn man das poetologische Programm dort eingelöst sieht, wo die schiere Typologie von Liebesverhältnissen deutlich wird. In einer gleichsam kryptischen poetologischen Nebenbemerkung (kryptisch, weil nicht zu den exponierten Orten der Poetik im Roman gehörig) entlarvt der Erzähler den »Todestrieb«, der in der scheinbaren Erkenntnisprogression (in der literarischen Substitution vom Singulären zum universellen Prinzip) als sich wiederholendes und sich gleichbleibendes Handlungs- und Wahrnehmungsmuster wirkt:

> ... Albertine avait quelque chose de la Gilberte des premiers temps, c'est qu'une certaine ressemblance existe, tout en évoluant, entre les femmes que nous aimons successivement, ressemblance qui tient à la fixité de notre tempérament parce que c'est lui qui les choisit [...]. Elles sont, ces femmes, un produit de notre tempérament, une image, une projection renversée, un »négatif« de notre sensibilité. De sorte qu'un romancier pourrait au cours de la vie de son héros, peindre exactement semblables ses successives amours et donner par là l'impression non de s'imiter lui-même mais de créer, puisqu'il y a moins de force dans une innovation artificielle que dans une répétition destinée à suggérer une vérité neuve. [...] Notre radiation intuitive les traverse et les images qu'elle nous rapporte ne sont point celles d'un visage particulier mais représentent *la morne et douloureuse universalité d'un squelette* (II, S. 249f., ich unterstreiche).

5.4. Scheiterndes Erinnern und Vergessen im Horizont des Anderen

Die Eifersucht als unüberwundener Wiederholungszwang durchkreuzt die Substitution als Universalisierung, ohne jedoch das Singuläre selbst wirklich ins Auge zu fassen. Denn sie treibt die Erinnerung dazu, sogar dasjenige im Gedächtnis zu suchen, das noch nie gewußt wurde und vielleicht nie war:

> Notre jalousie fouillant le passé pour en tirer des inductions n'y trouve rien; toujours rétrospective, elle est comme un historien qui aurait à faire une histoire pour laquelle il n'est aucun document; toujours en retard, elle se précipite comme un taureau furieux [...]. La jalousie se débat dans le vide, incertaine, comme nous le sommes dans

ces rêves où nous souffrons de ne pas trouver dans sa maison vide une personne que nous avons bien connue dans la vie, mais qui en est ici une autre et a seulement emprunté les traits d'un autre personnage (III, S. 653).

Marcel, auf sich selbst zurückgeworfen (nach gescheiterten und immer wieder scheiternden Versuchen, andere Personen als Spione und Detektive einzuspannen und somit das Blickfeld zu erweitern), sucht auch das, was gar nicht in seinem Gedächtnis gespeichert sein kann, *in* seinem Gedächtnis. Die Erinnerung wird dort *ad absurdum* geführt, wo sie über ihre Kapazitäten hinaus strapaziert wird. Sie führt hier an ein Nicht-Wissen, an ein radikales Vergessen heran, das nie, auch nicht durch noch so viele Varianten, eingeholt werden kann.[88] Ja, je mehr Varianten, desto mehr relativiert sich die je eine, mögliche, so daß sich letztendlich nur noch eine Vielzahl von nahezu unwahrscheinlichen Erzählvarianten aneinanderfügen. Das Erzählen in Substitutionen steht hier für ein Nicht-Erinnern-Können von etwas, das – durch die Vorgehensweise des Erzählers – in den Bereich des Vergessens gerückt wird, d.h. in einen – so die Vorstellung – vorübergehend unzugänglichen Bereich, in den aber theoretisch die Erinnerung einen Zugang finden kann.

Weil nun aber Marcel versucht, sich radikal Unzugängliches über den Weg der Erinnerung anzueignen, und *weil* ihm dies nicht gelingt, muß das Konzept des Vergessens neu bedacht werden. In der Regel gehen wir davon aus, daß es sich beim Vergessen um eine provisorische Unverfügbarkeit von Teilen des Erinnerungsschatzes handelt, die aber durch bestimmte Techniken oder in bestimmten Situationen aufgehoben werden kann (so auch in der Konzeption der »mémoire involontaire«). Über weite Strecken der *Recherche* deutet sich Vergessen indes als ein Raum an, der schon ganz außerhalb des Gedächtnisses eines Subjektes liegt. Es ist ein radikales Vergessen, das selbst nicht mehr an die Erinnerungsfähigkeiten eines Subjektes gebunden ist, sondern sich einstellt in dem Sprung, den die Erinnerung zum jeweils anderen machen will.[89] Hans-Robert Jauss betont, daß die in der *Recherche* vorgestellte Erinnerung im wesentlichen ein Weg zum anderen sei[90], ohne daß er jedoch diesen Weg problematisiert im Hinblick auf die

---

88 Wie Rainer Warning deutlich hervorhebt, wandelt sich das Vergessen vom schöpferischen Ausgangspunkt zum nicht zu bewältigenden Widerpart: »Dieser Wandlung Albertines zu einem unentzifferbaren Zeichenkomplex hinwiederum entspricht eine Dramatisierung des Verhältnisses von Erinnern und Vergessen. War in Balbec eine defiziente Erinnerung Voraussetzung für eine »perpétuelle et féconde surprise«, die jede neue Erscheinung Albertinens Marcel bereitete, war Vergessen also Voraussetzung für Neuerschaffung, so wird in *La Prisonnière* Vergeßlichkeit zum eigentlichen Widerpart des eifersuchtsbesessenen Marcel. [...] das Zusammenspiel von defizienter Erinnerung und Neuschöpfung funktioniert nicht mehr, die Vergangenheit ist »incontrôlable« geworden, was die eifersuchtsbesessene Imagination produziert, sind angstbesetzte Phantasmen gleich denen des Traums. Sie arbeitet wie ein Historiker, der Geschichten schreibt ohne zugängliche Dokumentation« (Rainer Warning, »Vergessen ...«, a.a.O., S. 173f.).
89 In der hybriden Geste des eifersüchtigen Gedächtnisses, das die Differenz und Unverfügbarkeit des Anderen schlechterdings leugnet, fällt die Unterscheidung zwischen dem Nie-Gewußten und der vorübergehenden Unverfügbarkeit aus.
90 Hans-Robert Jauss, *Zeit und Erinnerung* ..., a.a.O., S. 131.

Proustsche Konzeption der Erinnerung. Diese wird in der *Recherche* konfrontiert mit der Erfahrung von Unverfügbarkeit des Anderen, der sich nicht zum Erinnerungsobjekt machen läßt. Besonders in *La prisonnière*, dem Roman, in dem Marcel Albertine gewaltvoll durch Einsperrung und Isolierung in Besitz zu nehmen versucht, wird im Rückblick des Erzählers offenbar, daß die Aneignung auch noch auf der Ebene der Erinnerung unmöglich bleibt.

Hier kündigt sich das Vergessen als ein Raum des Fremden an, des Undurchsichtigen, Unzugänglichen, der unbedingt aufgebrochen werden will. Als sich dann der Erzähler nach Verschwinden und Tod Albertines dem Vergessen selbst verschreibt, d.h. alles daran legt, Albertine zu vergessen, gelingt ihm auch dies nicht. Die diskursive Verausgabung ist das Dementi der affichierten Indifferenz, des affichierten Vergessens. Dahinter »verbirgt sich ein Subjekt, das sich verzehrt in einem Nichtvergessenkönnen, von dem noch der Schreibakt selbst geprägt ist«[91]. Denn Albertine ist ja nie richtig angeeignet, erinnert, verinnerlicht worden. Das Werk des Vergessens (»l'œuvre de l'oubli« (vgl. IV, S. 31)) kann darum gar nicht zum Abschluß gebracht werden. Ein Nicht-Erinnern-Können verhindert geradewegs ein vollständiges Vergessen. Marcel erliegt einem grundsätzlichen Mißverständnis, wenn er meint, er könne vergessen, indem er wie ein Reisender einfach seinen Weg wieder zurückgeht und alle Stationen in Gegenrichtung noch einmal durchschreitet:

> ... avant d'oublier tout à fait, comme un voyageur qui revient par la même route au point d'où il est parti, il me faudrait, avant d'atteindre à l'indifférence initiale, traverser en sens inverse tous les sentiments par lesquels j'avais passé avant d'arriver à mon grand amour (IV, S. 138).

Marcel geht von einem linearen Konzept des Erinnerns und einem ebenfalls linearen Konzept des Vergessens aus, die zueinander in einem symmetrischen Verhältnis stehen, das auch durch die – nachträglich durch die Editoren hinzugefügten – Titel der beiden Büchern *La prisonnière* und *La fugitive* suggeriert wird.[92]

Die *Recherche* führt Erinnern und Vergessen gleichermaßen in ihrer Unmöglichkeit vor. Denn sie scheinen immer beide zugleich zu wirken, sie scheinen in einer Art chiastischem Verhältnis zueinander zu stehen, sie sind keine absoluten Größen, sie rufen sich – als ihr jeweiliges Gegenteil – gegenseitig gleichzeitig hervor. Sie verhindern einander eher, als daß sie sich gegenseitig ermöglichen würden. Auch Vergessen im Sinne von Loslassen oder Durcharbeiten kann nur stattfinden, wenn das jeweilige Objekt schon einmal ›besessen‹ wurde. Das Unzugängliche aber, das in einem Raum des radikalen Vergessens selbst angesiedelt

---

91 Rainer Warning, »Vergessen ...«, a.a.O., S. 186.
92 Zu bedenken ist allerdings, daß die Symmetrie, die zwischen den beiden Titeln herrscht, eine ironisch gebrochene ist. Denn die Geflohene ist das Flüchtige selbst, das nicht mehr in irgendein geordnetes Verhältnis gebracht werden kann. Der Titel verweist also auch zugleich auf den Fehlschluß, dem Marcel mit seinem symmetrischen Denken erliegt.

ist, kann auch nicht vergessen werden. So paradox das klingen mag, es finden sich für diese Aporie Belegstellen im Roman selbst. Während seines Venedig-Aufenthaltes, nachdem er schon mehrmals den Vergessensvorgang für abgeschlossen erklärt hat, gibt Marcel plötzlich zu: »... la prison où Albertine était en moi vivante, mais si loin, si profond, qu'elle me restait inaccessible« (IV, S. 218). Die Einschließung, die Verinnerlichung Albertines führt also, so wird hier noch einmal deutlich, nicht zu einer Erinnerung, so sehr diese gewünscht sein mag, sondern zur dichten Abschließung gegen den erinnernden Zugang. Albertine bleibt als Unzugängliche, Abwesende präsent. Sie wurde nicht nur von Marcel gefangen genommen, sondern schließlich auch nachträglich mitsamt dem sie umschließenden Kerker inkorporiert. Als Ausgeschlossener erweist er selbst sich als Gefangener seines eigenen Gedächtnisses und mithin als Gefangener von Albertine.

Von daher bleibt Albertine auch unzugänglich für das Vergessen, das Marcel schließlich anstrebt, weil er einem Vergessen folgt, das in der (Gegen-)Logik der Erinnerung als Aneignung und Verinnerlichung steht. Zugespitzt erscheint dieses aporetische Zugleich von Erinnern und Vergessen im Bild des Anderen als einem »être disséminé«. Mal erscheint Albertine als unerinnerbar, weil sie nur als Fragmentierte wahrgenommen werden kann, mal erscheint sie als unvergeßlich, da sie, weil fragmentiert und zerstreut, überall wiedergefunden wird.

5.5. Prousts Poetik und die Frage des Aufschubs

Daß dieser doppelten Unmöglichkeit auf der Ebene von Marcels Schreibprojekt ein beständiges Aufschieben gleichkommt, kann jetzt nicht weiter verwundern. Das Schreiben könnte erst beginnen vom Ende her, von der Gewißheit einer ›Wahrheit‹, bzw. vom Standpunkt der Überwundenheit des Liebes- bzw. Eifersuchtsgefühls, um dessen Proliferation neuer Spekulationen und Phantasmen zu durchbrechen. Rainer Warning weist zurecht darauf hin, daß die »mémoire involontaire« suggeriere, daß die traumatischen Anteile des Erinnerten überwunden seien.[93] Gerade die beiden Albertine-Romane schreiben sich aber vom traumatischen Schock her, der völlig unkontrollierte Erinnerungen, Assoziationen, Phantasmen im Erzähler hervorbringt. Sie sind damit gar nicht von der Poetik der »mémoire involontaire« her zu erklären. Das Thema und Problem des »ajournement perpétuel« oder der »procrastination« (III, S. 594, siehe auch Kap. II, 6.) ist daher nicht zufällig von Marcels Überlegungen über seine Eifersucht und Erinnerungs- bzw. Aneignungsunfähigkeit eingerahmt, ja, beide Problembereiche gehen an mehreren Stellen im Roman nahezu fließend ineinander über, ohne daß der Zusammenhang vom Erzähler selbst festgestellt oder kommentiert würde.[94]

---

93 Rainer Warning, »Supplementäre Individualität ...«, a.a.O., S. 464.
94 Siehe z.B. III, S. 594; IV, S. 95.

Die Substitutionen, so führt der Roman kunstvoll vor, fügen nichts hinzu, sie führen entgegen der Behauptung des Erzählers nicht zu einer ›Synthese‹, in der sich das Allgemeingültige, die Idee ablesen ließe, es sei denn das Gesetz der Substitution selbst.[95] Die »mémoire involontaire« muß von daher als die angekündigte, aber im Grunde nicht umgesetzte Ästhetik der *Recherche* eingestuft werden, ist sie doch ganz auf die Gewinnung von Wahrheit, von einer wie auch immer gearteten Substanz, angelegt und will damit das Gesetz der Substitution (das aber die Schriftlichkeit selbst ist) überwinden.

Daß die »mémoire involontaire« strukturell selbst in die Logik des Aufschubs genommen wird, zeigen diejenigen Stellen, in denen sie selbst dem Gesetz der Wiederholung unterworfen scheint. Die abschließende Epiphanie vollzieht sich gleich viermal: erstens im »pavé«-Erlebnis, dann rückblickend erinnernd, im »madeleine«-Erlebnis, dann im Klingen der Gläser, schließlich im Fühlen des Serviettenstoffes.[96] Und anstatt nun die Fähigkeit, sich zu erinnern, wirklich auszulösen und die Möglichkeit des Schreibens zu eröffnen, bleibt der Text weiterhin in der – allzu oft beschwörend wiederholten – Behauptung stehen, daß Marcel jetzt zu schreiben beginnen könne.[97] Die Wiederholung dieser Behauptung – in allen möglichen sprachlichen Verzierungen – wirkt allerdings wie ein erneuter Aufschub. Und als die Euphorie in Angst und Zweifel umkippt, ob denn Kraft und verbleibende Lebenszeit ausreichen würden, um das imaginierte Werk zu schaffen, stellt sich in der Wiederholung die Lähmung ein. Der Text selbst stagniert in der unbeantwortbaren Frage nach der dem Erzähler verbleibenden Zeit.[98] Zugleich vergeht Zeit im Nachdenken über die eine, alles beherrschende, unbeantwortbare Frage, und damit verlängert sich die ›verlorene Zeit‹ zum Tode hin. Die »procrastination« findet in diesen Passagen, bis zum Ende des Romans, ihre nun uneingestandene Fortsetzung in der fortlaufenden Wiederholung der

---

95 Rainer Warning, »Vergessen ...«, a.a.O., S. 170: »Erinnert wird keine Synthese, sondern fortdauernde Differenz, und diese Differenz auf seiten des begehrten Objekts führt zu einer ebensolchen Differenz auf seiten des begehrenden Subjektes, das sich gerade in der Erinnerung als diskontinuierlich erfährt.«
96 Auch Inge Backhaus hat betont, daß die Wiederholung der »mémoire involontaire«-Empfindung diese geradezu abschwächt: »Das erste Stückchen in Tee getauchter ›Madeleine‹ verursacht, wie das erste Erkennen der ›petite phrase de Vinteuil‹ ein ›köstliches Vergnügen‹, die Wiederholung bereichert das Gefühl nicht, beim dritten Mal aber nimmt die Köstlichkeit ab« (dies., *Strukturen des Romans* ..., a.a.O., S. 26). In der »madeleine«-Szene ist beim ersten Mal von »un plaisir délicieux« die Rede; das zweite Mal heißt es: »Je bois une seconde gorgée où je ne trouve rien de plus que dans la première« (die Wiederholung fügt nichts hinzu); beim dritten Mal läßt die Wirkung nach: »... une troisième qui m'apporte un peu moins que la seconde. Il est temps que je m'arrête, la vertu du breuvage semble diminuer« (I, S. 45).
97 Wörtlich heißt es im Text: »... dans l'œuvre d'art que je me sentais prêt déjà ...« (IV, S. 449); »... certaines choses que j'écrirais sans doute« (IV, S. 495); »... l'œuvre que je n'avais plus aucune hésitation à entreprendre« (IV, S. 499); »Et je réaliserais enfin ce que j'avais tant désiré ...« (IV, S. 512); »... il était temps de me mettre« (ebd.).
98 Vgl. die letzten zwölf Seiten der *Recherche*: ›Était-il temps encore et même étais-je encore en état?« (IV, S. 612); »Mais aurais-je le temps de les exploiter?« (IV, S. 614); »Cette idée de la mort s'installa définitivement en moi...« (IV, S. 619); »Mais était-il encore temps pour moi? N'était-il pas trop tard?« (IV, S. 621).

mal euphorisch, mal verzweifelt hervorgebrachten Schreibabsicht. Die irreduzible Nachträglichkeit des Gedächtnisses, die aus den poetologischen Erörterungen ausgegrenzt wird, kehrt nun als Frage wieder, ob es nicht schon zu spät sei, das Werk zu beginnen. Daß gerade in dieser Nähe des Todes der Wunsch nach Fortschritt und Tat besonders groß ist und zugleich die tatsächliche Regression im Wiederholungszwang besonders stark diesem Wunsch entgegentritt, verdeutlicht, wie stark die Erzählung einer Zerreißprobe zwischen Gestaltung und Wiederholung, Durcharbeiten und Regression ausgesetzt ist. Einen Gegensatz zwischen »Lebenstrieb« und »Todestrieb« gibt es bei Proust nicht mehr, denn am Ende des Romans, wo Schreiben und Leben identisch gesetzt werden, erweist sich die Wiederholung, in der sich der Todestrieb manifestiert, zugleich als Aufschub des Lebens gegen den Tod.[99]

5.6. Unerinnerbares und Unvergeßliches

Ein Rückblick auf die Erörterungen zur aphasischen Sprechweise von Charlus läßt erkennen, daß die Ausdrucksweise auf der Ebene des Satzes der Erinnerungsweise auf der Ebene des Gesamttextes insofern strukturell entspricht, als beide einerseits zu einer extremen Schrumpfung neigen (wie in den stark iterativen Passagen) und andererseits von einem Zusammenspiel von Substitutionen und Korrekturen hervorgebracht werden, das prinzipiell unabschließbar ist. Indem in diesen Fällen die Erinnerung gerade nicht ›etwas‹ hervorbringt, stellt sie ihren prozeßhaften Charakter in den Vordergrund, der ihre eigenen Bedingungen der Möglichkeit, die zugleich die Bedingungen ihrer Unmöglichkeit sind, offenlegt. Gerade hier zeigt sich, daß der Diskurs einer ganz anderen Gedächtnislogik folgt, als der dualistischen zwischen »mémoire involontaire« und »mémoire volontaire«. Wo sich beim Aphasiker ein durch Defekte automatisch hervorgebrachtes alteriertes Sprechen andeutete, scheint es sich beim Eifersüchtigen um einen durch unkontrollierte Triebimpulse gesteuerten Diskurs zu handeln, der weder dem Bereich des Willens noch dem Bereich des Epiphanischen zugeschlagen werden kann. In diesem Zwischenraum wird eine durchgehend durch die Poetik verdrängte Nähe von Erinnern und Vergessen erkennbar, eine Nähe, die nicht als Nacheinander von Vergessen und dessen Überwinden durch Erinnerung, sondern als Zugleich zu verstehen ist: Dort, wo von der Erinnerung als Absicht gesprochen wird, schleicht sich das Vergessen ein, und dort, wo etwas vergessen werden soll, wird fortwährend erinnert.

Der Fall der Aphasie zeigt zudem, daß sich eine extreme Iteration auf der einen Seite (als Zusammenfall aller Differenzen) und eine extreme Ausfaltung des

---

99 Jacques Derrida hat das aporetische Zugleich zwischen Todestrieb und Lebenstrieb in seiner Freud-Lektüre sehr deutlich herausgearbeitet (vgl. ders., »Freud et la scène de l'écriture«, a.a.O., v.a. S. 302).

Ausdrucks (als unerbittliches Gedächtnis aller Differenzen) nicht gegenseitig ausschließen, sondern daß sie auseinander hervorgehen. Die beiden Frequenztypen können in ihren extremen Ausprägungen als entgegengesetzt-gleiche Pole beschrieben werden, an denen sich das Gedächtnis und mit ihm der Text auflöst. In der jeweiligen Annäherung an diese Grenzpunkte streben Erinnern und Erzählen auseinander. Entweder schrumpft der Text zur Lücke, oder aber er vervielfältigt durch Wiederholung, gleichsam als Logorrhöe, seine Zeichen, die aussageleer bleiben.

Der Erinnerungsdiskurs scheint sich somit nicht so sehr zwischen den Polen der Erinnerung und dem Vergessen zu bewegen, sondern vielmehr, durch die Kopräsenz der beiden Kräfte, zwischen dem Unerinnerbaren auf der einen Seite und dem Unvergeßlichen auf der anderen Seite.

Textgrammatische Formen des Vergessens sind, das sollte deutlich geworden sein, solche, die den Erinnerungsdiskurs dekonstruieren, subvertieren, nicht aber solche, die das Vergessen selbst in sich tragen. Diesem kann, im strengen Sinne, gar keine Form mehr zugeschrieben werden. Doch in der Auflösung der Form, in der Abfolge von Formen, die sich gegenseitig aufheben, deutet sich ein Vergessen in der Sprache selbst an.

6. Gesten der Antizipation. Performative Sprechakte in der Recherche

6.1. Zur Abschließbarkeit des Werkes

In den Figuren der Wiederholung und der Substitution wirkt das der Erinnerung Uneinholbare, eine Entzugsgröße, die die Suche nach der verlorenen Zeit prinzipiell unabschließbar erscheinen läßt. Diese in den vorangehenden Kapiteln entwickelte These muß nun auch vom Ende der *Recherche* betrachtet werden. Die epiphanischen Ereignisse im Hof und in der Bibliothek zu Guermantes suggerieren die entscheidende Wende vom Aufschub des Schreibprojektes zur tatsächlichen Realisierung. Denn genau darauf kommt es ja in diesem Roman an: nicht allein auf die Wiedererinnerung der Vergangenheit, sondern auf die Umsetzung der Erinnerung in ein Werk, das sie gleichsam verewigen soll. Insofern sind die entscheidenden Erinnerungsdramen immer auch zukunftgerichtet, im Hinblick auf ein zu schaffendes Werk aus der Erinnerung heraus. Wenn tatsächlich die Bewegung des Aufschubs aufgehoben werden könnte in einer Art schreibendes Einholen, dann würde dies auch die erzähllogische Aufhebung der Differenz zwischen dem Protagonisten Marcel und dem Erzähler-Ich bedeuten. Diese Differenz ist ja sowohl zeitlich gegeben durch die Rückschau eines Ichs und die Gegenwart eines Protagonisten als auch durch die Tatsache, daß das erzählende Ich schreibt, das erzählte Ich indessen immer nur davon spricht, zu schreiben.

Wenn man sich dem Roman aus der Perspektive der in ihn offensichtlich auch eingeschriebenen Differenz und der Dynamik des Aufschubs und Entzugs nähert, erscheint es fast unmöglich, daß diese Bewegung mit einem Mal am Ende zu einem Abschluß, zu einer Identität führen könnte. Nun setzt der Roman zwar ein Ende und markiert es mit »fin«, zugleich wird er als unabgeschlossen angesehen, als ein Projekt, das fortzusetzen wäre.[100] Wie dem auch sei, jedenfalls lernen die Leser das erzählte Ich nicht mehr als eines kennen, dem der Übergang von der Erinnerung in eine schriftliche Äußerung gelingen würde. Und dennoch gehen die meisten Forscher stillschweigend davon aus, daß dies im nur noch Unausgesprochenen eintreffen werde.[101] Diese Interpretationen wiederholen die Behauptung Marcels, daß er morgen zu schreiben beginne, verlängern sie gleichsam und bestätigen sie dann mit dem Hinweis auf die Existenz des Erzählers, der den ganzen Text hervorbringt und der ja gewissermaßen die Zukunft Marcels darstellt. Der letzte Band *Le temps retrouvé* stellt sich aus dieser Perspektive wie der Triumph nach einem langen Kampf dar. Selbst die »nouvelle critique«, die in den 70er Jahren erstmals die Modernität des Proustschen Werkes hervorgehoben hat und auf die Dissoziationen, die Ver-rücktheiten des Textes hingewiesen hat, geht davon aus, daß am Ende die Erzählung wieder zu einer Einheit und Stabilität findet.[102] Eine zweite Linie in der Proustforschung deutet

---

100 Dieser Endabschnitt wurde von Proust vermutlich schon vor anderen Passagen geschrieben (1920). Heute, seit der Aufarbeitung der *Cahiers,* geht man davon aus, daß man den Roman als Fragment ansehen müsse. Rainer Warning schreibt: »Alle textkritischen Bemühungen werden nie zu einer endgültigen Version führen« (ders., »Vergessen ...«, a.a.O., S. 160). Bernard Brun betont in seiner Einleitung zu *Le temps retrouvé,* daß man nicht wisse, bis zu welchem Punkt Proust noch Ordnung in das Chaos hätte bringen können, wenn ihm Zeit geblieben wäre. Er spricht von einer »dégénérance de l'écriture, une impossibilité de terminer, une impasse que laisse entrevoir la prolifération du texte et de ses additions successives« (ders., Vorwort zu Marcel Proust, *Le temps retrouvé.* Édition établie par Jean Milly et Bernard Brun, Paris 1986, S. 50).
101 Vermutlich liegt dieser Überzeugung ein christologisches Zeitverständnis zugrunde, das mit der Ankunft des Messias auch schon seine Wiederkunft vorauszusehen meint. In den nachfolgenden Überlegungen kommt hingegen das komplexere paulinische Verständnis der messianischen Zeit als der bleibenden Zeit (der Zeit, die noch bleibt) zum Tragen. Hier fallen paradoxerweise der Moment der Berufung (der bei Paulus ausdrücklich keinen festen Besitz meint, sondern nur etwas ist, von dem man Gebrauch machen kann) und der Aufruf, so zu leben »als ob nicht« zusammen (vgl. 1 Kor 7, 17-38). Vgl. dazu auch die trefflichen Ausführungen von Giorgio Agamben, *Il tempo che resta. Un commento alla Lettera ai Romani,* Torino 2000, S. 29 ff., der in diesem Zusammenhang von der Revokation in der Vokation spricht.
102 Vgl. hierzu die Bemerkung von Serge Doubrovsky: »N'est-ce pas là le propre de Proust, à la fois cette fragmentation, cet isolement complet et puis, au bout du compte, cette communication, cette réunion?« (»Table ronde«, a.a.O., S. 94). Im gleichen Sinne interpretiert Gérard Genette das Ende. Der Roman münde nach dem Modell des Bildungsromans in die Offenbarung der Wahrheit und des Lebenssinnes. Die Berufung zum Schriftsteller sei das späte glückliche Ende, das analog zu der literarischen Liebesvereinigung zweier lang getrennter Geliebter gesehen werden könne. Die Realisierung des Erreichten würde auch im traditionellen Roman nicht mehr erzählt (vgl. ders., *Figures III*, a.a.O., S. 237). Ähnlich auch Gilles Deleuze,

immerhin Zweifel bezüglich der Einlösung der bekundeten Schreibabsichten an.[103]

Merkwürdigerweise jedoch hat niemand die Frage gestellt, was wäre, wenn sich Marcel *nicht* an den Schreibtisch setzte und die *Recherche* schriebe, nachdem wir Leser unsere Lektüre beendet haben. Ist es denkbar, daß das erzählte Ich *nicht* in das erzählende Ich einmündet und sich somit der Kreis, der das Werk zum Abschluß bringen soll, *nicht* schließt? Und können wir sicher sein, daß Marcel – wenn er tatsächlich zu schreiben begänne – die *Recherche* und nicht ein anderes Buch schriebe? Dies sind gleichsam illegitime Fragen, Spekulationen, die über das Textende hinausgreifen. Zugleich verweisen sie hartnäckig auf das Ende, das wenig Anlaß gibt zu hoffen, daß Marcel nun zu schreiben beginnen wird. Beruht die optimistische Version stillschweigend auf der metaphysischen Annahme der Identität des Ichs (der Identität von erzählendem und erzähltem Ich), ist die pessimistische Interpretation darum nicht weniger auf spekulative Voreinschätzungen angewiesen. Deshalb soll es hier nicht darum gehen, eine spekulative Gegenthese aufzustellen, sondern vielmehr darum, die textimmanente Dynamik zu interpretieren im Hinblick auf die in ihr angelegte Möglichkeit und zugleich Unmöglichkeit des von Marcel anvisierten Schreibprojektes und damit letztlich im Hinblick auf die Unentscheidbarkeit der Frage.[104]

Im Roman des Gedächtnisses, der stets retrospektiv ausgerichtet schien, wird nun die Zukunft zur großen offenen Frage. Diese bleibt selbst vom Roman uneingeholt, wie zu großen Teilen auch die Vergangenheit. Da Gegenwart aus der Perspektive des Romans immer nur als gelebte und mögliche wahrgenommen

---

der ebenfalls das Ende als Höhe- und Wendepunkt der Selbsterkenntnis anerkennt. Er drückt es aus mit dem Bild der Spinne, die nun machtvoll im Zentrum ihres aus eigener Kraft geschaffenen Werkes sitzt: »Dans cette espèce d'éclatement, de triomphe de la fin, on dirait que cette araignée a tout compris. Qu'elle a compris qu'elle faisait une toile, et qu'elle a compris que c'était prodigieux de le comprendre« (»Table ronde«, a.a.O., S. 98).

103 So zum Beispiel Serge Doubrovsky: »Ce qui m'intéresse, en somme, c'est d'aggraver le cas de l'unité: non seulement (comme vous le montrez) espacement et dispersion, mais encore réunion impossible: pas d'unité originelle« (»Table ronde«, a.a.O., S. 101). Ausführlicher geht Marcel Muller auf die Frage ein, wenn er von einer asymptotischen Annäherung zwischen erzähltem und erzählendem Ich spricht (ders., *Les voix narratives dans »À la recherche du temps perdu«*, Genève 1965).

104 An mehreren Stellen im Roman wird die Identität zwischen Erzähler und Held selbst explizit thematisiert und je unterschiedlich gelöst. Offensichtlich spielt der Roman mit der Uneindeutigkeit, wenn der Erzähler zum Beispiel im Stile Sternes und Diderots den Leser selbst anspricht und diesem die hier gestellte Frage in den Mund legt: »"Tout ceci, dira le lecteur, ne nous apprend rien sur le manque de complaisance de cette dame; mais puisque vous vous êtes si longtemps arrêté, laissez-moi monsieur l'auteur, vous faire perdre une minute de plus pour vous dire qu'il est fâcheux que, jeune comme vous l'étiez (*ou comme était votre héros s'il n'est pas vous*), vous eussiez déjà si peu de mémoire ..."« (III, S. 51, ich unterstreiche). An anderen Stellen wiederum scheint sich das Ich deutlich als Erzähler auszugeben, wenn es auf die Folge der von ihm hervorgebrachten Erzählung verweist, in Wendungen wie »Quant à un chagrin aussi profond que celui de ma mère, je devais le connaître un jour, on le verra dans la suite de ce récit ...« (III, S. 165). Der Status dieses Ichs schwankt und muß als Offenheit der Frage nach dessen Identität bewertet werden.

wird, sobald Vergangenheit als erinnerte zum Augenblick präsentischer Zeit mutiert, liegt die Vermutung nahe, daß auch die Zukunft nur von dieser Möglichkeit her eine Chance bekommt. Wenn jedoch, wie in den Albertine gewidmeten Romanen deutlich geworden ist, die Vergangenheit als immer schon vergangene, unerinnerbare und unvergeßliche zugleich aufscheint, sie also nur umkreist, aber nicht eingeholt werden kann, dann muß dies auch Konsequenzen auf die Art und Weise haben, wie Zukunft wahrgenommen wird.

Zukunft ist inkommensurabel, und wenn es hier darum gehen soll, über die Zukunft Marcels nachzudenken, dann geschieht dies unter zwei unverrückbaren Voraussetzungen: erstens, daß die Antworten immer vor dem Hintergrund einer prinzipiellen Unbeantwortbarkeit zu lesen sind; zweitens, daß Ausgangspunkt für die Überlegungen allein der Text und dessen zeitliche Struktur sein können. Zwei Erkenntnisinteressen leiten mich, dieser Frage an der Grenze des Romans nachzugehen: Erstens eröffnet dies die Möglichkeit, der zweiten Ausrichtung des Gedächtnisses, nämlich der Ausrichtung auf die Zukunft, nachzugehen. Denn die Retrospektive steht ja nie für sich allein, sondern letztlich immer in einem auf das Morgen gerichteten Erwartungshorizont. Man muß also fragen, was die Erwartung, die Antizipation als Geste in einem literarischen Text bedeutet, der darüber hinaus die erzählerische Einholung der in die Zukunft projizierten Möglichkeit suspendiert. Zweitens eröffnet sich hier eine weitere Perspektive, vom Ende her die Gesamtstruktur des Werkes zu betrachten und darin vor allem die Position des Ichs. Findet es zu seiner Identität, indem es im erzählenden Ich aufgeht? Stehen die beiden während des Romanverlaufs wenngleich auf einander bezogenen, so doch geschiedenen Identitäten in einem Verhältnis von ›treuer‹ Nachfolge, Wiederholung, Einholung? Oder gar typologischer Steigerung? Oder handelt es sich vielleicht eher um eine sich nicht schließende Kreisbewegung, um eine Öffnung, die sich aus einer unaufhebbaren Differenz zwischen erzählendem Ich und erzähltem Ich ergäbe?

6.2. Fiktive Sprechakte

Die Frage, ob Marcel zum Erzähler der *Recherche* wird oder nicht, kann nur von bestimmten Momenten *im* Text ihren Ausgang nehmen. Dies müssen Momente sein, die eine Aussagekraft über ihre unmittelbare Gegenwart hinaus haben, wie es zum Beispiel den sogenannten performativen Sprechakten eigen ist. Dies sind sprachliche Formeln, dank derer ein Aussagesubjekt eine auf die Zukunft gerichtete Intention zum Ausdruck bringen kann. Diese Sprechakte haben – werden sie unter den richtigen Bedingungen[105] geäußert – verbindlichen Charakter,

---

105 Hierunter zählt die Sprechakttheorie z.B. die Aufrichtigkeit des Sprechers bei der Übernahme einer Verpflichtung. Sie setzt dabei unausgesprochen immer die Einheit des sprechenden Subjektes bzw. die Einheit zwischen Subjekt und Sprechhandlung voraus bzw. die Berechenbarkeit des Menschen, an der schon Nietzsche grundsätzliche Zweifel hegt, wenn er vom Menschen

das heißt Handlungscharakter. Manchmal vollziehen sie selbst schon eine Handlung (daher der Name Sprech-Akt, wie es in dem häufig zitierten Beispiel der Namenstaufe der Fall ist), zumeist kündigen sie eine Handlung an, die daraufhin als einzulösende erwartet wird. Ein hierfür typischer und auch für meine Analyse relevanter Fall ist das Versprechen. Solche Sprechakte häufen sich gegen Ende der *Recherche*, sie bekunden die Intention, den Wunsch, das Vorhaben, den Roman des eigenen Lebens zu schreiben, die augenblickhafte Wiedergewinnung der Vergangenheit über diesen Augenblick hinaus zu retten durch die Schaffung eines Kunstwerkes.

Will man diese fiktiven Sprechakte interpretieren, die als fingierte natürlich nicht den pragmatischen Gültigkeitsbedingungen unterliegen und sich darum an keiner außertextlichen Instanz messen lassen, so muß man sich an die vom Text selbst gelieferten Bedingungen für ihr Gelingen halten.[106] Dabei fällt zunächst auf, daß in der *Recherche* das Versprechen nicht gegenüber einem anderen ausgesprochen wird, der es nachträglich einfordern könnte, sondern daß es gegenüber dem eigenen Bewußtsein des Ichs geleistet wird; daß der andere, gegenüber dem ein Versprechen geäußert wird, das Ich selbst ist. Selbstverständlich ist das nichts Ungewöhnliches: Jeder nimmt sich etwas vor, geht zuweilen in sich selbst und ermahnt sich, dies oder jenes zu tun. Auch in diesen alltäglichen Situationen, in denen ein Ich sich selbst etwas verspricht, vollzieht sich eine Teilung in eine Instanz, die die Absicht bekundet, und in eine Instanz, die als Zeuge diese Absichtsbekundung annimmt und die Einhaltung der Absicht bzw. deren Realisie-

---

als einem vergeßlichen Tier ausgeht. Dessen Natur steht immer dem antrainierten Gedächtnis des Willens entgegen: »... so dass zwischen das ursprüngliche »ich will« »ich werde thun« und die eigentliche Entladung des Willens, seinen Akt, unbedenklich eine Welt von neuen fremden Dingen, Umständen, selbst Willensakten dazwischengelegt werden darf, ohne dass diese lange Kette des Willens springt. Was setzt das aber Alles voraus! Wie muss der Mensch, um dermaassen über die Zukunft voraus zu verfügen, erst gelernt haben, das nothwendige vom zufälligen Geschehen zu scheiden, causal denken, das Ferne wie gegenwärtig sehn und vorwegnehmen, was Zweck ist, was Mittel dazu ist, mit Sicherheit ansetzen, überhaupt rechnen, berechnen können, – wie muss dazu der Mensch selbst vorerst berechenbar, regelmässig, nothwendig geworden sein, auch sich selbst für seine eigne Vorstellung, um endlich dergestalt, wie es ein Versprechender thut, für sich als Zukunft gut sagen zu können!« (ders., *Zur Genealogie der Moral*, in: *Kritische Studienausgabe*, a.a.O., Band 5, S. 292).

106 Die Beurteilung des Wahrheitsgehaltes eines fiktiven Sprechaktes ist äußerst schwierig. Sie darf nicht als nachträgliches Messen des Fiktiven an einer außersprachlichen Wirklichkeit erfolgen. Dies bedeutete, in einen metaphysischen Wirklichkeitsbegriff zurückzufallen und daran dann Wahrheit oder Lüge des literarisch Gestalteten ablesen zu wollen. Es muß vielmehr um die Frage nach dem spezifischen Aussagemodus fiktionaler Rede gehen, wie sie zum Beispiel von der analytischen Sprachphilosophie verfolgt wird. Insofern kann allein der Gesamttext als Kriterium für das Gelingen bzw. Scheitern von Sprechakten herangezogen werden. Das heißt aber auch, daß die Bedingungen der Referenzialisierbarkeit damit nicht einfach relativiert werden, im Gegenteil, sie sind strikt auf den Text selbst bezogen. Wer hingegen kurzerhand Marcels Schreibvorhaben als erfülltes anerkennt, referiert auf den Autor Proust, auf eine angenommene Identität zwischen Marcel und Marcel Proust und bedient sich dabei stillschweigend der Referenz auf eine außertextliche Wirklichkeit.

rung überprüfen wird. Im Akt des Sich-Selbst-Versprechens vollzieht sich eine Teilung des Ichs (das gerade zu einer Einheit finden will und dessen Einheit eigentlich als Gelingensbedingung schon erforderlich ist), die sich als Autonomie ausgibt. Diese Autonomie behauptet eine Macht (eben als Autonomie, Unabhängigkeit vom anderen), die selbst eigentlich die Notwendigkeit, daß man sich etwas versprechen muß, anstatt es gleich zu tun, uneinsichtig erscheinen läßt. Merkwürdigerweise gehen im Sprechakt Autonomiesetzung und Schwächung des Ichs in eins.

6.3. Berufung als Bestimmung

Eine Interpretation des fiktiven Sprechaktes muß an eine Interpretation des Ichs im Text, das das Subjekt dieser Sprechakte ist, geknüpft werden. Welche Qualitäten hat dieses Ich über die vielen Seiten hinweg ausgeprägt? Stehen diese Qualitäten für ein Gelingen des Sprechaktes? Dabei stellt sich das grundlegende Problem, wie ein durch und durch fragmentiertes Ich, das sich selbst als solches erkennt (»une suite de mois successifs«), im Moment der Sprechhandlung als ein gegenwärtiges und zielgerichtetes angenommen werden kann. Die Hartnäckigkeit, mit der die meisten Interpreten der *Recherche* am Paradigma der Identität und am Glauben an die Einlösung von Sprechakten festhalten, hat Gründe, die der Roman selbst bedient. Dieser stellt zwar den Weg des Protagonisten zum Schriftsteller als höchst prekären, zögerlichen, unsicheren dar, aber doch nur, um vor diesem Hintergrund das Epiphanische als Einbruch des Plötzlichen, als Ereignis der Wende gestalten zu können. Aus den »mémoire involontaire«-Empfindungen, die ja selbst psychologisch nichts Außergewöhnliches sind, schließt der Protagonist – mit Blanchot gesagt, »d'une manière apparemment très absurde« – daß er jetzt Schriftsteller sei.[107] Eine andere Legitimationsspur, auf die sich das Gelingen des Sprechaktes stützen kann, ist die nachmalige Interpretation von Marcels Leben als Berufung. Beide Linien im Text – »mémoire involontaire«-Wunder und die Bestimmung des Lebens als Berufung des Schriftstellers – sollen den Übergang des Ichs zum schreibenden Ich, die Umwandlung vom Wunsch in die Tat motivieren und erzähllogisch einsichtig machen. Hier soll nun in erster Linie die Berufung als nachträgliche Sinngebung und Offenbarung eines immer schon determinierten Weges einerseits und als Moment der Be-Rufung, des Appells andererseits interessieren. Beide Bedeutungen, Determination und Appell, scheinen in dieser Vorstellung implizit. Zusammen bilden sie selbst eine Gedächtnisstruktur, indem sozusagen der Moment der Berufung auf

---

107 Maurice Blanchot, »Le chant des Sirènes«, in: ders., *Le livre à venir*, Paris 1959, S. 23: »Expérience décisive, qui est la grande découverte du *Temps retrouvé*, sa rencontre du chant des Sirènes, d'où il tire, d'une manière apparemment très absurde, la certitude que maintenant il est un écrivain, car pourquoi ces phénomènes de réminiscence, même fort heureux et troublants, ce goût de passé et de présent qu'il a tout à coup dans la bouche, pourraient-ils, comme il l'affirme, lui enlever les doutes qui le tourmentaient jusqu'ici sur ses dons littéraires?«.

eine unerinnerbare, da weit vor dem eigenen Gedächtnis verortete schicksalhafte Festschreibung verweist, die aber erst in diesem Augenblick (Augenblick der Be-Rufung, des Appells) einsichtig wird.

Im Roman folgt den nach dem »pavé«-Erlebnis evozierten Erkenntnissen über die Aufgabe der Literatur plötzlich dieser entscheidende und zugleich ganz eigentümliche Satz:

> Comme la graine, je pourrais mourir quand la plante se serait développée, et je me trouvais avoir vécu pour elle sans le savoir, sans que ma vie me parût devoir entrer jamais en contact avec ces livres que j'aurais voulu écrire et pour lesquels, quand je me mettais autrefois à ma table, je ne trouvais pas de sujet. Ainsi toute ma vie jusqu'à ce jour aurait pu et n'aurait pas pu être résumée sous ce titre: Une vocation (IV, S. 478).

In dieser ersten Erwähnung der »vocation« wird offensichtlich ihrer Bedeutung als einer immer schon angelegten Bestimmung und Auserwählung Vorzug gegeben, die durch einen metaphorischen Vergleich des Verhältnisses vom Schriftsteller zu seinem Werk mit dem des Samens zur Pflanze unterstrichen wird. Die »vocation« wird nicht als ein im Moment der Äußerung vollzogener Sprechakt, als aktuelles Ereignis (im Sinne des Rufes) vorgestellt, sondern als ein Resultat, als Feststellung eines schon Geschehenen. Sie wird eingeführt als etwas immer schon Vergangenes, nie Präsentes, das nie bewußt war und zu einem bestimmten Zeitpunkt bewußt wird. Dieser Zeitpunkt der Vergegenwärtigung einer immer schon angelegten Bestimmung fällt in den Raum der Bibliothek von Guermantes, wo Marcel nach den »mémoire involontaire«-Eindrücken in ein rauschhaftes Nachsinnen über die Literatur bzw. die Kunst im allgemeinen verfällt. Der Moment dieser nachträglichen Einsicht jedoch geht dem Akt des Schreibens, zu dem die »vocation« führen sollte, weit voraus. Das kausallogische »ainsi« beruft sich bislang nur auf die Einsicht, daß das wahre Leben die Literatur sei: »La vraie vie, la vie enfin découverte et éclaircie, la seule vie par conséquent pleinement vécue, c'est la littérature« (IV, S. 474). Die Umwandlung des Lebens in Literatur steht indessen immer noch bevor.

Die Berufung, die eigentlich aus dem theologischen Bereich stammt und dort die Berufung zum Priester meint, erfordert immer einen Anderen, der diese ausspricht. Hier bleibt indes die Macht, die diese »vocation« hätte aussprechen können, unbenannt; sie bleibt im virtuellen Konditional, das sie ihrer realen Existenz entrückt, ihre Möglichkeit bejaht und doch zugleich in Frage stellt. Als pure Setzung wird sie im Text zum Titel, den das lebende Ich seinem gelebten Leben selbst verleiht. Der Titel jedoch hat jene Doppelstruktur, derzufolge er einerseits den Inhalt eines Textes nachträglich bestimmt, andererseits diesen Inhalt als noch einzulösendes Versprechen ankündigt. Er hat damit vor- und zurückweisende Funktion. Im Falle der »vocation« Marcels bedeutet dies, daß die Berufung als Titel das vergangene Leben selbst als das bestimmt, was ihn hervorbringt; und umgekehrt verleiht dieser Titel dem Leben jene Ausrichtung, die es immer schon hatte und nun zur Vollendung bringen soll. Im Zusammenhang mit der Haupterkenntnis, die unmittelbar der Nennung der »vocation« vorausgeht, daß das Material für das literarische Kunstwerk das vergangene Leben sei, scheint nun die »vocation« abermals nur die Frage nach dem Inhalt des zu schreibenden Buches zu klären, nicht aber die viel wichtigere nach dem *Wie*, nach der Gestaltung. Insofern ist es auch nicht verwunderlich, daß die »vocation« im Moment ihrer Erwähnung selbst schon zur Frage wird. Denn als pure Setzung im Konditional wird sie sofort Diskussionsgegenstand des reflektierenden Ichs:

> Ainsi, toute ma vie jusqu'à ce jour aurait pu et n'aurait pas pu être résumée sous ce titre: Une vocation. Elle ne l'aurait pas pu en ce sens que la littérature n'avait joué aucun rôle dans ma vie. Elle l'aurait pu en ce que cette vie, les souvenirs de ses tristesses, de ses joies, formaient une réserve pareille à cet albumen qui est logé dans l'ovule des plantes et dans lequel celui-ci puise sa nourriture pour se transformer en graine (IV, S. 478).

Bestätigung und Widerlegung dieser Aussage können als Bescheidenheitstopoi gelesen werden, dann interessiert ihr widersprüchlicher Charakter nicht weiter. Nimmt man die Erörterung hingegen ernst, fällt auf, daß sowohl die Affirmation als auch die Negation etwas verfehlen, nämlich die Frage nach dem Schreiben selbst. Die Negation der Berufung tut so, als ob im früheren Leben Literatur keine Rolle gespielt habe. Dies widerspricht nun ganz klar dem Wissensstand des Lesers, der nicht vergessen hat, daß Marcels Begehren schon von Anfang an auf das Schreiben gerichtet war. Das Argument, das hingegen *für* den gewählten Titel sprechen soll, verfehlt ebenfalls die entscheidende Frage, hebt es doch den Inhalt des zu schreibenden Buches hervor (das eigene Leben), nicht aber die Gestaltung. Letztere wird in der nun schon zum zweiten Mal zitierten organischen Pflanzenmetapher als ein natürlicher (in der Natur der Pflanzen und Menschen angelegter) Prozeß vorgestellt.

Die Pflanzenmetaphorik rahmt die Erwähnung der »vocation« symmetrisch ein. Das Verhältnis zwischen Leben und Literatur sei determiniert wie dasjenige zwischen Same und Pflanze. Interessanterweise öffnet gerade der Vergleich mit den in der Natur angelegten organischen Vorgängen die Determination im Hinblick auf ihre Unmöglichkeit, ihr Verfehlen.[108] Denn wenn die Bestimmung eines Samens darin liegt, eine Pflanze hervorzubringen, so geschieht dies nur unter besonderen Bedingungen. Ja, daß sich diese Bestimmung auch vollzieht, scheint vielmehr eine Ausnahme zu sein, fällt doch der Same in vielen Fällen auf unfruchtbaren Boden und stirbt ab. Die Möglichkeit des Absterbens *vor* der Entwicklung zur Pflanze wird also durch den Pflanzenvergleich implizit mit ins Bild getragen, wenngleich explizit ausgespart.[109] Das Sterben erscheint hier allein als

---

108 Möglicherweise wird in diesem Bild kryptisch der homosexuelle Schuldkomplex diskutiert, der durch die Schöpfung des Werkes aufgehoben werden soll. Zugleich haben wir gesehen, daß bei allen bisherigen Fragen der künstlerischen Transzendierung ein hartnäckiger Schuldrest bleibt.

109 Damit wird die Entscheidungskraft der vorgängigen Bestimmung doch weitgehend in Frage gestellt. Die tatsächliche Realisierung der im Menschen angelegten Bestimmung scheint immer

Moment der Vollendung, der vollkommenen Verwandlung des Samens in die Frucht, des Lebens in das Werk: »Comme la graine, je pourrais mourir quand la plante se serait développée, et je me trouvais avoir vécu pour elle« (IV, S. 478). Die Naturmetapher schließt einen weiteren, heilsgeschichtlichen Deutungshorizont in die Szene mit ein. In seiner letzten öffentlichen Rede predigt Jesus den Pilgerern in Jerusalem: »Wenn das Weizenkorn in die Erde fällt und nicht stirbt, bleibt es allein; wenn es aber stirbt, bringt es reiche Frucht« (Johannesevangelium XII, 24). Im Vordergrund dieses Gleichnisses, das Jesus kurz vor seiner Kreuzigung ausspricht und das Marcel in Anbetracht seiner Todesahnung zitiert, steht die Frage nach dem Tod, die Forderung, das Leben aufzugeben mit dem Versprechen der Auferstehung als Verwandlung in eine höhere Form. Die göttliche Prophezeiung wird hier zum sinngebenden Deutungshorizont für die Verwandlung von Leben und Erinnerung in (ewige) Kunst. Der Tod ist Bestimmung des Lebens in dem Sinne, daß mit seinem Ereignis das Kunstwerk zu leben beginnt. Die Metaphern überbrücken offensichtlich den Spalt, der besteht zwischen der Einsicht in den gesetzmäßigen Zusammenhang von Leben und Kunst, Zeit und Ewigkeit, Dauer und Verwandlung einerseits und dem tatsächlichen Vollzug andererseits. Sie haben jedoch nicht den performativen Charakter, der zu einer tatsächlichen Bekehrung führen würde. Gegenwart als Vollzug einer Handlung fällt aus. Dieser Ausfall scheint in der zeitlichen Struktur der »vocation« selbst angelegt: Als Moment, der das Leben selbst antizipiert (indem er ihm vorausgeht), antizipiert die Berufung zugleich die Zukunft des Ichs, das dieser Verheißung nun nachkommen muß. Dabei steht der heilsgeschichtlichen Vorstellung, in der Zeit als Problem nicht vorkommt, die Frage nach der Zeit des Schreibens, der verbleibenden Zeit für das Schreiben, diametral entgegen. Insofern darf es nicht verwundern, daß Marcel die Sicherheit des Glaubens an die Prädestination wieder abhanden kommt. Gewißheit und Zweifel stehen *nach* der »vocation« direkt nebeneinander.[110] Dies macht u.a. auch die zweite explizite Erwähnung von »vocation« deutlich, wo es um die Frage ihrer Realisierung geht.

> En effet, *comme je devais l'expérimenter par la suite*, même au moment où l'on aime et où on souffre, *si la vocation s'est enfin réalisée* dans les heures où on travaille on sent si bien l'être qu'on aime se dissoudre (IV, S. 483).

---

eine Ausnahme zu sein. Diese, um Ausnahme zu sein, muß immer vor dem Hintergrund der Unmöglichkeit stattfinden. Sie selbst ist damit nicht der Determination überlassen, sondern dem Einbruch des Plötzlichen, der das unmöglich Erscheinende noch einmal in Möglichkeit verwandelt.

110 Einige Textbelege: »J'écrirais sans doute« (IV, S. 495) heißt es noch in der Bibliothek; nach der »Révélation du Temps« auf dem Fest der Guermantes überfallen ihn jedoch Zweifel: »Oui, à cette œuvre, cette idée du Temps que je venais de former disait qu'il était temps de me mettre. Il était grand temps; mais, et cela justifiait l'anxiété qui s'était emparée de moi dès mon entrée dans le salon, quand les visages grimés m'avaient donné la notion du temps perdu, était-il temps encore et même étais-je encore en état?« (IV, S. 612).

Der erste von mir hervorgehobene Teilsatz drückt eine Sicherheit aus, aus der man das erzählende Ich herauszuhören meint, das als Rückblick die Zukunft Marcels vorausgreifend andeutet. Im zweiten kursiv gesetzten Teilsatz wird diese erste Sicherheit als bloße Annahme, als Hypothese dargestellt, die aber auch das mögliche Nicht-Statthaben der »vocation« im Konditional mit ausspricht. Die Berufung erkennt also nicht *a posteriori* das Leben als sinnvolles und erfülltes, sondern verweist wie ein Sprechakt auf eine offene Zukunft. Die »vocation« meint somit ein Versprechen, einen Ruf, dessen Quelle und dessen Inhalt immer wieder zur Diskussion stehen.

6.4. Berufung als Ruf

Mit dem Begriff der Berufung wird die religiöse Vorstellungswelt von Schicksal, Bestimmung und göttlichem Ruf anzitiert. »Une vocation« erscheint in der *Recherche* weniger als Berufung durch jemand Anderen, die das Ich erfahren würde, sondern vielmehr als ein Sich-Berufen auf solch religiöse Vorstellungswelten, als ein Nennen, Herbeirufen der Vorstellung (»on aurait pu résumer«, d.h. auch »nommer«, »appeler«), daß es so etwas wie eine Berufung zum Schriftsteller gibt. Die Berufung meint hier eine nachträgliche Sinnzuschreibung, die das Ich seinem Leben selbst verleiht. Die Berufung im absoluten Sinne ist in der *Recherche* nur noch als Zitat präsent, eben als Zitat der Vorstellung von einer dichterischen Berufung, als Zitat aus dem Johannesevangelium. Dem entspricht die Einsamkeit des Ichs, das sich selbst etwas verspricht, das nur von andersher ihm – qua Berufung – zukommen könnte. Der Ausfall der göttlichen Berufung wird durch ein ›Sich Berufen auf‹ und ›Sich Versprechen‹ wettzumachen versucht. Deutlich ist dabei der intertextuelle Verweis auf das 8. Buch der *Bekenntnisse* des Augustinus, das Buch der Bekehrung, in dem genau von jener Spaltung zwischen Willen und Tun, der daraus resultierenden Verschiebung der Tat die Rede ist, einer Spaltung, die nur der Eingriff Gottes aufheben kann, der Ruf Gottes, das rettende Schriftwort, durch das er sich mitteilt.[111] Somit wird die Berufung als Determination und immer schon vorangehende Bestimmung auf ihre nachmalige Aktualisierung durch einen Ruf nicht verzichten können, der Leben und Bestimmung endlich in eine Identität führt. Nachmalige Aktualisierung heißt dann, eine Wendemarke zu setzen, welche selbst wiederum allein denkbar ist als plötzliches Ereignis, ähnlich den »mémoire involontaire«-Erlebnissen, die gerade nicht organisch aus dem Kontinuum des Vorangegangenen hervorgehen. Da jedoch der Ort des Anderen, von dem her der Ruf kommen könnte, in das eigene Leben verlagert ist, bleibt dem Appell der objektive Aspekt versagt. Auf das eige-

---

111 In den *Bekenntnissen* des Augustinus werden Zweifel, Zwiespalt und Aufschub durch den Ruf Gottes in der Bekehrung aufgehoben. Auf eine solche Wende spielt die *Recherche* deutlich an, verlagert sie jedoch ans Ende des Romans, treibt also ihren Aufschub ins Extreme und spart die Bestätigung der Vereinigung der widerstreitenden Kräfte aus.

ne Leben zurückgeführt, ist der Ruf dem eigenen Gedächtnis anvertraut, das jedoch die Berufung, die dem Leben selbst schon vorausgeht, nicht einholen, geschweige denn in sich aufnehmen kann. Wir sehen uns in der *Recherche* also einerseits mit der monadologischen Abschließung des Ichs und seinem hyperbolischen Gedächtnis konfrontiert und zugleich mit der irreduziblen Notwendigkeit eines Anderen im Ereignis der Berufung. Diesen Ort des Anderen will das Gedächtnis selbst noch darstellen. Als eigentlich von andersher kommende, göttliche und zeitenthobene Stimme wird die »vocation« durch diese Geste der Aneignung in die Zeit selbst eingeführt: in die Lebenszeit, die Zeit des Gedächtnisses. Damit ist sie ihrer Absolutheit beraubt und entpuppt sich als Sprechakt, als Wendemarke und Setzung in der Zeit, wie man sie auch an anderen Stellen im Roman findet. Ein Blick auf diese kann deutlich werden lassen, daß auch in den Fällen, wo eine Zeitmarke eine Zäsur setzen soll, das Gelingen strukturell vom Anderen abhängig ist. Als autonome, absolute Setzung verfehlt die Zäsur ihren Wendecharakter. Darüber hinaus kann auf diese Weise die »vocation« mit dem »ajournement« oder der »procrastination« (III, S. 594) in Bezug gesetzt werden. In der Tat wirkt ja die fortlaufende Vertagung des Schreibprojektes auch nach der »vocation« weiter und unterminiert damit den performativen Charakter der Berufung.[112]

6.5. Zeitliche Wendemarken

Wir sprechen dann mit Vorliebe vom Vergessen, wenn wir einen Strich unter Geschehenes setzen und ganz neu beginnen möchten. Dabei werden häufig besonders markante Daten gewählt, die sich als Wendemarken eignen. Der Geburtstag, der Jahreswechsel, der Jahrhundertwechsel rufen solche Phantasien von

---

112 In einer früheren Erwähnung der »vocation« (von Seiten des Vaters, der damit die Frage nach dem beruflichen Werdegang des Sohnes meint) wird diese von Marcel schon auf das gewünschte Schreiben bezogen und zugleich mit allen anderen guten Vorsätzen in Verbindung gebracht, die er fortwährend aufschiebt: [Der Vater]: »... On peut trouver cela une belle carrière, moi ce n'est pas ce que j'aurais préféré pour toi, mais tu seras bientôt un homme, nous ne serons pas toujours auprès de toi, et il ne faut pas que nous t'empêchions de suivre ta vocation.« [Marcel]: »Si, au moins, j'avais pu commencer à écrire! Mais, quelles que fussent les conditions dans lesquelles j'abordasse ce projet (de même, hélas! que celui de ne plus prendre d'alcool, de me coucher de bonne heure, de dormir, de me bien porter), que ce fût avec emportement, avec méthode, avec plaisir, en me privant d'une promenade, en l'ajournant et en la réservant comme récompense, en profitant d'une heure de bonne santé, en utilisant l'inaction forcée d'un jour de maladie, ce qui finissait toujours par sortir de mes efforts, c'était une page blanche, vierge de toute écriture, inéluctable comme cette carte forcée que dans certains tours on finit fatalement par tirer, de quelque façon qu'on eût préalablement brouillé le jeu« (II, S. 447f.). Auch später noch finden wir dasselbe Zögern: »... et comme j'avais toujours fait depuis ma vieille résolution de me mettre à écrire, que j'avais prise jadis, mais qui me semblait dater d'hier, parce que j'avais considéré chaque jour l'un après l'autre comme non avenu. J'en usais de même pour celui-ci, laissant passer sans rien faire ses averses et ses éclaircies et me promettant de commencer à travailler le lendemain« (III, S. 591).

Start und Neubeginn hervor. Sie liegen in der Zeitrechnung selbst begründet, die doch genau mit einer solchen Wende, der Offenbarung Gottes, einsetzt. Mit der »vocation« haben wir das markanteste Beispiel vor uns, wie in der *Recherche* versucht wird, einen Neubeginn (hier im Sinne einer Konversion zum Schriftsteller) zu begründen. In anderen, weniger bedeutsamen und weniger stark rhetorisch ausgeschmückten Setzungen, die der junge Marcel vornimmt, zeigt sich die gewissermaßen performative Grundstimmung des Romans, die paradoxerweise der Performativität als Übergang von der Absicht zur Handlung gerade entgegensteht.

Ein Beispiel: Am 1. Januar adressiert Marcel einen Brief an Gilberte, in dem er die Freundschaft des vergangenen Jahres aufkündigt (I, S. 477f.). Er wolle alle seine erlittenen Enttäuschungen vergessen, um nun mit Jahresbeginn eine *neue* Freundschaft aufzubauen. Die Vorstellung von einem Neubeginn ist eng an das Vergessen des Alten geknüpft. Sofort wird uns jedoch die Unmöglichkeit einer solchen Setzung »jetzt vergesse ich x, jetzt fange ich neu an« einsichtig. Natürlich bleibt die Zäsur, die Marcel vornimmt, obwohl er sogar die setzende Kraft des Datums hinzuzieht, unwirksam. Auf sein Schreiben hin geschieht erst einmal nichts. Eine Wende in der Freundschaft tritt erst ein, als etwas passiert, was seine bewußte Setzung übersteigt: Der erste körperliche Kontakt mit Gilberte in einer Art Kampfszene auf den Champs-Elysées, der danach zu Übelkeit und Fieber führt und Ausgänge bis auf weiteres verunmöglicht (I, S. 484f.). Erst diese Ohnmacht (und gerade nicht die autonome Setzung) bringt eine Wende im Geschehen. Gilberte, die später von Marcels Zusammenbruch erfährt, lädt ihn brieflich zum *goûter* zu sich nach Hause ein (I, S. 491). Im Gegensatz zu Marcels Brief vom 1. Januar bewirkt dieser Brief etwas. Gilberte und Marcel treten tatsächlich in eine neue Phase ihrer schwierigen Freundschaft ein. Worin liegt der Unterschied zwischen den beiden Briefen begründet? Marcels Brief vom 1. Januar versteht sich als absolute Setzung, in dem die Fügung des anderen und auch diejenige des eigenen Gedächtnisses schon vorausgesetzt wird. Der Brief behauptet etwas als schon vollzogen, was noch gar nicht eingetroffen ist und daher mit der festgelegten Terminfrist nie eintreffen kann. Gilbertes Brief hingegen ist eine Einladung, die dem anderen die Möglichkeit läßt, sich zu entscheiden. In der Einladung bleibt die Offenheit der Zukunft, auf die sie verweist, bestehen, während Marcels Brief absolute Antizipation ist; Antizipation und damit Assimilation dessen, was sich jeder Antizipation entzieht, der Andere mit seiner Zukunft, in der Zukunft, die Zukunft selbst als Andere, als eine immer von andersher auf einen zukommende; Antizipation der Zukunft, die schon im Schreiben als eingetroffene Gegenwart behauptet wird.

Im Laufe des Jahres kommt es dann zum schmerzlichen Bruch mit Gilberte. Marcel tröstet sich mit tagträumerischen Hoffnungen über die Trennung hinweg, erträumt antizipierend die Rückkehr, die sich wiederum an einem 1. Januar zur höchsten Erwartung kondensiert. Der 1. Januar wird nun zum Tag des Wartens auf den Neujahrsgruß von Gilberte mit dem erträumten Liebesgeständnis. Das Schreiben bleibt aus, Marcel wird krank.

Marcel eignet sich in einer hybriden Geste noch einmal die göttlichen Sprechakte an, die das Schicksal der Helden vorbestimmen. Er verdoppelt sich gleichsam in einen determinierenden und determinierten Handelnden. Die doppelte Besetzung der Position des *agens* und des *patiens* durch ein und dasselbe Ich prägt sowohl die alltäglichen Situationen als auch die »vocation«, die als Anrufung gerade die Anerkennung eines Anderen ausdrückt und die zugleich behauptet, darauf verzichten zu können.

6.6. Das Verhältnis zwischen erzähltem und erzählendem Ich

Die notwendige Aufteilung der Instanzen im Moment der »vocation« in einen Berufenden und einen Berufenen trägt in sich die Spannung des Gedächtnisses zwischen der in der Vergangenheit angelegten Berufung als Determination und der gegenwärtigen Offenbarung derselben und verweist damit auf die Spannung zwischen den Identitäten des erzählten und des erzählenden Ichs.[113] Denn offensichtlich würde die gelungene Berufung eben das erzählte Ich genau zu demjenigen machen, der dies alles so kunstvoll erzählen kann: zum erzählenden Ich. Erfordert jedoch die Berufung *per definitionem* einen anderen, der beruft, ist sie in diesem Fall unvollständig. Andererseits hatten wir schon die Nähe dieser »vocation« zur Absichtserklärung beobachtet, also zu einem Sprechakt, der sich seinerseits als Gelingensbedingung die transzendentale Bedingung einer göttlichen Berufung anzueignen sucht. Im ›wirklichen Leben‹ ist jede Absichtsbekundung ein Moment der Gegenwart, der in eine ungewisse Zukunft reicht. Die Geste der Antizipation versucht, der Zukunft das Inkommensurable zu nehmen, zugleich eignet ihr immer ein implizites »vielleicht«, das jedoch nur in der göttlichen Berufung überwunden ist. Ob ein Sprechakt gelungen ist, kann nur beurteilt werden aufgrund der Zukunft des Subjekts, das ihn ausgesprochen hat. Wäre die »vocation« ein gelungener Sprechakt, so bedeutete die Zukunft Marcels die Ge-

---

113 Seit der grundlegenden Arbeit von Marcel Muller (*Les voix narratives* ..., a.a.O.) geht man in der Proust-Forschung davon aus, daß das Ich in der *Recherche* aus mindestens drei Instanzen besteht: Dem erzählten Ich (oder erlebenden Ich, »le héros«), dem erinnernden Ich (»je intermédiaire«) und dem übergeordneten erzählenden Ich (»le narrateur«), dessen Text wir lesen, dessen Erzähl- oder Schreibakt aber ausgeblendet ist und der ja auch nie für ein totales, objektives Wissen einsteht. Erlebendes und erinnerndes Ich (»héros« und »je intermédiaire«) verschmelzen im Laufe des Romans allerdings immer mehr ineinander. In den beiden Albertine gewidmeten Romanen wandelt sich das erlebende Ich ganz in ein reflektierendes-erinnerndes Ich, die Handlung strebt in diesen Teilen gegen Null, stattdessen setzt die Reflexion ein (vgl. Ursula Link-Heer, *Prousts ›À la recherche du temps perdu‹ und die Form der Autobiographie. Zum Verhältnis fiktionaler und pragmatischer Erzähltexte*, Amsterdam 1988 und Thomas Klinkert, *Bewahren und Löschen* ..., a.a.O., S. 52ff.). Die zunehmende Zersplitterung, die man auch erzähltheoretisch noch weiterführen könnte in Anbetracht der Tatsache, daß Identitäten im Roman generell ephemere Erscheinungen sind, führt im Gegenzug wieder zu Verschmelzungen, die auf Verwechslungen beruhen. Das Problem von Differenz und Analogie durchwirkt auch die Erzählinstanzen. Dieser Komplexität bewußt, gehe ich der Einfachheit halber von zwei (in sich brüchigen) Instanzen aus.

genwart des Erzählers. Der Angel- und Scheidepunkt zwischen erzähltem und erzählendem Ich scheint also gerade in der Bekundung der Schreibabsicht zu liegen. Die Einlösung des Sprechaktes würde die Wiederherstellung der Identität zwischen den verschiedenen Ichs bedeuten, die alle zugleich in diesem einen grammatikalischen Ich präsent sind. Doch wo die »vocation« gerade den anderen fordert, verlangt der Sprechakt ein sich selbst gegenwärtiges, mit sich selbst identisches Subjekt.[114] Dieses soll allerdings gerade erst erreicht werden – über den Sprechakt selbst. Dies ist eine Aporie, die sich von Beginn an in jede Setzung einschreibt und die erst im Nachhinein als möglicherweise überwundene ausgemacht werden kann. Genau diese nach-zeitige Perspektive, die den Sprechakt generell, den vorliegenden insbesonders, als einen in der Zukunft schon eingelösten vorstellen könnte, ist uns im Roman vorenthalten. Zweifelsohne strebt das ästhetische Programm der *Recherche* genau eine solche Perspektive an. In den »mémoire involontaire«-Erlebnissen wird ja die Vorstellung kommuniziert, daß durch die Empfindung Vergangenheit und Gegenwart zu einem außerzeitlichen Moment der Identität finden, in der die Sorge im Hinblick auf die unsichere Zukunft aufgehoben ist:

> ... jouir de l'essence des choses, c'est-à-dire en dehors du temps. Cela expliquait que mes inquiétudes au sujet de ma mort eussent cessé au moment où j'avais reconnu inconsciemment le goût de la petite madeleine puisqu'à ce moment-là l'être que j'avais été était un être extra-temporel, par conséquent insoucieux des vicissitudes de l'avenir (IV, S. 450).

In dem Moment, da Vergangenheit und Gegenwart zusammenfallen, steht die Zukunft, die allein als dieses identitätsstiftende Projekt verstanden wird, nicht mehr auf dem Spiel. Ist diese Aufgabe vollendet, liegt letztlich Zukunft selbst als Vergangenes vor. Dies gilt für das Erlebnis der »mémoire involontaire« nur für einen Augenblick, allein die literarische Umsetzung könnte diesem Dauer verleihen. Zukunft wird damit letztlich geradezu ausschließlich als Abstand zur Identität des Schreibenden verstanden.

Die künstlerische Umsetzung liegt in der *Recherche* als gelungene vor uns, wenn wir davon ausgehen, daß Identität zwischen erzähltem und erzählendem

---

114 Dieses sich selbst gegenwärtige, mit sich selbst identische Subjekt ist eine Chimäre der Sprechakttheorie, die in diesen Überlegungen selbst an ihre Grenzen geführt wird. Diese Grenze wird bei Austin insofern mitreflektiert, als in seinen Ausführungen stets mehr die Fälle des Mißglückens dargestellt werden als diejenigen des Glückens. Die Regel scheint zu sein, daß bestimmte Regeln, die für das Gelingen eines Sprechaktes als notwendig erkannt wurden, verletzt werden. Besonders der zukunftsbezogene Fall des Versprechens und der nicht von Austin erörterte Fall, dem zufolge jemand sich selbst etwas verspricht, sind problematische Grenzfälle. Dazu kommt, daß zum Beispiel performative Äußerungen ohne explizit performative Redeeinleitung einen ambivalenten Status einnehmen. Dafür mag das deutsche Futur ein eindrückliches Beispiel darstellen, das als Zukunftsreferent zugleich auch modale Funktion übernimmt und in dieser eine unsichere Vermutung zum Ausdruck bringt (vgl. John L. Austin, »Performative Äußerungen«, in: ders., *Gesammelte philosophische Aufsätze*, übers. und hrsg. von Joachim Schulte, Stuttgart 1986, S. 305-327).

Ich herrscht, daß das erzählte zum erzählenden Ich wird. Wie läßt sich dann aber erklären, daß trotz der ästhetischen Erkenntnis, die Marcel von der Sorge um die Zukunft befreit, sich die Angst vor dem Tode nach der »vocation« bis zur Unerträglichkeit steigert? Mehr denn je entwickeln sich gegen Ende die Perspektive Marcels und diejenige des (überlegenen, wissenden) erzählenden Ichs auseinander, wenngleich sie, wie Genette betont, nun das gleiche Level der Erkenntnis haben.[115] Zwar scheint in der *Recherche* die Erzählung auf einen identitätsstiftenden Horizont hin angelegt zu sein, zugleich aber beobachten wir, daß Marcel, je näher er an diesen Identitätspunkt, den Übergang zum erzählenden Ich herangeführt wird, sich desto weiter von diesem entfernt, als würde sich gewissermaßen das erzählte Ich vom erzählenden Ich lösen und verselbständigen. Bezüglich des erzählenden Ichs, das bislang noch gar nicht in Frage stand, stellte es doch zeitweilig sogar ein allwissendes dar, bedeutet diese Entwicklung, daß es nicht mehr Herr seiner Erzählung ist, der sein Leben als identisches vorzustellen wüßte. Das Ich im Text hatte sich aufgespalten, um den Raum der Erzählung zu schaffen. Diese aber führt nicht mehr – entgegen der programmatischen Absicht – zur Schließung des Spaltes. Aus einer solchen Perspektive würde das erzählte Ich zu einem wahrhaft Anderen werden, dessen Zukunft nicht die schon vom erzählenden Ich gewußte ist, sondern eine davon abweichende, offene. So gesehen überstiege die Zukunft Marcels das Gedächtnis des Erzählers, sie läge jenseits von dessen Rückschau.

Für eine Verselbständigung des erzählten Ichs sprechen vor allem jene Stellen, in denen von der Fragmentierung, der damit einhergehenden Pluralisierung der Identität des Helden und von seiner beständigen Metamorphose als sukzessivem Tod gesprochen wird.[116] Diese Vorstellungen unterminieren die Idee von einem zielgerichteten Bewußtsein. Dieses in sich zersplitterte Ich hat schon lange vor der Erwähnung der »vocation« seine Schreibabsicht bekundet, ohne daß auf diese performative Setzung je eine Tat gefolgt wäre. Die Interpretation der »vocation« hat gezeigt, daß sie sich auf derselben Ebene befindet wie die anderen im Roman gestalteten Absichtserklärungen, auf die immer eine Vertagung folgte. Dort, wo eine endgültige Wende behauptet wird, wirken unterdessen die ihr vorgängigen Mechanismen weiter. Der Aufschub des Schreibens läßt sich daran ermessen, daß Marcel bis zuletzt auf der Ebene der Reflexion verharrt. Angstvoll überlegend, ob denn die Zeit noch reichen würde, bekundet er wiederholt seinen Schreibwillen,

---

115 Vgl. Gérard Genette, *Figures III*, a.a.O., S. 237. Genette erklärt den Nicht-Zusammenfall der beiden Identitäten am Ende des Romans als klassische Erzählstruktur, in der die »vocation« die Einheit einfach suggeriere. Proust verhindere damit, daß beide Ichs zugleich »fin« schrieben, was erzähllogisch Unsinn sei, müsse doch das erzählte und nun erzählende Ich den Roman noch schreiben. Insofern garantiere gerade die Lücke am Ende die Schließung des Kreises. In diesen Überlegungen wird jedoch immer von einer Nähe zwischen den beiden noch geschiedenen Ichs ausgegangen, ähnlich wie in Mullers schon zitierter Vorstellung einer asymptotischen Annäherung.

116 »... en moi,[...], substitution de personne« (III, S. 533 und an vielen anderen Stellen).

ohne zur eigentlichen Tat, der Erzählung, übergehen zu können. In diesen wiederholten Bekundungen strebt die Setzung nach ihrer Erhaltung. So schreibt sich in die einzigartige Berufung die Iterabilität ein, in der sie sich jedoch selbst dekonstruiert. Diese wiederholte Bekundung – die aus dem fortdauernden Konflikt zwischen Wunsch und Tat erwächst – bewirkt die Vertagung des Erzählbeginns als Identitätsgewinn auf ein unbestimmtes und uneinholbares »morgen«. Gerade die Figur des Aufschubs jedoch erweist sich als diejenige, mit der auch der Tod vertagt werden soll.[117]

6.7. Der offene Horizont

Die *Recherche* als Retrospektive zeigt also immer zugleich die Grenzen dieser Perspektive, die – wenngleich sie die Zukunft als vergangene beherrschen möchte – von deren irreduzibler Offenheit geprägt bleibt. Das Inkommensurable der Zukunft ist letztlich das genaue Spiegelbild für die Nicht-Assimilierbarkeit des Schon-Gewesenen durch das Gedächtnis. Während der offene Horizont des Romans, von dem Hans-Robert Jauss spricht[118], bei ihm immer ein »futur dans le passé« meint[119], das selbstverständlich aus der Warte des erzählenden Ichs als gewußte Vergangenheit erscheinen muß, könnte man hier zu dem Schluß kommen, daß diese übergeordnete Wissensinstanz kunstvoll ausgespart wurde zugunsten einer radikalen Offenheit, die das Leben selbst prägt. Eigentümlicherweise steht dafür weniger die Wende als Neuanfang (des Schreibens) ein, als vielmehr die fortdauernde Dynamik der Vertagung, die der Leser von Marcel schon zur Genüge kennt.

Unantizipierbar wie die Zukunft des Schreibens ist der Tod. In der Phase, in der die Euphorie der »vocation« noch vorherrscht, wird der Tod antizipiert, in-

---

117 Hier wird die Vorstellungswelt Scheherezades wirksam, die das Erzählen als Vermeidung des Todes versteht. Der aufgeschobene Übergang zu Marcels Schreibakt setzt natürlich zugleich die Erzählung selbst unendlich fort, die ja mit der Einlösung des Versprechens zu einem Ende käme.
118 Vgl. Hans Robert Jauss, *Zeit und Erinnerung* ..., a.a.O., S. 187ff.
119 Als Offenheit der Zukunft in der Vergangenheitserzählung ausgehend von der Tempusform des Konditionals, die im letzten Teil überwiegt. Entweder interpretiert man wie Hans-Robert Jauss (*Zeit und Erinnerung* ..., a.a.O., S. 22 und S. 187ff.), Paul Ricoeur (*Temps et récit III*, a.a.O., S. 241) und andere Interpreten das Konditional als »futur dans le passé«, durch das ein allwissender Erzähler den Weg des Protagonisten antizipiert, oder aber man interpretiert das Konditional als Tempus wie Harald Weinrich, der dessen Bedeutung für die Markierung einer Unsicherheit und eingeschränkten Gültigkeit ausgerechnet mit einer Passage aus der *Recherche* belegt. Dort bemerkt Charlus an Norpois, daß dieser in seinen journalistischen Artikeln eine zunehmende Scheu zeige, das Futur zu verwenden, um nicht von den Kriegsereignissen widerlegt zu werden. Norpois neigt stattdessen zur Verwendung des Konditionals in Sätzen wie: »L'Amérique ne saurait rester indifférente à ces violations répétées du droit. – La monarchie bicéphale ne saurait manquer de venir à résipiscence« (vgl. Harald Weinrich, *Tempus. Besprochene und erzählte Welt*, Stuttgart, Berlin 1964, S. 200).

sofern er als Vollendung des Werkes bestimmt wird.[120] Nach der Konfrontation mit der gealterten und vom körperlichen Verfall gezeichneten Gesellschaft im Kreise der Guermantes (»la révélation du Temps« (IV, S. 703)) erfährt Marcel jedoch seinen möglicherweise nahenden Tod nicht mehr als Moment der Aufhebung des Lebens im Werk, sondern als Macht, die der Entstehung des Werkes zuvorkommen könnte. Es könnte also schon zu spät sein für ein Projekt, das zugleich weiter auf ein späteres Datum verschoben wird. Die »vocation« als Offenbarung hat gleichsam zu früh und zu spät stattgefunden. Sie kommt zu früh, so daß danach Marcel die Ahnung beherrscht, daß es zu spät sei. Das ist die ironische Wendung, die die bedeutsam angekündigte Wende zu nehmen scheint.

So steht die Antizipation des Schreibbeginns, die zugleich seine fortdauernde Verschiebung meint, gegen die Antizipation des Todes. Beide Bewegungen (das »später« und das »zu spät«) scheinen sich gegenseitig zu bedingen, denn in den Todesängsten, die das erzählte Ich nach der »vocation« überfallen, wird die verbleibende Zeit – Lebenszeit und Schreibzeit – zur obsessiven Frage, die den eigentlichen Schreibbeginn verhindert. Darüber hinaus scheint die Antizipation dessen, was dem Werk radikal entgegensteht, die Antizipation des Todes (als etwas, das das Werk selbst antizipieren könnte und als endgültiges Vergessen), ihrerseits die Einlösung des Versprechens der Berufung zu verhindern.[121] Zugleich

---

120 Auch diese Überzeugung wird von vielen Proust-Forschern geteilt. Bei Jean-Yves Tadié geht die Rechnung einem funktionierenden heilsgeschichtlichen Plan zufolge genau auf: »Cette vocation supplante d'ailleurs la vie, qui s'interrompt au seuil de l'œuvre, laissant le héros sans autre avenir que littéraire« (ders., *Proust et le roman*, Paris 1971, S. 30). Seine apologetische Lesart übersieht, daß die von ihm selbst festgestellte zyklische Struktur der *Recherche*, die Anachronismen, die paradoxale Bewegung zwischen Vor und Zurück einer progressiven Entwicklung des Helden geradewegs entgegensteht. Tadié nimmt jedoch das Ich ganz aus dieser Textbewegung aus. Immer wieder heißt es, gleichsam unbegründet: »Enfin, toute l'œuvre est l'histoire des progrès du narrateur vers l'accomplissement de sa vocation: chacune des étapes du récit constitue une étape dans l'évolution du héros principal« (ebd., S. 327). Skepsis hingegen findet man bei Paul Ricoeur, der betont, daß der Tod kein Ereignis sei, das erwartet bzw. antizipiert werden könne (vgl. ders., *Das Rätsel der Vergangenheit* ..., a.a.O., S. 49); aus dem Erwartungshorizont des Eigenen ist der Tod als radikal Anderer immer ausgeschlossen. Hierzu noch zugespitzter Jacques Derridas Dekonstruktion von Heideggers »Sein zum Tode« (vgl. ders., *Apories*, Paris 1996). Ricoeur schreibt denn auch mit Blick auf das Ende der *Recherche*: »Ce n'est pas [...] sur un cri de triomphe que se clôt la *Recherche*, mais sur un sentiment de fatigue et d'effroi. Car le temps retrouvé, c'est aussi la mort retrouvée« (ders., *Temps et récit II*, a.a.O., S. 224).
121 Die gesteigerte Bedeutung der Erinnerung am Ende des Lebens ist immer wieder literarisch gestaltet und thematisiert worden. So schreibt beispielsweise Rousseau in den *Confessions*: »Mon imagination, qui dans ma jeunesse alloit toujours en avant et maintenant rétrograde, compense par ces doux souvenirs l'espoir que j'ai pour jamais perdu. Je ne vois plus rien dans l'avenir qui me tente; les seuls retours du passé peuvent me flatter, et ces retours si vifs et si vrais dans l'époque dont je parle me font souvent vivre heureux malgré mes malheurs« (Jean-Jacques Rousseau, *Les confessions. Autres textes autobiographiques*. Édition publiée sous la direction de Bernard Gagnebin et Marcel Raymond et al, Paris 1959, S. 226). In unserem Zusammenhang ist die Beobachtung wichtig, daß mit dem Schwinden der Lebenszeit die Erinnerung an quantitativer und emotionaler Bedeutung gewinnt. Doch bleibt bei Rousseau die dramatische Frage nach der verbleibenden Schreibzeit ausgeklammert. Mitteilung und Veräußerung des Lebens werden durch ihn als neuartiger Schreibakt eingeführt, aber in seiner schon vollzo-

ist der Tod im Roman etwas, das immer schon als Entfremdungserfahrung statthatte, also dem Tod immer schon vorausgeht. Weniger der Tod selbst als vielmehr dessen Antizipation wird dem Ich, das zu seiner schreibenden Identität finden will, zum Verhängnis. Hier kehrt der in der Pflanzenmetapher verdrängte Bildbereich, derjenige vom Samen, der auf unfruchtbaren Boden fällt und abstirbt, machtvoll wieder. Möglichkeit und Unmöglichkeit werden vom vorausblickenden Ich als getrennte Phasen und Bilder antizipiert, wo sie immer nur gemeinsam eben in ihrer nicht antizipierbaren Spannung auftauchen.

---

genen Möglichkeit (dank der Identität zwischen erinnerndem und schreibendem Ich) bleibt er selbstverständlich.

ZWEITER TEIL

Zeugenschaft, Mnemotechnik, Autobiographie
(Georges Perec, *W ou le souvenir d'enfance*)

Vorbemerkung

Prousts *Recherche* geht noch von einem gleichsam natürlichen Gedächtnis aus, das in den bezaubernden und zur Identifikation einladenden Ausführungen zur »mémoire involontaire« suggeriert, sich selbst unmittelbar auszusprechen. Es wurde jedoch deutlich, daß die epiphanische Gewinnung der Vergangenheit noch keine Antwort auf die Frage ist, wie denn der Roman zu schreiben sei. Mit der »mémoire involontaire« gewinnt Proust eine neue Perspektive auf das Phänomen des Gedächtnisses, die allerdings noch keine Poetik darstellt. Ein Hauptanliegen des ersten Teils dieser Arbeit war, zu zeigen, wie das von Proust suggerierte natürliche und spontane Gedächtnis immer schon von mnemotechnischen Bildern unterwandert wird. Darüber hinaus zeichnet sich in der Substitutionskette von möglichen Erinnerungen angesichts des fortwährenden Entzugs des zu Erinnernden die Tendenz ab, dort Erinnerungsprothesen einzusetzen, wo das Gedächtnis versagt.

Aufgrund der Interpretation von makro- und mikrostrukturellen Ausformungen des literarisch inszenierten Gedächtnisses konnte gezeigt werden, daß die Opposition zwischen »mémoire involontaire« und »mémoire volontaire« nicht haltbar ist angesichts eines Erinnerungsdiskurses, der sich vor allem in den beiden Albertine gewidmeten Romanen als einer erweist, der durch weitgehend unbewußte Triebimpulse gesteuert wird. Dieser kann als Ausdruck einer Art »mémoire automatique« beschrieben werden, die sich dem bewußten Ich entzieht, die allerdings auch keine Epiphanie darstellt, sondern von einem quälenden, unabschließbaren Sich-Nicht-Erinnern-Können zeugt.

Georges Perecs autobiographisch geprägter Text *W ou le souvenir d'enfance* (1975) kann zunächst einmal als Ausdruck der Zerstörung eines ›natürlichen‹ Gedächtnisses gelesen werden. Die in dieser Erzählung implizite Diskussion über die Notwendigkeit, Möglichkeit und Unmöglichkeit der Erinnerung an die Vernichtung der europäischen Juden verleiht der immer noch andauernden Debatte eine neue Sprache. Anstatt den Finger mahnend gegen das Vergessen zu erheben, stellt Perec zunächst sein eigenes Vergessen als seinem Schreiben vorausgehende Erfahrung in den Mittelpunkt und verändert mithin grundsätzlich die Perspektive des literarischen Gedächtnisdiskurses.

In *W ou le souvenir d'enfance* geht es um das Gedächtnis des Sohnes, dessen Mutter in einem deutschen Konzentrationslager umgebracht worden ist. Die traumatische Erfahrung des Verlustes, die dieses Gedächtnis offensichtlich stark beeinträchtigt, ist jedoch weder ausschließlich Teil der persönlichen Erinnerung, noch findet sie in einem wie auch immer gearteten kollektiven Gedächtnis, geschweige denn in der Geschichtsschreibung Ausdruck.

Perec versucht diese radikale Abwesenheit, die als solche unglaublich präsent ist, über eine komplexe Verflechtung von sehr unterschiedlich angelegten Textstücken als Spur sichtbar zu machen. Diesbezüglich ist die Gesamtstruktur des Romans entscheidend, die hier skizziert werden soll, weil auf sie in den nachfolgenden Kapiteln immer wieder verwiesen wird. Der Text besteht aus 37 Kapiteln, die einen ersten (Kap. I-XI) und einen zweiten Teil (XII-XXXVII) bilden. Die beiden Teile sind durch eine weiße Seite, auf denen ein Auslassungszeichen steht, klar voneinander geschieden. Darüber hinaus alternieren durchgehend zwei ganz unterschiedliche Textarten miteinander: Im ersten Teil stellen die Kapitel mit einer geraden Ordnungszahl den autobiographischen Teil vor (Fragmente von Kindheitserinnerungen, die bis zur Trennung von der Mutter reichen), während die kursiv gedruckten Kapitel mit ungerader Zahl den fiktionalen Bericht eines zweiten Ichs über seine Reise nach W darbieten. Im zweiten Teil des Textes enthalten die Kapitel mit gerader Zahl die Schilderung der Welt W, während die Kapitel mit ungerader Zahl den autobiographischen Bericht mit Fragmenten aus der Zeit nach der Trennung von der Mutter fortsetzen.

Die beiden Teiltexte scheinen zunächst zu alternieren, ohne miteinander in Beziehung zu stehen. Erst durch die Textanalyse kommen die kryptischen – teils semantischen, teils strukturellen – Bezüge zwischen den beiden Texten zum Vorschein. Die Erinnerung des Einzelnen wird mit dem in der Welt W herrschenden Mechanismus der Auslöschung von Identität und Erinnerung konfrontiert, mit einer Welt, die sich nach und nach als Allegorie auf ein Konzentrationslager entpuppt. W ist vor allem durch zwei Gesetze geprägt, dasjenige der Hierarchie, das den Einzelnen zu einer Rangnummer macht und ihn des Namens beraubt, und dasjenige der Wiederholung, das über den täglich gleichen Ablauf der Wettkämpfe aufrechterhalten wird. Beide zusammen bewirken, daß sich die Vernichtung scheinbar wie von selbst vollzieht. Die systematische Auslöschung von Identität und Erinnerung wird im Text als Geste nachgeholt und gleichsam fortgeführt. Die in W wirksame identitätslöschende Organisationsstruktur findet sich als Textstruktur des Vergessens, des Nicht-Erinnern-Könnens wieder. Zugleich kann die grausame Logik der W-Erzählung als großangelegte mnemotechnische Struktur gelesen werden, die – einmal aktiviert – sich gleichsam von selbst erzählt, da sie der ihr immanenten Logik folgt.

Daneben scheint auf autobiographischer Ebene das Vergessen geradezu Ausdruck des permanenten Insistierens von traumatischer Erinnerung zu sein. Das Gedächtnis entpuppt sich hier als Raum, der von Phantasmen heimgesucht und überwuchert wird, die an die Stelle von Erinnerung getreten sind. Diese Phantasmen ordnen sich nach einer strengen Logik, die ebenfalls auf mnemotechnische Muster verweist, und sie zeichnen damit den Weg nach, der zur Zerstörung des natürlichen Gedächtnisses geführt hat.

Hinter den nachfolgenden Überlegungen und Textinterpretationen steht die Vermutung, daß wir bei dem sogenannten Zivilisationsbruch, der Judenvernichtung, mit einer Wiederkehr der Mnemotechnik als ›semiotischen Apparat‹ zu rechnen haben, der für ein zerstörtes Gedächtnis einspringt. Die Shoah ist die größte Katastrophe der Auslöschung, die die Menschheit kennt. Erinnerung hat nun nichts Selbstverständliches mehr und kann auch nicht mehr – wie noch bei Proust – als ein Geschenk des Zufalls empfangen werden. Erinnerung wird zur Notwendigkeit und zugleich zu einem unmöglichen Akt, der daraufhin in der Literatur immer stärker selbst ins Zentrum des Interesses rückt.

I. Zeugenschaft im Zeichen des Vergessens

1. Literatur und Zeugenschaft

Die sprachliche Verarbeitung und Repräsentation eines realen Ereignisses vollzieht sich als eine Form des Realismus, die immanent die Differenz zwischen der Realität und ihrer sprachlichen Verarbeitung stets mitreflektiert. In Konfrontation mit der Shoah verschärft sich die Frage der Darstellung insofern, als eine radikale Pflicht, Zeugnis abzulegen und die Wahrheit zu sagen, auf die unüberwindlichen Grenzen der Darstellung in Wort und Bild stößt. Der Bericht des Überlebenden der Katastrophe bleibt stets hinter dem Anspruch, der Pflicht, der er sich verschrieben hat, zurück und reflektiert nicht selten schmerzerfüllt die Unmöglichkeit des Sprechens oder zuweilen gar die Gefahr, mit den Worten das Ereignis verschwinden zu lassen. Trotz oder gerade aufgrund dieser Aporie werden sprachliche Ausdrucksformen gesucht, die für eine Faktizität selbst einstehen sollen. Die Suche nach sprachlichen Regeln, denen zufolge ein Text als Zeugnis gewertet werden kann, führt zuweilen zu einer strikten Trennung zwischen Zeugenberichten auf der einen Seite und ›wahrer Literatur‹ auf der anderen Seite. Georges Perec, der sowohl Schriftsteller als auch (indirektes) Opfer der Shoah ist, insofern seine Mutter in einem Konzentrationslager getötet wurde, benennt einmal mit deutlichen Worten den ideologischen Aspekt der Trennung zwischen Zeugenschaft und Literatur:

> L'on ne voit, le plus souvent, dans la littérature concentrationnaire, que des témoignages utiles, ou même nécessaires, des documents précieux, certes, indispensables et bouleversants [...]. Mais il est clair que l'on distingue soigneusement ces livres de la »vraie« littérature. À tel point que l'on ne sait plus très bien si le fondement de cette attitude est que l'on a trop de respect (ou de mauvaise conscience) vis-à-vis du phénomène concentrationnaire, au point de penser que la littérature ne pourra jamais en donner qu'une expression inauthentique et impuissante, ou si l'on pense que l'expérience d'un déporté est incapable, en elle-même, de donner naissance à une œuvre d'art. L'on ne sait pas très bien si c'est la littérature que l'on méprise, au nom des camps de concentration, ou les camps de concentration au nom de la littérature.[1]

Perec kritisiert hier eine Logik, die einerseits die Zeugenschaft prinzipiell aus der literarischen Kanonisierung ausnimmt und andererseits jedem Text, der mit zeitlichem Abstand zur Befreiung von Auschwitz geschrieben und literarisch überar-

---

[1] Georges Perec, »Robert Antelme ou la vérité de la littérature«, in: ders., *L.G.. Une aventure des années soixante,* Paris 1992, S. 87-114, hier: S. 88.

beitet wurde, den Zeugniswert und die Authentizität abspricht. Mehr noch als textimmanente Kriterien sind es jedoch paratextuelle Elemente, die darüber entscheiden, ob ein Text als Zeugnis angenommen wird oder nicht. In der Regel wird hier als ausschlaggebendes Kriterium der Status des Augenzeugen genannt, also desjenigen, der als Überlebender der bezeugten Katastrophe bezeichnet werden kann. Allein die Tatsache, daß der Schreiber ›dabei‹ war, erfüllt ihn mit einer Autorität[2], die seiner Aussage das Prädikat ›Zeugnis‹ zuerkennt.[3]

Das paratextuelle Kriterium der Identität des Schreibers hat einen textimmanenten Reflex: Das Ich, das hier spricht, muß in seiner Identität überprüfbar sein. Welcher aber kann der Zivilstand eines literarischen Ichs sein? Ist dieses nicht fortan, als ein Ich, das in einen Text eingegangen ist, immer schon von einer eben literarischen Identität gezeichnet, die man gemeinhin den Ich-Erzähler nennt? Diese zweite Instanz, die Erzählerinstanz, wird in Texten, die sich Zeugenschaft nennen, zurückgedrängt zugunsten eines scheinbar direkten Nexus zwischen Erfahrungs-Ich und Text-Ich. Das Ich, der Zeuge spricht. Er nimmt in dieser narratologischen Situation alle Verantwortung (als Antwort geben) für seine sprachliche Darstellung auf sich und bezeugt in ihr auch seine Ansicht, daß er dazu in der Lage sei. Im Zusammenhang mit der Shoah wird die Verantwortung, *das Antwort geben*, gegen den Willen des Zeugen, der diese Verantwortung gerade übernommen hat, in jenen Raum geführt, in dem ihre Notwendigkeit mit ihrer gleichzeitigen Unmöglichkeit zusammenfällt.[4] Der Zeuge erfährt dies in aller Regel als Überlastung und stützt sich darum um so mehr auf geschichtliche Quellen (diejenige Form des faktischen Berichts, die vom Erfahrungs-Ich ab-

---

2 Ebd., S. 60. Der Zeugenschaft liegt die schwierige und unentscheidbare Frage der Wahrheit und Authentizität zugrunde, die im Zweifelsfall nur von einer juristischen Instanz, nicht vom Literaturwissenschaftler, entschieden werden kann. Letzterer kann jedoch die *Vorstellungen,* an die Zeugenschaft gebunden ist, problematisieren, beispielsweise die Vorstellung von einer mitteilbaren Erfahrung oder diejenige von einem ›verläßlichen‹ Gedächtnis.

3 Um hier keinem Mißverständnis anheimzufallen, muß der jüdische Hintergrund vieler Texte mitbedacht werden. Man darf nicht vergessen, daß in der Thora die Pflicht zum Zeugnisablegen festgeschrieben wird, und sie selbst erhält ihre Autorität nicht zuletzt aufgrund des Augenzeugen Moses. Der Pentateuch wird als Zeugnis und Beweis gelesen – auch für ein historisches Geschehen. Die Thora bildet das Paradigma für die jüdische Literatur überhaupt und verleiht dem literarischen Zeugnis des Holocaust einen ontologisch privilegierten Status (vgl. James E. Young, *Beschreiben des Holocaust. Darstellung und Folgen der Interpretation,* Frankfurt a. M. 1997, S. 42). Der Schriftsteller versteht sich in der Rolle des *sofer,* des Schreibers, der allein die Aufgabe hat, zu transkribieren, was er gehört und gesehen hat, und sich das Kommentieren und Interpretieren versagt. Die strikte Trennung allerdings zwischen Schrift und Exegese verstellt den Blick auf die Tatsache, daß bereits die biblische Darstellung grundsätzlich konstruiert ist und sich sogar selbst interpretiert und daß jede Darstellung der Shoah immanent schon einen Kommentar enthält.

4 Jacques Derrida macht deutlich, daß unter diesen Vorzeichen allein eine »non-réponse« als Respekt vor dem Anderen Akt der Verantwortung ist: »... cette non-réponse est encore une réponse, la plus polie, la plus modeste, la plus vigilente, la plus respecteuse – et d'autrui et de la vérité« (ders., *Passions,* Paris 1993, S. 49). Eine Form der »réponse/non-réponse« heißt »oblique« [schief] und bedeutet soviel wie ›indirekter Weg der Antwort‹. Das Ich in *W ou le souvenir d'enfance* bezeichnet sich, ich werde darauf zurückkommen, als un-mündig, als jemand, der nicht in der Lage ist, die Verantwortung zu übernehmen.

sieht), die das Antworten zum Teil übernehmen. Der Subjektivität seiner Aussage verleiht der Zeuge dadurch jene Objektivität, die von ihm und seiner Antwort und Ver-Antwortung erwartet wird. Denn erst, wenn der Zeuge die Subjektivität seiner Erfahrung überwindet (indem er sie in seinem Ich-Sprechen gerade noch einmal eingesteht als abermaligen Ausdruck seiner Wahrhaftigkeit), kann er als exemplarischer Fall von allgemeinem Interesse sein. Doch in dieser textuellen Bewegung droht der Zeuge immer auch den Grund seiner Autorität, die ja gerade in seiner Subjektivität als Überlebender und Augenzeuge lag, zu durchkreuzen.

Die Trennung zwischen Literatur und Zeugenschaft reduziert die Frage der Zeugenschaft auf die Frage nach dem sozialen Status des Autors und die Frage des Textstatus auf eine Verbannung literarischer Sprechinstanzen aus dem Diskurs über die Shoah. Man behauptet damit einen strikt ereignisbezogenen Sinn des Zeugenberichts, gegen den man die Literatur als referenzgelöstes Spiel von Zeichen abzugrenzen versucht.

Hier hingegen soll die Art von Literatur interessieren, der es gelingt, einen kritischen Gegendiskurs zu den Zeugenberichten im Zeichen der Reflexion der eigenen Sprach-, Erinnerungs- und Repräsentationsmodi hervorzubringen. Während ›Realismus‹, ›Wahrheit‹ und ›Authentizität‹ in aller Regel ausschließlich als Frage der Identität des Autors behandelt werden, macht die sprachreflexiv angelegte literarische Zeugenschaft deutlich, daß beispielsweise die Frage der Authentizität immer nur von Mal zu Mal durch den Hörer oder Leser, dem der Text zukommt, neu entschieden werden kann. In der Tat haben viele Überlebende der Shoah erleben müssen, daß sie die (bzw. ihre) Wahrheit sagten, daß es ihnen aber nicht gelang, diese Wahrheit dem anderen zu vermitteln. Robert Antelme begegnet dem Problem der Wahrheit ohne Überzeugungskraft sofort nach seiner Freilassung, als er und die anderen KZ-Häftlinge den amerikanischen Soldaten mitteilen wollen, in welchen Konditionen sie Monate und Jahre lang um das schiere Überleben gekämpft haben. In *L'espèce humaine* (1946/47), einem der Haupttexte der französischen Literatur über die Konzentrationslager, heißt es am Ende:

> C'est effroyable, oui, vraiment, ces Allemands sont plus que des barbares! Frightful, yes, frightful! Oui, vraiment, effroyable. Quand le soldat dit cela à haute voix, il y en a qui essayent de lui raconter des choses. Le soldat, d'abord écoute, puis les types ne s'arrêtent plus: ils racontent, ils racontent, et bientôt le soldat n'écoute plus. [...] Ici, il faudrait tout croire, mais la vérité peut être plus lassante à entendre qu'une fabulation. [...] La plupart des consciences sont vite satisfaites et, avec quelques mots, se font de l'inconnaissable une opinion définitive. [...] Inimaginable, c'est un mot qui ne divise pas, qui ne restreint pas. C'est le mot le plus commode. Se promener avec ce mot en bouclier, le mot du vide, et le pas s'assure, se raffermit, la conscience se reprend.[5]

---

5 Robert Antelme, *L'espèce humaine* [1957], Paris 1996, S. 302.

Perec formuliert dieses Dilemma in seinem Essay über *L'espèce humaine* noch
schärfer als Antelme selbst es vielleicht vermag:

> Il s'agissait de faire comprendre ce que l'on ne pouvait pas comprendre; il s'agissait
> d'exprimer ce qui était inexprimable. [...] Les témoignages étaient inefficaces.[6]

Für die Nicht-Mitteilbarkeit des unendlichen Grauens sind viele Erklärungen
geliefert worden. Konsens scheint, daß sich das unendliche Ausmaß an Gewalt
einer literarischen Form widersetze, ein Ausmaß an Gewalt, das in Auschwitz einen Gipfelpunkt erreicht und damit die Fähigkeit der Sprache, diese Gewalt
überhaupt auszudrücken, übersteige. Wenn nun aber die Frage nach der offensichtlichen Nicht-Mitteilbarkeit nicht mehr nur als unmögliche Abbildung erklärt, sondern im Spannungsfeld Text – Leser neu gestellt wird, dann dürfte die
Literatur als Kunst der Gestaltung eine absolut notwendige Rolle innerhalb der
Zeugenschaft zugestanden bekommen. Denn sie kann Kunstgriffe erfinden, um
der Wahrheit die nötige Überzeugungskraft zu verleihen, damit sie vom anderen
auch wahrgenommen wird.

2. Die geteilte Präsenz des Zeugen

Durch die Einbindung der Literatur in den Prozeß des Bezeugens kann indessen
die Zeugenschaft nicht einfach zugunsten des literarischen Sprechens aufgehoben
werden. Die juristische Frage, wer Zeuge ist, bleibt bestehen. Prinzipiell kann jeder Zeuge werden und dies zunächst aufgrund seiner Anwesenheit bei den zu bezeugenden Ereignissen, also aufgrund seiner Wahrnehmung und seiner Erfahrung. So offensichtlich diese notwendige Voraussetzung auch erscheinen mag, sie
bringt theoretische und praktische Probleme mit sich, die zunächst in den Vorstellungen von Erfahrung und Präsenz selbst zu liegen scheinen.

Zeuge kann sein, wer präsent war, wer gesehen und gehört oder in irgendeiner
anderen Weise etwas wahrgenommen hat. Zeuge ist, wer in der Äußerung der ersten Person Singular jenen Zusammenhang zwischen vergangenem und erinnerndem Ich garantiert, der für die vergangene Präsenz einsteht. »L'essence du
témoignage ne se réduit pas nécessairement à la narration, c'est-à-dire aux rapports descriptifs, informatifs, au savoir ou au récit: c'est d'abord un acte
présent.«[7] Das Römische Recht kennt indessen zwei Formen von Präsenz: Es
unterscheidet zwischen *testis*, demjenigen, der als Dritter (*terstis*) einem Ereignis
beiwohnt, ohne direkt involviert zu sein, und *superstes,* demjenigen, der etwas
erlebt hat und davon Zeugnis ablegen möchte.[8] Die Unterscheidung impliziert

---

6 Georges Perec, »Robert Antelme ...«, a.a.O., S. 91.
7 Jacques Derrida, *Demeure*, Paris 1997, S. 44.
8 Vgl. Giorgio Agamben, *Quel che resta di Auschwitz*, Torino 1998, S. 15. Die Überlegungen
 von Agamben beruhen offensichtlich auf den Ausführungen von Benveniste, die hier sehr auf-

eine Teilung der Präsenz, die doch schlechthin unteilbar sein muß, um Präsenz zu sein. Die Autorität des Zeugen beruht also immer schon auf einer geteilten Präsenz, wo sie behauptet, sich auf Präsenz berufen zu dürfen. Doch mehr noch stellt sich die Frage – und dies angesichts der Shoah, der Zeugen der Shoah: Wie überhaupt ist die Präsenz des Ichs bei sich selbst und seine Präsenz bei einem Ereignis, das alles auslöscht, alles verbrennt, denkbar? Kann jemand, der bei der totalen Auslöschung im wahrsten Sinne des Wortes *anwesend* war, noch überlebt haben? Und – im Hinblick auf die Bestimmung des *testis* – kann es im Konzentrationslager bzw. Vernichtungslager den rein beobachtenden Zeugen gegeben haben, den ›Passanten‹, der zufällig der Katastrophe beiwohnte? Die Fragen machen deutlich, daß *testis* den *superstes* fordert und *superstes* den *testis*. Denn der Zeuge im umfassenden Sinne müßte anwesend gewesen sein, müßte von einer ihm eigenen Erfahrung sprechen können und müßte zugleich über eine gewisse Distanz verfügen, die ihm erst die Beobachtung der Ereignisse ermöglichte. Er müßte von einer Deprivation unvergleichlichen Ausmaßes zeugen können, und er müßte dabei sich selbst immer präsent gewesen sein. Offensichtlich also wird die juristische Bestimmung des Zeugen, notwendig wie sie ist, durch das zu bezeugende Ereignis, die totale Vernichtung, in eine unausweichliche Aporie geführt, von der jede Zeugenschaft gezeichnet bleibt.

Eine weitere Zerreißprobe für den Zeugen stellt seine Verantwortung vor einer Institution dar. Der Zeuge spricht nie nur für sich, seine Aussage hat nicht den Charakter eines privaten Bekenntnisses, sondern es geht um einen Erinnerungsinhalt von öffentlich-politischem Interesse, ein vergangenes Geschehen betreffend, in das auch andere verwickelt waren und das unter Umständen allein aufgrund von Zeugenaussagen in seinem Ablauf rekonstruiert werden kann.[9] Im Mittelpunkt steht die Frage nach dem Wahrheitsgehalt der Aussage (oder vielmehr nach der Wahrhaftigkeit, dem Vertrauen oder Mißtrauen, das wir einer Aussage entgegenbringen), für den nicht allein das Gewissen des zeugenden Subjektes einsteht, sondern der zum Beispiel eidlich – als Einstehen für eine Sache in erster Person – oder durch Beweise belegt und garantiert werden muß. Immer ist die Zeugenschaft institutionell gebunden: Im engen Sinne an ein Ge-

---

schlußreich sind. In die Wortgeschichte von *superstes* (superstare) – »„se tenir par-delà, subsister audelà", en fait par-delà un événement qui a anéanti le reste« (S. 276) – schreibt sich fast notgedrungen die Bedeutung von *testis* (Zeuge) ein: »„subsister par-delà" n'est pas seulement „avoir survécu à un malheur, à la mort", mais aussi bien „avoir traversé un événement quelconque et subsister *par-delà* cet événement", donc en avoir été „témoin". Ou encore „qui se tient (*stat*) sur (*super*) la chose même, qui y assiste; qui est présent". Telle sera, par rapport à l'événement, la situation du *témoin*« (Emile Benveniste, *Le vocabulaire des institutions indo-européennes*, Band II, Paris 1969, S. 276).

9 Der Zeuge zeugt nie nur für sich allein (dies wäre das Bekenntnis), sondern er schreibt sich mit seiner Aussage von vornherein einem öffentlichen, ja kollektiven Gedächtnisraum zu. Auch dies ist schon im *Codex Justinianus* (4,20, 10) festgeschrieben: »Die Rechte haben jedem die Erlaubnis versagt, in eigener Sache Zeugnis abzulegen« (zit. nach *Codex Justinianus*, ausgewählt und hrsg. von Gottfried Härtel und Frank-Michael Kaufmann, Leipzig 1991, S. 92).

richt, im weiten Sinne – was die literarische Zeugenschaft anbetrifft – an die literarische Öffentlichkeit.[10]

Institutionen ordnen das Wissen in Diskursen und verleihen dem Wort Autorität. Erst eine Archäologie des Wissens im Sinne Foucaults hat sich der Modalitäten, die einer Aussage und der mit ihr verbundenen Autorität zugrunde liegen, angenommen. Sie macht mithin deutlich, daß mehr noch als die persönliche Qualifikation eines Aussagesubjektes die institutionellen Rahmenbedingungen, in denen es spricht, für seine Autorität ausschlaggebend sind.[11]

Versucht man, das Foucaultsche Aussagemodell auf den Zeugen zu übertragen, stößt man auf Schwierigkeiten, die den Status des letzteren deutlicher erkennen lassen. Denn aus Foucaults Analyse folgt, daß für eine Aussage weniger das einzelne Subjekt entscheidend ist als vielmehr ein bestimmtes System, das auf Status und Institutionen beruht und das die Aussage mithin determiniert. Jedes Subjekt muß sich folglich in seiner Subjektivität zurücknehmen, um zu jener Autorität zu gelangen, die ihm durch das System zugesichert werden kann. Im Fall der Judenvernichtung kann man von einer doppelten Institution sprechen: der juristischen Kodifizierung und dem Wissen, das über die Shoah angesammelt wurde. Dieses Wissen (in Form von Dokumenten, Geschichtsforschung bzw. in Form der schon erfolgten Zeugenaussagen) bildet selbst ein System, welches das Zeugnis zusätzlich determiniert. Der Zeuge inkorporiert nachträglich dieses Wissen (über das er während seines Erleidens zumeist gar nicht verfügte) und nimmt in seiner Zeugenaussage auf diese ›objektiven Daten‹ Bezug. Wissen und Erfahrung greifen oftmals auf unterschiedliche Quellen zurück und verweisen nicht selten auf einander widersprechende Realitäten. Dabei macht das Wissen allein den Zeugen nicht aus. Denn Voraussetzung seines Sprechens bildet ja sein Überleben, seine Präsenz (mit ihrer von juristischer Seite nicht beachteten aporetischen Seite), die seiner Aussage die Wahrheit der Erfahrung bzw. der Subjek-

---

10 Primo Levi – Überlebender, Zeuge, Schriftsteller zugleich – hat in einem Interview sein Buch *Se questo è un uomo* (Torino 1958) als Zeugenschaft bezeichnet, wobei er der Institution ›Leserschaft‹ die Rolle des Gerichts überschreibt: »Ho scritto *Se questo è un uomo* quarant'anni fa e allora mi interessavano esclusivamente le circonstanze di fatto giuridiche, se posso esprimermi così, connesse al fornire una testimonianza. Infatti il libro è scritto come parlerebbe un testimone. Io compaio mai come giudice, i giudici devono essere i miei lettori« (Primo Levi, *Conversazioni e interviste*, Torino 1997, S. 77).
11 Die Archäologie des Wissens formuliert zum Beispiel folgende Frage, die sich auf jedes Diskurssystem anwenden läßt: »Quel est le statut des individus qui ont – et eux seuls – le droit réglementaire ou traditionnel, juridiquement défini ou spontanément accepté, de proférer un pareil discours?« (Michel Foucault, *Archéologie du savoir*, Paris 1969, S. 68). Beinahe tautologisch klingt die Antwort, hier auf das Beispiel des medizinischen Diskurses bezogen: »Le statut du médecin comporte des critères de compétence et de savoir; des institutions, des systèmes, des normes pédagogiques; des conditions légales qui donnent droit [...] à la pratique et à l'expérimentation du savoir. [...] il n'est presque jamais un personnage indifférencié ou interchangeable. La parole médicale ne peut venir de n'importe qui; sa valeur, son efficacité, ses pouvoirs thérapeutiques eux-mêmes, et d'une façon générale son existence comme parole médicale ne sont dissociables du personnage statutairement défini qui a le droit de l'articuler, en revendiquant pour elle le pouvoir de conjurer la souffrance et la mort« (ebd. S. 68f.). Siehe auch Kap. II, 1. des dritten Teils dieser Arbeit.

tivität zuspricht. Diese notwendige, jedoch nicht ausreichende Bedingung steht in Konflikt mit dem Aussagesystem ›Zeugenschaft‹. Die pure Tatsache, daß einer noch am Leben ist (das nackte Leben), macht ihn zum Überlebenden und zum Zeugen; das Überleben tritt mit der Zeugenschaft in das System der Institutionen (Gericht, Verlage, Dokumentationszentren) ein und erfährt damit eine öffentliche und politische Bedeutung.[12] Die Bedeutungszuschreibung ist dabei nicht von einer gleichzeitigen Vereinnahmung, Instrumentalisierung und möglichen Verletzung zu trennen, die eine solche Auslieferung immer kennzeichnet. Genau in dieser Bewegung, in der sich das schiere Leben in einen politischen oder historischen Diskurs verwandelt, in der es schreibbar wird, als geschriebenes Dokument in die Archive eingeht und damit Teil eines Wissens wird, das das Andenken an die Katastrophe der Auslöschung bewahren will, manifestiert sich der Zeuge. Dort, wo sich die (körperliche) Präsenz allerdings als objektives Zeugnis schreibt und zum Garant seiner Wahrheit wird, droht sich in ihr die subjektive Erfahrung aufzulösen. Letztere als Voraussetzung der Zeugenschaft wird im Akt des Zeugnisgebens immer einer Auslöschung preisgegeben.

Erst aus dieser Perspektive erklärt sich das Spannungsfeld zwischen Subjektivität und einer bestimmten Form der Objektivität, die hier die über alle Subjekte hinausgreifenden Regeln der Zeugenschaft meint. Erst zusammengenommen konstituieren sie im strengen Sinne Zeugenschaft.

3. Primo Levis »Muselmann« und die Frage der Stellvertretung

Für Primo Levi, der sich einerseits der juristischen Voraussetzungen der Zeugenschaft sehr bewußt ist, stellt andererseits die unauslotbare Deprivation des Einzelnen, die sich in der nationalsozialistischen Tötungsmaschinerie ereignet, den entscheidenden Aspekt jeder »testimonianza« der Shoah dar. Paradigmatisch hierfür steht die Figur des sogenannten »Muselmann«. Der »Muselmann« ist der Gefangene, der dem Tod unwiederbringlich nahesteht, der sich nichts mehr bewußt ist, den man nicht mehr lebend nennen kann und dessen Tod man zögert, als Tod zu bezeichnen.[13] Für Levi ist allein der »Muselmann« der wahre Zeuge dieser erlittenen Deprivation, der wahre, aber unmögliche Zeuge, derjenige, der über die Erfahrung der absoluten Reduktion des Menschlichen sprechen könnte und darüber nicht mehr sprechen kann. Allein die Unmöglichkeit des Zeugens

---

12 Für viele Opfer wurde die innere Notwendigkeit, Zeugnis abzulegen, zur Kraft des Überlebens. Überleben und das Bedürfnis, Zeugnis abzulegen, um damit auch dem Auslöschungsprojekt Himmlers, der die Judenvernichtung selbst in keiner Seite der Geschichtsschreibung genannt wissen wollte, Widerstand zu leisten, werden praktisch identisch.

13 Primo Levi, *Se questo è un uomo*, a.a.O., S. 81f.: »... sono loro, i Muselmänner, i sommersi, il nerbo del campo; loro, la massa anonima, continuamente e sempre identica, dei non-uomini che marciano e faticano in silenzio, spenta in loro la scintilla divina, già troppo vuoti per soffrire veramente. Si esita a chiamarli vivi: si esita a chiamar morte la loro morte, davanti a cui essi non temono perché sono troppo stanchi per comprenderla.«

würde zeugen von einem Prozeß der Desubjektivierung, der so weit überschritten wurde, daß derjenige, der ihm tatsächlich unterliegt, nicht mehr zeugen kann. Levi, den überlebenden Zeugen, läßt die Frage nach dem integralen Zeugen, dem Paradox des Zeugen, der als einziger sprechen könnte und nicht sprechen kann, zeitlebens nicht los. Die Massenvernichtung, die unbedingt bezeugt werden muß, damit man sich an die Katastrophe erinnern wird, die tatsächlich einmal stattgefunden hat, entzieht sich zugleich jeder Zeugenaussage, weil dort, wo die Vernichtung ist, kein Zeuge überleben kann. Und doch gibt es den Tod und die Vernichtung als unleugbare Realität. Diese Realität kann – so unleugbar sie auch sein mag – nicht bezeugt werden. Die Vernichtung fällt in ein unzeugbares Vergessen, für das allein der tote Zeuge zeugen könnte. Für die Zeugenschaft muß dies bedeuten, daß ihre Unmöglichkeit irreduzibler Bestandteil ihrer Definition ist.[14] Diese Beobachtung markiert einen Grenzpunkt der Zeugenschaft, von der her die Möglichkeiten ihres Sprechens zu denken sind. Levis extremes Verlangen nach einem durchaus fragwürdig erscheinenden ›integralen, wahren‹, mithin ›totalen‹ Zeugen muß als Reflex auf seine schmerzliche Erfahrung der Grenzen seiner eigenen Zeugenschaft verstanden werden.[15]

Die mögliche Zeugenaussage ist durch die Rückkehr der Subjektivität, eines Bewußtseins und Gedächtnisses, all dessen, was vorher ausgelöscht war, gekennzeichnet. Zeugnis ablegen heißt also auch, sich eines Vergessens, das stattfand, zu erinnern. Dieses Vergessen, sobald man sich seiner erinnert, bleibt selbst unbegreiflich, unvorstellbar, bleibt außerhalb der Sprache. In der Aussage »ich habe alles vergessen« ist das Vergessen eingeschlossen und abgeschlossen gegen jede kommunizierbare Vorstellung. Diese Aussage verweist auf eine uneinholbare Lücke, auf eine nicht zu reparierende Zerstörung, die sie in einer prinzipiell nicht abschließbaren Bewegung einkreist, ohne sie je in einem Akt völligen Verstehens und Bewältigens in sich aufnehmen zu können. Die erwähnte Lücke, das uneinholbare Vergessen, markiert schließlich auch die unüberbrückbare Differenz zwischen der 1. Person Sg., die zeugt, und demjenigen, den sie bezeugt bzw. *für* den sie zeugt, weil dieser nicht (mehr) sprechen kann. *Für* jemanden sprechen, der nicht mehr sprechen kann, ergänzt die Zeugenschaft um einen Akkusativ[16], der

---

14 Giorgio Agamben hat die Zeugenschaft einmal sehr präzise in ihrer Unmöglichkeit definiert: »La testimonianza à una potenza che si dà realtà attraverso una impotenza di dire e una impossibilità che si dà esistenza attraverso una possibilità di parlare. Questi due movimenti non possono né identificarsi in un soggetto o in una coscienza, né separarsi in due sostanze incomunicabili. Questa indisgiungibile intimità è la testimonianza« (Giorgio Agamben, *Quel che resta di Auschwitz*, a.a.O., S. 136).
15 Wenn ich in dieser Arbeit das Paradox des Zeugen herausarbeite, dann nur, um die Modalitäten seines Sprechens zu klären, und nicht, um das Unsagbare an Auschwitz zu betonen und letztlich den Negationisten noch beizustimmen, die den realen Zeugen keinen Wert zukommen lassen, da die einzig wahren Zeugen in der Gaskammer verschwunden sind. All die vorhandenen Zeugenaussagen sind Beweise dafür, daß Auschwitz stattgefunden hat. Sie fügen sich damit nahtlos den historiographischen Forschungen an.
16 Akkusativ, den Levinas als unerbittliche Aufforderung (Anklage) versteht (Emmanuel Levinas, *Autrement qu'être ou au-delà de l'essence*, Den Haag 1978, S. 177).

grammatikalisch den ethischen Bezug auf den Anderen manifestiert, von dem sich eine *Verantwortung* herleitet, die (auch) der zweiten, dritten Generation nach Auschwitz zukommt. Diese werden in einem nun erweiterten Sinne, im Sinne der Zeugenschaft, Überlebende der Vernichtung. Der Akt der Zeugenschaft bezeugt nicht nur die eigene Präsenz und Betroffenheit, sondern ist immer schon auch Zeugnis *des* Anderen, *für* den Anderen.[17] ›Zeugen *für*‹ heißt, für den Anderen sprechen, in seinem Namen sprechen, sein Stellvertreter sein. Zutiefst ist die Zeugenschaft mit dem Gedanken der Stellvertretung verknüpft: Stellvertretung für etwas unersetzbar Einzigartiges, an dessen Stelle nur ein ebenfalls unersetzbar Einzigartiges treten kann, ohne einen Ersatz dafür darzustellen. Dieser Zusammenhang gibt nun der Rücknahme des Ichs – eingespannt im Zeugenstand zwischen seiner Sprache und den institutionellen Rahmenbedingungen – einen neuen Sinn. Nicht allein Beugung, Auslöschung vor einem wie auch immer verstandenen Objektiven meint die Rücknahme des Subjektiven, sondern nun auch Öffnung eines Raumes für einen Anderen, für die Anderen, die nicht sprechen können und die durch die eine Rede gleichsam in den Zeugenstand gerufen werden. So kann auch die von Levi beklagte Insuffizienz seiner eigenen Zeugenaussage in dem Sinne interpretiert werden, daß gerade die eigene Begrenztheit den Anderen hervorruft. Es geht nicht mehr in erster Linie darum, die eigene ›Lager-Erfahrung‹ zu artikulieren, sondern um ein unendlich Schwierigeres: Zeugnis abzulegen *für* die Anderen, die das erzählen könnten (aber nicht können), was der Eine nicht erzählen kann und doch muß. ›Für den Anderen‹ muß hier als Aufforderung verstanden werden, die von woanders her, vom Anderen kommt und sich schließlich und endlich nicht mehr allein vom Akt der Präsenz herschreibt. Nur in diesem ›Für‹ behält die Gegenwart einen Bezug zur Masse des Vergessenen und Zerstörten.

In der Figur der Substitution spitzen sich unerbittlicher Anspruch, Verantwortung und Unmöglichkeit der Erfüllung dieser Verantwortung angesichts der Einzigartigkeit des Anderen in extremer Weise zu. Zugleich kann ›für den Anderen‹ aber auch ›für die anderen Gedächtnisse‹ heißen, für die kommenden Gedächtnisse, in die sich das Zeugnis einschreiben soll und die somit in den Akt der Zeugenschaft involviert werden. In diesem Sinne ist jene Aussage von Levi zu verstehen, in der er die Leser zu den Richtern seiner Zeugenschaft erklärt.[18]

Die Fragestellung hat sich mithin verlagert: Es geht hier nun weniger um den Konflikt zwischen subjektiver Erfahrung und objektivem Wissen bzw. um die Frage der Wahrheit des Gesagten, sondern vielmehr um die Frage der Teilhabe, die Frage der Wirkung des Mitgeteilten auf einen potentiellen Zuhörer bzw. Leser. Nur von diesem kann das Bezeugte angenommen und abermals bezeugt werden. Dies eröffnet nun eine geschärfte Perspektive auf das Problem der Dar-

---

17 Maßgeblich ist hier das Kapitel »Substitution« in Levinas' Hauptwerk *Autrement qu'être ou au-delà de l'essence*, a.a.O., wo der Gedanke der Stellvertretung mit dem Problem der Zeugenschaft enggeführt wird.
18 Vgl. Fußnote 10.

stellung, der sprachlichen Umsetzung des Zeugnisses selbst. Und dies nicht als Entscheidungsfrage, ob es möglich oder unmöglich ist zu zeugen, sondern als Frage, *wie* aus der Unmöglichkeit heraus so gesprochen werden kann, daß der Andere *angesprochen* wird. Daß Erfahrung und Wissen schon für sich sprechen, scheint zweifelhaft. In diesem Sinne äußert sich auch Perec:

> Les faits ne parlent pas d'eux-mêmes; c'est une erreur de le croire. [...] Cédant à la tentation naturaliste [...] elle [la littérature concentrationnaire, J.K.] a entassé les faits, elle a multiplié les descriptions exhaustives d'épisodes dont elle pensait qu'ils étaient intrinsèquement significatifs. Mais ils ne l'étaient pas. Ils ne l'étaient pas pour nous. Nous n'étions pas concernés. Nous restions étrangers à ce monde; c'était un fragment d'histoire qui s'était déroulé au-delà de nous.[19]

Die Zeugenschaft indes, die als Stellvertretung für den Anderen verstanden wird, stellt als allererstes die Frage der Teilhabe und eröffnet damit einen Raum jenseits von Subjektivität und Objektivität, einen Raum des unverwechselbaren Anderen, in dem sich ein nachvollziehendes ›nous sommes concernés‹ erstmals formulieren kann.

4. Zeuge und Zeugnis in W ou le souvenir d'enfance

W ou le souvenir d'enfance[20] reflektiert in komplexer Weise die aufgeworfenen Probleme der Zeugenschaft und bahnt sich darüber hinaus einen literarischen Weg, der den Paradoxen ins Auge blickt und sie für seine Zwecke umfunktioniert. WSE inszeniert aus den Trümmern der Erinnerung ein zerbrochenes Subjekt und eignet sich zugleich in höchst literarischer Weise Formen des ›objektiven Sprechens‹ als fiktionale Konstruktion an, die stets die grundsätzliche Fingiertheit jeder Tatsächlichkeit mitreflektiert. WSE führt gleich zu Beginn eine extreme Sprechsituation vor Augen. Da spricht ein Ich, das sich als einzig überlebender Zeuge[21] vorstellt, und zwar bezüglich bestimmter Ereignisse, die im Zusammenhang mit seiner Reise nach W zu stehen scheinen. Dieses Ich hat nach eigenen Aussagen lange gezögert auszusagen, fühlt jetzt aber die Notwendigkeit, diese Aufgabe zu übernehmen, möglicherweise auch, um sich von der Last des Gedächtnisses zu befreien, indem es andere, über den Weg der Veröffentlichung, zu Mitwissern, zu Mit-Zeugen macht. Damit verleiht es – dem Gesetz zufolge,

---

19 Georges Perec, »Robert Antelme ...«, a.a.O., S. 93.
20 Künftig steht WSE als Abkürzung für den Titel.
21 Seine Einzigartigkeit und sein Alleinsein katapultiert das Ich in eine juristische Klemme der Zeugenschaft, denn – wie angedeutet – kann erst das übereinstimmende Zeugnis zweier oder mehrerer Personen die Wahrheit einer Begebenheit im juristischen Sinne beweisen. Und zugleich ist dies die klassische Situation des literarischen Erzählers, der immer nur allein aus sich selbst für die Wahrhaftigkeit seiner Erzählung einzustehen weiß.

daß ein einziger Zeuge nicht genügt[22] – seinem Wissen überhaupt erst den Status des Zeugnisses:

> J'ai longtemps hésité avant d'entreprendre le récit de mon voyage à W. Je m'y résous aujourd'hui, poussé par une nécessité impérieuse, persuadé que les événements dont j'ai été le témoin doivent être révélés et mis en lumière. [...] Il ne pouvait pas y avoir de survivant. [...] j'étais le seul dépositaire, la seule mémoire vivante, le seul vestige de ce monde. Ceci, plus que toute autre considération, m'a décidé à écrire (S. 9f.).

Ehe es auf diese Ereignisse (»le récit de mon voyage à W«, »ces villes fantômes«, »ces courses sanglantes«, »les mille clameurs«, »ces oriflammes déployées«) zu sprechen kommt, stellt sich das Ich vor. Es gibt seine Identität zu erkennen und erzählt von seiner Begegnung mit Otto Apfelstahl, der ihm und mithin dem Leser die Scheinhaftigkeit seiner Identität vor Augen führt. Denn während ihrer Unterredung stellt sich heraus, daß dieses Ich seinen Namen, den Namen Gaspard Winckler, einst, um sich als Deserteur dem Zugriff des Militärs zu entziehen, von einem anderen Gaspard Winckler übernommen hat. Bis zur Begegnung mit Apfelstahl bzw. bis zum Zeitpunkt der Niederschrift des Zeugnisses hatte sich das Ich hinter dieser gestohlenen Identität versteckt, die es nun aufdeckt, ohne die eigentliche indes zu erkennen zu geben.[23] Dafür erfährt der Leser, daß es sich bei dem wahren Gaspard Winckler um ein taubstummes Kind handelt, das bei einem Schiffsunglück vor der Küste Feuerlands verschwunden ist. Der scheinbare Gaspard Winckler wird nun beauftragt (und er stellt die Pflicht, die ihm kraft des Namens übertragen wird, überhaupt nicht in Frage[24]), das Kind zu suchen. Hier bricht der Bericht des Zeugen ab; durch einen *blanc* getrennt, findet er seine Fortsetzung in dem schon am Anfang angekündigten Zeugnis, das allerdings an kein identifizierbares Aussagesubjekt mehr angebunden werden kann. Das Ich verschwindet ganz aus dem Text, das Zeugnis erzählt sich gleichsam von selbst und legt die Ereignisse, von denen das Ich am Anfang gesprochen hatte, peinlich genau dar: die Welt W, in der die Bewohner ständigem sportlichen Terror ausgesetzt sind bis zur totalen Vernichtung allen Lebens.

---

22 In dieser Hinsicht wird jene bemerkenswerte Formulierung bedeutsam, die besagt, daß erst zwei oder drei Zeugen die Zeugenschaft begründen. Sie findet sich sowohl im *Codex Justinianus* als auch im jüdischen Religionsgesetz (vgl. Dtn 17, 6-7, Dtn 19, 15-20, Num 35, 30-31).

23 Auf diese Weise wird das eingangs diskutierte Problem von Identität, Wahrheit und Präsenz in den Text getragen. Wolfgang Orlich schreibt diesbezüglich: »Der falsche Gaspard Winckler macht sich zum einzigen wahren Zeugen von W [...]. Der Text siedelt sich hier im Zwielicht der Fiktion der Zeugenschaft und der Fiktion des Fälschers an« (Wolfgang Orlich, »Buchstäblichkeit als Schutz und Möglichkeit vor/von Erinnerung. Anmerkungen zu Georges Perecs *W ou le souvenir d'enfance*«, in: Nicolas Berg, Jess Jochimsen, Bernd Stiegler (Hrsg.), *Shoah. Formen der Erinnerung: Geschichte – Philosophie – Literatur – Kunst*, München 1996, S. 183-200, hier: S. 191).

24 Die Pflicht zur Suche findet einerseits ihren Grund in der Schuld, die dem Ich durch die Usurpierung des Namens zuwächst, andererseits versucht es dadurch, seiner geliehenen und angeeigneten Identität nachzugehen und sie bestenfalls als ›eigene‹ schließlich bestätigen zu können. Siehe auch Kap. II, 4. des zweiten Teils dieser Arbeit.

Zwischen der Vorstellung des Zeugen und dem Zeugnis klafft ein *blanc*, der die für die Zeugenaussage konstitutive Kopräsenz von Aussagesubjekt und Aussageobjekt durchbricht. Die Zeugenschaft zerfällt hier offensichtlich in zwei Teile, die nicht miteinander verbunden werden können. Sie konstituiert damit gewissermaßen einen Sprechakt, der sowohl gelingt als auch nicht gelingt: das Versprechen, Zeugnis abzulegen, wird eingelöst, insofern es das Zeugnis gibt; das Versprechen wird nicht eingelöst, insofern das Ich, das für die Wahrheit der Aussage einzustehen hätte, verschwindet. Es handelt sich hier gleichsam um ein Zeugnis ohne Zeuge.[25] Wie ist dies zu verstehen?

Das Zeugen-Ich als einzig lebendiges Gedächtnis ist überfordert. Lange hat es darum geschwiegen, hat die Eindrücke verdrängt, um sich vor ihnen zu schützen. Doch die Eindrücke kehren zurück an die Oberfläche des Bewußtseins:

... mes rêves se peuplaient de ces villes fantômes, de ces courses sanglantes dont je croyais encore entendre les mille clameurs... (S. 9).

Durch die quälende Rückkehr der Bilder zur Mitteilung gezwungen, sieht sich das Ich einem anderen Problem ausgeliefert, demjenigen der Verantwortung. Verantwortung ist jedoch an ein sich selbst gegenwärtiges Subjekt gebunden, dem das Ich nicht gerecht werden kann. Geteilt zwischen alter und neuer Identität, zwischen Unbewußtem und Bewußtem, ist es nie eins, kann nie mit seiner Person für die Aufrichtigkeit seiner Aussage einstehen. Es ist ein Subjekt, das sich nicht selbst entschieden hat auszusagen, sondern das, gleichsam Opfer seines Gedächtnisses, von diesem zur Aussage gezwungen wurde:

---

25 Die Zeugensituation in WSE ruft anfänglich alle Momente auf, die die Voraussetzung für einen gelungenen Sprechakt bilden:
1) Bedingungen des proportionalen Gehalts: Die Äußerung ist nur dann ein Versprechen, wenn der Sprecher die von ihm selbst zu vollziehende zukünftige Handlung prädiziert [»Ich verspreche, daß ich Zeugnis ablegen werde«].
2) Einleitungsbedingungen: Die Äußerung ist nur dann ein Versprechen, wenn der Adressat die Ausführung lieber sieht als deren Unterlassung und wenn der Sprecher glaubt, daß dies so ist. Außerdem darf sowohl für den Adressaten als auch für den Sprecher nicht offensichtlich sein, daß der Sprecher die prädizierte Handlung ohnehin ausführen wird [Das Zeugen-Ich stellt sich in WSE vor als eines, das von der unabdingbaren Notwendigkeit des Zeugnis-Ablegens überzeugt ist].
3) Aufrichtigkeitsbedingung: Die Äußerung ist nur dann ein Versprechen, wenn der Sprecher die Absicht hat, die prädizierte Handlung tatsächlich auszuführen [Das Zeugen-Ich begründet die Notwendigkeit des Zeugnis-Ablegens als innere (psychologische) und als äußere (einziges lebendes Gedächtnis), es stellt sich vor, gibt seine Identität bekannt, um so, wie es selbst sagt, den Rahmenbedingungen des Zeugens zu entsprechen: »Néanmoins, pour satisfaire à une règle quasi générale, et que, du reste, je ne discute pas, je donnerai maintenant, le plus brièvement possible, quelques indications sur mon existence et, plus précisément, sur les circonstances qui décidèrent de mon voyage« (S. 11)].
4) Wesentliche Bedingung: Die Äußerung ist nur dann ein Versprechen, wenn der Sprecher die Verpflichtung zur Ausführung der Handlung übernimmt [Das Zeugen-Ich übernimmt diese Verpflichtung, als es anfängt, zu berichten]. (Vgl. zu den Bedingungen Günther Grewendorf, Fritz Hamm, Wolfgang Sternefeld, *Sprachliches Wissen. Eine Einführung in moderne Theorien der grammatischen Beschreibung*, Frankfurt a. M. 1987, S. 380ff.).

> Quoi qu'il arrive, quoi que je fasse, j'étais le seul dépositaire, la seule mémoire vivante, le seul vestige de ce monde. Ceci, plus que toute autre considération, *m'a décidé* à écrire (S. 10, ich unterstreiche).

Als einzelnes, *passives* Ich ist es sich der Begrenztheit seiner Aussagefähigkeit bewußt. Als einziges, unersetzbares ist es sich seiner Verantwortung bewußt auszusagen. Angesichts dieser Aporie kapituliert das Ich und erklärt sich für unmündig. Das Kind ohne Eltern, immer schon erwachsen und immer Kind bleibend, verweist sich selbst in die Rolle des Kindes gegenüber literarischen Gestalten, die als Vormunde die Eltern ersetzt haben. Genannt werden Ismael und Bartleby (S. 11), die beide zusammengenommen die Erzählsituation in WSE bilden: Ismael ist der einzige Überlebende und Erzähler der Schiffskatastrophe.[26] Die extreme Figur Bartleby schließlich erklärt sich selbst gewissermaßen für unmündig, zieht dem Handeln und Erzählen die berühmte Formel »I prefer not to« vor, eine Art nicht handelndes Handeln und nicht antwortendes Antworten. Das Ich wählt Vormunde, die selber nur eingeschränkt mündig sind, denn niemand ist im strengen Sinne mündig, vor allem dann nicht, wenn es darum geht, von einer Katastrophe Zeugnis abzulegen. Jedoch deutet sich im Verweis auf andere (Vor-)munde die Hoffnung an, daß in einem gemeinsamen, theoretisch unabschließbaren Text ein Zeugnis entstehen kann.

Das Subjekt, das sein *subjectum*-Sein anerkennt, seine wesentliche Passivität, das heißt auch die immer schon in ihm wirkende Desubjektivierung, ist dasjenige, das sich – in seiner Passivität – so weit auslöschen kann, daß es für den Anderen als Zeuge einzustehen vermag. In seiner Selbst-Rücknahme respektiert dieses passive Subjekt die Grenze, die jedes Teilen und Mitteilen in sich trägt, Teilen einer Erfahrung und vor allem Mitteilen einer Vergangenheit an andere, die diese Erinnerung nicht teilen. Die aktive Passivität oder passive Aktivität des Zeugen-Ichs manifestiert sich schließlich in dessen Ersetzung durch das Zeugnis. Während der Sprechakt die Einheit von Subjekt und Sprechhandlung voraussetzt, die sich schließlich im gelungenen Akt ausdrückt, findet man in WSE deren gegenseitige Ausschließung: ein Zeugnis ohne Zeuge. Was passiert zwischen der Einleitung der *témoignage* und dem eigentlichen Zeugnis? Warum muß der Zeuge verschwinden, im Moment, da das Zeugnis hervorgebracht wird?

Zunächst einmal kann dafür die Sprechhaltung des Ichs verantwortlich gemacht werden. Mit einem »ton froid et serein de l'ethnologue« will es seine Aussage hervorbringen. Damit wird auf die Objektivität des wissenschaftlichen Blicks angespielt, der dem Organisationsgrad totalitärer Regime vielleicht als einziger Stand halten kann, der dafür aber die Auslöschung jeglicher Subjektivität – die Auslöschung des Ichs – fordert. Dem – im Rahmen der Zeugenschaft – wohlvertrauten Ruf nach Objektivität wird in WSE auf radikale und erschreckende Weise gefolgt – eben als Auslöschung der Subjektivität im Text. So de-

---

26 Der Roman *Moby Dick* erzählt über viele hundert Seiten die Seereise, die Suche nach dem weißen Wal, die eigentliche (katastrophale) Begegnung jedoch wird in wenigen Sätzen abgehandelt.

montiert sich der ›wahre Zeuge‹, den Perec in seinen Text einführt, gleichsam von selbst, insofern er sich im Moment, da er sich als Identität zu erkennen gibt, auch schon wieder auflöst. Zwar stellt sich das Ich vor, es gibt Monat, Tag und sogar Uhrzeit seiner Geburt an, aber nicht das Jahr; der Geburtsort wird nur mit dem Anfangsbuchstaben benannt: »Je suis né le 25 juin 19..., vers quatre heures, à R., petit hameau de trois feux, non loin de A« (S. 11). Später muß das Ich zugeben, daß sogar sein Name nur ein usurpierter ist. Die Suche nach dem wahren Gaspard Winckler erscheint somit als doppelte Identitätssuche: nach derjenigen des Verschwundenen, aber zugleich auch nach der eigenen (usurpierten) Identität. In diesem Chiasmus von Ich und Anderem verliert sich die Identität des Suchenden. Anstatt die geliehene Identität zurückzugeben und mit wiedergewonnener, wahrer Identität von der Reise zurückzukehren, verschwindet das Ich ganz. Die Suche mündet in eine totale Auslöschung von Identität.[27] Das Verschwinden ist dabei in den Akt der Identitätsbestimmung schon kryptisch eingeschrieben, als Datum des Todes, das den ganzen Text durchzieht und auf das ich noch zurückkommen werde: *quatre heures, trois feux: quatre/trois: 43*. 1943 ist das von den Behörden festgesetzte Todesjahr von Perecs Mutter. »Feux« spielt auf »la Terre du Feu« an, das Land, in dem W angesiedelt ist, eine literarische Konstruktion des Ortes, an dem die Mutter getötet wurde. Im Moment der Identitätssetzung wird der Moment der Auslöschung also schon antizipiert. Das Zeugnis, das eine allegorische Darstellung eines Konzentrationslagers ist, nennt dann Ort und Zeit des Todes, wo sich kein Subjekt mehr behaupten kann. Offensichtlich gilt: dort, wo dieses Zeugnis ist, kann der Zeuge nicht mehr sein.

Der Zeuge ist einer mit einer falschen Identität. Er ist nicht der, der er ist, ist folglich ein Simulakrum. Aus dieser Perspektive muß der echte Gaspard Winckler, der möglicherweise Opfer von W geworden ist, jedenfalls für immer verschwunden bleibt, als einzig wahrer Zeuge erscheinen. Dieser ist von vornherein nicht aussagefähig, erfährt man doch, daß er aufgrund eines – ungenannten – Traumas taub-stumm ist. Das Ich mit dem geliehenen Namen folgt den Spuren des wahren Gaspard Winckler, scheint dabei dessen Weg zu wiederholen, bis ins Verschwinden hinein. Der Ursprung bleibt unerreichbar, in einem Vergessen verborgen.

An die Stelle des Ursprungs tritt eine beinahe unüberschaubare Staffelung von Ichs, die durch die Abwesenheit des ›wahren Ichs‹ entstanden sind. Man könnte von einem abwesenden Gaspard Winckler ausgehen, dann von einem zweiten Ich, das den Namen Gaspard Winckler angenommen hat und wiederum geteilt ist in eine erste und in eine zweite, usurpierte Identität.

---

27 Zurecht spricht Anny Dayan-Rosenman von der doppelten Metapher W – Metapher der Identitätssuche, Metapher des Konzentrationslagers, der Vernichtung (jeglicher Identität). Vgl. Anny Dayan-Rosenman, »W ou le souvenir d'enfance de Georges Perec, une métaphore concentrationnaire et une étrange fable glacée«, in: Vincent Engel (Hrsg.), *La littérature des camps. La quête d'une parole juste entre silence et bavardage*, Louvain 1995, S. 181-191, hier: S. 182.

In keinem der Textteile, in die WSE zerfällt, aus denen WSE hervorgeht, haben wir ein einheitliches Bewußtsein vorliegen, das wir einem eindeutigen Zeitpunkt zuordnen könnten. Der Leser wohnt einer virtuosen Inszenierung von Stellvertretern bei, die für den fehlenden Ursprung, den fehlenden Zeugen einspringen müssen. Die Substitution in der Verantwortung für die Zeugenschaft folgt im Text dem Gesetz des Namens. Der falsche Gaspard Winckler wird gleichsam Geisel des Namens des Anderen in dem Moment, in dem das Wissen darüber einsetzt, daß dieser Name vom Anderen kommt.[28] Die Namengabe ist in der Regel Gabe der Eltern, durch die Eltern; der usurpierte Name spricht in der Geschichte Gaspard Wincklers nicht nur von seiner Vergangenheit als Deserteur, sondern indirekt auch von der Abwesenheit des Familiennamens, der Abwesenheit der Eltern und eben darum auch von der Verantwortung, die sich durch den Namen überträgt: Verantwortung, im Namen der Eltern zu sprechen.

Die Zeugenschaft bezeugt die Stellvertreterschaft, darin die Unersetzbarkeit des Bezeugten, der selbst Zeuge hätte sein können; sie bezeugt damit auch die Abwesenheit eines originären sich selbst bezeugenden Zeugen. Der Text WSE bezeugt die Abwesenheit Gaspard Wincklers, bezeugt die Abwesenheit auch eines Manuskripts, wichtigster Anhalts- und Orientierungspunkt für den Schriftsteller. Die ›Originalfassung‹ von W, die verschwunden ist, schrieb das autobiographische Ich, als es dreizehn Jahre alt war:

> À treize ans, j'inventai, racontai et dessinai une histoire. Plus tard, je l'oubliai. Il y a sept ans, un soir, à Venise, je me souvins tout à coup que cette histoire s'appelait »W« [...]. Je retrouvai plus tard quelques-uns des dessins que j'avais faits vers treize ans. Grâce à eux, je *réinventai* W... (S. 14, ich unterstreiche).

Mehr noch als das eigene Überleben bezeugt der Zeuge seine Nicht-Präsenz, seine Nachträglichkeit, mithin seine eingeschränkte Aussagefähigkeit, während er zugleich aussagen muß, zeugen muß für die anderen, die nicht mehr sprechen können. Wie aber kann der Überlebende vom Tod sprechen, dem die anderen erlagen, dem er selbst entronnen ist, gibt es doch im Tod des Anderen nichts, was *Ich* wiedererkennen könnte? Der Tod trennt die Einzelnen, denn er konstituiert, begrenzt und alteriert jedes einzelne Ich in sich selbst.

Um Zeuge dessen zu werden, was das Schicksal des Anderen ist, nämlich der Tod und das Verschwinden, muß sich der Zeuge gewissermaßen selbst auslöschen, denn es geht nicht mehr um eine eigene Erfahrung, sondern um die Menschen, die nicht mehr sprechen können. Wenn in WSE Zeuge und Zeugnis aus-

---

28 Emmanuel Levinas hat den Begriff der Geisel [»otage«] in seine Ethik der Verantwortung eingeführt und damit deutlich gemacht, daß es sich hier weder um eine Frage der Moral noch um eine Frage des rationalen kategorischen Imperatifs handelt, sondern um eine durchaus traumatische Form der Verantwortung für den Anderen, der mich, weil er mir immer schon zuvorgekommen ist, dazu unerbittlich aufruft. »*L'un-pour-l'autre* [Formel der Stellvertretung, J. K.] jusqu'à *l'un-otage-de-l'autre*: dans son identité d'appelé irremplaçable, sans retour à soi; dans son port de soi-même, expiation pour autrui; dans son »essence«, ex-ception à l'essence ou substitution« (Emmanuel Levinas, *Autrement qu'être* ..., a.a.O., S. 220f.).

einandergerissen werden, dann wird damit auch das possessive Verhältnis zwischen Zeuge und Zeugnis, das die Einheit des Sprechaktes garantieren würde, suspendiert. Das Zeugnis wird lesbar nicht als eigenes, sondern als Zeugnis des Anderen. Es geht nicht um den Ausdruck einer *eigenen Erfahrung*, sondern um die Tötung jeglicher Erfahrung, und dieser Akt der Tötung stellt sich im Zeugnis dar, das sich gleichsam von selbst – ohne Zeugen – mitteilt.[29]

5. Phantasmagorische Verknüpfungen: autobiographisches und Zeugen-Ich

Das Zeugen-Ich ist die – im Text vorausgehende – Kontrafaktur des autobiographischen Ichs. Die zwei Ichs, die jeweils typographisch getrennten, in WSE miteinander alternierenden Texten zugeordnet sind, gehen auseinander hervor, sind getrennt und komplementär. Während das erste Ich explizit Zeuge ist, ist das zweite Ich ein bekennendes Ich, das seine private Geschichte erzählen möchte. Das erste Ich steht – als Zeuge – für eine öffentliche Geschichte ein, die im Text die »Histoire avec la grande hache« genannt wird, das zweite Ich für die »histoire avec la petite h«. Diese »kleine« private Geschichte ist von der »großen« nachhaltig geprägt worden, sie ist durch sie abgebrochen, verändert, sie ist in gewissem Sinne durch letztere ausgelöscht worden.[30] Für beide Ichs, für das autobiographische ebenso wie für das Zeugen-Ich gilt indessen, was letzteres sagt:

... les événements que j'ai vus ont bouleversé le cours, jusqu'alors insignifiant, de mon existence (S. 10).

Beide Ichs sind Opfer, Opfer – wie sich herausstellen wird – derselben Ereignisse, nur mit dem Unterschied, daß das eine Ich Opfer und Zeuge, das andere Ich Opfer und Nicht-Zeuge ist. Das eine Ich darf von sich sagen: »Ich war drinnen, ich habe gesehen, ich bin Überlebender und Zeuge«. Doch muß es sich immer mit Primo Levi fragen lassen, ob es als Überlebender von der Zerstörung zeugen

---

29 Das Erzählverfahren zeugt von einer Wiederaufnahme klassischer Modelle (die scheinbare Ausschaltung der *énonciation*, die wir von der *écriture historique* kennen), allerdings unter anderen Vorzeichen. Die Objektivität, »une simulation d'une absence« (Louis Marin, *La voix excommuniée. Essais de mémoire*, Paris 1981, S. 23), die der Text erzeugt, erweist sich bei Antelme und Perec als eine tödliche.
30 Individuelles Erfahrungsgedächtnis und Historiographie erscheinen unvereinbar. Unvereinbar erscheint somit auch der oben skizzierte doppelte Anspruch des Zeugen, sowohl für Subjektivität als auch für Objektivität einzustehen. Das Verhältnis von Geschichte und Gedächtnis wird hier als ein grundsätzlich konfliktuelles vorgestellt, in Absetzung zu versöhnenden Komplementaritätstheorien, nach denen die Historiographie die Funktion einer kritischen Instanz in Bezug auf das leicht manipulierbare und vergeßliche Gedächtnis einnimmt (vgl. dazu z.B. Paul Ricoeur, *Das Rätsel der Vergangenheit*, Göttingen 1999, S. 114 f.).

kann oder doch nicht nur von seinem Überleben.[31] Noch schwächer erscheint die Position des anderen Ichs. Es spricht nur von seiner privaten Geschichte, die eine Geschichte des Verlustes ist, Verlust der Mutter, die durch die Ereignisse getötet wurde. Es steht selbst außerhalb dieser Geschichte. Darf dieses andere Ich sagen: »ich bin Zeuge«; »ich bin Überlebender«?

Private Geschichte und große Geschichte sind auf unheilvolle Weise miteinander verstrickt. Die große Geschichte reicht als Alptraum in das Gedächtnis des autobiographischen Ichs herein. Im Alptraum treffen sich Zeugen-Ich und autobiographisches Ich, den Alptraum teilen sie, der Alptraum bildet für beide den Ausgangspunkt des Sprechens. Das Zeugen-Ich verfügt über nichts anderes als über die imaginäre Präsenz (»les fantômes«) des einst Erlebten und Gesehenen. Im Gedächtnis des autobiographischen Ichs ist derselbe Alptraum aus dem Trauma des Verlustes, dem Erinnerungs-*blanc* aufgestiegen und hat sich anstelle einer Erinnerung breitgemacht.

Das Zeugen-Ich erscheint somit als Phantasie des autobiographischen Ichs, es ist das Ich in dessen Alptraum. Unklar bleibt, welches Ich ursprünglicher ist, welches Ich vorausgeht. Folgt man dem alternierenden Verlauf des Textes, so beansprucht stets das Zeugen-Ich die erste Stelle. Zugleich ist dieses Zeugen-Ich eine Kindheitsphantasie des autobiographischen Ichs, ist also von ihm abgeleitet, ein Produkt des Imaginären. Alles was hier ausgesagt wird, muß folglich auf der Ebene des Phantasmas gelesen werden[32], als Wahrheit des Imaginären, in der sich erstes und zweites Ich treffen und in der die vordergründige Opposition zwischen Zeuge und Nicht-Zeuge zusammenbricht, vielmehr die Verantwortung des Sprechens gerade über die Stellvertretung fortgeschrieben wird. Die Substitution des Gedächtnisses durch das Phantasma reflektiert auf psycho-poetologischer Ebene exakt die ethische Frage der Stellvertretung des Ichs für den Anderen.[33]

Das Phantasma ist im Bereich des Imaginären angesiedelt, das heißt in einem Zwischenbereich von Realem und Fiktivem. Es ist eine Wahrnehmung oder Erinnerung, die in traumhafter Entstellung aus dem Unbewußten ins Bewußtsein

---

31 Die Fiktion scheint einen fingierten wahren Zeugen zu benötigen, um den Bruch zwischen seinem Entstehungsort und der Forderung nach Präsenz im Zeugen spielerisch zu überwinden. Ein Zeuge, der den Ereignissen als Augenzeuge beigewohnt hat, wird imaginiert, sein Status dann aus der Perspektive des Erzählers, der die Verantwortung des Sprechens für die Anderen auf sich lasten fühlt, sich aber nicht Zeuge nennen darf, problematisiert.

32 Vgl. dazu auch Wolfgang Orlich, der das Konditional im W einleitenden Satz (»Il y aurait, là-bas, à l'autre bout du monde, une île. Elle s'appelle W« (S. 89)) als Indikator für die Welt des Phantasmas liest (Wolfgang Orlich, »Buchstäblichkeit ...«, a.a.O., S. 193). Das Phantasma verstehe ich hier auch im Sinne von Hans-Dieter Gondek als den privilegierten Ort für das Auftreten von Angst, zugleich als »eine Unverfügbarkeit, die seit Freud den Namen „das Unbewußte" trägt« (vgl. Hans-Dieter Gondek, *Angst Einbildungskraft Sprache* ..., a.a.O., S. 21).

33 Im Gedanken der Stellvertretung wird eine Verantwortung fortgeschrieben, die immer wieder eine *neue, andere* Zeugenschaft hervorbringt. Der ›falsche‹ Gaspard Winckler wird, als er den Spuren seines Namengebers folgt, notwendigerweise zum Zeuge *anderer* Ereignisse als es der ›wahre‹ Gaspard Winckler hätte sein können; Georges Perec kann zwar nicht zum Zeuge der Shoah werden, aber er kann zeugen von seinen Eltern, von seiner Mutter, die in Auschwitz umgebracht wurde, von seinen Wunden, die er davon trägt.

des Einzelnen hineinragt. Das Phantasma weist von daher einen strengen Bezug zur Wirklichkeit auf, der durch Entstellung gekennzeichnet ist. Es ist bewußt und entzieht sich zugleich der Herrschaft des Bewußtseins, es neigt dazu, sich zu verselbständigen, das Ich letztlich zu dominieren und zu zerstören. Das Phantasma ist die einzige Grundlage des Sprechens und Schreibens in WSE und muß von daher als Modus, in dem sich eine Erinnerung äußert, ernstgenommen werden. Es steht von vornherein für einen indirekten Zugriff auf das darzustellende Geschehen. Es bildet – auf der Ebene der Zeugenschaft – das Zeugnis ohne Ich, W*[34] aus, und agiert – auf autobiographischer Ebene – im Sinne einer Vervielfältigung des Ichs. Der tödlichen Objektivität des Zeugnisses W* steht – vor allem im zweiten Teil von WSE – ein autobiographischer Text gegenüber, der sich durch eine völlig übersteigerte Subjektivität auszeichnet. Dort will das Ich nicht nur Zeuge seiner Erzählung sein, sondern zugleich »acteur« und »héros«. Es eignet sich fremde Geschichten derart an, daß sie zu den seinigen werden; in seiner Imagination wird es zum ›aktiven Opfer‹. Das Ich und der Andere sind ungeschieden in diesen fragmentierten Erinnerungen. Beide Teiltexte sind, als Ausdruck eines Subjektes gelesen, Spuren einer Desubjektivierung: Löschung des Ichs auf der einen Seite, Multiplizierung des Ichs auf der anderen Seite.

Die Konstruktion von W* versucht, die große Geschichte ins Bild zu bannen, in den autobiographischen Fragmenten versucht ein Ich, eine phantasmagorische Verbindung zwischen seiner kleinen Geschichte und der großen Geschichte herzustellen und so seine Identität in der Rolle des Opfers zu finden. Das Phantasma folgt dabei strengen Regeln einer unbewußten Logik und versucht ständig, notwendige Zusammenhänge zwischen zunächst unabhängig voneinander zu betrachtenden und nur zufällig gleichzeitigen Ereignissen herzustellen. Das Phantasma spiegelt dabei geschlossene Welten wider – ob das nun die traumatischen Verstrickungen eines Ichs meint oder ein totalitäres System, wie wir es in W vorfinden.

Das autobiographische Ich ruft seine Identitätsindikatoren herbei (Geburtstag, Geburtsort) und verbindet sie sofort mit den geschichtlichen Ereignissen der Zeit: Objektivierung des Datums, Einbettung des individuellen Gedächtnisses in ein kollektives, in dem das individuelle symbolisch ausgelöscht wird. Eine Symbolik, die durch die konkreten Tagesereignisse des 7. März 1936 – Geburtstag von Georges Perec – bestätigt wird: »Longtemps j'ai cru que c'était le 7 mars 1936 qu'Hitler était entré en Pologne« (S. 31). Der autobiographische Bericht, der durch einen komplexen Korrekturvorgang geprägt ist, mit dem versucht wird, Phantasmen abzubauen, bleibt dem Phantasma als einzigem Realitätsprinzip dennoch verhaftet. Zwar stimme das Datum von Hitlers Einmarsch in Polen nicht mit dem Geburtstag des Ichs überein, doch das sei letztlich auch nicht so wichtig:

---

34 Künftig wird W* für den formalen Aspekt des Textes stehen, in dem W als Welt gestaltet ist.

> Je me trompais de date ou de pays, mais au fond ça n'avait pas une grande importance. Hitler était déjà au pouvoir et les camps fonctionnaient très bien. Ce n'était pas dans Varsovie qu'Hitler entrait, mais ça aurait très bien pu l'être, ou bien dans le couloir de Dantzig, ou bien en Autriche, ou en Sarre, ou en Tchécoslovaquie. Ce qui était sûr, c'est qu'avait déjà commencé une histoire qui, pour moi et tous les miens, allait bientôt devenir vitale, c'est-à-dire, le plus souvent, mortelle (S. 31f.).

Die Einbettung des Geburtsdatums in den Lauf der Geschichte wird dann – in einer dritten Korrektur – durch Überprüfung von Notizen aus der Tageszeitung *Temps* vom 7. und 8. März 1936 konkretisiert. Die tagespolitischen Ereignisse, die genannt werden, zeugen alle von der Gewalt der ›großen‹ Geschichte. Folgende Isotopie läßt sich erstellen: dénoncer, belliqueux, grève, conflit, hostilités, crise, procès, arrêter, dénoncer, suicider, troupes communistes, bombardement, interdiction, attentats, attentat, tirer (S. 33).

Das zitierte Phantasma zeugt von großer Präzision und zugleich von frappierender Ungenauigkeit. Die Überprüfung von Daten bestätigt dabei letztlich nur den Gesamteindruck, daß die kleine Geschichte von vornherein unter dem unheilvollen Stern der großen Geschichte stand. Die große Geschichte nimmt die Struktur eines alles erobernden Alptraums an: Allgegenwart Hitlers, der Gewalt, der Unterdrückung und Verfolgung; Alptraum, der sich als Phantasma im Ich abgelagert hat und dieses von innen auffrißt. Die persönliche Erinnerung wird durch die Geschichte getilgt. Bei einer Rekonstruktion der persönlichen Geschichte wird dann mehr denn je auf die Geschichtsschreibung zurückgegriffen, die das (fehlende) Gedächtnis ersetzt, ohne dessen gelöschte Erinnerung je einholen zu können. Im Gegenteil, der Akt der Löschung der Erinnerung durch die Geschichte wird in der historiographischen Rekonstruktion noch einmal wiederholt.

Es geht um eine alptraumhafte Präsenz der Ereignisse im Bewußtsein des autobiographischen Ichs, das die Gewalt immer nur indirekt, als abwesend-anwesende Kraft erfahren hat. Seine eigene Lebensgeschichte wird ihm zum Zeichen dieser Abwesenheit, es erlebt sie, die eigene Geschichte, als einen Phantomschmerz, in dem Reales und Imaginäres ununterscheidbar werden.[35] Die Ausweglosigkeit der großen Geschichte, die in W* allegorisch formuliert wird, überträgt sich auf alles, was unter ihre Räder gerät. Insofern ist das autobiographische Ich Opfer und Zeuge der ›großen‹ Geschichte, so wie das Zeugen-Ich Opfer und Zeuge von W ist.

---

35 Vgl. dazu Kap. II, 2. des zweiten Teils dieser Arbeit.

6. Einige literaturtheoretische Überlegungen zur Mnemotechnik

Für die weitere, schon angedeutete Interpretation des Textes als einer mnemotechnischen Prothese erscheint es mir nun notwendig, die rhetorischen Grundlagen der *ars memoriae* darzulegen und im Hinblick auf die in ihr angelegten poetischen Möglichkeiten einerseits und auf ihre psychodynamischen Kräfte andererseits zu vertiefen.

Wir kennen drei antike Quellen, in denen das mnemotechnische Verfahren, das im Rahmen der Rhetorik entwickelt wurde und bis heute als Grundlage der Gedächtnisschulung und -stützung dient, überliefert ist. Im Einzelnen handelt es sich um die von einem anonymen Autor stammende *Rhetorica ad Herennium*, um Ausführungen in den Rhetoriken von Cicero und Quintilian, *De oratore* und *De institutio oratoria*. Als Erfinder der Mnemotechnik wird in diesen Rhetoriken ein gewisser Simonides von Keos genannt.[36]

Der Legende zufolge konnte Simonides die Leichen eines Festbanketts identifizieren, da er – als Teilnehmer desselben und als einziger Überlebender – sich eingeprägt hatte, welche Person an welchem Platz saß. So konnte nach der Katastrophe den Leichen wenigstens ein Grab mit ihrem Namen gegeben werden. Die Legende macht deutlich, daß die Geburtsstunde der Mnemotechnik an Tod und Totenkult gebunden ist. Dies gilt für die Erinnerungskultur generell, die ja erst einsetzt, wo die Differenz zwischen einem Gestern und Heute ins Bewußtsein gehoben wird. Die Mnemotechnik als *memoria* und damit vierter Akt innerhalb der Rhetorik (nach *inventio*, *ordo*, *elocutio*) weiß von diesem traurigen Ursprung scheinbar nichts mehr, es sei denn die Erfahrung, daß Häuser einstürzen können und Schreibunterlagen zerbrechlich sind, menschliche Gedächtnisse aber überleben können, habe ein grundsätzliches Mißtrauen in die materielle Textgrundlage geprägt, von der unabhängig sich der Redner ja erweisen soll. Denn in der antiken Rhetorik geht es zunächst um das Auswendiglernen von Gedanken, Gedichten, Texten, die zum Vortrag bestimmt sind. Wenn jedoch Mnemotechnik verspricht, alles zu bewahren, ein perfektes Gedächtnis auszubilden, so darf darüber nicht vergessen werden, daß sie aus einer Katastrophe – der totalen Vernichtung und der überwältigenden Drohung eines Vergessens – entstanden ist. Die Geschichte des Simonides ist nicht nur eine Feier des Gedächtnisses, sondern sie erzählt auch, daß nach einer Vernichtung nur noch Spuren, Namen, Rekonstruktionen bleiben; daß wenigstens diese Spuren dank des Gedächtnisses bleiben, das darum – immer in Vorsehung der Katastrophe – nie stark und sicher genug sein kann.

---

36 Die Entstehungsgeschichte der Mnemotechnik (die Legende von Simonides, geb. 556 v. Chr. – gest. 467 v. Chr.) und diejenige der Rhetorik (ein unendlicher Prozeß um Eigentumsrechte zwischen zwei sizilianischen Tyrannen, ca. 485 v. Chr.) sind ungefähr zur selben Zeit, aber an unterschiedlichen Orten angesiedelt. Beide Geschichten lassen sich als – je unterschiedliche – Elemente einer juristischen Szenerie erkennen: Einmal handelt es sich um die *nachträgliche* Zeugenschaft, das andere Mal um die *aktuale* Strategie, die eigenen Ansprüche vor Gericht überzeugend vorzutragen.

Innerhalb der Rhetorik hat die *memoria*, wenn sie überhaupt erwähnt wurde (bei Aristoteles, auf dessen Rhetorik alle späteren beruhen, fällt sie weitgehend weg), immer ein Schattendasein geführt. Dafür neigte sie stärker als andere Teile der Rhetorik dazu, sich zu verselbständigen, wovon die *memoria*-Tradition des Mittelalters und der Renaissance zur Genüge zeugt.[37]

Heute scheint die Beschäftigung mit der Rhetorik weiterhin die Mnemotechnik auszusparen, das neuerliche Interesse für Mnemotechnik hingegen wenig Interesse für ihre rhetorischen Grundlagen zu zeigen. Mnemotechnik wird vielmehr reflektiert im Sinne eines Ordnungsprinzips, das Texte strukturiert, und als Paradigma, das dem Text als Speichersystem zugrunde liegt. Die Kunst des Gedächtnisses, die sich der materiellen Textgrundlage gerade enthalten wollte, wird nun also in den Text selbst hineingetragen, Gedächtniskunst und -technik werden als das angesehen, was dem ›natürlichen Gedächtnis‹ von außen beikommt – und umgekehrt – von ihm selbst schriftlich veräußerlicht wird. Insofern haben wir es mit einer Rückkehr der Mnemotechnik im doppelten Sinne zu tun: erstens gibt es eine neuerliche wissenschaftliche Auseinandersetzung mit ihr vor allem im Hinblick auf eine theoretische Durchdringung des Textes als Aufschreibesystem und Archiv; zweitens scheint die Kunst selbst, namentlich die Literatur, sich in Zeiten der Gedächtniskatastrophen den alten Kunstgriff der Gedächtnisstärkung wieder anzueignen und poetisch fruchtbar zu machen. Vom Auswendiglernen ist hier allerdings keine Rede mehr. In den schriftlich ausformulierten Text getragen, bedeutet Auswendigkeit nun das ›Gedächtnis der Sprache‹, jene ihr immanente Eigendynamik, die de Saussure als die *relativ* arbiträren Anteile der Sprache bezeichnete und die man meist als sprachliche Assoziation versteht.[38] Jedoch scheint mir der Sprung vom Auswendigen zum Text in dieser an sich fruchtbaren Erweiterung des mnemotechnischen Anwendungsbereiches bisweilen zu schnell vollzogen, geht doch darin genau jenes Spannungsfeld zwischen dem materiellen Support und der geistigen Konstruktion, zwischen dem Wort und dem es ersetzenden geistigen Bild, zwischen der rhetorischen Figur und der mnemotechnischen Schleife schlechthin verloren. Um diesen Prozeß, der ja schließlich in Schreibprozessen selbst weiterwirkt, wieder in die Diskussion um die Mnemotechnik einzuführen, gehe ich zunächst noch einmal auf ihre in den Rhetoriken erörterten Regeln ein, mit Blick auf ihre paradoxen Aspekte, die an ihrer Funktionstüchtigkeit ernsthaft zweifeln lassen.[39]

Die Erinnerung scheint nicht unbedingt, das lehrt uns die Mnemotechnik, an der sich das eigene Gedächtnis erprobt, dem direktesten Weg zu folgen. Denn die Mnemotechnik stellt ein Gebilde dar, das die zu erinnernden Inhalte zu-

---

37 Vgl. dazu die grundlegende Abhandlung von Frances Yates, *Gedächtnis und Erinnern. Mnemotechnik von Aristoteles bis Shakespeare* [engl. Orig.-Ausg. 1966], Weinheim 1990.
38 Diese Übertragung geleistet zu haben, ist ein großes Verdienst der Forschungen, die in dem vorzüglichen Sammelband von Anselm Haverkamp und Renate Lachmann (Hrsg.), *Gedächtniskunst: Raum – Bild – Schrift. Studien zur Mnemotechnik*, a.a.O. veröffentlicht wurden.
39 So Friedhelm Müller, *Kritische Gedanken zur antiken Mnemotechnik und zum Auctor ad Herennium*, Stuttgart 1996.

nächst einmal verschlüsseln muß. Die Verschlüsselung folgt mehreren Transformationsschritten. Zunächst wird eine Reihe von *loci* erstellt, an denen Bilder (*imagines*), die in sich verschlüsselt das zu Erinnernde tragen sollen, abgelegt werden. Die *loci* sollen überschaubar sein und in möglichst abgelegenen, also assoziationsfreien Gegenden angesiedelt sein. Meist wird ein imaginärer Palast gewählt. Die zweite Regel legt fest, wie für die Erinnerungsgegenstände Bilder aufgestellt und an den *loci* deponiert werden können. Drittens müssen die einzelnen *loci* in eine leicht einsichtige Ordnung gebracht werden, die nachträglich abgeschritten werden kann. Rückwirkend sollen schließlich diese angeordneten und memorisierten Bilder idealerweise den anfänglichen Text hervorbringen. Es handelt sich also gewissermaßen um den Aufbau eines imaginären Archivs. Dabei begegnet man dem schwierigen Verhältnis zwischen Sprache und Bild, zwei grundsätzlich unterschiedlichen mimetischen Verfahrensweisen, die nicht ohne weiteres ineinander übersetzbar sind. Die Mnemotechnik beruht jedoch gerade auf deren komplexem Verhältnis und versucht, diese Komplementarität im Hinblick auf die unterschiedlichen Perzeptionsweisen – Sinnlichkeit und Verstand – anzuwenden. Dabei wird für den auf einem künstlichen Gedächtnis beruhenden Memorisierungsvorgang eindeutig der Einbildungskraft der Vorrang gegeben: denn ausgehend von der Differenz zwischen Schrift und Bild soll alles, damit es besser gemerkt werden kann, in *Bilder* aufgelöst werden[40], um schließlich jegliche Differenz zwischen imaginärem Bild und Schrift verschwinden zu lassen bzw. schlechthin zu leugnen. Dieser Vorstellung zufolge sind die *loci* absolut vergleichbar mit der Wachstafel oder einem Papyrus, die Bilder mit den Buchstaben, die Anordnung der Bilder mit der Schrift.[41] Angenommen wird also ein genaues Ersetzungsverhältnis, in dem es keinen Rest gibt. Als Beispiel wird dafür das sprachliche Bild (Allegorie und Symbol) angeführt, das gewissermaßen als Scharnier zwischen beiden Darstellungssystemen und mithin zwischen ›natürlichem‹ und ›künstlichem‹ Gedächtnis fungiert. Wenn Quintilian empfiehlt, alles, was mit Schiffahrt zu tun hat, durch das Bild eines Ankers im Gedächtnis zu behalten oder Kriegsangelegenheiten im Bild der Waffe zu memorisieren, dann arbeitet er genau mit dieser Schnittstelle, wo das sprachliche Zeichen unmittelbar ins imaginierte Bild übergeht.[42]

Jedoch verkompliziert sich die Mnemotechnik zusätzlich dann, wenn es nicht um die Stärkung des Gedächtnisses von Dingen, sondern um die Stärkung des Gedächtnisses von Wörtern und Wortfolgen geht.[43] Letzteres ergänzt ersteres um die Komponente der Exaktheit. Denn an einen Anker sich zu erinnern, kann eine unendliche Zahl von Seefahrtsgeschichten hervorbringen, wo doch genau eine

---

40 Vgl. *Rhetorica ad Herennium*, latein. u. deutsch, hrsg. von Th. Nüßlein, Zürich, München 1994, Buch III, 29 und 33.
41 Vgl. ebd, Buch III, 30.
42 Vgl. Marcus Fabius Quintilianus, *Ausbildung des Redners*, 12 Bücher, hrsg. und übers. von Helmut Rahn, Darmstadt ³1995, XI 2, S. 592ff. und S. 598f.
43 Man unterscheidet traditionell zwischen Gedächtnis von Dingen (*memoria rerum*) und Gedächtnis von Wörtern (*memoria verborum*).

erzählt werden soll. Oder schlimmer noch, als Form des Vergessens kann der Anker seines verdichtenden Symbolgehalts ganz verlustig gegangen sein und allein auf sich selbst – das bloße, nichtssagende Signifikat – verweisen. So notwendig das Wortgedächtnis also für die genaue Wiedergabe eines zuvor Elaborierten erscheint, so kompliziert mutet jedoch seine Vorgehensweise in den Rhetoriken an. Die Regeln schreiben dort vor, daß ganze Verse zerteilt und in Bilder verschlüsselt werden, wo sie möglichst Wort für Wort aufgehoben sein sollen; daß Verben in schlagkräftige Bilder verwandelt werden sollen; daß zu merkende Wörter, denen keine Bilder entsprechen (ein Faktum, das die Grenzen der *loci-imagines*-Ordnung markiert[44]), durch Wortspiele, Lautalterationen derart transformiert werden sollen, daß sie leicht an schon verinnerlichtes, er-innertes Material – wie zum Beispiel an Namen von nahestehenden oder berühmten Personen – via Assonanz angeschlossen werden können.

Die Transformation bedient sich dabei aller rhetorischen Figuren, die die klassische Rhetorik kennt: das Memorieren basiert auf denselben Figuren wie der Text, ist damit – vom Prinzip her – seine genaue Fortsetzung in einer wiederholenden Geste, eine Fortschreibung ins Imaginäre. Die Mnemonik baut auf *inventio*, *ordo*, *elocutio* auf, also auf den Elementen, die den Vortragstext selbst ausmachen, um diesen nun von seiner Materialität abzulösen. Der *ordo* des Textes wird zum imaginären *ordo* der Gedächtnisräume; die *elocutio* zur imaginären Repräsentation von *imagines*, die auf die *inventio* (den Inhalt, die Gedanken) verweisen. Der mnemotechnische Vorgang wiederholt also nur, was in der Ausarbeitung schon stattgefunden hat. Er wiederholt es und macht es doch zu etwas anderem, trägt das Erarbeitete – nach den ihm innewohnenden Prinzipien – in eine andere Sphäre: das Gedächtnis. Komplex ist das Verhältnis zwischen Wiederholung und Mehraufwand, denn mit der *memoria* müssen gerade *ordo* und *elocutio* doppelt gespeichert werden, einmal als imaginärer Weg und imaginäre Bilderwelt, einmal als tatsächliche Ordnung und rhetorisches Stilmittel im Akt des Vortragens.

Erinnerung wird durch Erinnerung gestützt, nicht durch materielle Grundlagen. Das bedeutet vom ökonomischen Standpunkt eine zusätzliche Belastung des Gedächtnisses, trägt aber dem Sachverhalt Rechnung, daß wir immer kontextbezogen Inhalte speichern und für die Speicherung selbst uns neue Kontexte erschaffen müssen.[45] Vermutlich aber liegt der Erfolg des Systems weniger in der

---

44 An diesem Punkt setzt die Kritik Quintilians an der eigens vorgestellten Merktechnik ein: »Ich sehe davon ab, daß manche Wörter gar nicht mit Abbildern bezeichnet werden können wie doch jedenfalls die Bindewörter; denn immerhin könnten wir ja wie die Stenographen feste Bilder für alle Wörter haben und eine freilich schier endlose Zahl von Örtlichkeiten, wodurch alle Worte [...] deutlich kenntlich gemacht würden, ja wir könnten uns auch an alle erinnern, die wir gleichsam so in Verwahrung gegeben haben: aber muß denn nicht so bei der doppelten Belastung des Gedächtnisses der Ablauf der Rede behindert werden? Denn wie soll dann die Rede in Zusammenhang dahinfließen, wenn man wegen jedes einzelnen Wortes auf die einzelnen Sinnbilder blicken muß?« (Quintilianus, *Ausbildung des Redners*, a.a.O., XI 2, S. 597).
45 Der ökonomische Aspekt bildet einen der Hauptkritikpunkte an der Mnemotechnik. Beispielhaft seien hier zwei einschlägige zeitgenössische Kritiker zitiert. F.G. Jünger weist wie schon an-

ihm inhärenten Systematik begründet[46], als vielmehr in der intensiven Beschäftigung mit dem zu memorisierenden Gegenstand bei der Konstruktion des mnemotechnischen Gehäuses. Insofern wäre nicht das Endprodukt – das mnemotechnische Kunstwerk – für den nachträglichen Merk- und Erinnerungsvorgang so sehr entscheidend, sondern vielmehr das Bauen an diesem Kunstwerk selbst. Die Mnemotechnik scheint eine regelgeleitete intensive Beschäftigung des Redners mit seinem Vortrag geradewegs zu erzwingen. Wenn dies der Fall ist, dürfte der Redner im Laufe seines Vortrags seine von ihm konstruierte Erinnerungsstütze gar nicht mehr benötigen.

Diesem Prinzip zufolge würden idealerweise nicht nur Texte memorisiert, sondern insbesondere auch die Prinzipien der Rhetorik selbst. Jedoch erfahren die rhetorischen Figuren auf der Ebene der Mnemotechnik sowohl eine andere Form als auch eine andere Bedeutung. Die Sprachfiguren, mit deren Hilfe der zu merkende Text abermals verdichtet und verschlüsselt wird, sind keine, die auf den Zuhörer wirken sollen, sondern sie sollen zurückwirken auf das Gedächtnis des Redners, das gewissermaßen als Anderer in ihm selbst angesprochen wird. In diesem inneren Zwiegespräch fallen die üblichen Grenzen der Rhetorik, die ihr die Konventionen auferlegen, weg; die Rhetorik streift sozusagen ihr sittliches Gewand ab, wird ausdrücklich der individuellen Phantasie überlassen[47]. Arbeitet die konventionelle Rhetorik schon mit den der Sprache innewohnenden klanglichen und bildlichen Eigenheiten, so wird dieser Bewegung auf der Ebene der Mnemotechnik völlig freier Lauf gelassen. Diese sprachimmanente Dynamik bildet ein wesentliches Strukturelement des mnemotechnischen Palastes, dessen Konstruktion sich eben nicht nur dem zu Erinnernden verdankt, sondern zu großen Teilen allein von der Sprache her zu verstehen ist.

---

dere vor ihm darauf hin, daß die Mnemotechnik »alles Mühen des Gedächtnisses noch dadurch häuft, daß sie das Gedächtnis mit zusätzlichem Gedachten überfüllt« (F. G. Jünger, *Gedächtnis und Erinnerung*, a.a.O., S. 9). Renate Lachmann ebenso: »Das Motiv der Mnemotechnik, die Abwendung des Vergessens durch Bildfindung, das durch eine Verfahrensgrammatik kanalisiert wird, wird durch dasjenige der Akkumulation des Nicht-zu-Vergessenden kompliziert« (Renate Lachmann, »Text als Mnemotechnik«, in: dies. und Anselm Haverkamp (Hrsg.), *Raum – Bild – Schrift*, a.a.O., S. 17). Die umfassendste Kritik indessen findet sich bei Hegel, der sicherlich maßgeblich zur Diskreditierung der Mnemotechnik beigetragen hat. Er denunziert das Merk-Gebäude als rein arbiträres, mechanisches Konstrukt, dessen kreativer, auf Assoziationen beruhender Teil nicht mehr anerkannt wird. Zugleich wird damit die Einbildungskraft diskreditiert, der nur noch die Findung von schalen Bildern zugetraut wird. Und mehr noch: Der Kraftaufwand der Einbildungskraft wird als überflüssige ›kognitive Tautologie‹ abgekanzelt: »Bei dem Namen Löwe bedürfen wir weder der Anschauung eines solchen Tieres noch auch selbst des Bildes, sondern der Name, indem wir ihn verstehen, ist die bildlose einfache Vorstellung. Es ist in Namen, daß wir denken« (G.W.F. Hegel, *Enzyklopädie der Wissenschaften III*, in: *Werkausgabe*, Band 10, Frankfurt a. M. [4]1994, § 462, S. 278ff).

46 Das von außen zugefügte Ordnungsmuster hinwiederum ist ein starkes Argument für ihre Funktionstüchtigkeit. Zumindest sind die meisten Menschen bis heute der festen Überzeugung, daß Ordnung vor Vergeßlichkeit schütze.

47 So der *Auctor ad Herennium* am Ende seiner Überlegungen zur *memoria*, Buch III, 40. Die Beispiele, die wir in den antiken Rhetoriken für diesen mnemotechnischen Assoziationsraum finden, sind zumeist Kalauer und obszöne Wortwitze.

Wir haben es also mit einer Überlagerung und Durchkreuzung mehrerer Dynamiken zu tun: dem Antrieb des Merkens und der Eigendynamik der Sprache, auf die beim Merken immer zurückgegriffen wird und die wir auf der Ebene der Mnemotechnik als eine andere Form des Gedächtnisses begreifen können, als ›Gedächtnis der Sprache‹. Darunter verstehe ich das willkürliche und zugleich systematische Kräftefeld jenseits von Repräsentation und Abbildung, das jede Sprache prägt und das die Rhetorik immer auch für ihre Zwecke auszunutzen wußte. Dieses ›Gedächtnis der Sprache‹ wirkt auf die Sprache des Gedächtnisses, unter der ich das anfängliche Unternehmen der Reproduktion und Speicherung verstehen möchte, entscheidend ein, durchkreuzt sie, alteriert sie. Die Mnemotechnik erweist sich aus dieser Perspektive als Umschreibungsprozeß, in dem sich mehrere Gedächtnisformen überlagern. Die anfänglich eindimensional erscheinende Reproduktion von Inhalten zur Speicherung gerät zur schlechthin poetischen Transformation. An diesem Punkt wird nun auch erkennbar, wie ein Merkprozeß ins Vergessen umkippen kann: denn die Verschlüsselung von Gedächtnisinhalten zur besseren Einprägung birgt immer die Gefahr der Abschließung in sich. Das Merkbild kann sich, gerade weil es größtenteils durch das unkontrollierbare Gedächtnis der Sprache hervorgebracht wurde, zu einem späteren Zeitpunkt, wenn es entschlüsselt werden soll, als Hieroglyphe entpuppen, der *locus* als in sich abgeschlossener, unzugänglicher Raum, als *krypta*.[48]

Der Verschlüsselung von Gedächtnisinhalten und ihrer nachmaligen Entschlüsselung liegt eine eigentümliche Dialektik von Destruktion und Konstruktion zugrunde, die ihrerseits deutlich macht, daß dem Speichern immer auch die Löschung als Zerstörung inhärent ist. Schon der Konstruktion des mnemotechnischen Palastes geht ja eine Destruktion voraus; eine Zerstückelung der Gedanken, Sätze, die Zerteilung des Ganzen in Bausteine, aus denen etwas Neues, Anderes gebaut wird. Das Verfahren erinnert an dasjenige des Benjaminschen Allegorikers, der Zusammenhänge zerreißt, entwertet und sie in der Konstruktion für die Erinnerung als tote Gegenstände bewahrt. Signifikanten werden ihres Sinnes beraubt und zum Material geformt, mit dem das mnemotechnische Gebäude gebaut werden kann. Der Mnemotechniker zeugt mithin von einer extremen Aneignung und Entstellung von Sprach-Bildern, immer im Hinblick auf ein Behalten, Aufbewahren, das – gerade im Zeichen der Mnemotechnik als perfektes Gedächtnis – die pathologischen Züge annehmen muß, die sich ja auch beim melancholischen Allegoriker bzw. allegorisierenden Melancholiker in Benjamins *Ursprung des deutschen Trauerspiels* abzeichnen. Die Mnemotechnik in der Moderne ist jener Spannung zwischen Bild und Text, zwischen Bild und Bedeutung als Ungewißheit und Unlesbarkeit ausgesetzt, von der der Allegoriker Zeugnis

---

48 Beispiel für ein solch mnemologisch angelegtes unbewußtes Gedächtnis, das seine Spuren im Gedächtnis der Sprache niederlegt, ist der berühmte Fall des Wolfsmannes. Vgl. hierzu die ausführliche und vorzügliche Analyse von Nicolas Abraham und Maria Torok, die das Trauma als Kryptogramm und mithin rhetorische Figur lesen, was schließlich zu einem mnemotechnisch angelegten *verbier* des Wolfsmannes führt (Nicolas Abraham und Maria Torok, *Cryptonymie. Le verbier de l'homme aux loups*, Précédé de Fors *par Jacques Derrida*, Paris 1976).

ablegt. Dabei geht die Lektüre als Sinnbewahrung mit einer Zerstörung der Bilder in der Entzifferung einher. Was bedeutet aber diese eigentümliche Dialektik von Destruktion und Konstruktion, Zerstückelung und Bewahrung für das Gedächtnis selbst, in der beide Momente des Ursprungsmythos der Mnemotechnik – Zerstörung durch Hauseinsturz und mnemotechnischer Akt des Zusammenfügens von Körper und Identität – gleichermaßen aufgehoben sind?

»Die Funktion des Gedächtnisses ist [...] der Schutz der Eindrücke; die Erinnerung zielt auf ihre Zersetzung. Das Gedächtnis ist im Wesentlichen konservativ, die Erinnerung destruktiv«, schreibt Benjamin[49]. Vor dem Hintergrund des mnemotechnischen Verfahrens wird dieses Zitat einsichtig: Erinnerung meint hier jene Phase, in der die Gedanken zerstückelt und zu einzelnen Sinnbildern zusammengefaßt werden im Hinblick auf Bewahrung. Im nachmaligen Erinnern des Bewahrten, im Entschlüsseln der Merkbilder wird nach derselben Logik nun auch das Gedächtnis selbst angegriffen. Nicht zufällig folgt bei Benjamin, in der zitierten Passage, die zersetzende Wirkung der Erinnerung der bewahrenden des Gedächtnisses nach. Was geschieht also mit der Mnemotechnik, deren Aufbau ich bislang beschrieben habe, sobald man sich ihrer selbst erinnert? Wenn Erinnerung destruktiv ist, bleibt die – nun erinnerte – Mnemotechnik davon nicht ausgespart. Die Erinnerung, die sich den mnemotechnischen Palast vergegenwärtigt, würde diesen also zum Einsturz bringen, um an das in ihm Bewahrte und Verschlüsselte, um das es ja eigentlich geht, zu gelangen. Dem Gedächtnis bliebe nur die Bewahrung einer Ruine. Setzt nun ein erneuter mnemotechnischer Akt zum Wiederaufbau der Ruine, der Perfektionierung eines ruinösen Gedächtnisses ein, so wird – gerade im Bild des Bauens – der konstruierende (im Gegensatz zum rekonstruierenden) Charakter der Mnemotechnik deutlich: denn der Wiederaufbau einer Ruine schafft ein neues Gebäude, dessen Einsturz wiederum eine neue Ruine zurückläßt. Die Mnemotechnik erweist sich also nicht als ein geschlossenes System, sondern als ein dialektisch offenes, das auf Umwegen und in Wiederholungsschleifen neue Texte generiert.

Aktualisiert wird diese Ersatzform des Gedächtnisses immer dann, wenn wir mit der Zerstörung von Gedächtnis konfrontiert sind: dies kann die Situation des individuellen oder auch kollektiven Traumas meinen, aber auch Brüche in der kulturellen Transmission von Geschichte und Gedächtnis. So segensreich in diesen Fällen der Rückgriff auf Supplemente sein kann, so bleibt auch zu bedenken, daß es dort, wo die Ersetzbarkeit von einer ›lebendigen Erinnerung‹ durch eine künstliche suggeriert wird, im strikten Sinne keinen adäquaten Ersatz gibt.

---

49 Walter Benjamin, *Das Passagenwerk*, in: *Gesammelte Werke*, a.a.O., Band V.1, S. 508 (K 8,1).

7. W* als mnemotechnische Allegorie

Ich greife nun zunächst den letzten Aspekt der theoretischen Erörterungen zur Mnemotechnik auf, um zu zeigen, inwiefern W* als Allegorie für ein Konzentrationslager zu verstehen ist und was eine solche allegorische Darstellung bezüglich der Frage nach den Möglichkeiten und Unmöglichkeiten des Zeugens leisten kann.

W* als Allegorie umreißt einen Raum und bedeutet einen gestalterischen Prozeß: Die Allegorie eignet sich erstens in besonderer Weise für die Darstellung geschlossener, totalitärer Welten, in denen weder ein Ich noch seine Erfahrung sprechen können; sie bedeutet zweitens einen Prozeß, in dem Zusammenhänge zerschlagen, Bedeutungen entleert werden, um sie anschließend wieder neu mit Sinn aufzufüllen und in eine Konstruktion einzubauen. Der allegorischen Konstruktion geht immer schon eine Destruktion voraus, derer sie gerade in ihrem künstlichen Charakter eingedenk bleibt. Das in ihr Bewahrte erscheint mithin immer als Destruiertes-Konstruiertes und im wesentlichen Transformiertes. Gerade da, wo in der Hand des Allegorikers das Ding zu etwas anderem wird, wird es ihm Schlüssel zum Bereich verborgenen Wissens.[50] Die allegorische Alterierung bewahrt schließlich den Schriftsteller vor einer Fortschreibung der Gewalt, die er in seiner Beschreibung – als Konstruktion – Schritt für Schritt nachvollzieht. Die Allegorie bleibt, während sie spricht, dem Dargestellten bewußt äußerlich, sie verfällt gerade nicht der Chimäre, symbolisch in einen realen Raum eindringen und diesen durchdringen zu können.

In Thomas Manns *Dr. Faustus* finden wir erstmals ein allegorisches Sprechen über das Konzentrationslager, das zugleich die Notwendigkeit seines spezifischen Aussagemodus mitreflektiert:

> Das ist die geheime Lust und Sicherheit der Höllen, daß sie nicht denunzierbar, daß sie vor der Sprache geborgen ist, daß sie eben nur ist, aber nicht in die Zeitung kommen, nicht publik werden, durch kein Wort zur kritisierenden Kenntnis gebracht werden kann, wofür eben die Wörter »unterirdisch«, »Keller«, »dicke Mauern«, »Lautlosigkeit«, »Vergessenheit«, »Rettungslosigkeit«, die schwachen Symbole sind. Mit symbolis, mein Guter, muß man sich durchaus begnügen, wenn man von der Höllen spricht, denn dort hört alles auf, – nicht nur das anzeigende Wort, sondern überhaupt alles, [...] jedes Erbarmen, jede Gnade, jede Schonung, jede letzte Spur von Rücksicht auf den beschwörend ungläubigen Einwand »Das könnt und könnt ihr doch mit einer Seele nicht tun«: es wird getan, es geschieht, und zwar ohne vom Worte zur Rechenschaft gezogen zu werden, im schalldichten Keller, tief unter Gottes Gehör, und zwar in Ewigkeit. Nein, es ist schlecht davon zu reden, es liegt abseits und außerhalb der Sprache.[51]

---

50 Vgl. Walter Benjamin, *Ursprung des deutschen Trauerspiels*, a.a.O., S. 359.
51 Thomas Mann, *Dr. Faustus* [1947], Frankfurt a. M. 1993, S. 328 f.

Die Aussage dessen, was jenseits vom Spiel des Verschleierns und Entschleierns, von Verbergen und Entbergen, von Tag und Nacht, Vergessen und Erinnern steht, weil es diese Oppositionen selbst in einer totalen Vernichtung eingerissen hat, muß sich genau dieser Struktur zunächst bewußt werden, die dann zwangsläufig einen indirekten Weg nach sich zieht. Die Allegorie springt als Ersatz für jede erfahrungsgebundene Erzählung ein, gibt sich zugleich immer als Ersatzkonstruktion zu erkennen, markiert dabei deutlich die Grenzen ihrer Verantwortung und erweist sich nicht zuletzt deshalb als wahrhaft verantwortungsvolles Sprechen. Als Konstruktion bildet die Allegorie ein Sprachgitter, das über die Wirklichkeit gelegt werden kann und das dabei ihren mittelbaren Charakter immer mit anzeigt. Dieses Sprachgitter, nicht die unerreichbare Wirklichkeit, bildet den Ausgangspunkt des Schreibens. Solange von der Realität ausgegangen wird, herrscht Vergessen, das Perec apodiktisch schreiben läßt: »Je n'ai pas de souvenirs d'enfance« (S. 13). Erst als sich das Schreiben ganz der Sprache anvertraut, entsteht so etwas wie eine Erinnerungsschrift, in der die Erinnerung als Imaginäres erscheint, das sich aus dem Symbolischen der Sprache nährt. Dank dieses Sprachgitters, das weiter reicht als die persönliche Vorstellungskraft, kann die Grenze unseres Denkens und unserer Ausdrucksfähigkeit in Bewegung gesetzt werden. Perec schreibt in dem schon zitierten Aufsatz über *L'espèce humaine*:

> ... entre son expérience et nous, il interpose toute la grille d'une découverte, d'une mémoire, d'une conscience allant jusqu'au bout.[52]

Und dann, wiederum apodiktisch:

> Au centre de *L'espèce humaine*, la volonté de parler et d'être entendu, la volonté d'explorer et de connaître, débouche sur cette confiance illimitée dans le langage et dans l'écriture qui fonde toute littérature [...]. Car cette expression de l'inexprimable qui en est le dépassement même, c'est le langage qui, jetant un pont entre le monde et nous, instaure cette relation fondamentale entre l'individu et l'Histoire, d'où naît notre liberté.[53]

Es geht Perec um eine vollständige Transformierung der Erfahrung in Sprache, um die literarische Konstruktion einer sprachlichen Gedächtnisbrücke, die an das Niemandsland, an den Ort, wo niemand sprechen kann, heranführt. Wenn sich die Erinnerung eines Subjektes ganz der Sprache anvertraut, bedeutet das gewissermaßen auch die Selbstaufgabe des Ichs – im eigenmächtigen Strom der Sprache. Das allegorische Sprachgedächtnis funktioniert nach seinen ihm innewohnenden Mechanismen, gleich einer mnemotechnischen Maschine. Darin erweist es sich erneut dem Phantasma verwandt, das selbst aktiv und produktiv wird, unabhängig von den Steuerungsversuchen eines Bewußtseins.

---

52 Georges Perec, »Robert Antelme ...«, a.a.O., S. 95.
53 Ebd., S. 114.

Die aus dem Phantasma geborene Allegorie ist die sprachliche und erzählerische Konsequenz, die Perec aus dem Paradox der Zeugenschaft angesichts des Unbezeugbaren, des Todes, zieht. Nur ein Akt der Selbstauslöschung des Erzählers bzw. Zeugen und ein nun an die Stelle des Ichs tretendes Sprachgerüst ermöglichen ein Sprechen über den Raum der Vernichtung. Das Konstrukt entsteht angesichts des Todes, aus dem totalen Vergessen heraus, zeugt durch sich selbst, ohne zu zeugen, erinnert, ohne zu erinnern. Das Konstrukt verweigert jegliche Vorstellung von einem ›Eintritt‹ in die darzustellende Welt, die sich unentschieden zwischen ›innen‹ und ›außen‹ ansiedelt. Denn das Lager bedeutet sowohl Einschließung, Abschließung als auch Ausschließung. Es ist Aus-Nahme und Regel zugleich, es hat spezifische Grenzen und weist doch weit über diese Grenzen hinaus. Dem Lager als Raum liegt die Logik der Krypta zugrunde, die Derrida auf sehr eindrückliche Weise in seinem Vorwort zu Abrahams und Toroks *Cryptonymie. Le verbier de l'homme aux loups* entwickelt hat. Die Krypta beherbergt und verbirgt eine Grablegung, schließt sie in sich ein und schließt sie damit zugleich aus sich aus, so daß innen und außen nicht mehr klar voneinander zu scheiden sind: »Quoi qu'on écrive sur elle, les surfaces pariétales de la crypte ne séparent pas simplement un for intérieur d'un for extérieur. Elles font du for intérieur un dehors exclu à l'intérieur du dedans.«[54] Die Krypta wird für Derrida zum Bild des psychologischen Prozesses der Inkorporation, der in der Einschließung eine Ausschließung bewirkt, eine Doppelbewegung, der wir schon bei Marcels phantasmatischer Verinnerlichung von Albertine im Bilde der Venezianischen Bleikammern begegnet waren (»la crypte comme corps étranger inclus par incorporation dans le Moi«[55]). Erinnerung als Inkorporierung entpuppt sich als Grablegung und Einschließung von etwas Fremdem. Wer in das Lager erinnernd oder erzählend ›eindringen‹ will, stellt fest, daß sich das Lager immer diesem Zugang verschließt, immer wieder außerhalb des entstandenen Diskurses steht. Das Lager nimmt dann die Züge eines Phantasmas an, das den Erinnernden nicht mehr losläßt, eines Phantasmas, das selbst das Vexierspiel von ›innen‹ und ›außen‹ fortwährend inszeniert. Das Lager ist ein begrenzter, aber abgedichteter Raum, eingeschlossen in und ausgeschlossen aus der Geschichte und von daher bestimmend, allgegenwärtig, ungreifbar wie das Phantasma selbst, zu dem es sich gewandelt hat. Das Phantasma erweist sich dann als einzig mögliche Repräsent/absentation.

Mit der Bezeugung der Vernichtung steht das Subjekt der Erinnerung auf dem Spiel. Während bei Proust letztlich die Erinnerung zurück in einen Zustand der Symbiose und frühen Einheit auf der Stufe der Literatur führen soll, gestaltet sich die Bewegung beim erinnernden Zeugnis-Ablegen anders. Hier kann es um kein Abschließen des Subjekts in seiner Konstituierung über Erinnerung gehen, sondern es muß zu einer Öffnung gelangen: das Zeugen nimmt dem Erinnern den rein persönlichen, egozentrischen Charakter und bettet es ein in einen

---

54 Jacques Derrida, *Fors*, in: Nicolas Abraham und Maria Torok, *Cryptonymie* ..., a.a.O., S. 13.
55 Ebd., S. 42.

Kommunikationsprozeß, der den Anderen als Erinnerten wie auch als Erinnernden zu gewinnen versucht. Diese Öffnung kann nur geschehen, wenn sich das Subjekt, das diesen Erinnerungsdiskurs hervorbringt, zurücknimmt, sich zurückzieht, in eine Form der Passivität, die dem Anderen Raum läßt. Zeugen bedingt also gewissermaßen eine ganz andere Subjekt-Vorstellung, eigentlich eine Abkehr vom Subjekt-Gedanken. Das Subjekt muß sich vielmehr selbst vergessen, um für den Anderen und zu den Anderen sprechen zu können. Erinnern bedeutet nun Eingedenken des Anderen und für den Anderen, welches das Erinnern aus seiner rein individuellen Identitätsstiftung entläßt.[56] Das Erinnern bewirkt eine Dekomposition des Ichs, eine Gefährdung, die aber erst eine Öffnung zum Anderen hin ermöglicht. Wie niemand anderer hat Paul Celan das Gedicht als Begegnung mit dem Anderen verstanden wissen wollen:

> ... ich denke, daß es von jeher zu den Hoffnungen des Gedichts gehört, [...] *in eines Anderen Sache* zu sprechen – wer weiß, vielleicht in eines *ganz Anderen* Sache. [...] Das Gedicht will zu einem Andern, es braucht dieses Andere, es braucht ein Gegenüber. Es sucht es auf, es spricht sich ihm zu.[57]

Erst in dieser Bewegung wird es im vollen Sinne Zeugnis, bezeugt durch den Akt des Lesens. Das Zeugnis – wesentlich für den Anderen – braucht den Anderen, um als Zeugnis angenommen zu werden. Das bedeutet zugleich, ein Sprechen am Rand des Nicht-Sprechens hervorzubringen, sich selbst als Sprecher gewissermaßen auszuschalten. Die Zeugenschaft ist das Zeugen von der Unmöglichkeit des Sprechens, der Unmöglichkeit des Sprechens über einen Ort, an dem die Sprache ausgelöscht wurde. Der Dichter-Zeuge, als ein in der Sprache wohnender, bleibt immer außerhalb des Ortes der Sprachvernichtung, den er bezeugt; geschieden – durch die Sprache – von den Sprachlosen, für die er Zeugnis ablegt.

8. Die mnemotechnische Ordnung von W*

Schon die Ausgangssituation von *W ou le souvenir d'enfance*, in der ein einziger Überlebender von einer tödlichen Katastrophe berichten soll, erinnert an die Legende des Simonides, an den Mythos von der Erfindung der Mnemotechnik. In WSE hat der einzig überlebende Zeuge von W lange geschwiegen und steht schließlich vor der inneren Notwendigkeit zu sprechen. Doch zugleich scheint ein einziges Gedächtnis von vornherein mit der Aufgabe überlastet zu sein, von dieser zunächst nur angedeuteten grausamen Erfahrung zu zeugen. Schon bei der Frage nach dem Verhältnis von Zeuge und Zeugnis wurde festgestellt, daß in WSE paradoxerweise das ›objektive‹ Zeugnis das Aussagesubjekt verschwinden

---

[56] Die Wendung des Gedächtnisses zum Eingedenken des Anderen wird im dritten Teil und im Epilog dieser Arbeit zur zentralen Problemstellung.
[57] Paul Celan, *Der Meridian und andere Prosa*, Frankfurt a. M. 1983, S. 53 und 55.

läßt. Das Zeugnis – der Text W* im zweiten Teil von WSE –, von dem ich sagte, daß es die Züge einer mnemotechnisch angelegten Allegorie aufweist, springt für eine fehlende Erinnerung, einen verschwundenen oder auch unmöglichen Zeugen ein. Wenn der Zeuge also durch das Zeugnis ersetzt wird, scheint dies die mnemotechnische Pointe der Logik der Stellvertretung, die als grundlegend für die Zeugenschaft erkannt wurde, darzustellen. Es wird nun erstens zu zeigen sein, was den Text konkret mit mnemotechnischen Modellen verbindet, und zweitens, welche ästhetischen und ethischen Konsequenzen sich aus einem Schreiben ergeben, das mnemotechnische Prothesen benutzt und mithin ohne Erinnerung erinnert.

In W* tritt an die Stelle der Ich-Erfahrung eine Versuchsanordnung, die in ihrer Logik und ihrem Ablauf wissenschaftlich exakt beschrieben wird. W* beginnt mit folgender Setzung, aus der sich alles weitere nach bestimmten Gesetzmäßigkeiten ableiten läßt:

> Il y aurait, là-bas, à l'autre bout du monde, une île. Elle s'appelle W. Elle est orientée d'est en ouest; dans sa plus grande longueur, elle mesure environ quatorze kilomètres (S. 89).

Die Setzung zeugt von einer Depersonalisierung des Textes. Was folgt, ist nicht die Beschreibung dieser Welt, sondern die Darlegung eines Modells, einer Struktur, auf die die Welt reduziert wird. Oder umgekehrt: Eine Welt, die sich von vornherein als reine Struktur entpuppt, ist immer schon ›mnemotechnisch‹. Ganz W, das zunächst einmal als Utopie einer perfekten Welt erscheinen mag, kann durch Zahlen-Kombinationen generiert werden; das Ergebnis ist eine Ordnung aus Dreier- und Vierer-Agorithmen, die das streng hierarchisch geordnete Leben in W in räumlicher, zeitlicher und sozialer Hinsicht prägt. So gibt es in dieser Gesellschaft *drei* Hauptgruppen (Sportler; Administration; Alte, Frauen und Kinder). Die Sportler wiederum sind in *vier* Dörfer/Gebäude unterteilt (= 4 konkurrierende Gruppen), von denen sich *drei* Nebendörfer um das Hauptdorf W gruppieren. Auch die Zeit ist hierarchisch strukturiert, weil sie allein im Ablauf der verschiedenen Wettkämpfe existiert. Es gibt *vier* Grundtypen von Wettkämpfen: tägliche, monatliche, alle *drei* Monate (*vier*teljährlich) und jährlich stattfindende. Die täglichen Wettkämpfe sind die sogenannten niederen, von denen es wiederum *drei* Arten gibt, die räumlich unterschieden sind: Kämpfe innerhalb eines Dorfes, Kämpfe zwischen benachbarten Dörfern, Kämpfe zwischen nicht benachbarten Dörfern. Die monatlich, *vier*teljährlich und jährlich stattfindenden Kämpfe sind die sogenannten Spiele: *Olympiades* (einmal pro Jahr), *Spartakiades* (alle *drei* Monate); *Atlantiades* (einmal im Monat) [*drei* Typen].[58] Insgesamt gibt es 19 Sportarten (4x3+4+3). Zwölf (3x4) Sportarten sind Laufwettkämpfe, *drei* davon Sprints, zwei Mittelstrecken-, *drei* Langstrecken-, *vier* sind Hindernisläufe. Dazu kommen *sieben* (3+4) weitere Sportarten, davon *drei*

---

58 Vgl. WSE, Kap. XIV.

Sprungdisziplinen, *vier* Wurfsportarten.[59] Es handelt sich hier um eine feingliedrige Klassifikation, um eine Grammatik des Sports, die sich wie ein Netz über das Leben legt, es eingrenzt, reduziert, einschnürt. Sport und Leben werden identisch, insofern das ganze Leben vom Sport geprägt ist, vom Sport abhängt, von ihm ausgelöscht bzw. wiederum hervorgebracht wird. Denn auf der einen Seite werden Verlierer nach und nach ausgehungert oder auch sofort umgebracht (zuweilen auch die Sieger), auf der anderen Seite dienen spezielle Wettkämpfe (die *Atlantiades*) der Befruchtung der Frauen, die in Form sportlich inszenierter Vergewaltigung vonstatten geht.

Raum und Zeit werden ganz durch Art und Wiederkehr der Kämpfe bestimmt. Das (mnemotechnische) Setting bringt dann wie von selbst den Inhalt hervor, der einer einzigen Logik folgt, die schon in die Struktur mit einbeschrieben ist. Der Inhalt ist die Struktur; der Sport wird verstanden allein als Verhältnis von körperlicher Verausgabung und Ökonomie der Nahrungseinnahme. Dieses Verhältnis ist alles, ist totalitär, weil sich das ganze Leben auf den Sport bzw. auf den Körper reduziert. Während zunächst die strengen Gesetze von W (»La Loi est implacable« (S. 155)) beschrieben werden, steigert sich deren Unerbittlichkeit in einer zweiten Phase noch, wenn deutlich wird, daß ihnen eine systematische Ungerechtigkeit zugrunde liegt: »La Loi est implacable, mais la Loi est imprévisible« (S. 155). Die Willkür wird zum System erhoben, der »arbitre« steht für die völlig arbiträre Entscheidung (S. 145-149).

Die strenge Text-Struktur löst sich gewissermaßen nach und nach wieder auf, bis sie in ihr Gegenteil verkehrt ist, nämlich vom sportlichen Prinzip FORTIUS ALTIUS CITIUS, das nicht nur die Wettkämpfe beherrscht, sondern das ganze Leben[60], zu jenen abschließenden Sätzen, hinter denen dann die totale körperliche Vernichtung aufscheint:

> ... il faut voir fonctionner cette machine énorme dont chaque rouage participe, avec une efficacité implacable, à l'anéantissement systématique des hommes, pour ne plus trouver surprenante la médiocrité des performances enregistrées: le 100 mètres se court en 23"4, le 200 mètres en 51"; le meilleur sauteur n'a jamais dépassé 1,30m« (S. 218).

Indem nun alle hierarchischen Ebenen, alle Sportkämpfe minutiös in ihrer Logik dargestellt werden, reproduziert der Text einen Totalitarismus, ja mehr noch, vollzieht ihn richtiggehend nach.

Subjekt von W* ist W selbst, seine Teilelemente, die einzelnen Dörfer. Nicht Menschen begegnen sich, sondern Einheiten:

---

59 Vgl. WSE, Kap. XVI.
60 »... ce n'est pas seulement sur la piste, mais partout et à tout instant, que la Loi W s'exerce« (WSE, S. 178f.). Der sportliche Wettkampf, in dem andere Regeln gelten als im ›normalen Leben‹, unterliegt eigentlich einer räumlichen und zeitlichen Begrenzung. In W wird indes dieser sportliche Ausnahmezustand zum Normalzustand.

> On comprend en effet que W, par exemple, peut se rencontrer quotidiennement avec Nord-W (sur le stade qui leur est commun à mi-chemin de W et de Nord-W) et avec Ouest-W (sur le stade à mi-chemin de W et de Ouest-W)... (S. 100).

Der Sport wird mit einer formellen Sprache gleichgesetzt. Unter der Herrschaft des übergeordneten Agenten W gibt es keine festen Subjekte, keine festen Objekte. Jeder kann abwechselnd zum *agens* und zum *patiens*, zum Täter und zum Opfer, zum Sieger und zum Verlierer werden. Aus dieser Grammatik gibt es keinen Ausweg: das numerische System W* hat die Menschen, die Himmelsrichtungen, die Jahreszeiten ersetzt.

Die mnemotechnische Ordnung folgt gleichsam dem Prinzip einer generativen Grammatik, der es ja gerade darum geht, von konkreten Äußerungen (*parole*) zu einer Darstellung des diesen zugrundeliegenden Systems (*langue*) zu gelangen. Dies gelingt ihr, indem sie die Ausdrucksseite sprachlicher Zeichenketten segmentiert und klassifiziert unter weitgehender Ausklammerung der Inhaltsseite. Jede konkrete Äußerung erscheint dann umgekehrt als Anwendung einer sprachlichen Tiefenstruktur und als deren Transformation nach festen Regeln in eine Oberflächenstruktur. Perec kehrt diesem Prinzip folgend gewissermaßen die Erzählrichtung um: Es geht weniger um die Entfaltung einer Welt (aus einem mimetischen und erfahrungsgebundenen Denken heraus), als vielmehr um die Entfaltung eines Systems, das sich dann doch wieder nur auf der Ebene der Erzählung in einer ›Welt‹ zeigen kann. Er trägt mit dieser Umkehrung dem Problem Rechnung, daß die Massenvernichtung zwar eine Statistik hat, aber kein Narrativ. Eine Erzählung als zeitliche und räumliche Ausdehnung und Variation fällt dort weg, wo wir es mit »gestauter Zeit«[61] zu tun haben. Gestaute Zeit meint ein extremes Verhältnis von Zeit und Zahl (der Toten), das durch eine bürokratisch und industriell ermöglichte Erfassung und Vernichtung so vieler Menschen entstanden ist. »Die abstrakte, statistisch verfaßte Vervielfachung eines sich gleichförmig wiederholenden Todes [...] entzieht dem Geschehen ein vom Bewußtsein eingefordertes angemessenes Narrativ.«[62] In W* fällt die Erzählung weg, insofern die fiktiv gesetzte Welt das bürokratische Vernichtungssystem repräsentiert. Der Text erzählt nicht die einförmige Massenvernichtung, der Text etabliert die Ordnung als das innere Gesetz, als das geheime Netz der Welt, Ordnung, die nur durch den Raster eines Blicks, einer Sprache existiert, Ordnung, die *innerstes* Gesetz ist und zugleich *außerhalb* der Erfahrung, der Erinnerung steht. Streng in dieser Äußerlichkeit zu bleiben, scheint die »contrainte« der Perecschen Erzählung zu sein. Nie können Sätze wie »j'avais faim« oder »il avait faim«, die zum Beispiel in *L'espèce humaine* den Diskurs prägen, in W* auftauchen. Die an ein persönliches Subjekt gebundene Erfahrung bleibt für den

---

[61] Den Begriff prägte Dan Diner in »Gestaute Zeit. Massenvernichtung und jüdische Erzählstruktur«, in: ders., *Kreisläufe. Nationalsozialismus und Gedächtnis*, Berlin 1995, S. 125-139.
[62] Ebd., S. 127.

Außenstehenden uneinholbar, indirekt darstellbar allerdings in der Beschreibung eines oppressiven Ernährungsplanes, dem alle unterworfen sind und der die persönliche Erfahrung in W längst ersetzt hat. Somit wird auch erzähltechnisch der Unterschied zwischen mnemotechnischem Gerüst und eigentlicher Erinnerung deutlich. Die ›lebendige‹ Erinnerung sagt »ich«, erzählt das Ich als eines, das fühlt, das leidet, das Widerstand leistet, das die Namen der anderen kennt. All das ist bei Antelme vorhanden, der seinen Text mit der Erzählung eines elementaren Bedürfnisses des Menschen einleitet: »Je suis allé pisser.« In dieser sonst aus der literarischen Darstellung ausgeklammerten Äußerung manifestiert das Ich sein Dasein und seine Erinnerung. Auch wenn diese Situation sich täglich wiederholt und damit ihren Ereignischarakter verliert, bleibt sie an ein persönliches Subjekt gebunden, das sich in Bezug auf andere und seine Umwelt erlebt, die es benennen, erinnern und relativ genau beschreiben kann.

W* kann also als Formel verstanden werden, die für das Gedächtnis des – abwesenden – Zeugen einspringt. Zugleich stellt sich W* als Phantasma des autobiographischen Ichs dar, als ein absolutes Imaginäres, das sich ebenfalls anstelle einer Erinnerung breitgemacht hat.[63] Auf der Ebene des substituierenden »artifice« treffen sich Mnemotechnik und Phantasma, denn beide geben sich als Gedächtnis aus, obwohl sie eigentlich etwas sind, das durch das Fehlen des Gedächtnisses erst hervorgebracht wurde. Der Simonides-Mythos wird insofern radikalisiert, als nun das Supplement als vollständiger Ersatz eingesetzt wird und somit jegliches an eine Subjektivität gebundene Gedächtnis aus der Erzählung verschwindet. Deutlich wird, daß Mnemotechnik immer schon in einem engen Zusammenhang mit dem Vergessen steht, für das es einsteht; zugleich löscht sie jedoch dort, wo sie einspringt, jede Form ›lebendigen‹ Gedächtnisses (die Präsenz eines sich erinnernden Ichs) aus. Die Technik verselbständigt sich gewissermaßen und verweist damit schon auf die Grenzsituation, in der sie eingesetzt wird. Die totale Mnemotechnik steht ein für die Erinnerung an das Ereignis der Vernichtung jeglichen Gedächtnisses, indem sie sich selbst als Vernichtungsmaschinerie geriert.

Der Tod der Mutter im KZ hat auch das Gedächtnis des erzählenden Ichs in den Tod gerissen. Die Todesmaschine, die in WSE als mnemotechnische Kopie das tote Gedächtnis ersetzt, wird noch einmal in Gang gesetzt; sie führt vor, wie die Mutter und das Gedächtnis des Ichs getötet wurden, wie der Zeuge an seinem eigenen Zeugnis zugrunde geht. Sie zeigt dies als ein erstes Mal wie ein ›Noch einmal‹ und schafft dadurch – künstlich – eine Erinnerung.

---

63 Das absolute Imaginäre behält dennoch einen strikten Realitätsbezug, der vielleicht um so deutlicher wird, als nun von keiner direkten Repräsentation mehr ausgegangen werden kann wie noch im Fall des funktionierenden Gedächtnisses. Dieses selbst ist – verdeckt – immer schon imaginär. Schon bei Proust haben wir gesehen, daß es nicht mehr um einen Gegensatz zwischen Wahrheit und Lüge geht, daß die Imagination nicht mehr gegen die Erinnerung ausgespielt wird, sondern daß die Imagination vielmehr von vornherein als text- und erinnerungskonstitutives Element erscheint.

9. Die Gewalt der mnemotechnischen Maschine

Offensichtlich gelingt es, mit der mnemotechnischen Allegorie von außen an einen Raum der Vernichtung heranzuführen. Diese Form des Erzählens reflektiert Gewalt, indem sie diese in gewisser Weise zum eigenen Prinzip macht. Das Gewaltpotential ist dabei immer schon in mnemotechnischen Konstrukten mit angelegt, insofern sie eine Technik darstellen wollen, die nicht nur für das Auswendiglernen geeignet ist, sondern auch den Anspruch erhebt, die Welt in ein System bannen und somit alles wissen zu können.[64] Dieser angestrebten Perfektion und Allumfassenheit ist die ganze Tradition der Gedächtniskunst unterstellt. Alle großen enzyklopädischen Klassifizierungs- und Ordnungsversuche, Katalogisierungen der Welt sind letztlich nichts anderes als mnemotechnische Unternehmen. Zeugnisse davon sind monströse Utopien.

Die Mnemotechnik ist ein Erinnerungsapparat, eine Maschine, die dem Menschen helfen soll, das schwache Gedächtnis zu stärken. Nietzsche, der ja wie kein anderer die Begabung des Menschen zur Erinnerung anzweifelt und vielmehr vom Menschen als einem vergeßlichen Tier ausgeht, spricht von der unheilvollen Erfindung der Mnemotechnik zu Beginn der Geschichte des Menschen. Dem »Menschen-Tiere« mit dem »faseligen Augenblicks-Verstande, dieser leibhaftigen Vergesslichkeit« ein Gedächtnis aufzuprägen, ist ein gewaltsamer Akt:

> Es gieng niemals ohne Blut, Martern, Opfer ab, wenn der Mensch es nöthig hielt, sich ein Gedächtnis zu machen; die schauerlichsten Opfer und Pfänder (wohin die Erstlingsopfer gehören), die widerlichsten Verstümmelungen (zum Beispiel die Castrationen), die grausamsten Ritualformen aller religiösen Culte (und alle Religionen sind auf dem untersten Grunde Systeme von Grausamkeiten) – alles Das hat in jenem Instinkte seinen Ursprung, welcher im Schmerz das mächtigste Hülfsmittel der Mnemonik errieth.[65]

Nietzsche zählt im weiteren Verlauf seiner Ausführungen auch die Foltermethoden zur Mnemotechnik. Wir können daraus zweierlei schlußfolgern. Erstens ist es ungenügend, so zeigt uns Nietzsche, Erinnerung als private und natürlich gegebene Angelegenheit zu betrachten. Erinnerung neigt immer schon zur Institutionalisierung – sowohl in der privaten Beichte als auch in der Schaffung eines kollektiven Gedächtnisses, das die Grundlage einer Gemeinschaft bilden soll. Dort, wo das Gedächtnis notwendig institutionalisiert und politisiert wird, besteht neben der Chance zur Gründung und Stiftung eines kulturellen Sinnzusammenhanges immer auch die Gefahr, das Gedächtnis für die eigene Macht gewinnen, es gewaltvoll formen und gleichschalten zu wollen. Zweitens folgt aus den Ausführungen Nietzsches eine enge Verbindung von Gedächtnis, Erinnerung und Körper, eine Verbindung, die den klassischen Gedächtnistheorien von

---

64 Vgl. Frances Yates, *Gedächtnis und Erinnern ...*«, a.a.O., S. 337. Die ganze Untersuchung zeigt letztlich, wie Gedächtnissysteme als enzyklopädische Werke angelegt sind.
65 Friedrich Nietzsche, *Zur Genealogie der Moral*, a.a.O., S. 295.

Platon bis Descartes, ja noch bis Freud, dessen Ideal es ist, eine physiologisch-neuronale Beschreibung des Gedächtnisses liefern zu können, zugrundeliegt. Die Erinnerung wird in all diesen Theorien als Einschreibung in eine Materie vorgestellt, als dort zurückbleibende Spur, die letztlich eine Verletzung der Materie darstellt. Dort, wo die Theorie der Einschreibung direkt in die Praxis umgesetzt wird, entsteht die Grausamkeit, von der Nietzsche spricht. Gerade in totalitären Gesellschaften vollzieht sich nicht selten der Zugriff auf das Gedächtnis direkt, über den Zugriff auf den Körper. Folter heißt ja nicht zuletzt, über Schmerzzuführung alte Gedächtnisinhalte zu exorzieren und neue Gedächtnisinhalte aufzuzwingen. Die Narben, die davon zurückbleiben, sind Formen der Ausstreichung von Spuren und Setzung von neuen Spuren. Sie sprechen letztlich genau von dieser Schwelle, vom Akt der Auslöschung und Neuschaffung. Die Narben bilden für die Opfer die letzten Spuren ihrer Identität vor der Exorzierung, sie dienen des weiteren als Erkennungszeichen, als Zeichen ihrer Opferidentität, das sie mithin wiederum als Zeuge ausweist.

Nietzsches Überlegungen machen es möglich, das Konzentrationslager im Zeichen von Gedächtnislöschung und gewaltsamer Gedächtnisschaffung zu interpretieren. Sie nehmen vorweg, was David Rousset, auf dessen *Univers concentrationnaire* WSE ausdrücklich Bezug nimmt, andeutet, wenn er vom Konzentrationslager als Raum spricht, in dem der Sport eine »torture nue« darstelle und damit Teil einer »machine d'expiation« sei[66]. Christliche Vorstellungen von Sühne werden im Lager pervertiert zum Zwecke der Unterschiebung einer Schuld. Sühnen meint, sich an die Schuld zu erinnern; sühnen rechtfertigt die Folter, unter deren Einwirkung die Gefangenen gezwungen werden, sich an die unterstellte Schuld zu erinnern. Da aus der Sicht der Nationalsozialisten deren Dasein an sich Schuld ist, erweist es sich ihrer grausamen Logik zufolge geradezu als konsequent, daß die Schuldigen erinnernd ihre Schuld zu Tode büßen.

Aus solcher Perspektive erweist sich das Konzentrationslager selbst als eine gigantische mnemotechnische Maschine. Nach dem Muster der Kafkaschen Strafkolonie wird hier der Körper reduziert auf eine Fläche, in die maschinell die Erinnerung eingeschrieben wird. Die gewaltsame Einschreibung impliziert dabei die Zerstörung der Erinnerungen und zugleich diejenige des Körpers. Die aufoktroyierte Erinnerung als körperliche Einschreibung ist absolut, wo der Körper im Mittelpunkt allen Sprechens und Handelns steht, wie in der »cité olympique« W. Das Lager wird so zum Bio-Gedächtnisraum, in dem Erinnern und Vergessen schließlich ununterscheidbar werden. Denn die Folter ist Einschreibung einer Erinnerung und Auslöschung aller Erinnerungen zugleich, bis zur Vernichtung des Lebens.

Geradezu paradigmatische Bedeutung haben in diesem Zusammenhang de Sades *Les 120 journées de Sodome*, mit denen WSE zahlreiche Korrespondenzen aufweist. Hier wie dort haben wir ein geschlossenes Universum, in dem alle Signifikanten auf den Körper verweisen, hier wie dort haben wir einen Text, der

---

66 Vgl. David Rousset, *L'univers concentrationnaire*, Paris 1965, S. 116.

durch eine einzige Isotopie begründet ist: hier die sexuelle Ausschweifung, dort der Sport.[67] Beiden antwortet jeweils ein ausgeklügeltes System der Nahrungsaufnahme. Dieses eine Paradigma wird in unzähligen Varianten – auf gleichsam monotone Weise – wiederholt. Die Entstehungsgeschichte von De Sades Text macht darüber hinaus seine besondere mnemotechnische Eignung deutlich. De Sade hatte *Les 120 journées de Sodome* schon vor seiner Inhaftierung in der Bastille geschrieben; im Kerker der Bastille gelingt es ihm, aufgrund einiger Notizen innerhalb von nur 37 Tagen den Text noch einmal zu schreiben. Diese erstaunliche Gedächtnisleistung verdankt sich der Struktur des Textes, die den Inhalt selbst schon wesentlich in sich trägt. Nach einer strengen Mathematik von Wiederholung, Kombination, Amplifikation und Multiplikation werden die Einheiten (Positionen, Personen, Akte, Figuren, Episoden) des sadistischen Todesspiels zwischen den zu Lustmaschinen reduzierten Körpern entfaltet[68]. An 120 Tagen finden 600 Perversionen statt, die wiederum auf vier »historiennes«, 42 Unterdrückte und vier Unterdrücker, 30 Opfer und 16 Überlebende verteilt werden.[69] Wie bei de Sade begegnen wir auch bei Perec einem Universum, das von einer anonymen Maschine beherrscht wird, die alle in ihr wohnenden Wesen zu ihren Teilchen macht, zu Sexmaschinen, Bußmaschinen oder Sportmaschinen. Die Maschine, der alles untergeordnet ist, kennt keine Grenzen. Unter ihrer Herrschaft wird alles möglich, weil das System einer Maschine, eines Automaten immer schon selbständig ist [Automat: was sich selbst bewegt], sich andere Maschi-

---

67 Sadismus wird hier nicht sexualpathologisch, sondern – mit Georges Bataille – existentialpsychologisch als radikale Negation des Anderen gelesen. Jean Améry verweist selbst in seinem Kapitel »Die Tortur«, in *Jenseits von Schuld und Sühne* (München 1966) ausdrücklich auf die Philosophie de Sades, um seine unter den Nazis erlittene Folter zu reflektieren. Er schreibt: »Er [der Sadist] will diese Welt aufheben, und er will in der Negation des Mitmenschen, der für ihn auch in einem ganz bestimmten Sinne die ›Hölle‹ ist, seine eigene totale Souveränität wirklich machen. Der Mitmensch wird verfleischlicht und in der Verfleischlichung schon an den Rand des Todes geführt; allenfalls wird er schließlich über die Todesgrenze hinausgetrieben ins Nichts. [...] er [der Sadist] ist Herr über Fleisch und Geist, Leben und Tod. Solcherart wird denn die Folter zur totalen Umstülpung der Sozialwelt ...« (S. 62f.).
68 Vgl. dazu Roland Barthes' eindrückliche Analyse der Sadeschen Welt. Barthes zeichnet genau nach, welchem Ordnungsdrang die sexuellen Ausschreitungen in Silling folgen (Roland Barthes, *Sade/Fourier/Loyola*, Paris 1971, v.a. S. 31ff.).
69 Nicht von ungefähr also bezeichnet Frances Yates gegen Ende ihrer umfangreichen Studie zur Tradition der *ars memoria* die mnemotechnischen Systeme als »erschreckend« (vgl. Frances Yates, *Gedächtnis und Erinnerung* ..., a.a.O., S. 279). Sie beobachtet, daß jedem mnemotechnischen System in seinem Anspruch auf Perfektion und Allumfassenheit etwas Obsessionelles, Maniakalisches innewohnt, eine Kraft, insbesondere der systematischen Wiederholung und Variation, die das ganze System erst entfaltet. Das Erschreckende der Mnemotechnik liegt weiterhin in ihrem »Konzept der akkumulierten Wissenssummen« begründet, die sich – wie Renate Lachmann schreibt – einem »kombinatorischen Kalkül« verdanken. Die Mnemotechnik »vertraut auf die Zählbarkeit der die Welt konstituierenden Dinge, der sichtbaren und unsichtbaren. Über Zahlenmagie und deren Manipulierbarkeit können alle Korrespondenzen zwischen Mikro- und Makrokosmos, zwischen der Konstitution des Menschen und jener der Welt für den Eingeweihten aufgedeckt werden. [...] Alle Schemata, von denen des Raimundus Lullus bis zu denen von Bruno und Leibniz, behaupten einen universalistischen Anspruch auf Weltwissen« (Renate Lachmann, »Text als Mnemotechnik«, a.a.O., S. 18).

nen unterordnet und ohne Freiheit operieren läßt, d.h. ohne Einwirkung eines Willens oder eines Bewußtseins, automatisch, unwillkürlich reagierend. Zugleich aber ist die Maschine zielstrebig; daß sie automatisch funktioniert, heißt auch, daß sich ihre Bewegungen in einer determinierten Regelmäßigkeit vollziehen, im Hinblick auf eine einzige, ihr als Funktion eingeschriebene Bestimmung.

Doch in W ist nicht das geplante Wirken der Maschine der eigentliche Grund für die Zerstörung, sondern die Unberechenbarkeit der Maschine, die nicht einmal mehr ihren eigenen Gesetzen folgt. In W bildet kein einziges Gesetz mehr eine Grenze oder einen Anhaltspunkt, vielmehr kann jedes Gesetz jederzeit willkürlich aufgehoben werden. Der Zufall, d.h. der Bruch mit der Regel, der permanente Einbruch des Unwahrscheinlichen, beherrscht die Welt W. Dieser – absolut gewordene – Zufall vermittelt der individuellen Erfahrung die Wirklichkeit als eine absolut chaotische. Der Zufall ist hier nicht mehr der, auf den man als Chance wetten könnte, sondern er meint vielmehr die vernichtende Willkür bzw. die Notwendigkeit der Vernichtung. In der Vernichtungsmaschinerie werden Zufall und Notwendigkeit ununterscheidbar.

Das, was in der Welt W immer *zugleich* und damit als permanenter Terror wirkt, wird im Text W* *nacheinander* beschrieben. Er inszeniert erst die strengen Regeln, dann die willkürliche Aufhebung der Regeln. Er folgt damit der Logik der sprachlichen Repräsentation, die etwas Gleichzeitiges immer nur in einem Nacheinander darstellen kann, und schöpft daraus seine analytische Kraft. Damit erreicht der Text auf der einen Seite eine Darstellung des Chaos, der Haltlosigkeit und des Terrors. Und zugleich bewahrt er seine Ordnung, schafft ein Gerüst, einen Halt dort, wo er die totale Haltlosigkeit inszeniert. Der Text folgt zunächst der Logik von W und setzt dann doch dem absoluten Zufall, der absoluten Möglichkeit in Form einer erzählerischen Ordnung eine Grenze. Zugleich macht der Text deutlich, daß der Zufall, auf den die Athleten hoffen, kein Zufall ist, sondern daß mit dem absoluten Zufall der Zufall abgeschafft worden ist und damit das Leben seiner Möglichkeit beraubt wurde. In seinem unbeirrten Abschreiten der *loci* bewahrt W* ein künstlich geschaffenes Gedächtnis, während in W selbst jegliches Gedächtnis (an Gesetze, sportliche Regeln zum Beispiel) fortwährend vernichtet wird, insofern dort Gesetz und Aufhebung des Gesetzes permanent miteinander einhergehen und zwischen Sprache und Körper keine Differenz mehr herrscht.[70]

---

70 Roland Barthes arbeitet die Rhetorik und Grammatik der Sadeschen Welt heraus. Diesem entscheidenden Gedankenschritt versuche ich in meiner Analyse von W* zu folgen. Die von Perec entworfene totalitäre Welt (und darüber hinaus jede totalitäre Welt) scheint mir genau in jenem Zusammenfall von sprachlicher Äußerung und Handlung zu bestehen, den Barthes bezüglich der sadistischen Welt folgendermaßen formuliert: »... la parole et la posture ont exactement la même valeur, elles valent l'une pour l'autre« (Roland Barthes, *Sade/Fourier/Loyola*, a.a.O., S. 37). In der Tat werden die Geschichten, die die »historiennes« in *Les 120 journées de Sodome* erzählen, alle handelnd wiederholt, und mit der Steigerung der Gewaltsamkeit der Geschichten entvölkert sich denn auch das Schloß im Schwarzwald. Die Erfahrung der Ungeschiedenheit zwischen Wort und körperlicher Einschreibung drängt sich auch in der Zeugenschaft auf. Der Körper, der die Wunden trägt, soll nun selbst unmittelbar zeugendes Wort sein. Dieser Um-

In diesem Zusammenhang wird das Ouliposche *anti-hasard*-Programm[71] sinnfällig, das nicht auf die Abschaffung des Zufalls, sondern auf die Eingrenzung des Zufalls zielt, Programm, dessen ethischer Anspruch in einem Projekt wie WSE erst richtig deutlich wird. Oulipo setzt künstliche Grenzen, »contraintes« als unhintergehbare Textregeln[72], grenzt das Feld der Möglichkeiten ein und schafft dadurch einen Raum von Möglichkeiten, jenseits der Beliebigkeit, in dem die Möglichkeit als Freiheit erscheint. Die unbegrenzte Möglichkeit hingegen mündet in die Überschreitung jeglicher Grenzen, in Terror und Vernichtung.

Das Verhältnis von W zu W* ist kein im klassischen Sinne mimetisches, keines von außersprachlicher Erfahrung zu sprachlicher Abbildung. Das mnemotechnische Konstrukt bildet keine Welt ab, sondern übernimmt deren Systematik und macht sie sich als Erinnerungsgerüst zu eigen. Dieses funktioniert gleich einer Formel, einer ›generativen Grammatik‹, die einerseits die künstliche Welt W, aber genauso das KZ hervorbringen kann. Das, was literarisch reproduziert wird, ist eine Praxis, kein historisches Gemälde. Indem die Formel selbst gewissermaßen sprachlicher Vollzug dessen ist, was real passiert, wird sie sich dem Verdacht, sich zum Komplizen der Vernichtung zu machen, aussetzen müssen. Nur insofern W* so destruktiv ist wie W, steht W* für eine Erinnerung. Genau damit setzt jedoch W* der Welt W, die für die Auslöschung jeglicher Erinnerung steht, schon wieder etwas entgegen. In seinem Verlangen nach seinem Gedächtnis, das ihm W genommen hat, verwandelt Perec genau dieses W in seine Gedächtnisstütze, die so exakt arbeitet, daß man sie für ein ›echtes‹ Gedächtnis halten könnte, und die zugleich so exakt arbeitet, daß sie darin ihre Unmenschlichkeit bloßlegt.[73]

Erst das Paradox des Textes, sowohl mnemotechnisches Kunstwerk als auch Inszenierung einer totalitären Struktur zu sein, scheint dem aporetischen Zusammenhang von Erinnern und Vergessen gerecht zu werden. Der Text ist aus dem Vergessen geboren und vergißt nie, warum er das Vergessen als Ausgangspunkt hat. Darin liegt seine erste Erinnerungsleistung. Er erinnert sich – künst-

---

kehrung steht jedoch strikt ein Begriff von Zeugenschaft entgegen, der Körper und Wort trennt, der »diese Verwechslung von Wort und *corpus delicti* zurück[weist]« (Sigrid Weigel, »Téléscopage im Unbewußten. Zum Verhältnis von Trauma, Geschichtsbegriff und Literatur«, in: Elisabeth Bronfen, Birgit R. Erdle und Sigrid Weigel (Hrsg.), *Trauma. Zwischen Psychoanalyse und kulturellem Deutungsmuster*, Köln, Weimar, Wien 1999, S. 51-76, hier: S. 73).

71 Oulipo, *Atlas de littérature potentielle*, Paris 1981, S. 25 und S. 56f.
72 Wie signifikativ die Setzung von Grenzen auch auf der Ebene des Schreibens von Perec ist, mag der Hinweis auf ein autobiographisches Detail verdeutlichen, das Perec selbst in WSE rekonstruiert: Seine Mutter wird Opfer der nationalsozialistischen Razzia, wird deportiert und in Auschwitz getötet, *weil* sie sich verließ, daß sie – einem französischen Dekret zufolge – als Kriegswitwe verschont bleiben würde *und weil* dieses Dekret nicht respektiert wurde.
73 Diese Form der Anverwandlung erinnert an den einzigen luziden Moment in Kapitän Ahabs Rachefeldzug gegen den weißen Wal. Nur einmal scheint er ihn zu besiegen, nämlich als er sein zerbrochenes Holzbein durch eine Prothese aus Walknochen ersetzt. Diese Prothese ist eine perfekte Kopie des ursprünglichen Beines, sie meint zugleich eine radikale Form der Aneignung und symbolische Überwältigung des Feindes, der das echte Bein unwiederbringlich zerstört hatte (Herman Melville, *Moby Dick* [1851], Zürich 1977, S. 475).

lich – an den Akt der Zerstörung seines Gedächtnisses, also an seine eigenen Voraussetzungen. Die Zerstörung des Gedächtnisses ist die Erinnerung, die wiedergewonnen werden sollte als un-persönliche Erinnerung, als totes Gedächtnis oder Gedächtnis der Toten.

10. Gestische Wiederholung und erinnernde Teilhabe

Perecs Erinnerungskonstrukt revolutioniert die sprachliche Repräsentation des ›Undarstellbaren‹ und zeitigt weitreichende wirkungsästhetische Folgen. Dem kreativen Umweg, der weniger abbildet als vielmehr einen vergangenen Vorgang sprachlich-handelnd wiederholt, kann sich niemand entziehen. In der gestischen Wiederholung (im Gegensatz zur ›bewältigenden Erinnerung‹) wird die Teilhabe des Lesers geradezu erzwungen. Denn kein Leser kann das Gelesene auf die Erfahrung eines anderen reduzieren. Perecs eigenwillige Form sprachlicher Darstellung der Shoah scheint mir konsequent seine Überlegungen zu Antelmes *L'espèce humaine* umzusetzen. Perec bewundert an dessen Text, daß in diesem das KZ nicht als Erfahrung eines zeugenden Ichs dargestellt wird, sondern daß aus ihm noch einmal ganz langsam das KZ in all seiner Schrecklichkeit aufsteigt:

> ... dans *L'espèce humaine*, le camp n'est jamais donné. Il s'impose, il émerge lentement. Il est la boue, puis la faim, puis le froid, puis les coups, la faim encore, les poux. Puis tout à la fois. L'attente et la solitude. L'abandon. La misère du corps, les injures. Les barbelés et la schlague. L'épuisement. Le visage du SS, le visage du Kapo, le visage du Meister. L'Allemagne entière, l'horizon entier: l'univers, l'éternité.[74]

Viel deutlicher, als dies bei Antelme je der Fall ist, vollzieht sich das Beschriebene in W*, wo die olympische Stadt zunächst wie eine idyllische Internatsgemeinschaft erscheint, um sich dann, nach und nach, mit jedem Kapitel ein Stück weiter, als Vernichtungsmaschine zu entlarven. Perec schreibt gewissermaßen Antelmes Text um, indem er aus ihm alle subjektgebundenen Aussagen – Aussagen über das Subjekt selbst und über die Wahrnehmung seiner Umwelt – ausstreicht und nur dessen Raster übernimmt. Anstatt eines persönlichen Erfahrungsberichtes liefert Perec ein kognitives Modell, an dem lesend eine Erfahrung gemacht wird.

Perecs literarische Vorgehensweise erinnert mithin an die Schock-Theorie von Walter Benjamin[75], die dem Zusammenhang von Wiederholen und Erinnern, der schon in meinen Untersuchungen zu Proust bedeutsam wurde, eine nochmals andere Wendung gibt. Mit Blick auf Baudelaire beschreibt Benjamin den künstlerischen Schaffensprozeß als Wiederholung des Darzustellenden, insofern diese Konfrontation als Duell beschrieben wird, in dem der Künstler, ehe er be-

---

74 Georges Perec, »Robert Antelme ... «, a.a.O., S. 96.
75 Walter Benjamin, »Über einige Motive bei Baudelaire«, a.a.O., Band I.2.

siegt wird, vor Schrecken aufschreit.[76] Das Bild des Duells, in dem der Künstler selbst unterliegt, ist gerade des Nicht-Bewältigbaren, das in der herkömmlichen Vorstellung von Erinnerung ungedacht bleibt, eingedenk. Der Aufschrei des Schreckens gilt jedoch nicht nur für den schaffenden Künstler, sondern er muß sich in der lesenden Rezeption abermals wiederholen. Denn nur wenn es die künstlerische Verarbeitung der Grausamkeit schafft, das Bewußtsein (des Lesers) zu treffen, ja zu verletzen, gelingt sie. In der Verletzung wird damit gleichsam eine Gedächtnisformation, die das Ereignis bis dahin bewahrt hatte, zerstört. Der Künstler, in unserem Falle Perec, durchbricht auf diese Weise seine bislang herrschenden Erinnerungsbahnen, »les chemins trop bien balisés de mes labyrinthes«, die »réponses toutes prêtes« hervorbringen und damit eher zudecken als aufdecken:

> Il fallait d'abord – so Perec programmatisch – que s'effrite cette écriture carapace derrière laquelle je masquais mon désir d'écriture, que s'érode la muraille des souvenirs tout faits, que tombent en poussière mes refuges ratiocinants.[77]

Derselbe Schock, dieselbe Ver- und Zerstörung muß auch dem schon gefertigten Gedächtnis des Lesers widerfahren. Erst dann hat der Text gesprochen. Die Poetik des Schocks muß selbst brutal sein, um über Brutalität nachzudenken. Im mnemotechnischen Muster findet Perec eine sprachliche Vergegenwärtigung eines Gewaltaktes, in der sich das sprechende Ich selbst die größte Gewalt antut, sich auslöscht und aus dem Text verbannt. Da Perec das mnemotechnische Konstrukt genau die Wege der Logik der nationalsozialistischen Vernichtungsmaschinerie einschlagen läßt, gelingt es ihm, ›künstlich‹ (durch das Kunst-Gedächtnis) schockartig Abwehrmechanismen zu durchbrechen und in das pure Grauen hineinzuführen: durch das Schreiben für den Leser eine traumatische Erfahrung zu schaffen. Diese Kunst-Erinnerung ist nicht mehr an die Erfahrung eines anderen anbindbar und damit nicht mehr reduzierbar auf etwas, das den Lesenden nichts angeht; im Gegenteil, losgelöst von der individuellen Erfahrung wird diese geschaffene Erinnerung allgegenwärtig: sie ist allegorische Deutung einer Welt als Lager, sie ist die Grammatik, die sowohl das nationalsozialistische Konzentrationslager als auch die Internierungslager in den Sportstadien unter Pinochet hervorgebracht hat, die Grammatik, die allen geschlossenen Räumen zugrunde liegt, in denen das Leben auf den Körper, der Körper auf eine Maschine, das Leben auf das Überleben reduziert werden.[78] Die Erinnerung weist damit über ihren strikten Bezug auf eine historische Vergangenheit hinaus, umgreift als Deutungsmodell Gegenwart und Zukunft. Nachgeborenheit schützt vor dieser

---

76 Ebd., S. 615f.
77 So Georges Perec selbst in »Les lieux d'une ruse«, in: ders., *Penser/Classer*, Paris 1985, S. 59-72, hier: v.a. S. 67.
78 Dies ist nicht im Sinne eines relativierenden Vergleichs zu verstehen, denn die mimetisch-analogisierende Herangehensweise wird ja gerade verabschiedet zugunsten einer strukturell-generierenden Darstellung.

Erinnerung nicht, stammt sie doch von jemandem, der selbst – wie die meisten Leser – die Shoah nicht als Teil seiner persönlichen Erinnerung bezeichnen kann. Jedem, der nicht (von selbst) erinnert, wird diese Erinnerungsbrücke geradezu aufgezwungen, die an den unerinnerbaren Raum heranführt.

II. Traum, Phantasma, Trauma –
Die Autobiographie im Zeichen des Vergessens

1. Freuds Gedächtnistheorie und die Grenzen der Hermeneutik

Sowohl der autobiographische als auch der fiktive Teil von WSE lassen sich als ›Traum-Text‹[1] interpretieren. Dies hat weitreichende Konsequenzen, erstens für den Status von Erinnern und Vergessen, die im Traum in ein grundlegend anderes Verhältnis zueinander treten, zweitens für die Möglichkeiten und Grenzen der Interpretation des Textes. Beide Fragestellungen möchte ich zunächst theoretisch erläutern, ehe ich WSE selbst als ›Traum-Text‹ lese. Grundlegend dafür scheint mir weiterhin Freuds Gedächtnistheorie zu sein. Zum einen wird in ihr das komplexe Mit-, Neben- und Gegeneinander der psychischen Systeme, des Gedächtnisses und des Traums diskutiert; zum anderen finden wir schon bei Freud die Anbindung des Unbewußten an die Sprache. Während dieser sich dafür interessiert, aus der sprachlichen Manifestation (der Traumerzählung) den Urgrund des Unbewußten ausfindig zu machen, geht es hier vielmehr darum, die Gesetze des Zusammenwirkens zwischen Unbewußtem und Bewußtem für eine Textanalyse fruchtbar zu machen. WSE soll nicht psychoanalysiert werden, sondern gelesen werden als ein durch eine Psyche hervorgebrachter Text, in dem diese Psyche sich zeigt, mehr noch allerdings sich fortwährend entzieht. Der Entzug der Psyche bedeutet darüber hinaus eine Verselbständigung des Textes, der es, ebenso wie Perecs ambivalentem Verhältnis zur Psychoanalyse, gerecht zu werden gilt.

Wenn ich hier noch einmal die theoretischen bzw. metapsychologischen Schriften von Freud[2] lese, dann nicht nur, weil seine Analysen so anschaulich

---

1 Zum Status des ›Traum-Textes‹, siehe das nächste Kapitel.
2 Mit besonderem Augenmerk auch auf Texte, die in den beiden deutschen Freud-Ausgaben (in: *Gesammelte Werke in 18 Bänden*, hrsg. von Anna Freud, London 1940ff. als auch in *Studienausgabe in 10 Bänden (+Ergänzungsband)*, hrsg. von Alexander Mitscherlich, Angela Richards, James Strachey, Frankfurt a. M. 1969-1975) ein marginales Dasein führen. Die Edition von Freuds Schriften ist ein für sich stehendes Gedächtnisproblem. Bekanntlich hat die Verfügung Freuds, daß kein voranalytischer Text in die Gesamtausgabe aufgenommen werden solle (*Gesammelte Werke*, Band I, S. VI), die Rezeption wichtiger Beiträge, wenn nicht ganz verhindert, so doch ausgesprochen verzögert. Dies betrifft zumeist Studien mit neurologischem Ansatz wie zum Beispiel die schon diskutierte Aphasie-Studie. Meine Interpretationen stützen sich auf einige neuere deutsche Studien (z.B. Hans-Dieter Gondek, *Angst Einbildungskraft Sprache. Ein verbindender Aufriß zwischen Freud – Kant – Lacan*, a.a.O.; Hans-Dieter Gondek und Peter Widmer (Hrsg.), *Ethik und Psychoanalyse. Vom kategorischen Imperativ zum Gesetz des Begehrens: Kant und Lacan*, Frankfurt a. M. 1994) und auf Jacques Derridas Freud-Lektüren: »Freud et la scène de l'écriture«, a.a.O.; »Spéculer – sur Freud«, in: *La carte postale de Socrate à Freud et au-delà*, a.a.O., S. 275-438; *Mal d'archive*, Paris 1995; *Résistances de la psychanalyse*, Paris 1996.

und einprägsam sind, sondern auch, weil wir bei ihm die Unsicherheiten und Grenzen seiner Theoriebildung als Korrekturvorgang (der in vielem an den Korrekturvorgang bei Perec erinnert) genau beobachten können. Freud ist einer der Autoren, der – beim Korrigieren – nur in den seltensten Fällen etwas durchgestrichen bzw. unleserlich gemacht hat, was seinem Text häufig einen äußerst ambivalenten Status verleiht.[3] Das erkenntnisleitende Interesse bei dieser Freudlektüre soll die Frage nach dem Vergessen sein. Wie denkt Freud das Vergessen? Welchen Ort im psychischen System weist er dem Vergessen zu?

1.1. System Bewußt/System Unbewußt

Die Überlegungen zur Funktionsweise des menschlichen Gedächtnisses, wie sie zum Beispiel grundlegend in der »Notiz zum Wunderblock« aus dem Jahre 1915 dargelegt werden, basieren hauptsächlich auf der Vorstellung eines doppelten Systems, wobei das eine die Wahrnehmung und Aufnahme garantiert (das System Bw), das andere die Speicherung (das System Ubw).[4] Semantisch in Opposition zueinander stehend, erweisen sich Unbewußt und Bewußt indes als Konzepte, die vielschichtig miteinander verschränkt sind und letztlich gar nicht mehr als getrennte Einheiten verstanden werden können. Sie wirken gegeneinander, kontaminieren sich dabei jedoch ständig. Das wird am Traum sehr deutlich, der ja bekanntlich von beiden Kräften hervorgebracht wird. Vereinfacht gesagt, liefert das Unbewußte das Material, das das Bewußtsein zensiert und somit zum Umbau zwingt. Der hervorgebrachte Traum erscheint dem wachen Bewußtsein schließlich aber als ›Einheit‹, in der die unbewußten und bewußten Anteile ununterscheidbar geworden sind. Besonders bemerkenswert ist es, daß das Bewußtsein sich seiner von ihm hervorgebrachten Zensur nicht im mindesten bewußt ist. Das Bewußtsein erscheint mithin als Unbewußtes, insofern es ihm an Selbst-Bewußtsein mangelt.

Für die Speicherung der Reize und Wahrnehmungen ist das System Ubw verantwortlich, es ist damit *wesentlicher* Bestandteil des Gedächtnisses. Im frühen *Entwurf* stellt sich Freud dabei zunächst das Gedächtnis als ein System aus Bahnungen bzw. Spuren vor: »Das Gedächtnis ist dargestellt durch die zwischen den psiNeuronen vorhandenen Bahnungen.«[5] Ein Reiz, ein sinnlicher *Eindruck*, hinterläßt eine Spur zwischen den Neuronenbahnen, schreibt sich also ein als Differenz.[6] Diese grundlegende Vorstellung findet sich in der »Notiz zum Wunder-

---

3 Vgl. den Hinweis in der Editorischen Einleitung zu *Entwurf einer Psychologie,* in: *Gesammelte Werke,* a.a.O., Nachtragband (Band 19), S. 379.
4 Im Laufe der Entwicklung seiner Theorie führt Freud das Vorbewußte als dritte Größe ein, die zwischen den beiden Instanzen wirkt.
5 Sigmund Freud, *Entwurf einer Psychologie,* a.a.O., S. 392.
6 Freud erläutert das Konzept von Spur und Differenz auch in *Traumdeutung,* a.a.O., S. 579: »... Vorstellungen, Gedanken, psychische Gebilde [können] im allgemeinen überhaupt nicht in organischen Elementen des Nervensystems lokalisiert werden, sondern sozusagen *zwischen ihnen,*

block« wieder, in der die frühe Theorie durch den Vergleich mit der Gedächtnismetapher Wunderblock an Anschaulichkeit gewinnt.[7] Der Wunderblock besteht aus einem Zellophan-Deckblatt und einer dahinterliegenden Wachsschicht. Mittels Abheben des Deckblatts oder eines Schiebers wird die eingravierte Schrift wieder gelöscht, das Täfelchen neu beschreibbar. Im Wachs bleibt die Schrift indessen als »Dauerspur« erhalten. Für Freud bedeutet das Deckblatt das System Bw, das für die Reizaufnahme, also Wahrnehmung zuständig ist und immer wieder freigehalten werden muß, um neue Reize aufzunehmen. Das Bewußtsein ist daher ohne Gedächtnis.[8] Die Wachsschicht entspricht hingegen dem System Ubw, das für die dauerhafte Speicherung der Reize in Form von Spuren zuständig ist.

Das dem System Ubw zugeordnete Gedächtnis ist also eines, das speichert, aber weitgehend unzugänglich bleibt. Dort liegen Erinnerungen, die dem Bewußtsein nicht präsent, sondern vielmehr vergessen sind (bzw. wie wir gleich sehen werden, verdrängt sind). Dies ist eine erste Stufe der Erinnerung (eine Art *passive* Erinnerung), auf die dann eine zweite Stufe der Erinnerung, der *Erinnerungsakt* folgt, der die unbewußten Erinnerungen in den Status des Bewußtseins hebt.

Das Vergessen heißt, entgegen den psychologischen Auffassungen seiner Zeit, bei Freud Verdrängung. Verdrängung meint ein eingeschränktes Vergessen in der Form einer unbewußten, vorübergehend unzugänglichen Erinnerung, die aber in jedem Fall gespeichert ist und auch wieder erinnert werden kann. Ein Teil des Gedächtnisses wird also immer aus solchen Verdrängungen bestehen, die durch ein übermäßiges Eindringen von Reizen zustande gekommen sind, nun den »psychischen Haushalt« zu gefährden drohen und von daher – ohne je in den Stand des Bewußtseins getreten zu sein – ins Unbewußte eindringen, um dort im Verborgenen zu wirken. Sie erweisen sich als besonders resistent gegen jede Bewußtmachung. Erinnert zum Beispiel eine neue Wahrnehmung an das Verdrängte, so präsentiert sich anstelle der Erinnerung des verdrängten Ereignisses eine Platzhaltererinnerung.[9]

Die Verdrängung ist also weder reines Vergessen noch reine Erinnerung, sie ist jenes Zwittergebilde einer Erinnerung, die vergessen werden will, aber weiterhin gespeichert ist. Sie macht sich denn immer erst im Nachhinein bemerkbar, wenn sie – verfremdet durch die Zäsur des unlust-vermeidenden Bewußtseins – schließlich als Symptom oder Reaktionsbildung zurückkehrt. Im Symptom zeigt sich das Verdrängte und verbirgt sich zugleich, bleibt rätselhaft. Die Wiederkehr des Verdrängten konstituiert deshalb noch kein Ereignis der Erinnerung, sondern

---

wo Widerstände und Bahnungen das entsprechende Korrelat bilden. Alles, was Gegenstand unserer inneren Wahrnehmung werden kann, ist *virtuell*, wie das durch den Gang der Lichtstrahlen gegebene Bild im Fernrohr.«

7 Vgl. zur Funktionsweise dieser Metapher innerhalb der Theoriebildung das Kapitel I, 2. des ersten Teils der Arbeit.
8 Vgl. auch Sigmund Freud, *Traumdeutung*, a.a.O., S. 583.
9 Vgl. ders., *Entwurf einer Psychologie*, a.a.O., S. 443.

erst (ich gehe weiter unten darauf ausführlicher ein) die Durcharbeitung der Widerstände, die es zur Verdrängung kommen ließen, und die anschließende Bewältigung des Verdrängten.

Der Praktiker Freud führt Fälle an, in denen es ihm als Therapeut gelingt, das Verdrängte interpretierend in eine ›wahre Erinnerung‹ umzuwandeln und damit den Patienten zu heilen. Das Zwittergebilde wird aufgelöst zugunsten reiner, präsenter Erinnerung. Das Vergessen bzw. das Fortdauern der Verdrängung erweist sich dagegen als beständig drohende Gefahr des Scheiterns oder der unendlichen Analyse. Das Trauma, zum Beispiel, ist eine Form der Zerstörung des Gedächtnisses, die den Erfolgschancen der Analyse entscheidende Grenzen setzen dürfte. Die Zerstörung des Gewebes (so die wörtliche Bedeutung des Traumas) ist als eine Wunde bzw. als ein Loch vorstellbar, das sich nicht auf einen Ort, eine Erinnerungs-Spur zurückführen läßt. Kurzum, es stellt keine der Formationen dar, in denen wir uns eine Erinnerung vorstellen können. Das Eingeritzte, die Differenz, als die sich das Gedächtnis niederschlägt, reißt im Trauma auseinander. Das Trauma bedeutet das Ende des Speichermodells; es meint mithin die weitgehend unheilbare Verletzung des Gedächtnisses, an die der daraus rührende Schmerz erinnert.

1.2. Der Traum als unentschlüsselbares Gedächtnis

Wir haben bislang gesehen, daß das Gedächtnis weitgehend unbewußt ist. Der Traum ist bekanntlich von Freud zur »Via regia zur Kenntnis des Unbewußten im Seelenleben«[10] ernannt worden und dürfte von daher den Modus eines aktiven Gedächtnisses darstellen. Im Traum kehrt sich das Verhältnis von Erinnern und Vergessen gewissermaßen um: Die bei Tage bewußten Erinnerungen treten zurück und machen den ansonsten unbewußten Erinnerungen Platz; die Abwehrschirme und Zensurinstanzen des Bewußtseins sind im Schlaf herabgesetzt, jedoch nicht ausgesetzt; das andrängende Unbewußte kann sich artikulieren, jedoch nicht frei und unverstellt. Das vom Unbewußten gelieferte Material unterliegt weiterhin den von der Zensur bewirkten Umgestaltungsprozessen der Verdichtung und Verschiebung. Die vom Bewußtsein bewirkte Umarbeitung der unbewußten Erinnerungen bringt den Traum hervor. Nach dem Erwachen setzt das – lückenhafte – Erinnern an den Traum ein und damit eine weitere Stufe der Selektion und Umarbeitung: Teile des Traums sind schon vergessen oder werden bald vergessen; viele der vagen, flüchtigen Bilder lassen sich gar nicht in das logische Nacheinander eines Textes übersetzen. An die Erzählung knüpfen sich Assoziationen, erste Ansätze einer Interpretation, die selbst wiederum nur, folgt man auch hier Freud, oberflächlicher Art sind, Ersatzbildungen für tieferliegende Eindrücke.[11] In der nachträglichen Erzählung entfernt sich der Traum also abermals

---

10 Ders., *Traumdeutung*, a.a.O., S. 577.
11 Ebd., Kap VII »Das Vergessen der Träume«, v. a. S. 507ff.

von seinem ›Urbild‹. Dennoch behandelt Freud die Traumerzählung als ›heiligen Text‹, in dem nichts willkürlich bzw. zufällig sei, sondern alles die Verschlüsselung eines verborgenen Inhalts meine. Die Entstellung interpretativ rückgängig zu machen, erweist sich aufgrund der doppelten Vermittlung als sehr schwierig. Es geht nicht einfach um eine Auflösung der einzelnen Traumbilder, also nicht um eine 1:1 Übersetzung, sondern

> es erweist sich vielmehr, daß wir bei Tag über neue Gedankenverbindungen Schachte führen, welche die Zwischengedanken und die Traumgedanken bald an dieser, bald an jener Stelle treffen. Wir können sehen, wie sich das frische Gedankenmaterial des Tages in die Deutungsreihen einschiebt, und wahrscheinlich nötigt auch die Widerstandssteigerung, die seit der Nachtzeit eingetreten ist, zu neuen und ferneren Umwegen.[12]

Nach 500 Seiten Traumdeutung begegnet der Leser dieser Einsicht, die das so optimistisch begonnene hermeneutische Projekt, das im Traum von Irmas Injektion und seiner Deutung einen ersten Höhepunkt erfährt (»Ich habe nun die Traumdeutung vollendet. [...] Wenn man die hier angezeigte Methode der Traumdeutung befolgt, findet man, daß der Traum wirklich einen Sinn hat und keineswegs der Ausdruck einer zerbröckelten Hirntätigkeit ist, wie die Autoren wollen. *Nach vollendeter Deutungsarbeit läßt sich der Traum als eine Wunscherfüllung erkennen.*«[13]), grundlegend erschüttert. Die *Traumdeutung* erscheint nun selbst gewissermaßen wie ein (Wunsch)-Traum der Deutung. In Erinnerung an diesen Traum schreibt Freud am 12. Juni 1900 an seinen Freund Fliess: »Glaubst Du eigentlich, daß an dem Hause [Haus Bellevue (!), am Hang des Wienerwalds, in dem er den Traum von Irmas Injektion hatte, J.K.] dereinst auf einer Marmortafel zu lesen sein wird?: „Hier enthüllte sich am 24. Juli 1895 dem Dr. Sigm. Freud das Geheimnis des Traumes".« Dem fügt er hinzu: »Die Aussichten sind bis jetzt hiefür gering.«[14] Gering sind die Aussichten auf Anerkennung, gering sind die Aussichten auf die Lösung des Geheimnisses selbst. Das Projekt, eine umfassende Traumtheorie zu schaffen, welche die Entstehung des Traumes und seine Deutung erklärt, wird zwar nicht aufgegeben, aber es treten in der fortlaufenden Reflexion die Unwägbarkeiten immer deutlicher zutage. Das letzte Kapitel der *Traumdeutung* (XII. F.) stellt denn auch eine abschließende Revidierung des Gesagten dar. Korrigiert wird die bisherige Vorstellung von den zwei Systemen als zwei *Orte* und die daran geknüpfte Vorstellung, daß das Unbewußte ein Inhalt sei, der vom System Ubw ins System Bw übersetzt werde, im Unbewußten als Original zugleich erhalten bleibe. Das topische Modell wird durch ein dynamisches ersetzt, das der Vorstellung des Unbewußten bzw. des Gedächtnisses als Bahnung und Differenz gerechter wird. Von nun an werden

---

12 Ebd., S. 509.
13 Ebd., S. 140, kursiv im Original.
14 Brief an Wilhelm Fliess vom 12. Juni 1900, in: Sigmund Freud, *Briefe 1873-1939*, Frankfurt a. M. 1960, S. 237.

Unbewußtes und Bewußtes als virtuelle Lichtbrechungen und Verspiegelungen aufgefaßt:

> Alles, was Gegenstand unserer inneren Wahrnehmung werden kann, ist virtuell, wie das durch den Gang der Lichtstrahlen gegebene Bild im Fernrohr. Die Systeme aber, die selbst nichts Psychisches sind und nie unserer psychischen Wahrnehmung zugänglich werden, sind wir berechtigt anzunehmen gleich den Linsen des Fernrohrs, die das Bild entwerfen. In der Fortsetzung dieses Gleichnisses entspräche die Zensur zwischen zwei Systemen der Strahlenbrechung beim Übergang in ein neues Medium.[15]

Diese Auffassung hat folgende Konsequenzen: Erstens, was übersetzt wird, ist Energie, die Freud Besetzungsenergie bzw. Innervation nennt; zweitens wird das Bild der Einschreibung einer Dauerspur im Unbewußten verabschiedet zugunsten der Vorstellung von virtuellen Bildern, die, sobald sie gebrochen werden, d.h. in ein anderes System treten, im je vorgängigen System verschwinden. Im dynamischen Modell schließlich muß sich die Vorstellung von einem Ursprung endgültig auflösen. Im selben Kapitel wird schließlich auch die Virulenz des Übergangs von einem zweistufigen zu einem dreistufigen Modell deutlich. Mit der Annahme eines Vorbewußten (Vbw), das als Schirm zwischen Ubw und Bw wirkt, erscheint das Ubw noch einmal unzugänglicher. Was aus der Tiefe der Seele ans Bewußtsein gelangt, ist nur das Vorbewußte, das eigentliche Ubw ist »bewußtseinsunfähig«[16].

1.3. Bewußtwerdung als Abschaffung des Gedächtnisses

Aus den Überlegungen Freuds ergeben sich – denkt man sie in Bezug auf unser Thema weiter – einige überraschende Konsequenzen. Erstens scheint in der Betonung des Unbewußten der Erinnerung eine erstaunliche Nähe zwischen Bewußtsein und Gedächtnislosigkeit, d.h. Vergessen auf. Das Gedächtnis als Raum unbewußter Erinnerungen ist ein im wesentlichen unzugänglicher, d.h. Erinnerung ist in keiner Weise präsent bzw. unmittelbar zugänglich. Zweitens stehen Unbewußtes und Bewußtes in einem Übersetzungsverhältnis, das schließlich als Ersetzungsverhältnis präzisiert wird. Das (entstellte) Bewußtsein einer Erinnerung entstehe *an Stelle* der Erinnerungsspur.[17] Die Therapie, die u.a. über die Traumdeutung die unbewußte Erinnerung bewußt machen will (gegen die unbewußte Erinnerung steht hier der Erinnerungsakt), scheint unter den erörterten Vorzeichen eine Auslöschung des Unbewußten, mithin eine Auslöschung des

---

15 Sigmund Freud, *Traumdeutung*, a.a.O., S. 579.
16 Ebd., S. 582.
17 Ders., *Jenseits des Lustprinzips*, a.a.O., S. 235.

Gedächtnisses zu zeitigen.[18] Auf der Ebene der Abfuhr und Heilung finden wir jene zweite Stufe des Vergessens, die wir weiter oben angedeutet haben. Diese wird nie ausdrücklich thematisiert, doch ergibt sie sich aus der Logik der weitreichenden Einsicht, daß »Bewußtwerden und Hinterlassung einer Gedächtnisspur [...] miteinander unverträglich [sind].«[19]

Die Erinnerungsspur wird durch das Bewußtsein gelöscht. Das Bewußtsein selbst ist aber ohne Gedächtnis. Eine totale und vollendete Therapie (die es nicht gibt) würde aus dieser Perspektive den Tod des Unbewußten, den Tod des Gedächtnisses und damit den Tod des Patienten bedeuten. Insofern erweist sich Freuds Theorie ebenfalls dem durch sie offengelegten Todestrieb unterworfen. Allein die wiederholte Infragestellung derselben, die Anerkennung der Entzugskraft des Unbewußten, markiert eine Resistenz gegen den ihr selbst innewohnenden Trieb.

Gerade in den späten Texten, die nach der entscheidenden Wende der Entdeckung und Anerkennung des Todestriebes in *Jenseits des Lustprinzips* entstanden sind, treten einerseits die Therapie als Akt der Gedächtnistötung und andererseits die Unmöglichkeit, die Deutung zu einem Abschluß zu bringen, immer stärker zutage.

Die unter Hilfestellung des Therapeuten zustandekommende Durcharbeitung der Widerstände ermöglichen dem Ich (dem Bewußtsein) »Zugriff« auf die verdrängte und folglich unbewußte Erinnerung. Der »Zugriff« kann diese »bändigen«[20]. In dem aus dem Jahre 1937 stammenden Text *Die endliche und die unendliche Analyse* nimmt Freud den Gedanken der »Bändigung« wieder auf und ambiguiert ihn in der sprachspielerisch anmutenden Gegenüberstellung mit dem Verb »erledigen«. Es lohnt sich, diese Textstelle, die sich über eine ganze Seite erstreckt, genauer zu lesen. Die Überlegung wird mit dem Wort »erledigen« eingeleitet:

> Ist es möglich, einen Konflikt des Triebs mit dem Ich oder einen pathogenen Triebanspruch an das Ich durch analytische Therapie dauernd und endgültig zu erledigen?[21]

Um Mißverständnisse zu vermeiden, die das Wort »erledigen« hervorrufen könnte[22], grenzt Freud explizit die Bedeutung des Erledigens ein:

---

18 Die Präposition »an Stelle der« bedeutet – vor dem Hintergrund der revidierten Auffassung des psychischen Systems – bei weitem mehr als eine örtliche Identität, deutet auf ein »anstatt«, das im radikalen Sinne die Auslöschung des Vorgängigen meint. Selbstverständlich wirkt in einer Substitution immer kryptisch das Ersetzte weiter, jedoch in alterierter Weise.
19 Vgl. dazu Sigmund Freud, *Jenseits des Lustprinzips*, a.a.O., S. 235.
20 Dieser Gedanke findet sich so schon in Freuds frühestem Text, der im übrigen von ihm selbst ›verdrängt‹ wurde, in dem aber schon viele Gedanken vorweggenommen sind, die in den späten Texten wieder auftauchen. Vgl. ders., *Entwurf einer Psychologie*, a.a.O., S. 470.
21 Ders., *Die endliche und die unendliche Analyse*, in: *Studienausgabe* (Ergänzungsband), S. 365.
22 »Erledigen« ist zweideutig: 1) für Sachen: etwas ausführen, besorgen, fertig machen, zu Ende arbeiten, in Ordnung bringen; 2) für Personen: aus dem Weg schaffen, umbringen, töten, beseiti-

[E]s ist wahrscheinlich zur Vermeidung von Mißverständnissen nicht unnötig, näher auszuführen, was mit der Wortfügung: dauernde Erledigung eines Triebanspruchs gemeint ist. Gewiß nicht, daß man ihn zum Verschwinden bringt, so daß er nie wieder etwas von sich hören läßt. Das ist im allgemeinen unmöglich, wäre auch gar nicht wünschenswert. Nein, sondern etwas anderes, was man *ungefähr* als die »Bändigung« des Triebs bezeichnen kann.[23]

Einen Abschnitt später nimmt er die Frage abermals auf und führt den doppelten Diskurs vom »Erledigen« und »Bändigen« ungebrochen weiter:

Die Frage hat gelautet, ob es möglich ist, einen Triebkonflikt dauernd und endgültig zu erledigen, d.h.: den Triebanspruch in solcher Weise zu »bändigen«.[24]

Hier nun zeigt sich, daß »bändigen« zur uneigentlichen Sprechweise mutiert und gerade nicht in der Lage ist, »erledigen« semantisch zu »bändigen«. Nicht »erledigen« wurde in seiner Bedeutung eingeschränkt, sondern vielmehr »bändigen« in seiner Bedeutung erweitert zu »dauernd und endgültig erledigen«, »abhaken«, »töten«. Wieder scheint der beunruhigende Zusammenhang zwischen Heilen, endgültigem Vergessen und Töten auf.[25] Denn »bändigen« heißt in der Tat nicht harmonisierendes Bewahren, wie ein Blick auf die erste Erwähnung der »Bändigung« im *Entwurf* zeigt, sondern »Bändigung« der Erinnerung durch »Denkbahnung«. Die »Deckbahnung« hat zur Folge, daß die Erinnerungsbahn nicht mehr »gebraucht« wird und somit langsam, wie das Spuren und Bahnen eigen ist, verfällt.[26]

1.4. Die Grenzen der Deutung

Der diskutierte Abschnitt in *Die endliche und die unendliche Analyse* wird unterbrochen durch die Frage, wie denn der Zugriff auf das Unbewußte und die Bändigung des Unbewußten zu einem harmonisierenden Ausgleichsprozeß zwischen Ich und Trieb führen können. Es dürfte kaum eine aufsehenerregendere Antwort in Freuds Werk geben als die hier folgende:

---

gen, zugrunde richten (Wahrig). »Bändigen« hingegen verweist eindeutig auf Lebewesen, so daß das ersetzte Wort »erledigen« im zitierten Kontext auch nur in Bezug auf Lebewesen gemeint sein kann, also als »umbringen« interpretiert werden muß.

23 Sigmund Freud, *Die endliche und die unendliche Analyse*, a.a.O., S. 365 (ich unterstreiche). Man beachte auch die durchgehende Setzung des Verbes »bändigen« in Anführungsstrichen, während »erledigen« ohne Anführungsstrichen geschrieben wird.
24 Ebd., S. 366.
25 Die Aufhebung des Triebkonfliktes ist die Stillstellung einer Dynamik, die das Leben eigentlich ausmacht. Die Therapie unterstützt damit den sogenannten Todestrieb, der eben gerade darin besteht, daß der Mensch zur Konflikt-, Unlust- und Reizvermeidung neigt, was sich u.a. in seiner Sehnsucht nach dem ursprünglichen, embryonalen Zustand ausdrückt. Vgl. hierzu v.a. Sigmund Freud, *Jenseits des Lustprinzips*, a.a.O.
26 Vgl. ders., *Entwurf einer Psychologie*, a.a.O., S. 471.

Man muß sich sagen: »So muß denn doch die Hexe dran.« Die Hexe Metapsychologie nämlich. Ohne metapsychologisches Spekulieren und Theoretisieren – beinahe hätte ich gesagt: Phantasieren – kommt man hier keinen Schritt weiter. Leider sind die Auskünfte der Hexe auch diesmal weder sehr klar noch sehr ausführlich.[27]

Der faustisch-freudsche Erkenntniswille gesteht hier – offener geht es kaum – seine Grenzen ein. Für eine Textinterpretation, vor allem eine, die – wie im folgenden – den Text als ›Traum-Text‹ zu lesen versucht, mag man folgende Schlußfolgerungen daraus ziehen. Erstens kann es kaum gelingen (es sei denn als phantasierendes Spekulieren), das verborgene Unbewußte, das den Text hervorgebracht hat, zu entschlüsseln. Vielmehr muß es darum gehen, den Prozeß der Kryptisierung nachzuzeichnen. Die Verschlüsselung (ich argumentiere nur auf sprachlicher Ebene) vollzieht sich zum Beispiel im Auseinanderreißen und der anschließenden Neuordnung von Zusammenhängen, in der Fragmentierung und collagenartigen Gestaltung des Textes. Zweitens folgt, daß jede interpretative Aufhebung eines Vergessens *Konstruktion* einer Erinnerung ist. Das wird im spekulativen Anteil der Freudschen Analyse sehr deutlich. Die Konstruktion wird dabei durchaus therapeutisch wirksam, indem sie sich als Original ausgibt, perfektes Simulakrum ist.[28] Dies ist weniger als Versagen zu bewerten denn als fruchtbarer Zweifel, der im übrigen das Modell eines Gedächtnisses als eines optischen Apparats aus Licht, Brechungen und Spiegelungen konsequent weiterdenkt.

Die Konstruktion im wahrsten Sinne des Wortes (als etwas nicht Originäres, nicht Natürliches) spielt in der Literaturauffassung Perecs eine entscheidende Rolle und wirkt auch und im besonderen da, wo er die dunklen Seiten seiner Psyche schreibend auszuleuchten versucht. Was im Text als Erinnerung ausgegeben wird, ist schriftstellerische Konstruktion, die selbstauferlegten sprachlichen Gesetzen (»contraintes«) folgt. Der Interpret kann diesen konstruktiven Aspekt nicht hintergehen, er kann allein ihm folgen und versuchen, ihn zu veranschaulichen.

2. Vom psychischen Apparat zum Sprachapparat – Lektüren des Phantasmas

2.1. Perecs Verhältnis zur Psychoanalyse

Perecs Leben und Schriftstellertum ist – *malgré lui* – eng mit der Psychoanalyse verbunden. Mehrere Therapien zeugen davon; die letzte, vierjährige Analyse bei Jean-Bertrand Pontalis von Mai 1971 – Juni 1975, also im Zeitraum der langen Entstehungsgeschichte von WSE, kommentiert Perec kritisch distanziert in ei-

---

27 Ders., *Die endliche und die unendliche Analyse*, a.a.O., S. 366.
28 Vgl. hierzu ders., *Konstruktionen in der Analyse*, in: *Studienausgabe*, a.a.O., Band X, S. 396-403.

nem Essay, dessen Titel »Les lieux d'une ruse« das Gegenüber von Analytiker und Analysand als ein gegenseitiges Sich-Austricksen schon andeutet. WSE verfolgt dasselbe Ziel wie die Psychoanalyse, allerdings unter entgegengesetzten Vorzeichen. Der literarische Text folgt einem grundsätzlich anderen Weg als die Therapie, um dem Vergessen bzw. Verdrängen, den Deckerinnerungen und Phantasmen beizukommen. Das, was in einer klassischen Psychoanalyse als zu Bekämpfendes erscheint, wird im Schreiben zum notwendigen Material der Textproduktion und damit positiv umgewertet. Ein weiteres Problem in der Therapiesituation liegt im sogenannten ›direkten Aussprechen‹ der Dinge begründet: »Je parcourais allégrement les chemins trop bien balisés de mes labyrinthes ...«[29]. Perec befriedigt mit einem hohen Grad an Selbstreflexion und der gelungenen sprachlichen Zurschaustellung seiner Psyche den äußeren Rahmen der Analysesituation, doch er wiederholt dabei immer nur die Geschichte, die er sich zurechtgelegt hat, um sich vor dem Zugriff auf seine ›eigentliche‹ (nach psychoanalytischer Doktrin sogenannte verdrängte) Geschichte zu schützen. In der Sprache spricht sich die Psyche nicht aus, sondern das Versprachlichen stellt sich gleich einem Schutzschild zwischen Ich und Unbewußtem. Die Sprache schützt das Ich:

> L'écriture me protège. J'avance sous le rempart de mes mots, de mes phrases, de mes paragraphes habilement enchaînés, de mes chapitres astucieusement programmés. Je ne manque pas d'ingéniosité.[30]

Zugleich isoliert das Schreiben als Schutzschild, hinter dem sich das Ich verbirgt. Um sich mitzuteilen, sich dem anderen zu öffnen[31], muß der Schreibpanzer durchbrochen werden, und zwar mit den Mitteln des Schreibens selbst:

> Il fallait d'abord que s'effrite cette écriture carapace derrière laquelle je masquais mon désir d'écriture, que s'érode la muraille des souvenirs tout faits, que tombent en poussière mes refuges ratiocinants.[32]

Schreiben gestaltet sich immer ambivalent als jene Unentschiedenheit zwischen »rester caché, être découvert«, zwischen Aufdecken und Zudecken, zwischen Gabe und Entzug – Ambivalenz, der WSE auf anderem Wege begegnen will, ohne den Anspruch zu erheben, diese aufzuheben.[33] Es geht also darum, eine andere Sprache zu finden, und diesen Weg kann der Schriftsteller nur im Schreiben selbst gehen. Daß alles Psychische zu einem Problem der Sprache wird, reflektiert

---

29 Georges Perec, »Les lieux d'une ruse«, a.a.O., S. 67.
30 Ders., »Les gnocchis de l'automne ou Réponse à quelques questions me concernant«, in: ders., *Je suis né*, Paris 1990, S. 67-74, hier: S. 73.
31 Perec nennt diese Bewegung »sympathie«, »un mouvement qui, partant de soi, va vers les autres« (Georges Perec, »Le travail de la mémoire«, in: ders., *Je suis né*, a.a.O., S. 81-93, hier: S. 93).
32 Ders., »Les lieux d'une ruse«, a.a.O., S. 71.
33 Die Aufhebung dieser spezifischen Ambivalenz bedeutete die Zerstörung der Sprache und den Zusammenfall aller Differenzen, mithin das Ende jeder Mitteilung.

Perec auch im Hinblick auf seinen Versuch, sich über seine Träume bzw. über das Aufschreiben seiner Träume seinem Unbewußten zu nähern.³⁴ »Sans doute« – schreibt er rückblickend – »attendais-je, comme tout le monde, que ces rêves me racontent, m'expliquent, et peut-être même me transforment.«³⁵ In der schriftstellerischen Verarbeitung der Träume entfernen sich diese jedoch immer mehr von ihrer selbsterkennenden Bedeutung, sie führen weniger in das schreibende Ich hinein, als vielmehr aus ihm *heraus*, sie werden zu sprachlichen Kunststücken.³⁶ Als solche nimmt Perec sie schließlich an:

> Mon expérience de rêveur devint donc, par la force des choses, seule expérience d'écriture: ni révélation de symboles, ni déferlement du sens, ni éclairage de la vérité [...] mais vertige d'une mise en mots, fascination d'un texte qui semblait se produire tout seul ... .³⁷

Die niedergeschriebenen Träume werden erneut – in der erstarrten Schrift – zu »carapaces«, die im Autor selbst sogar beim Wiederlesen die Erinnerung an den Traum verhindern:

> Ils ne sont plus que des textes, stricts et troubles, à jamais énigmatiques, même pour moi qui ne sais plus toujours très bien quel visage rattacher à telles initiales, ni quel souvenir diurne inspira sourdement telle image évanouie dont les mots imprimés, figés une fois pour toutes, ne donneront plus désormais qu'une trace à la fois opaque et limpide.³⁸

Das Schreibvorhaben und insbesondere das autobiographische Schreiben erscheinen unter diesen Vorzeichen als striktes Sprachproblem und weniger als Gedächtnisproblem. Das Vergessen, unter dem der Autor leidet, wird umgangen, weil es fortan nicht darum geht, das Vergessene in den Stand authentischer Erinnerung zu heben, sondern den *Weg des autobiographischen Schreibens* als Versprachlichung, das Auftauchen von Bildern, Erinnerungen *in der Sprache* zum Gegenstand des Interesses werden zu lassen. In WSE wird daher nicht von ungefähr fortwährend der (zeitliche und erzähllogische) Ort des Schreibens reflek-

---

34 Dieses Projekt steht ebenfalls in zeitlicher Nähe zu WSE. *La boutique obscure. 124 rêves* (Paris 1973) enthält 124 Träume aus dem Zeitraum von 1968 bis 1972.
35 Georges Perec, »Le rêve et le texte«, in: ders., *Je suis né*, a.a.O., S. 75-79, hier: S. 76.
36 Das Bewußtsein von der im Schreiben stattfindenden Entfernung vom psychischen Innenleben wird doppelt dokumentiert. Eingangs heißt es, daß jedes Niederschreiben eines Traumes bedeutet, diesen zu verraten: »Je croyais noter les rêves que je faisais: je me suis rendu compte que, très vite, je ne rêvais déjà plus que pour écrire mes rêves« (Georges Perec, *La boutique ...*, a.a.O., o. S.) – eine Einsicht, die in einem Zitat von Harry Mathews am Ende des Textes wieder aufgenommen und radikalisiert wird: »... car le labyrinthe ne conduit nulle part qu'au-dehors de lui-même« (ebd., o. S.). Die Sprache öffnet das Innere, Verschlossene, macht aus ihm eine »boutique«, einen für die Öffentlichkeit zugänglichen Raum, verändert also grundsätzlich die Struktur des Ortes. In der Alteration von einem Innen in ein Außen oder Nach-Außen findet erst die Mit-Teilung (»sympathie«) statt.
37 Georges Perec, »Le rêve et le texte«, a.a.O., S. 77.
38 Ebd., S. 78f.

tiert. Die Verschränkung von zwei unterschiedlichen Texten mit unterschiedlicher Aussagelogik kann als erzählerischer Reflex auf die »chemins trop bien balisés« gelesen werden, als Versuch der Durchbrechung der »carapaces«, der Zertrümmerung der Erinnerungsversatzstücke und rhetorischen Zufluchtsorte. Alte imaginäre Verbindungen werden aufgebrochen, neue entstehen, werden ausgesprochen und unausgeprochen in die semantischen, homophonen Bezüge der Sprachgebung kryptisch eingeschrieben.[39] Diese sprachliche Eigendynamik (der im übrigen Freud immer seine Aufmerksamkeit schenkte) durchbricht die gewohnte Erzählweise in der Therapie; auf sie vertraut der Schriftsteller: »De ce lieu souterrain [der auch das Vergessene genannt werden kann], je n'ai rien à dire. Je sais qu'il eut lieu et que, désormais, la trace en est inscrite en moi et dans les textes que j'écris.«[40] In der Zertrümmerungsarbeit kündigt sich eine andersartige Erinnerungsarbeit an: Erinnerung als strikte Spracharbeit.

2.2. Zensur und »contrainte« – die Ersetzung der Psyche durch Sprache

Traum und Psyche werden in WSE auf der Ebene ihrer Versprachlichung gedacht, denn nur dort sind sie dem schreibenden Bewußtsein zugänglich. Zugleich übersteigt auch die Sprache bei weitem das schreibende Ich. Der eigenen Verdrängung ungewiß, die dem bewußten Ich von vornherein unzugänglich ist, setzt Perec Zeichen, die einer Verdrängung Rechnung tragen, ohne diese direkt repräsentieren zu wollen. Er ist sich bewußt, daß ein direkter Zugang zum Unbewußten illusorisch ist. Eine surrealistische »écriture automatique« vermag ihn daher kaum zu interessieren.[41] In der »littérature potentielle« nach Queneau dagegen, in der die »contrainte«, die Kombination und die absolute Konstruktion eine entscheidende Rolle für die Hervorbringung eines Kunstwerkes spielen, kann das Unbewußte als Sprache ins Spiel kommen. Dabei handelt es sich um keine Übersetzung des Unbewußten in Sprache, sondern vielmehr um eine *Ersetzung* des Unbewußten durch Sprache[42], durch einen Text, der arithmetisch gere-

---

39 Wegweisend sind diesbezüglich die Aufsätze von Bernard Magné, »Les sutures dans *W ou le souvenir d'enfance*«, in: *Cahiers Georges Perec* 2, 1988 (*Textuel* 34/44), S. 39-56 und ders.: »La textualisation du biographique dans *W ou le souvenir d'enfance* de Georges Perec«, in: *Autobiographie et biographie. Colloque de Heidelberg*, Paris 1989, S. 163-184.
40 Georges Perec, »Les lieux d'une ruse«, a.a.O., S. 72.
41 Im übrigen betont schon Freud – und seine ganze Theorie gründet darauf –, daß sich das Unbewußte nie in direkter Weise äußert, sondern immer in der durch die Zensur bedingten entstellten Form. Insofern ist auch der Begriff ›freie Assoziation‹ völlig irreführend: jede Assoziation ist immer schon gebahnt und kanalisiert.
42 Oulipo hat sich immer gegen die Möglichkeit einer direkten Aussprache des Unbewußten gewendet und die Hingabe an psychische Impulse als Sklaverei denunziert. »Or, cette inspiration, qui consiste à obéir aveuglément à toute impulsion, est en réalité un esclavage. Le classique qui écrit sa tragédie en observant un certain nombre de règles qu'il connaît est plus libre que le poète qui écrit ce qui lui passe par la tête et qui est l'esclave d'autres règles qu'il ignore« (Raymond Queneau, zit. nach Oulipo, *Atlas de la littérature potentielle*, a.a.O., S. 57).

gelt, gleichsam maschinell erzeugt werden soll.[43] »Contraintes« sind Zeichen, die beschränken, die sprachliche Widerstände gegen das eigene Schreiben bilden und die somit die Instanz der Zensur im psychischen Apparat spielerisch nachahmen und wie sie einen entstellten Text hervorbringen. Die Zertrümmerung des Sprachpanzers – der »écriture carapace«, von der Perec spricht – gelingt dank einer künstlich gesetzten Zensur, welche die psychische Zensur nicht aufhebt, sondern verlagert. Die Zensur ist sogar grundlegend, ist sie doch die Spur eines Vergessens, dessen der Autor eingedenk ist; sie ist für seine Textarbeit entscheidend, wie es die Zensur des Bewußtseins für die Hervorbringung und Gestaltung des Traums ist. Die Zensur ist der Punkt, aus dem Traum und Text hervorgehen, gegen den sich Traum und Text wenden, auf den sie ständig verweisen, ohne ihn zu zeigen, und von dem Traum und Text auch ständig bedroht sind. Als Dreh- und Angelpunkt von WSE müssen von daher die drei Auslassungspunkte[44] angesehen werden, die den ersten und den zweiten Teil voneinander trennen. Die Zensur bildet den Widerstand, den die Schrift braucht, um sich als Spur bzw. Differenz zu manifestieren.[45] Die »contrainte« wirft gleichsam die Phantasie aus den alten Bahnen, lenkt sie um, bewirkt eine Umformung.[46] Es entsteht eine neue Erinnerung, die natürlich nicht den Anspruch erhebt, die originale zu sein, sondern allein von einer Dynamik des Schreibens zeugt, in welcher der Wiederholungsmechanismus der »chemins trop bien balisés« aufgebrochen wird.

Wie wir weiter oben gesehen haben, stellt sich das Träumen Perec nicht als Zugang zum Unbewußten dar, wohl aber als Zugang zur Sprache, zum Schreiben. Für WSE, den ich als einen langen ›Traum-Text‹ lesen will, gilt daher: Anstatt unter Diktat des Unbewußten zu schreiben, schreibt Perec gleichsam unter Diktat der Sprache, deren Regeln das Bewußtsein ebenso übersteigen wie es die Gesetze des Unbewußten tun. Der Umweg über die Sprache und ihren »contraintes« (als Generatoren) dürfte dann wiederum Spuren von einem Nicht-Bewußten hervorbringen.

Was erlaubt es nun, unbewußte Gesetze mit sprachlichen Gesetzen in ein Äquivalenzverhältnis zu setzen und schließlich Psyche durch Sprache zu ersetzen?

---

43 »... nous regrettons de ne pas disposer de machines« (Raymond Queneau, zit. nach Oulipo, *Atlas ...*, a.a.O., S. 53).
44 Die Auslassung, der *blanc*, auf den ich weiter unten noch genauer eingehen werde, ist mit der »contrainte« verwandt. Beide, »contrainte« und Auslassung sind eng aufeinander bezogen, denn: »Toute contrainte implique une disparition« (Jacques Roubaud, »Préparation d'un portrait formel de Georges Perec«, in: *Arc* 76, 1979, S. 54-60, hier: S. 57.
45 Vgl. Jacques Derrida, »Freud et la scène de l'écriture«, a.a.O., S. 334f.
46 Marc Augé führt aus, daß das, was wir Verdrängung nennen, weniger auf einem direkten Wegschieben von unerwünschten Gedanken beruht, als vielmehr auf einer Kappung der Assoziationsbeziehung, in der diese unerwünschten Gedanken stehen, und einer Neusetzung der gedanklich-assoziativen Verbindungen, die den unerwünschten Gedanken zu einem erträglichen umwandeln. Um eine Verdrängung wiederzuerinnern, müssen also abermals die gedanklichen Verbindungen durchbrochen und neu geknüpft werden (Marc Augé, *Les formes de l'oubli*, Paris 1998, S. 34).

Zunächst ist die Sprache (die Erzählung) einer der Wege, auf denen sich die menschliche Psyche überhaupt mitteilen kann. Die Form der sprachlichen Äußerung ist dabei eine höchst mittelbare. In der Traumerzählung ist der Traum nur noch sehr verschlüsselt präsent. Wer den Traumtext interpretieren will, muß sich seiner unauslotbaren Vieldeutigkeit und auch Unzulänglichkeit bewußt sein, geht es doch in ihm nicht nur um das an sich schon komplexe Phänomen der Übersetzung eines Bildes (einer Bilderreihe) in die unbildliche Linearität der Sprache, sondern darüber hinaus um die Umschrift eines Bildes, das im Moment seiner Entstehung auch schon wieder erstirbt, also um die Umschrift der Flüchtigkeit in einen festen, bleibenden Diskurs. Der gemeinsame Punkt zwischen Unbewußtem und Sprache, der die künstlerische *Ersetzung* des Unbewußten *durch* Sprache erlaubt, liegt also in der *Unübersetzbarkeit* des Unbewußten *in* Sprache. Die Substitution wird schließlich durch eine Freudsche Wortbildung begünstigt: dieser spricht von einem »psychischen Apparat«; ein Apparat ist etwas Auswechselbares, an seine Stelle tritt bei Perec ein Sprachapparat.

Den Sprachapparat muß man sich wiederum als mnemotechnisches Konstrukt (Kunst der Kombination, der Organisation) vorstellen, in dem es weder einen Platz für ein Ich noch für ein Unbewußtes gibt. Wir haben es mit einer vollständigen Substitution zu tun: die Mnemotechnik ersetzt das Gedächtnis, sie ersetzt damit auch das Unbewußte, das – wir erinnern uns – Freud zufolge das Gedächtnis ausmacht.

Die Eigendynamik der Sprache (das Gedächtnis der Sprache) bildet also in WSE den Ausgangspunkt der (leeren) Erinnerung: der Schreibakt bedeutet mithin nicht mehr die nachträgliche Fixierung einer vorgängigen Wahrnehmung und Erinnerung, sondern er produziert selbst die Erinnerung, die erst noch entschlüsselt werden muß. Sie bildet sich gleichsam als dritter Text, zwischen dem autobiographischen und dem W-Text:

> W ne ressemble pas plus à mon fantasme olympique que ce fantasme olympique ne ressemblait à mon enfance. Mais dans le réseau qu'ils tissent comme dans la lecture que j'en fais, je sais que se trouve inscrit et décrit le chemin que j'ai parcouru, le cheminement de mon histoire et l'histoire de mon cheminement (S. 14).

Perecs Schreiben beruht damit offensichtlich nicht auf der Idee eines Ähnlichkeitsverhältnisses zwischen Spracheinheiten und psychischen Knoten, sondern auf der Vorstellung von Einschreibung, Bahnung, sprich: Differenz.

Die Absage an das Unbewußte und seine Ersetzung durch einen Sprachapparat, der die Erzählung hervorbringt, hat weitreichende Folgen. Suggeriert das Unbewußte immer noch eine wenngleich unzugängliche Substanz als Ursprung des Textes, wird in der durch ein künstliches Raster hervorgebrachten Erzählung deutlich, daß es an Ursprung überhaupt fehlt, daß dort, wo ein Ich, eine Vergangenheit, eine Psyche stand, Mangel herrscht. In diesem Sinne muß man Perecs *prière d'insérer* lesen:

> ... dans cette rupture, cette cassure qui suspend le récit autour d'on ne sait quelle attente, se trouve le lieu initial d'où est sorti ce livre, ces *points de suspension* auxquels se sont accrochés les fils rompus de l'enfance et la trame de l'écriture.[47]

Die angedeutete Leere kann vielerlei Mangel bedeuten und setzt sich auf der Ebene des Textes sowohl als Motiv als auch als strukturelles Prinzip fort. Bernard Magné spricht mit Blick auf *La Vie mode d'emploi* von einer »prolifération de manques«[48]. Er zeigt, wie ein ganzes Inventar von Figuren des Mangels (leere Gefäße, kaputte Gegenstände, verstümmelte Personen, Witwen, Waisen und unvollendete Projekte) die Erzählung durchsetzen. Ebenso verhält es sich in WSE, wo der Mangel das Zentrum der autobiographischen Erzählung erobert: Fehlen der Eltern, fehlendes Wissen um die Eltern, fehlende Kindheitserinnerungen, fehlendes Wissen um die eigenen (jüdischen) Ursprünge; das Fehlen manifestiert sich auch in erzählten Verletzungen, Arm- und Schlüsselbeinbrüchen (»ma hantise des fractions« (S. 181)), Fehlen, das sich schließlich sogar in Fehlern niederschlägt und damit die Sprache selbst kontaminiert: fehlerhaftes Schreiben bis hin zu den – zu einzelnen Buchstaben – verstümmelten Wörtern. Das Schreiben selbst wird zur Spur dieses Mangels, es spricht indirekt – gleichsam von selbst – den Mangel aus, nach der Vorstellung von Perec, die er einmal so formuliert hat: »Il est assez vieux pour causer seul, le langage«[49]. »On ne commande au langage qu'en lui obéissant«[50]. Er verhält sich, der Unzulänglichkeit des eigenen Gedächtnisses wohl bewußt, wie der Aphasiker Charlus in Prousts *Recherche*. Dieser unterliegt ja, wie ich zu zeigen versuchte, gegen seinen Willen der Eigenmächtigkeit der Sprache, die sein Gedächtnis fortträgt. Das schreibende Ich in WSE hingegen vertraut sich der Dynamik der Sprache an. Es mag überraschen, daß eine solche Sprach- und Schreibauffassung noch zu einem autobiographischen Projekt führen kann; vielleicht sollte man sagen, daß es sich hier um ein Projekt handelt, dessen unerreichbarer Horizont die Autobiographie ist. Von einem fremden Ort aus – der dem Ich selbst unzugänglich ist – entsteht ein Text, der es selbst, sein Wissen und Gedächtnis, übersteigt. Das Ich, seiner Erinnerungs- und Machtlosigkeit eingedenk, zieht sich zurück auf den Standpunkt des Hörens: Es kann die Toten (wegen der und für die er schreibt und die möglicherweise seine eigene Geschichte erzählen könnten) nicht mehr hören, dafür hört es gleichsam auf die Sprache (indem es ihr gehorcht). Nicht das Ich spricht für die Schweigenden, sondern die Sprache spricht dort, wo weder es noch die Toten sprechen können.

---

47 Georges Perec, *prière d'insérer*.
48 Bernard Magné, *Georges Perec*, Paris 1999, S. 34ff.
49 »Présentation d'un projet littéraire conçu par Marcel Bénabou et Georges Perec (1967)«, in: *Cahiers Georges Perec* 3 (Presbytère et Prolétaires. Le dossier P.A.L.F., présenté par Marcel Bénabou) 1989, S. 16.
50 Ebd.

2.3. W ou le souvenir d'enfance *als ›Traum-Text‹*

Durch die vorangehenden Überlegungen dürfte das komplexe Verhältnis zwischen Unbewußtem und Sprache deutlich geworden sein, ein Verhältnis, das sich im Paradoxon ›Traum-Text‹ verdichtet. Der Traum selbst stellt darüber hinaus ein paradoxes Gedächtnis dar, in dem sich das Verhältnis von Erinnern und Vergessen gewissermaßen umkehrt, mehr noch, zu einer anderen Repräsentanz findet als im Wachzustand des Bewußtseins. Das Gedächtnis erscheint im Traum als ein fremdartiges, als eines, das nicht vom Ich gesteuert wird, sondern sich ihm aufdrängt. Statt »ich habe geträumt« gilt es, die veraltete Form »mir hat geträumt«[51] wieder aufzugreifen. Die Mnemotechnik ohne Subjekt hat etwas von dieser eigentümlichen Seelenfremdheit, die in der altertümlichen Wendung zum Ausdruck kommt. Mnemotechnik und Traum haben gleichermaßen ihren Entstehungsort im Mangel, den sie auszufüllen suchen, in einem Mangel, der im übrigen nicht als vorgängig verstanden werden darf, sondern als der Produktion (von Gedächtnisinhalten, von Phantasmagorien) immanent, als die große Angst vor dem Mangel. Der Mangel bringt die *imagines* bzw. das Imaginäre hervor, die sich zu Phantasmen verdichten können. Der Traum erscheint somit als die problematisierte Form der Erinnerung, in der die Grenzen zwischen (wahrer) Erinnerung und Erfindung verschwimmen. Er ist weder das eine noch das andere, sondern jener schwer zu fassende Zwischenbereich des Imaginären oder Phantasmagorischen. Das Imaginäre ist keine reine Erfindung, so wie die vorliegende Erzählung keine reine Fiktion ist, sondern eine Gedächtnis-Ersatzbildung des Ichs. Und umgekehrt ist der autobiographische Teil keine getreue Wiedergabe der vergangenen Ereignisse, sondern eine durch die Phantasie überformte Geschichte.

Darüber hinaus zeichnet sich im Traum der Modus der Rückkehr von etwas ab, was nie stattgefunden hat. Die in ihm verschlüsselte Erinnerung konstituiert ein *erstes Mal* für das Bewußtsein. Ein signifikantes Beispiel dafür ist der erste Traum in *La boutique obscure* :

> Comme de bien entendu, je rêve et je sais que je rêve comme de bien entendu que je suis dans un camp. Il ne s'agit pas vraiment d'un camp, bien entendu, c'est une image d'un camp, un rêve de camp, un camp-métaphore, un camp dont je sais qu'il n'est qu'une image familière, comme si je refaisais jamais d'autre rêve, comme si je ne faisais jamais rien d'autre que de rêver de ce camp.[52]

---

51 Vgl. Sigmund Freud, *Traumdeutung*, a.a.O., S. 71.
52 Georges Perec, *La boutique obscure* ..., a.a.O., (No 1) o. S.. Die notierten Träume fallen in die Zeit, in der Perec an sein großes autobiographisches, vierteiliges Projekt denkt, von dem dann nur *W ou le souvenir d'enfance* vollendet wurde.

Inhalt des Traumes ist eindeutig etwas, das keiner realen Erfahrung, keiner realen Vergangenheit entspricht; in ihm kehrt etwas zurück, was nie erlebt wurde und sich doch gleichsam als Bild einer eigenen Erfahrung niederschlägt. Das Paradox der Rückkehr als erstem Ereignis scheint mir außerordentlich wichtig für das Verständnis von Perecs Schreiben. Traum als Wieder-Holung bezeichnet eine Form der Anamnese, in der die *Entstellung* so weit geht, daß sie sich von einem ›Ursprungstext‹ (einer ›wahren Erinnerung‹) löst und schließlich zur eigenständigen Erinnerung von etwas wird, das gar nie stattgefunden hat. Damit erweist sich Erinnerungsarbeit nicht als einfaches ›wieder‹, sondern als ein Schaffen, eine Konstruktion der Vergangenheit aus den Ruinen von Erinnerungsresten, eine Konstruktion, die als solche immer sichtbar bleibt. Die Vergangenheit selbst bleibt verloren, ein für alle mal, auch dem Gedächtnis verloren.[53]

Schon in den Eingangszeilen des ersten Kapitels von WSE begeben wir uns auf die Ebene des Traumes. Lange habe das Ich, das hier als Zeuge auftritt, gezögert, über seine Reise nach W zu berichten, aber genau das Verschwiegene habe schließlich seine (Alp-)träume erobert:

> J'ai longtemps hésité avant d'entreprendre le récit de mon voyage à W. [...] Mais mes rêves se peuplaient de ces villes fantômes, de ces courses sanglantes dont je croyais encore entendre les mille clameurs (S. 9).

Die imaginäre Präsenz macht die Unterscheidung zwischen Wirklichkeit und Unwirklichkeit auch für den (träumenden) Zeugen unmöglich, eine Unterscheidung, die er wieder einführen möchte, wenn er zum Beispiel Beweise für die Wirklichkeit seines Traumes auf Landkarten und in Telefonbüchern sucht; doch diese objektiven Existenzbeweise gibt es nicht. Einer ähnlich gelagerten Diskrepanz zwischen den vielen Phantasmen und den spärlichen Dokumenten begegnen wir auf der Ebene des autobiographischen Berichts. Das II. Kapitel – den autobiographischen Teil einleitend – nimmt den alptraumhaften Ort W wieder auf und gibt ihn als Kindheitsphantasie zu erkennen. W wird also einerseits im fiktiven Teil im Modus seiner Wiederkehr als Alptraum eingeführt, andererseits im autobiographischen Teil als Geschichte ausgewiesen, die das Ich als Kind erfunden hat. W steht somit von Anfang an auf der Stufe des ›Traum-Textes‹, der zugleich als Bindeglied zwischen den getrennten Teiltexten fungiert, denen er gleichermaßen angehört. Die Einführung in die Welt W im XII. Kapitel führt schließlich konsequent diesen Erscheinungsmodus fort. Das Konditional unter-

---

53 Was die erinnernde und vergegenwärtigende Kraft des Imaginären angeht, so weist Karl-Heinz Bohrer darauf hin, daß es sich um ein psychologisches Mißverständnis handele, wenn man davon ausgehe, daß »jede sprachliche Vergewisserung eines Verschwundenen dieses notwendigerweise imaginär wiederherstellt«. Dahingegen ist eine fundamentale Differenz zu erkennen: »... ob nämlich das Verschwundene in aller Gegenständlichkeit, als Objekt sentimentalischer Erinnerung auf ewig gestellt, dieser Erinnerung zur Verfügung steht oder ob das Verschwundene als ein im Verschwinden für immer Unerreichbares gar nicht mehr [...] erinnert werden kann« (Karl-Heinz Bohrer, *Der Abschied. Theorie der Trauer: Baudelaire, Goethe, Nietzsche, Benjamin*, Frankfurt a. M. 1996, S. 65).

streicht dort das Phantasmagorische: »Il y aurait, là-bas, à l'autre bout du monde, une île. Elle s'appelle W« (S. 89).

Das Phantasma W wird als Ausgangspunkt des Textes gewählt und ist doch weit davon entfernt, sein Ursprung zu sein. Wichtig ist nicht W selbst, sondern wie es zur Entstehung der Phantasie gekommen ist. Diese kann nur aus der Verflechtung von diesem Text und den autobiographischen Fragmenten erschlossen werden, aus einer Verflechtung, die nicht auf Ähnlichkeit beruht, sondern sich aus einem wechselseitigen Auseinanderhervorgehen ergibt. In der Tat läßt sich nicht unterscheiden, was ursprünglicher ist: die Phantasie W, die dem autobiographischen Text in der Ordnung (und auch in der Entstehungsgeschichte von WSE) vorausgeht, oder das Ich, in dem sich diese Phantasie gebildet hat und das erst in dem Moment anfängt, seine eigene Geschichte zu schreiben, als es sich an diese frühe Kindheitsphantasie erinnert.

Hier gibt es keinen Ursprungstext, den man re-konstruieren könnte, sondern nur diese »alternance«, diesen »enchevêtrement inextricable«, in dem es keinen rechten Anfang und kein Ende gibt. Dahingegen wird der Vorgang des Verknotens, »le cheminement« (S.14) (im Gegensatz zu »chemin« als schon gezeichneter Weg) lesbar.[54] »L'histoire de mon cheminement« drückt das Interesse aus, das Perec an anderer Stelle so formuliert: »En fait, ce que je cherche à atteindre dans mon travail, *c'est la manière dont* cette enfance m'est redonnée.«[55] Das Erinnern, das sich auf sich selbst besinnt, hat den Anspruch aufgegeben, das Verdrängte bzw. Unbewußte wiederzugewinnen. Es geht vielmehr den Verschlüsselungs- und Überlagerungsprozessen nach, die es selbst bewirkt hat.

So stellt der Abschied von der Mutter das einschneidende Ereignis im Leben des Kindes Georges dar, ohne daß es jedoch als solches ins Gedächtnis eingeschrieben worden wäre. Die Erinnerung daran wird vielmehr von Anfang an von ganz unterschiedlichen und sich zum Teil gegenseitig ausschließenden Versionen überlagert. Der Junge kennt den Grund für den Abschied, den er für einen vorübergehenden halten muß, nicht; die ständigen Hätscheleien der Tanten in Villard-de-Lans sind ihm darum unerklärlich. Damit sie einen Sinn machen, muß zuvor etwas Schlimmes passiert sein. Das Schlimmste, was sich das Kind vorstellen kann, ist sein Armbruch, der zur Fahrt ins Gebirge mit dem Roten Kreuz und einer (erinnerten? imaginierten?) Operation in Grenoble geführt hat. Der Junge, der versucht, sich seine Welt zu erklären, weiß aber noch nicht, daß die Abfahrt nach Villard die endgültige Trennung von seiner Mutter bedeutet, die kurze Zeit später nach Drancy abtransportiert wird. Der Junge weiß auch nicht,

---

54 Im Text heißt es ausführlich: »W ne ressemble pas plus à mon fantasme olympique que ce fantasme olympique ne ressemblait à mon enfance. Mais dans le réseau qu'ils tissent comme dans la lecture que j'en fais, je sais que se trouve inscrit et décrit le chemin que j'ai parcouru, le cheminement de mon histoire et l'histoire de mon cheminement« (S. 14). »Cheminement« meint die Entwicklung (1.Bed.) seines Textes, aber auch das Wandern (2. Bed.) und das langsame Rinnen (3. Bed.), als Annäherungsweg (4. Bed.) an sich selbst.
55 Georges Perec, »Le travail de la mémoire«, in: ders., *Je suis né*, a.a.O., S. 81-93, hier: S. 91 (ich unterstreiche).

daß der Armbruch fingiert war, damit er vom Roten Kreuz aufgenommen wird. Die Unterscheidung von Realität und Fiktion, das Zusammenfügen von Ursache und Folge werden zum grundlegenden Problem, das sich, ausgehend von der Abschiedsszene, die sich dem Ich im Nachhinein als erfundene Geschichte präsentieren muß, auf seine weitere Wahrnehmung überträgt. Viele der erzählten Fragmente zeugen von dem Versuch des Kindes, den erfundenen Lügen der Erwachsenen einen logischen Grund anzudichten, um sie in die Ordnung der Realität zu integrieren. Für die falschen Tröstereien der Tanten muß sein Unfall der Grund sein, für die Strafen der Lehrer seine unerinnerbare Schuld. Schließlich verselbständigt sich diese Wahrnehmung; das Kind versucht am Ende sogar selbst, mit erfundenen Geschichten seine Kameraden zu täuschen und davon zu profitieren. (Nur bestrafen die Erwachsenen das Kind, weil sie – im Gegensatz zum Kind – meinen, zwischen Wirklichkeit und Phantasie unterscheiden zu können.) Das erwachsene, erinnernde Ich hingegen kann auch nachträglich das Verhältnis zwischen wahrer Gegebenheit und erfundener Geschichte nicht mehr klärend berichtigen. Die Armbruch-Geschichte verkompliziert sich vielmehr bei der nachträglichen Rekonstruktion, weil die befragten Tanten noch einmal je andere Versionen hinzufügen. Für den Leser wie für das erinnernde Ich ergibt dies ein unreduzierbares Nebeneinander von unterschiedlichen Gedächtnissen, die sich gegenseitig ausschließen und die eine richtige Variante als unmögliches Ziel erscheinen lassen. Ich zitiere die erwähnte Abschiedsszene, wie sie sich dem schreibend-erinnernden Ich nachträglich darstellt, ausführlich:

> La Croix-Rouge évacue les blessés. Je n'étais pas blessé. Il fallait pourtant m'évacuer. Donc, il fallait faire comme si j'étais blessé. C'est pour cela que j'avais le bras en écharpe [erste Erinnerung und nachträgliche Erklärung durch das Ich].
> Mais ma tante est à peu près formelle: je n'avais pas le bras en écharpe, il n'y avait aucune raison pour que j'aie le bras en écharpe. C'est en tant que »fils de tué«, »orphelin de guerre«, que la Croix-Rouge, tout à fait réglementairement, me convoyait [Version der Tante Esther, die die erste Erinnerung ebenso wie die erinnerte erfundene Geschichte sinnlos erscheinen läßt; der erfundene Armbruch war nicht nötig – wie kommt es dann zu dieser Erinnerung?].
> Peut-être, par contre, avais-je une hernie et portais-je un bandage herniaire, un suspensoir. À mon arrivée à Grenoble, il me semble que j'ai été opéré [...] à la fois d'une hernie et d'une appendicite (on aurait profité de la hernie pour m'enlever l'appendicite) [Versuch der Vermittlung zwischen der Geschichte von Tante Esther und der ersten Erinnerung – durch eine andere Verletzung und Operation].
> Il est sûr que ce ne fut pas dès mon arrivée à Grenoble. Selon Esther, ce fut plus tard, d'une appendicite [Vermittlungsversuch gescheitert aufgrund zeitlicher Unstimmigkeiten; die vorige Erinnerung wird damit als eine entlarvt, die zeitlich vorverlegt wurde, um als Vermittlung und Lösung zu dienen. Vom Leistenbruch ist indes nicht mehr die Rede, nur vom Blinddarm, der aber nicht verbunden werden kann].
> Selon Ela, ce fut d'une hernie, mais bien avant, à Paris, alors que j'avais encore mes parents [Eine weitere Stimme, ein weiteres Gedächtnis tritt hinzu, widerspricht sowohl dem Gedächtnis des Ichs als auch dem der Tante Esther und plädiert für eine zeitliche Vorverlegung der Verletzung] (S. 76f.).

Dem fügt sich – per Fußnote – die Stimme des späteren, korrigierenden, erinnernden Ichs hinzu, die im Tonfall abschließender Erklärungen indes alles offen läßt, insofern es eine Mehrzahl von Ursprüngen für das Phantasma annimmt:

> Je portais effectivement un bandage herniaire. Je fus opéré à Grenoble, quelques mois plus tard, et l'on en profita pour m'enlever l'appendice. Cela ne change rien au fantasme, mais *permet d'en tracer une des origines.* Quant à cet imaginaire bras en écharpe, on le verra, plus loin, faire une curieuse réapparition (S. 78, ich unterstreiche).

Eine schrecklich reale Geschichte präsentiert sich dem Kind also zunächst als harmloser Ausflug. Das Fehlen der Erinnerung an die Trennungsszene hat seinen Grund in der erfundenen, harmlosen Geschichte, die sich dem Gedächtnis kaum eingeprägt haben dürfte. Erst im Nachhinein erweist sich die Abschiedsszene am Bahnhof als eine entscheidende. Das Gedächtnis findet an ihrer Stelle eine Leere, mit der es sich nicht abfinden kann. Es erfindet die Abschiedsszene schließlich neu, um sich an sie erinnern zu können.

In der Konfrontation mit der Vielfalt von Erinnerungsvarianten kommt es weniger darauf an, die eine wirkliche Erinnerung herauszufiltern, sondern vielmehr ihre Alteration zu beobachten und schließlich die dominante Isotopie der Erzählungen herauszuarbeiten. Im wesentlichen geht es, und das macht erst die Proliferation deutlich, um einen *Bruch,* der erinnernd eingeholt werden will und nicht erinnert werden kann. An die Stelle der fehlenden Erinnerung an ein Abschiedsdrama treten die unterschiedlichen Phantasien von körperlichen Brüchen und Verbänden.

Die traumhafte oder traumatische Wahrnehmungsweise, in der die Oppositionen, die das Bewußtsein zwischen Realität und Fiktion setzt, zusammenbrechen, prägt das erinnerte und das erinnernde Ich gleichermaßen. Sie setzt sich fort als allgemeine Unterscheidungsunfähigkeit und ist zugleich die Erfindung ihres Grundes (»inventé ou emprunté«), nämlich die traumatische Erfahrung, in der Schule als Linkshänder dazu gezwungen worden zu sein, mit der rechten Hand zu schreiben. Der gefundene Grund gibt Anlaß zur ausschweifenden, geradezu obsessiven Aufzählung von Dingen und Verhältnissen, die das Ich nicht unterscheiden kann:

> ... une incapacité à peu près chronique et toujours aussi vive à distinguer, non seulement la droite de la gauche [...], mais aussi l'accent grave de l'accent aigu, le concave du convexe, le signe plus grand que (>) du signe plus petit que (<) et d'une manière plus générale tous les énoncés impliquant à plus ou moins juste titre une latéralité et/ou une dichotomie (hyperbole/parabole, numérateur/dénominateur, afférent/efférent, dividende/diviseur, caudal/rostral, métaphore/métonymie, paradigme/syntagme, schizophrénie/paranoïa, Capulet/Montaigu, Whig/Tory, Guelfes/Gibelins, etc.) (S. 183).

Der Leser kann fortsetzen: Unfähigkeit zur Unterscheidung zwischen Ich und Du, zwischen Zeuge und Nicht-Zeuge, Zeuge und Opfer, zwischen Villard und Lans, zwischen Hakenkreuz und Davidstern, zwischen Trauma und Deckerinnerung, zwischen Wirklichkeit und Fiktion.

Die sich hier manifestierende Hypertrophie des Gedächtnisses reicht immer wieder an den fremden Raum – das KZ – heran. Die zahlreichen erlittenen – echten und eingebildeten Unfälle, von denen das Ich erzählt, erscheinen geradezu als ›hysterische‹ Identifikationspunkte mit dem Massenmord. So betrifft zum Beispiel die eingebildete Verletzung bei einem Schlittenunfall das Schulterblatt (vgl. S. 108ff). Als später geklärt wird, daß das Ich nicht Opfer des Unfalls war, wie es sich lange einbildete, sondern nur Zeuge (i.S. des *testis*), der indes die Verletzung auf sich übertragen hatte, heißt es, die Identifikation mit der Verletzung unbeirrt fortsetzend:

> Quoi qu'il en soit, et d'aussi loin que je me souvienne, le mot »omoplate« et son comparse, le mot »clavicule«, m'ont toujours été familier (S. 110).

In das eingebildete Gedächtnis schreibt sich die Verletzung als *symbolische* ein und dies um so mehr, nachdem sie als Phantom entlarvt worden ist und damit ihre Körperlichkeit verloren hat. Was bleibt, sind die Wörter und ihr Zeichenwert: die Wörter »omoplate«, »comparse«, »clavicule« und die Symbole: ein Δ für das Schulterblatt (ein halber, gebrochener Davidstern) und ein S, das die Form des Schlüsselbeins nachzeichnet, und das im menschlichen Körper immer doppelt vorhanden ist: SS. Beide Zeichen – Δ und SS – sind Komparsen[56], sind nicht mehr Körperteile, sondern Nebendarsteller im Gedächtnis des Ichs. Das Ich selbst ist seinem Gedächtnis-Drama zufolge als Verletzter der tragische Hauptdarsteller.[57] Da man das Schulterblatt nicht habe eingipsen können, habe man ihm den rechten Arm auf den Rücken gebunden, so daß er wie ein Armamputierter ausgesehen habe. Zum ersten Mal erscheint damit das Ich als ein ›echtes‹ Opfer der Komparsen, der SS:

---

[56] Eigenartige Wendung bei Perec, um das Verhältnis von Schulterblatt und Schlüsselbein zu bezeichnen. »Comparse« deutet erstens auf die theatralische Bedeutung der Körperteile: sie haben eine Rolle und stehen somit für etwas anderes. Zweitens meint »comparse« im engeren Sinne die in Massenszenen auftretende Nebenperson ohne Sprechrolle, Bild der stummen Proliferation von Halluzinationen.

[57] Einen ähnlichen sprachassoziativen Bezug zwischen einem Körperteil und den nationalsozialistischen Schergen finden wir in der (imaginierten?) Kindheitserinnerung, der zufolge die Mutter dem Kind die Hand versehentlich verbrüht hat: »... je porte encore sur la plupart des doigts de mes deux mains, à la jonction des phalanges et des phalangettes, les marques d'un accident qui me serait arrivé alors que j'avais quelques mois« (WSE, S. 56). In die frühe Verletzung, die als Narbe eine sichtbare Spur gelassen hat, ist buchstäblich auch die andere große – durch die »phalange«, die Phalanx (die Armee, die faschistische Organisation) hinzugefügte – Verletzung eingeschrieben.

... cette fracture [...] suscitant l'apitoiement général, était pour moi la source d'une ineffable félicité (S. 109).

Diese aufstörende Empfindung des Glücks spricht davon, daß das Ich nun endlich einmal sein eigenes Komparsendasein (i. S. der Nebenrolle als ›nur indirektes Opfer‹) hinter sich läßt und zum Hauptdarsteller avanciert. Das unsichtbare und unartikulierbare Trauma verwandelt sich hier einmal – imaginär – in eine sichtbare körperliche Einschreibung, der die anderen Aufmerksamkeit (»apitoiement«) schenken. Im Zusammenhang mit dieser eingebildeten Erinnerung steht eine weitere: Nur wenige Zeilen *vor* dieser Unfallszene heißt es:

... je descends avec ma tante la route qui mène au village; en chemin, ma tante rencontre une dame de ses amies à laquelle je dis bonjour en lui tendant la main gauche (S. 108).

Der *faux pas,* mit der linken Hand gegrüßt zu haben (im Text der Unfallerzählung *vorausgehend*) soll einige Tage *nach* dem Unfall stattgefunden haben. Die Unfallerzählung rechtfertigt also im Text *nachträglich* seinen *faux pas*. Einer, dessen rechter Arm auf den Rücken gebunden ist, kann nur mit der linken Hand grüßen. Doch damit nicht genug. Die Chronologie zwischen den Ereignissen, darauf weist der Erzähler explizit hin, sei unmöglich. Den Abschnitt einleitend, heißt es: »Bien qu'elle soit chronologiquement impossible [...] je m'obstine à placer la scène suivante ...« (S.108). Somit erweist sich das Erzählte wiederum eindeutig als Phantasma, das sich trotz aller rationalen Gegenstimmen über die raum-zeitliche Logik hinwegsetzt. Selbst das erinnernde Ich muß der Traumlogik noch einmal folgen. Möglicherweise verdichtet sich in dieser Szene alles, was an körperlichen und psychischen Störungen insgesamt erzählt wird: Da ist zunächst die Tatsache, daß das Ich Linkshänder ist, so daß es möglicherweise auch spontan mit der linken Hand grüßt. In der Schule wird es dazu gezwungen, rechts zu schreiben. Die falsch ausgeführte Begrüßung dürfte dann ebenfalls Sanktionen nach sich gezogen haben. In der Logik der Sanktion müßte dann der linke Arm auf den Rücken gebunden worden sein, um den Jungen dazu zu zwingen, alle Handlungen mit der rechten Hand auszuführen. Im Phantasma ist es aber der rechte Arm, der auf den Rücken gebunden ist. Die Umkehrung der Verhältnisse zeugt einerseits von der grundlegenden Neigung zur Verwechslung (zwischen links/rechts ...), die das Ich beherrscht, andererseits im vorliegenden Fall auch von der phantastischen Vertauschung der Rollen des ›Schuldigen‹ und des ›Opfers‹.

Alle imaginierten Unfälle und Bestrafungen weisen Zeichen auf, die sie an das Schicksal der Mutter, vermittelt über die W-Phantasie, anschließbar machen. Bezeichnenderweise spielt der Wintersport in Villard-de-Lans eine ebenso determinierende Rolle wie der Athletismus in W. Und die Bestrafungen, die das Kind in der Schule erleidet, verdanken sich einer Willkürherrschaft, wie sie auch W terrorisiert. Die W-Phantasie vermittelt zwischen den zwei so getrennten Räumen

›freie Zone‹ und Konzentrationslager, zwischen dem eigenen und dem Schicksal der Mutter. W ist das Phantasma oder Trugbild, das selbst wiederum auf Simulakren und Täuschungen, die die beiden Räume strukturieren, verweist. Diese Übertragbarkeit ist eine Form der Transgression, die nur auf der Ebene des Phantasmas akzeptabel ist. Es handelt sich hier nicht um eine Aufweichung des Konzentrationslagers als Paradigma für die Welt an sich (als Lager), sondern um eine traumatisierte Form der Wahrnehmung.[58]

2.4. blanc *und der Buchstabe W*

Das Symbol der Abwesenheit, der *blanc*, der WSE in einen ersten und einen zweiten Teil trennt, kann als gleichsam ›leeres Zentrum‹ dieses ›Traum-Textes‹ gelesen werden, eines ›Traum-Textes‹ ohne persönliche Psyche. Folgt man dem Gesetz der Alternierung, so hat sich dieser *blanc* an die Stelle eines Kapitels des autobiographischen Textes gesetzt.[59] Das Gesetz der Alternierung wird also durchbrochen, zwei W-Texte prallen aufeinander, nämlich das XI. Kapitel, das vom Verschwinden Gaspard Wincklers spricht, und das XII. Kapitel, das erstmals die Maschinerie W evoziert. In den *blanc* fallen aus erzähllogischer Sicht die Reise des Ichs nach Villard, die Reise des falschen Gaspard Winckler nach Feuerland und der Weg der Mutter in Richtung Auschwitz. Allein das autobiographische Ich taucht aus dem *blanc* als Überlebender wieder auf. Weder vom falschen noch vom wahren Gaspard Winckler noch von der Mutter wird nachfolgend die Rede sein.

Der *blanc* ist die in die Schrift eingelassene Spur eines Verschwindens, das nicht mehr als Schrift (Schwärze) zurückgewonnen werden kann. Um diese Abwesenheit herum baut sich der ›Traum-Text‹ als Sprachapparat, der mit jedem seiner Elemente, die ich mit Abraham/Torok Kryptonyme nennen will, in dieses Loch weist.[60] Nennen wir den Text schließlich eine Krypta, wozu uns sein hermetischer Charakter verleitet, so wird der *blanc* als Grab lesbar. Das Kryptonym – als Baustein der Sprach-Krypta – ist ein Rebus, gleichsam ein magisches Wort, welches das Ich vor sich herträgt, in dem es das Unaussprechliche auf verrätselte Weise zeigt und damit auch wieder verbirgt. In WSE ist es nicht einmal ein

---

58 Ähnliche Formen der phantasmagorischen Annäherung von Internatswelt und Konzentrationslager finden wir zum Beispiel bei Georges-Arthur Goldschmidt, *Die Absonderung* (Zürich 1991) und bei Imre Kertész (der Zeuge beider Welten geworden ist) in *Kaddisch für ein nicht geborenes Kind* (Reinbek bei Hamburg 1992).
59 Dies gilt als Mindestannahme. Selbstverständlich kann der *blanc* etwas betreffen, das gar nicht mehr erzähllogisch greifbar ist, weil es sich eben von vornherein jeder Erzählbarkeit entzieht.
60 Kryptonyme sind Wörter, in denen eine andere Bedeutung verborgen eingeschlossen ist. Nicolas Abraham und Maria Torok unterscheiden Kryptonyme von einfachen Metonymien. Im Falle der Kryptonymie geht es um eine Kontiguität auf der Ebene der Signifikanten (i.G. zur Kontiguität auf der Ebene der Signifikate), es geht um die heimliche Verbindung von zwei getrennten Wörtern über ihre Allosemie (vgl. Nicolas Abraham und Maria Torok, *Cryptonymie. Le verbier de l'homme aux loups ...*, a.a.O., S. 118).

Wort, sondern allein ein Buchstabe, das heißt ein einziger Laut, ein Hauch, der sich als sprachliche Minimalform der Stille des *blanc* asymptotisch nähert: es ist das W. Es ist sicherlich problematisch, das hermetische Zeichen W mit Bedeutung aufzufüllen. Im Französischen ist das W als erster Buchstabe eines Wortes Kennzeichen dafür, daß es sich um ein aus dem Englischen, Deutschen oder Slawischen entlehntes Wort handelt.[61] Damit handelt es sich um eine begrenzte Anzahl von W-Wörtern, die Bestandteil der französischen Lexik sind. Dem *Petit Robert* zufolge gibt es 74 Lexeme. W ist damit im Französischen, der Sprache Perecs, beinahe abwesend und gleich einem Fremdkörper doch anwesend. Es ist in der Sprache und außerhalb der Sprache, es ist nicht in die eigene Sprache integriert und doch dort, auf etwas Fremdes verweisend, eingenistet. Das Zeichen W bildet mit der französischen Sprache eine Beziehung, die mit dem Verhältnis des Traumas zum Ich durchaus vergleichbar ist[62], definiert doch die Psychoanalyse das Trauma eben gerade als Wirkung eines unintegrierbaren Fremdkörpers im Eigenen.[63] Mit W können im Französischen jene 74 Lexeme gemeint sein, die der *Petit Robert* in unschuldiger alphabetischer Reihenfolge nennt und die, sieht man genauer hin, fast alle einen – mal direkten, mal indirekten – Bezug zu WSE aufweisen. Ich habe die Lexeme aus ihrer alphabetischen Ordnung gelöst und in Themenkreise eingebunden. Es ergeben sich folgende W-Isotopien:

a) Nationalsozialismus

wagnérien, ienne
wagon   [Bei den folgenden Komposita mit »wagon« ist nicht so sehr die Bedeutung frappierend, als vielmehr die Häufung von »wagon« überhaupt, die an die Abtransporte der Juden erinnert.]
wagon-bar
wagon-citerne
wagon-foudre
wagon-lit
wagonnée
wagonnet
wagonnier
wagon-poste
wagon-réservoir
wagon-restaurant
wagon-salon

---

61 Vgl. auch Wolfgang Orlich, »Buchstäblichkeit ...«, a.a.O., S. 187, der die Definition des Buchstabens, die sich im *Petit Robert* findet, ausführlich zitiert. Ich wiederhole sie hier: »Vingt-troisième lettre et dix-huitième consonne de l'alphabet français (prise aux langues germaniques au moyen âge, puis utilisée pour les mots empruntés à l'anglais, à l'allemand, aux langues slaves.«
62 Der stumme Gaspard Winckler trägt diesen Fremdkörper sogar als Initiale in seinem Namen.
63 Siehe Sigmund Freud und Josef Breuer, *Studien über Hysterie* (1895), in: *Gesammelte Werke*, a.a.O., Band I, S. 85.

wagon-tombereau
wagon-trémie
wagon-vanne
wergeld   [Entschädigungssumme vom Mörder an Familie des Opfers]
wisigothique   [direkter Bezug auf Deutschland, W G sind die Initialen von Gaspard Winckler; Goten als Kriegervolk, Wiederaufnahme der gotischen Schrift durch den Nationalsozialismus]
white-spirit   [»Benzingemisch«, aber auch wörtlich zu lesen]
Weltanschauung

b) Sport

water-polo
walkie-talkie [walk = Laufsport]
walkman
welter   [Fachbegriff aus dem Boxen]
walk-over   [Fachbegriff aus dem Boxen]
won   [koreanische Währung, aber auch Partizip von »to win«]
whipcord   [Peitschenschnur, Sport-Folter]

c) Krieg

walkyrie   [Schlachtfeld]
wargame
wallingant   [Wallonischer Unabhängigkeitskämpfer]
winchester   [Gewehr]
wombat   [Name eines australischen Beuteltiers; »bat« --> battre]
western   [vgl. Ankündigung von WSE in *La Quinzaine Littéraire* als Revolverroman]
wolfram   [Metall, das auch »strategisches Metall« genannt wird, weil es eine Zeitlang in der Rüstungsproduktion eine große Rolle gespielt hat.]
welche   [der für die Deutschen Fremde]

d) Schiffahrt

watergang   [nautischer Begriff]
water-polo   [nautischer Begriff]
wharf   [Anlegevorrichtung im Hafen]
winch   [Seilwinde auf einer Yacht]
waterproof   [nautischer Begriff]
wishbone   [Raa, zum Segel gehörig]
water-ballast [Tank auf dem Schiff]
wading   [Angeln]

e) Technik/Elektrizität

watt
wh
wattheure
wattman
wattmètre
weber
wb

f) Kälte

wintergreen [Ölessenz, aber auch: Winter --> Kälte]
wurmien, ienne [Name eines deutschen Sees; vierte Periode der Eiszeit]
wigwam [Gegenstück zu Igloo]

f) in WSE vorkommende bzw. auf WSE anspielende Wörter, die in keinen Themenkreis eingebunden werden können:

whig [Gegensatz zu Tories, wird in W genannt und stellt darüber hinaus den Fall eines Namens dar, der ursprünglich spöttisch gemeint war und späterhin von den so Bezeichneten akzeptiert und bereitwillig getragen wurde[64] – ein Name, der sich also durchaus in das Namensystem von W integrieren läßt (s. dazu Kap. II, 4. des zweiten Teils).]
warrant [Vollmacht, Garantie – Anspielung auf Vormundschaft]
wormien [Kleine Kopfknochen – Anspielung auf Knochenbrüche]

g) Andere

witloof, wallaby, wallon,-nne, wallonisme, wapiti, warrantage, warranter, washingtonia, wassingue, woofer, wyandotte, whist, water-closet, w.-c., wateringue, weekend, wellingtonia, wilaya.

Der Versuch, die Wörter, die zum W verstummelt wurden, wiederzufinden, zeigt zugleich die Unmöglichkeit, eine Bedeutung vor der Katastrophe zu rekonstruieren. Vielmehr belegt er abermals die These von der Ersetzung einer Sprache des

---

[64] Vgl. Sigmund Freud, *Totem und Tabu*, in: *Studienausgabe*, a.a.O., Band IX, S. 398, wo sich dieser Hinweis findet.

Gedächtnisses durch ein Gedächtnis der Sprache. W selbst ist ein Zeichen des Verlustes des originären Gedächtnisses, das schließlich die Phantasie von Sport, Schiffsreise, Nationalsozialismus – kurz WSE hervorbrachte.

3. Autobiographie und Kindheitserinnerung

3.1. Die doppelte Leugnung: »Je n'ai pas de souvenirs d'enfance«

Griffen die vorangegangenen Analysen Stellen aus dem autobiographischen Teil auf, so geschah dies, um ihren strukturell phantasmagorischen Charakter aufzuzeigen; nun soll das autobiographische Substrat systematisch untersucht werden im Hinblick auf seinen spezifischen Kern: die Kindheitserinnerung, die gespalten ist in Kindheitserinnerungen aus der Zeit vor der Trennung von den Eltern und in Kindheitserinnerungen aus der Zeit nach der Trennung von den Eltern. Aus dieser Perspektive werde ich nochmals die Verknüpfung zwischen W*-Text und autobiographischem Text beleuchten.

Diejenigen Kapitel, die von einem »je« getragen werden, das sich Georges Perec nennt und die somit einen autobiographischen Aussagemodus aufweisen, bilden erzähllogisch zunächst einmal einen krassen Gegensatz zu den W-Kapiteln: Während im Zeugnis die Präsenz eines Erzählers wegsimuliert wird, wird im autobiographischen Bericht die wenngleich fragile Präsenz eines Ichs herbeisimuliert. Auf der Ebene der Simulation begegnen sich die so entgegengesetzt erscheinenden Erzählweisen als zwei Ausdrucksformen derselben erzähllogischen Aporie, jener Verschränkung von Präsenz und Absenz, die sich in einem je anderen Licht darstellt. Diese wird gerade im autobiographischen Teil insofern reflektiert, als die Simulation des Ichs eine durch und durch gebrochene ist. In den persönlichen Abschnitten tritt uns ein Ich entgegen, das sich nur in den seltensten Fällen selbst gegenwärtig ist; es teilt sich vielmehr als eines mit, das seine eigene Vergangenheit vergessen hat und diese erst mühsam (re)konstruieren muß. Das Bewußtsein steht hiermit für eine Vernichtung ein, die die Weltgeschichte mit der persönlichen Geschichte vorgenommen hat. Das Schreiben selbst erscheint unter diesen Vorzeichen nicht als Aneignung, sondern als Spur einer irreversiblen Enteignung, die vormals stattgefunden hat.

Dieses Ich kann auf keinen Schatz von Erinnerungen zurückgreifen. Dieser Schatz ist nicht nur nicht momentan zugänglich, sondern einfach gar nicht vorhanden. Es muß daher einen ganz anderen Weg des Schreibens gehen: ausgeschlossen ist sowohl der Weg der Empfindung (Proust) als auch der Weg des Traums (Surrealisten, Freud), insofern dieser als »Königsweg« zum Unbewußten angesehen wird.

Der autobiographische Teil des Textes, wie es auch schon der Titel ankündigt, ist der Kindheitserinnerung gewidmet. Dabei liegt die Betonung auf der *Erinnerung*, nicht auf der Kindheit. Beide stehen, wie es scheint, in einer spezifischen Differenz zueinander: Nie ist direkt von den Kinderjahren die Rede, immer erscheinen sie deutlich vermittelt und durchaus entstellt. Kindheit und Kindheitserinnerung sind ihrerseits wieder geteilt in zwei klar voneinander abgesetzte Phasen: Die Kindheit bis zum 6. Lebensjahr bzw. – entscheidender – bis zur Evakuierung nach Villard-de-Lans und der damit verbundenen Trennung von der Mutter; dann die Zeit in den Alpen und die Rückkehr nach Paris nach Kriegsende. Vor allem die dem ersten Teil zugeordneten Kapitel (II, IV, VI, VIII, X) sind Ausdruck fehlender Erinnerung; besonders in ihnen wird der *Modus* einer Erinnerung lesbar, die auf Vergessen beruht. Im zweiten Teil mangelt es nicht an Erinnerungen. Doch hier begegnet das schreibende Ich der Schwierigkeit, die einzelnen Fragmente zusammenzufügen. Der Leser begegnet einer Fülle von unzusammenhängenden Erinnerungen, die diesmal nicht durch veräußerlichte, objektive Erinnerungsträger vermittelt werden, sondern durch ein traumatisiertes und darum um so subjektiveres (und auch schon wieder dem Subjekt enteignetes) Gedächtnis, das eher Phantasmen denn Erinnerungen hervorbringt. Alle Erinnerungen sind einem bestimmten Muster unterworfen, das es zu ermitteln gilt und das vielleicht einen Fluchtpunkt des so disparat erscheinenden Textes bilden kann. Die Disparität des Textes steht dem zweiten Teil des Buchtitels, *le souvenir d'enfance*, der ja mit seinem bestimmten Artikel auf *eine ganz bestimmte* Erinnerung verweist, schlechthin entgegen. Es scheint also einmal mehr, geht man von einer gewissen Kohärenz zwischen Titel und Text aus, daß der Text kryptisch auf etwas verweist, auf etwas durchaus Bestimmtes, das er jedoch nicht benennen kann.

Der autobiographische Teil hebt an mit der paradoxen Wendung »je n'ai pas de souvenirs d'enfance« (S. 13). Sie manifestiert einen ersten Widerspruch zum Titel des Buches, der Kindheitserinnerungen, genauer: eine bestimmte Kindheitserinnerung, ankündigt. Der darauf folgende Satz lautet:

> Jusqu'à ma douzième année à peu près, mon histoire tient en quelques lignes: j'ai perdu mon père à quatre ans, ma mère à six; j'ai passé la guerre dans diverses pensions de Villard-de-Lans. En 1945, la sœur de mon père et son mari m'adoptèrent (S. 13).

Das sind in der Tat nicht besonders viele Erinnerungen, vielleicht nicht einmal Erinnerungen, vielmehr objektive Daten eines Lebenslaufes. Im weiteren Verlauf des Textes begegnet der Leser allerdings zahlreichen Erinnerungen, wenngleich sie durchaus fragmentiert, rätselhaft und ungesichert in ihrer Authentizität erscheinen. In welchem Zusammenhang stehen also der sich selbst leugnende Beginn der autobiographischen Erzählung und die Autobiographie? Die vorausgehende Negation wird durch das Nachfolgende selbst negiert, das Nachfolgende bleibt jedoch zugleich diesem Eingang, seiner Voraussetzung verhaftet. Die Leugnung äußert ein Bedürfnis, geschaffen genau in jenem Moment ihrer Artikulation, die dann die einsetzende Suche zeitigt. Erst jedoch die Auto-Denunzierung der Leugnung als psychologischen Mechanismus scheint das Schrift-Paradox auflösen zu können in ein langsames Heranschreiben an Erinnerungen, die doch vorhanden sind:

> Cette absence d'histoire m'a longtemps rassuré: sa sécheresse objective, son évidence apparente, son innocence me protégeaient, mais de quoi me protégeaient-elles, sinon précisément de mon histoire, de mon histoire vécue, de mon histoire réelle ...? (S. 13).

Wo andere eine Ersatzgeschichte erfinden, um sich zu schützen, beschwört das Ich die Abwesenheit jeder Geschichte herauf.[65] »Je n'ai pas de souvenirs d'enfance«, das ist die erste Mauer unter vielen anderen, von denen die Rede sein wird. Eine Mauer, die schützt vor der eigenen zerstörten Geschichte, an deren Stelle die große Geschichte geantwortet hat: »la guerre, les camps« (S. 13). Eine Mauer, die aber auch isoliert, die durchbrochen werden muß.

Im folgenden versucht das Ich, seine Leugnung in ihrer Radikalität wiederum leugnend, den eigenen Fall des Vergessens als ›Normalfall‹ darzustellen: »Comme tout le monde, j'ai tout oublié de mes premières années d'existence« (S. 21). Die doppelte Leugnung ermöglicht es zumindest, das Vergessen als konkrete Erinnerungslücken und tatsächliche Abwesenheiten zu thematisieren, zu verorten und damit einzugrenzen. Doch gerade diese Eingrenzung macht die Entgrenzung und Maßlosigkeit des Vergessens überhaupt erst sichtbar. Denn selbst als im zweiten Teil der autobiographischen Erzählung zugestanden wird, daß ab nun Erinnerungen existieren (»Désormais, les souvenirs existent« (S. 93)), ist das Problem nicht gelöst. Die Erinnerung bleibt durch und durch fragmentiert – wobei hier das Fragmentarische im radikalen Sinne als poetologische Spur einer vormaligen Zerstörung zu verstehen ist, die Ruinen hinterlassen hat. Die Ruinen werden von vornherein als überlebende, von der Zerstörung gezeichnete Erinnerungen verbucht, die auf das Vergessen verweisen und nachträglich das im Schreiben überwundene Anfangsparadox »je n'ai pas de souvenirs d'enfance« bestätigen.

Während also im ersten Teil der Eindruck fast vollständiger Abwesenheit von Erinnerungen dominiert, begegnet der Leser im zweiten Teil einer Flut von Erinnerungen, die weder in eine chrono- noch in eine kausallogische Ordnung gebracht werden können; Erinnerungen, die kaum einen manifesten Erlebnisinhalt wiederzugewinnen in der Lage sind; Erinnerungen, die vielmehr als hybride Gebilde aus Erinnerung, Lektüre, Wunsch- und Angstphantasma – damals und zum Zeitpunkt des Schreibens – erscheinen.

---

65 Im Text jedoch können wir die W-Erzählung, die ja mit dem ersten Kapitel schon eingesetzt hat, als Ersatzerzählung ausmachen; erzähllogisch gesehen gehört sie einem anderen Erzähler an, vom Autor her gesehen steht jedoch tatsächlich die W-Erzählung für die Weigerung ein, die Existenz einer persönlichen Geschichte anzuerkennen. Perec selbst äußert sich diesbezüglich sehr deutlich: »L'idée de ce livre est la suivante: il y a d'une part ce que je pourrais appeler la biographie. Et cette biographie était occultée, il n'y avait plus de souvenirs. Je la refusais. Et pour remplacer ce refus, pour remplacer cette occultation, j'ai inventé une histoire quand j'avais quinze ans. J'ai inventé une histoire qui était une sorte de W. Je l'ai inventée, je ne savais pas du tout au moment où je l'inventais que cette histoire remplaçait mon histoire« (»Entretien Georges Perec/Ewa Pawlikowska«, *Littératures* 7, S. 69-77, hier: S. 74).

3.2. Korrigierte Unmittelbarkeit: erste Kindheitserinnerungen

Nach den einleitenden Affirmationen und Negationen evoziert der Erzähler zwei Erinnerungen, die im Modus korrigierter Unmittelbarkeit wiedergegeben werden. Unmittelbar, weil die Erinnerungen ohne Erinnerungsauslöser bzw. anderweitigem Gedächtnisträger (abgesehen vom Gedächtnis des Erzählers) genannt werden. Sie entsprechen strukturell der ersten in der *Recherche* entwickelten Erinnerung, Marcels Gute-Nacht-Kuß-Drama, das noch vor der Auslösung des »madeleine«-Mechanismus gegeben wird. Perec knüpft damit an Modelle der Kindheitserzählung an, die die erste Zeit als vorzeitliche, in sich geschlossene Welten erstehen lassen. Von *korrigierter* Unmittelbarkeit spreche ich, weil das Ich im Akt des Evozierens sogleich relativierend eingreift: Es handele sich um »nicht unwahrscheinliche« Erinnerungen (wiederum begegnet man der doppelten Verneinung), die aufgrund von »Pseudo-Präzisionen« und oftmaligem Erzählen schon alteriert seien:

> Mes deux premiers souvenirs ne sont pas entièrement invraisemblables, même s'il est évident que les nombreuses variantes et pseudo-précisions que j'ai introduites dans les relations – parlées ou écrites – que j'en ai fait les ont profondément altérés, sinon complètement dénaturés (S. 22).

Der aufscheinende Widerspruch zwischen einer »nicht unwahrscheinlichen«, aber alterierten Erinnerung verweist auf einen anderen Deutungshorizont, in den die erzählte Erinnerung möglicherweise gestellt werden könnte. Sie bürgt offensichtlich nicht mehr für eine Erfahrung, die tatsächlich stattgefunden hat; stattdessen fordert sie geradezu dazu auf, daß man sie in einem anderen Sinn, einem nicht mehr mimetischen Sinn lese. Erst dann könnte man ihr einen Aussagewert zuschreiben, der mehr meint als »falsch erinnert«, einen Aussagewert, der schon jenseits der Erinnerung, des richtigen und falschen Erinnerns liegt. Ich zitiere diese erste Erinnerung:

> Le premier souvenir aurait pour cadre l'arrière-boutique de ma grand-mère. J'ai trois ans. Je suis assis au centre de la pièce, au milieu des journaux yiddish éparpillés. Le cercle de la famille m'entoure complètement: cette sensation d'encerclement ne s'accompagne pour moi d'aucun sentiment d'écrasement ou de menace; au contraire, elle est protection chaleureuse, amour: toute la famille, la totalité, l'intégralité de la famille est là, réunie autour de l'enfant qui vient de naître (n'ai-je pourtant pas dit il y a un instant que j'avais trois ans?), comme un rempart infranchissable.
> Tout le monde s'extasie devant le fait que j'ai désigné une lettre hébraïque en l'identifiant: le signe aurait eu la forme d'un carré ouvert à son angle inférieur gauche, quelque chose comme
>
> ⁊
>
> et son nom aurait été gammeth, ou gammel (S. 22f.).

Die Unmittelbarkeit der Erinnerung bürgt noch nicht für ihre Authentizität im Sinne der getreuen Wiedergabe eines vergangenen Ereignisses. Wurde die Authentizität der Erinnerung schon von vornherein in Zweifel gezogen, so wird sie in den angefügten Fußnoten endgültig als Fiktion deklariert. Gleichsam philologische Forschungen des erinnernden Ichs ergeben, daß ein solcher Buchstabe gar nicht existiert und daß der junge Georges keine jiddischen, sondern französische Zeitungen entzifferte. Der Beweis absoluter Unwahrscheinlichkeit der Erinnerung und die Beteuerung ihrer »Nicht-Unwahrscheinlichkeit« stehen sich im Text unentschieden gegenüber. Die Erinnerung wird nicht durchgestrichen und zum Beispiel durch eine andere ersetzt, sondern sie bleibt mit den Korrekturen stehen und verweist somit zunächst einmal auf ihren stufenhaften Entstehungsprozeß.

Eine nahezu archetypische Szene der Geborgenheit, die an biblische und aus der Kunst übermittelte Bilder (Rembrandt) knüpft, wird als Erinnerung ausgegeben. In der Beschreibung scheint die Geburtsszene Jesu auf. Die individuelle (nicht präsente) Geschichte nährt sich aus überlieferten, nahezu mythischen Bildern als einer Möglichkeit der Verschränkung von individuellem und kulturellem Gedächtnis, allerdings im Modus der phantasmagorischen Aneignung. Die Assoziation der Familienszene mit der Geburtsszene Jesu wird eigentümlicherweise geweckt oder gestützt durch einen Hinweis, der aus dieser Urszene der Geborgenheit schon wieder hinausweist: sie verbindet sich – vermittelt über ein (nicht existierendes, imaginiertes) Bild von Rembrandt – mit der Szene ›Jesus vor den Gelehrten‹, die das Verhältnis zwischen Judentum und Christentum thematisiert. Jesus greift hier die Rabbiner an und wird schließlich Christus. Die Biographie des Ichs schreibt sich – dem Phantasma zufolge – in das historische Übergangsfeld ein, wenngleich unter völlig anderen Vorzeichen, als das in der überlieferten Heilsgeschichte der Fall ist.

Georges' Eltern waren Juden, und sie sprachen jiddisch; zugleich schienen sie von einem starken Willen zur Assimilation geleitet; der Sohn mit französischem Vornamen wächst mit der französischen Sprache auf. Ihm wurde die Erbschaft seiner Herkunft nicht zuteil, und der Verlust der Eltern zeitigte eine völlige Entfremdung von den eigenen Wurzeln. Die Bedrohung durch den Nationalsozialismus zwang schließlich sogar zur Konvertierung. Die Erinnerung indessen imaginiert Vertrautheit im geschlossenen Kreis der jüdischen Familie[66], imaginiert (genährt aus den Illustrationen in Kinderbüchern) ein Bild, das einerseits Ge-

---

66 Der Leser findet ein solch biblisches Familienbild einige Seiten später in einem anderen Kontext. Da imaginiert das Ich die Kindheit der Mutter in Warschau zu Beginn des Jahrhunderts, die das Ich nicht einmal aus Erzählungen kennt: »Je vois [...] une grande douceur et une grande patience, beaucoup d'amour. Aaron, mon grand-père, que je ne connus jamais, prend souvent l'aspect d'un sage. Au soir, ses outils soigneusement rangés, il chausse des lunettes à monture d'acier et il lit la bible en psalmodiant. Les enfants sont vertueux et disposés en rang d'oignon autour de la table et Laja prend l'assiette qu'ils lui tendent tour à tour et y verse une louche de soupe« (S. 47). Offensichtlich prägen Phantasien, die der mütterlichen Familie in Polen gelten, auch die eigene Kindheitsphantasie.

schlossenheit und Harmonie suggeriert, andererseits aber auch schon Spuren der nicht zu leugnenden Entfremdung, des schon vollzogenen Bruches in sich trägt. Die Überlagerung von Geburtsszene und Gelehrtenszene (über die Vermittlungsstufe ›Beschneidung im Tempel‹, wo die Beschneidung auf den gerade geborenen Säugling zurückverweist, der Tempel indessen vorausweist auf die Konfliktszene mit den Pharisäern) trägt die Entfremdung auf imaginäre Weise in den Ursprung hinein. Diese Entfremdung wird schließlich in der Entzifferung eines hebräischen Buchstabens, den es gar nicht gibt, fortgeschrieben. Der Fehler ist nicht unschuldig, er zeigt die Unkenntnis des Hebräischen und ist zugleich verdichtetes und korrigierendes Zeichen der entworfenen Familienszene: Der Phantasie-Buchstabe zeichnet den imaginierten Kreis der Familie nach (»encerclement«, »rempart infranchissable«) und markiert zugleich die Lücke.[67] Der Buchstabe weist eine Öffnung auf, die als ein Fehlen gedeutet werden muß. In *La vie mode d'emploi* taucht schließlich das »gammeth« als Bild eines abgebissenen LU-Kekses auf einer Keksdose wieder auf und erweist sich dort als Struktursymbol des ganzen Romans: Das kleine Mädchen, das die Ecke des Kekses abgebissen habe, sei verantwortlich für das Verschwinden eines Kapitels (Kap. 66), das, den Plänen des Romans zufolge, im Keller des Gebäudes spielen müßte, dem einzigen unzugänglichen Raum des Hauses. Auch in WSE fehlt ein Kapitel, das – der Chronologie zufolge – von der Reise nach Villard-de-Lans, der Deportation der Mutter nach Drancy bzw. Auschwitz handeln müßte. Der nicht existierende und doch vorgeführte Buchstabe ist einer, der nicht aussprechbar ist. Der LU-Keks hat gleichsam die »madeleine« ersetzt, und der Biß in ihn bewirkt gerade das Gegenteil: Suspension, Lücke, Vergessen anstatt »mémoire involontaire«, jene Proustsche Formel für Inkorporation und Vergegenwärtigung der Vergangenheit.[68]

Erst auf dieser zeichentheoretischen Ebene wird die Erinnerung in einem weitreichenden Sinne lesbar. Gerade ihre Unwahrscheinlichkeit befreit sie aus dem engen mimetischen Kontext (verstanden als Abbildung einer wahrhaften Kindheitsszene) und verleiht ihr Zeichencharakter, der auf »nicht Unwahrscheinliches« verweist. Das Bild wird Zeichen für einen Erinnernden, der im Bruch mit seiner Herkunft lebt, schließlich zum Zeichen einer phantasmagorischen Wiederaneignung der Vergangenheit im Horizont eines kulturellen Gedächtnisses: Die Geschichte des Ichs ist eine alterierte Wiederholung der Geschichte Jesu, die als Geschichte der Entfremdung gelesen wird. Zugleich wird die Entfremdung

---

67 In diesem Sinne äußert sich auch Philippe Lejeune, *La mémoire et l'oblique. Georges Perec autobiographe*, Paris 1991: »... au carré ouvert, ébréché, béant, s'oppose le cercle fermé qui forme rempart. Le lecteur de *La Disparition* et de la dédicace de *W ou le souvenir d'enfance* est habitué à voir ainsi associer lettre et famille ...« (S. 227).

68 Als weitere tragikomische Variante auf die Proustsche Erinnerungspoetik kann Perecs »Tentatives d'inventaire des aliments liquides et solides que j'ai ingurgités au cour de l'année dix neuf cent soixante-quatorze« gelesen werden (in: Georges Perec, *L'infra-ordinaire*, Paris 1989, S. 97-106).

zur Identität an sich, wenn das sich erinnernde Ich versucht, in dieses Doppelbild aus Einheit und Bruch seinen Namen einzuschreiben:

> Il existe en effet une lettre nommée »Gimmel« dont je me plais à croire qu'elle pourrait être l'initiale de mon prénom (S. 23).

Der Versuch, den französischen Namen in ein jüdisch-hebräisches Gedächtnis einzuschreiben, erweist sich schließlich als unmögliches Unterfangen. Der hebräische Buchstabe »gimmel« ähnelt auch nicht im entferntesten dem lateinischen »G«. Indessen scheint der erfundene Buchstabe »gammeth« aus dem lateinischen »G« durch eine doppelte Spiegelung (um die Längsachse nach links und um die Querachse nach oben) hervorzugehen. Setzt man schließlich die einzelnen Spiegelbilder, die als Zwischenstufen bei der spiegelnden Hervorbringung des Phantasiebuchstabens entstehen, zusammen, ähneln sie auf bedrohliche Weise der Swastika.

Denkbar ist auch eine Abwandlung des hebräischen »M« (»mem«) zu »gammeth« – beide ähneln sich in der Form. Das lateinische »M« – gespiegelt – bringt wiederum ein »W« hervor, dessen vernichtende Bedeutung in diesem Text bedrohlich unauslotbar scheint. Die beiden in dieser »frühesten Kindheitserinnerung« kryptisch eingeschriebenen Buchstaben sind denn auch die Initialen von Gaspard Winckler, jener taubstummen, verschwundenen bzw. usurpierten, elternlosen Identität, deren Spuren schon in den vorangegangenen Kapiteln gefolgt wurde.

Daß in dieser Urszene aus Geborgenheit und sich ankündigender Entfremdung schon die Judenvernichtung und der Nationalsozialismus (der zum Zeitpunkt der Geburt des Ichs, das wird betont, schon an der Macht war) angedeutet werden, wird darüber hinaus durch die Homophonie des erfundenen Buchstabens »gammeth/gammel« mit der französischen Bezeichnung des Hakenkreuzes »croix gammée« deutlich.

Die Erzählung vom Buchstaben und die Erzählung aus dem (Mangel)-Buchstaben ist Perec nicht fremd. Bei »W« und »gammeth« kann der Perec-Leser nicht umhin, auch an das fehlende E zu denken, aus dem der Roman *La Disparition* hervorgegangen ist, dem im übrigen WSE gewidmet ist (»Pour E«)[69]. Beide Buchstabenerzählungen verweisen indirekt auf die Kabbalisten, die von einer Ur-Thora ausgehen und einer Thora nach dem Sündenfall, die in gewisser Weise entstellt bzw. fehlerhaft ist, so daß der wahre Sinn nicht mehr ermittelt werden kann, es sei denn, man ist Eingeweihter, wie es die Mystiker zu sein beanspruchen. Bei Gershom Scholem findet sich der Hinweis, daß eine bestimmte Richtung innerhalb der jüdischen Mystik glaubt, daß in unserer Weltperiode ein

---

69 Die Widmung »Pour E« ist vielfach lesbar, als Widmung an den Buchstaben, der einerseits abwesend im Hebräischen und andererseits zentral für die französische Sprache ist. »Mère« und »père« sind nur dank E schreibbar. »Pour E« kann denn auch heißen »Pour eux«.

Buchstabe in der Thora *fehlt*.[70] Fehlen kann sowohl eine vollständige Abwesenheit bedeuten als auch die mangelhafte Gestalt (Fehler/fehlen) eines Buchstabens. Das vollständige Alphabet gehört für die Kabbalisten in eine Zeit, als auch das Weiße, die Spatien in der Thorarolle lesbar waren. In der messianischen Zeit wird dieser Vorstellung zufolge die vollständige Lesbarkeit wiederkehren.[71]

Die Vermutung drängt sich auf, daß sich Perec nicht nur die christliche Heilsgeschichte, sondern auch kabbalistisches Wissen spielerisch aneignet (als eine künstliche und künstlerische Wiederaneignung jüdischer Traditionen) und sie sich zur »contrainte« macht: erstens als Zeichen seiner jüdischen Herkunft, zweitens als Mangel an Vertrautheit mit diesem dennoch irgendwie wirksamen Ursprung, als fehlerhaften Bezug. Perec geht vom Mangel, vom Fehler als einer Form des Ungleichgewichts aus, das die Erzählung überhaupt erst in Gang bringt.[72] »Gammeth« mag einen solchen Mangel darstellen, ein spezifisches Nicht-Wissen und Fehlen, das uneinholbar, aber auch unablösbar ist. Denn in diesem Zeichen wird (indirekt und literal) lesbar, daß die Suche nach Identität, die Suche nach den jüdischen Wurzeln nur über das Ereignis der Vernichtung durch den Nationalsozialismus vorstellbar ist, daß sich das Judentum nur noch als vernichtetes, vom Ort der Vernichtung her dem Ich vorstellt.[73]

»Gammeth« ist Zeichen eines Fehlens und schließlich auch Neuschöpfung eines Buchstabens; es ist Ersatzbildung für ein Fehlendes, Ersatzbildung, die wiederum eine Imagination ermöglicht, die sich von der materiellen Gestalt der Zeichen leiten läßt; eine Ersatzbildung, die der Zerstörung eingedenk bleibt.

Philippe Lejeune interpretiert diese erste phantasmagorische Erinnerung als Zeichen der Identitätssuche des Ichs: Des Hebräischen kaum mächtig, suche es nach seinen jüdischen Ursprüngen und versuche sie mit seiner Berufung zum Schriftsteller zu verbinden.[74] Lejeune rekonstruiert sieben Versionen des »gammeth«-Phantasmas aus den *avant*-Texten zu WSE und aus den Texten, die in-

---

70 Gershom Scholem schreibt: »Nach der einen Ansicht [...] soll ein bestimmter Buchstabe des Alphabets unvollständig und in seiner gegenwärtigen Gestalt *mangelhaft* sein [...]. Da jeder Buchstabe in seiner spezifischen Gestalt eine Konzentration göttlicher Energie darstellt, möchte man aus der Mangelhaftigkeit seiner jetzt sichtbaren Form darauf schließen, daß die Macht des strengen Gerichts, die unserer Welt das Gepräge gibt, die Aktivität der verborgenen Lichter und Kräfte hemmt und ihnen nicht gestattet, sich in ihrer Totalität und Fülle zu offenbaren« (ders., *Zur Kabbala und ihrer Symbolik* [1973], Frankfurt a. M. ^{8}1995, S. 109).
71 Ebd., S. 111.
72 Siehe dazu Perecs Bemerkungen zu »clinamen« in einem Interview mit Eva Pawlikowska, a.a.O.: Dort heißt es frei nach Epikur: »... le monde fonctionne parce que au départ il y a un déséquilibre«, und nach Paul Klee: »... le génie, c'est l'erreur dans le jeu« (S. 70).
73 In dieser autobiographischen Phantasie würde sich dann ein grundlegendes Problem ›christlich-jüdischer‹ Kultur und Identität nach der Shoah andeuten, das weite Teile unserer heutigen Erinnerungskultur bestimmt. Im christlichen Europa spricht man oft vom Judentum ausgehend von der Shoah. Jüdische Kultur, die das Abendland über Jahrhunderte hinweg mitgeprägt hat, und israelische Kultur heute werden dabei stets in den Hintergrund gedrängt. Der Ort der Vernichtung wird inkorporiert als Identitätsfaktor, der jüdische Kultur und Geschichte als positive kulturelle Gedächtnisformen oftmals in Vergessenheit geraten läßt.
74 Vgl. Philippe Lejeune, *La mémoire et l'oblique* ..., a.a.O., S. 213f.

nerhalb des Projektes »Lieux« im Rahmen des Erinnerungsortes »Rue Vilin« entstanden sind. Aus textgenetischer Perspektive wird sichtbar, wie sich Form und Name des Buchstabens »gammeth« entwickeln: auf einer ersten Stufe steht ein »yod«, das sich zu »youd« (lies: Jud) wandelt, dann zu »gameth [gamète (!?)]«, »gamaih ou gamelle«[75]. Interessant ist dabei zunächst, daß Perec in seinem Erinnerungsversuch jedesmal über homophone Ähnlichkeiten dem Namen des Buchstabens einen Signifikanten zuordnet, der eine eigene Bedeutung trägt. Diese scheint schließlich fast wichtiger zu sein als der hebräische Buchstabe selbst, dessen ›Richtigkeit‹ Perec lange gar nicht überprüft. Zunächst spielt die Verschiebung von »yod« zu »youd« offensichtlich auf die jüdische Herkunft an: »gameth/gamète (!?)« [Ehe-, Fortpflanzungszelle] deutet auf Familie, genauer noch, auf die Geburts- und Familienkreisszene, die sich in WSE als erste Kindheitserinnerung findet. Daß dieser Bedeutungskomplex über homophone Ähnlichkeiten variieren kann zu »(croix) gammée«, bemerkt auch Lejeune, allerdings spart er eine weitergehende Interpretation aus. Der Signifikant »gameth/gamète« trägt in sich die Ambivalenz von Leben und Tod, die das ganze Erinnerungsgepräge durchzieht. Eine ähnlich gelagerte Ambivalenz läßt sich auch in der letzten Buchstaben-Version »gamelle« (die als »gammel« im publizierten Text erscheint) erkennen. Ich zitiere die vier Bedeutungen, die der *Petit Robert* für »gamelle« anführt und füge die Bezüge hinzu, die sich zwischen ihnen und WSE erstellen lassen:

1) »Ecuelle dans laquelle plusieurs matelots ou soldats mangeaient ensemble« [Gemeinschaft – das Bild des Familienkreises; aber auch: Schiffahrt (Gaspard Winckler-Geschichte); Soldat (Vater und dessen Tod)].

2) »Récipient individuel, muni d'un couvercle, et utilisé dans l'armée, en campagne« [von der Gemeinschaft zur Vereinzelung; Verweis auf eine andere Erinnerung, der zufolge die Mutter eine Suppenschüssel fallen läßt; der heiße Inhalt verbrüht die Hand des Kindes; wiederum auch der Verweis auf die Armee (Vater) und auf die ländliche Gegend (Georges' Aufenthalt in Villard-de-Lans)].

3) »Table commune des officiers d'un navire« [Gemeinschaft; Militär, Schiffahrt, s.o.].

4) »Fig. ou pop.: ramasser une gamelle: tomber; subir un échec« [fallen → Fallschirmerinnerung; die Niederlage der Erinnerung, der Fehler beim Entziffern oder beim Erfinden des Buchstabens].

Jede Variante trägt auf je andere Weise Spuren der Ambivalenz von Einheit und Bruch, Geborgenheit und Zerstörung in sich und zeugt schließlich vom kreativen, aus der Not des Mangels entwickelten Umgang mit Sprache und Zeichen, der sowohl ihre Eigengesetzlichkeit als auch das Zusammenspiel von Erinnerung und Imagination in Szene setzt.

---

75 Vgl. ebd., S. 216ff. – der Klammerzusatz mit !? findet sich so im Typoskript von Perec.

Eine zweite Erinnerung, diejenige vom »goldenen Schlüssel«, die der eben erörterten direkt nachfolgt, wird in vier Varianten erzählt und von vornherein als »évidemment fabulé« ausgegeben. Die Varianten bleiben nebeneinander stehen, ohne daß sie diesmal von einer nachfolgenden Stimme selektioniert und beurteilt würden:

> Le second souvenir est plus bref; il ressemble davantage à un rêve; il me semble encore plus évidemment fabulé que le premier; il en existe plusieurs variantes qui, en se superposant, tendent à le rendre de plus en plus illusoire. Son énoncé le plus simple serait: mon père rentre de son travail; il me donne une clé. Dans une variante, la clé est en or; dans une autre, ce n'est pas une clé d'or, mais une pièce d'or; dans une autre encore, je suis sur le pot quand mon père rentre de son travail; dans une autre enfin, mon père me donne une pièce, j'avale la pièce, on s'affole, on la retrouve le lendemain dans mes selles (S. 23).

Gerade weil betont wird, daß diese Erinnerung erfunden ist, bekommt sie einen Status, der die Interpretation herausfordert. Handelte es sich um eine echte Erinnerung, wäre ihre Erwähnung allein schon dadurch gerechtfertigt. Zugleich muß eine Interpretation dieser extrem überformten Szene sich der Frage stellen, an welche Variante man sich nun halten solle, welchen Status man dieser Äußerung zuschreiben wolle, die Perec selbst schon im wesentlichen auf ironische Weise dekonstruiert. Die imaginierte Szene wird von Variante zu Variante nicht nur unwahrscheinlicher, wie der Erzähler selbst feststellt, sondern auch ironischer; sie entfernt sich immer weiter von der Vorstellung einer Urszene der Gabe (der Weitergabe von einem Gut, einer Tradition, einer Aufgabe – vom Vater an den Sohn), vollzieht mit jeder Variante den Abbau von Ursprungsmythen, von Ersatz- und Wunschbildungen, auf die doch zugleich zurückgegriffen wird, um die Abwesenheit von Erinnerungen schreibend zu überbrücken.

Nach der Dekonstruktion der Goldstück-Erinnerung bleibt keine Erinnerung mehr an den Vater, der kurz nach dem Waffenstillstand zwischen Frankreich und Deutschland 1940 an einer Kriegsverletzung stirbt[76], es bleibt nur noch dieses Märchen-Versatzstück – eine konstruierte, unwahrscheinliche und doch unmittelbare Erinnerung.

Auch von der Mutter habe er nur eine einzige unmittelbar präsente Erinnerung, diejenige an die Abschiedszene, die im Verlauf des Textes dreimal wiederholt wird und eine zentrale Stelle im Gesamtgefüge darstellt:

> De ma mère, le seul souvenir qui me reste est celui du jour où elle m'accompagna à la gare de Lyon d'où, avec un convoi de la Croix-Rouge, je partis pour Villard-de-Lans: bien que je n'aie rien de cassé, je porte le bras en écharpe. Ma mère m'achète un Charlot intitulé Charlot parachutiste: sur la couverture illustrée, les suspentes du parachute ne sont rien d'autre que les bretelles du pantalon de Charlot (S. 41).

---

76 »De mon père, je n'ai d'autres souvenirs que celui de cette clé ou pièce qu'il m'aurait donnée un soir en revenant de son travail« (S. 41).

Da sich die Gare de Lyon-Erinnerung als Dreh- und Angelpunkt des Textes herauskristallisiert und möglicherweise jene nicht erzählbare, weil nicht erinnerbare Kindheitserinnerung in sich verbirgt, die der Titel ankündigt, werde ich an dieser Stelle ihre Interpretation noch einmal aufgreifen[77] und weiterführen, nun im Hinblick auf die Beharrlichkeit, mit der der Erzähler immer wieder auf sie zurückkommt.

Die dreimal erzählte Abschiedsszene ist durch die Überlagerung von erfundenen Geschichten und wahren Begebenheiten geprägt.[78] Es handelt sich um eine Abschiedsszene, die ihren traumatischen Charakter erst später gewinnt, als das Wissen um die Deportation der Mutter einsetzt. Aus der Perspektive des erlebenden Ichs mag die Abreise nach Villard-de-Lans wie ein Ausflug in die »colonies de vacances« erscheinen; der Abschied scheint vorübergehend, die Rückkehr und das Wiedersehen gewiß. Das Erlebnis prägt sich zunächst nicht als außergewöhnlich schmerzvolles ein, höchstens als aufregendes. Die Mutter hingegen wird um das Ausmaß der Gefahr mehr oder weniger gewußt und das Tragische der Szene durch eine erfundene Geschichte überdeckt haben. Die erfundene Geschichte wird – anstelle der wahren Begebenheit – zur Erinnerungsspur und schreibt sich in autoreflexiver Weise in der imaginierten Szene fort: die Gabe der Mutter sei die Chaplin-Bilderzeitschrift, die ebenfalls, wie sie selbst, den Krieg auf der Titelseite als eine Art Münchhausen-Streich (Fiktion als List) darstellt. Die Handlung der Mutter wird exakt in der nachträglich in die Szene eingesetzten Illustration reflektiert. Die erfundene Geschichte ist der provisorische Schutzwall vor einer grausamen Wahrheit. Das erwachsene Bewußtsein ist um das Wissen von den realen Begebenheiten erweitert. Es sieht sich mit der Kluft zwischen diesem erworbenen Wissen und dem damaligen Erleben konfrontiert. Das erinnernde Ich steht nun vor der unmöglichen Aufgabe, sein Wissen, aufgrund dessen die Gare de Lyon-Szene in einem ganz anderen, ganz und gar katastrophalen Licht erscheint, mit der Wahrnehmung des erinnerten Ichs zu vereinigen. Ein Reflex ist die imaginäre Einfügung der Bilderzeitschrift, die den Abgrund zwischen erinnertem und erinnerndem Bewußtsein darstellt (der Abgrund, in den sich der Fallschirmspringer wirft) und zugleich eine weitere »ruse« vorstellt, um an diesem Abgrund nicht zugrunde zu gehen: Die Hosenträger von Charlie Chaplin als Halterungen für seinen Fallschirm sind Perec eben jene ima-

---

77 Vgl. auch Kap. II, 2.4. des zweiten Teils dieser Arbeit.
78 Philippe Lejeune hat deutlich gezeigt, daß der beschriebene Verlauf der Abschiedsszene unwahrscheinlich ist. Sowohl das Datum erscheint fragwürdig – 1942 hätten die deutschen Besatzer schon längst solche Evakuierungsaktionen unterbunden – als auch die Illustration der Bilderzeitschrift, die Lejeune trotz Nachforschungen nicht finden konnte und die unter nationalsozialistischer Okkupation sicherlich der Zensur anheimgefallen wäre. Stattdessen hat Lejeune eine »Charlot parachutiste«-Nummer gefunden, die 1935 erstmals erschienen ist und 1945 ein zweites Mal aufgelegt wurde. Vermutlich hat Perec die Nummer viel später gelesen und die Erinnerung daran dann vordatiert (vgl. Philippe Lejeune, *La mémoire et l'oblique*, a.a.O., S. 83 und Anita Miller, *Georges Perec. Zwischen Anamnese und Struktur*, Bonn 1996, S. 235).

ginären Kunstgriffe, die er solchen Erfindungen (der Komik Chaplins, der erfundenen Geschichte der Mutter, die den Sohn rettet) vielleicht abgeschaut hat.

Doch wird in dieser Erinnerungserfindung ganz darauf verzichtet, sie in Varianten ironisch aufzulösen. Im Gegenteil, sie wird strikt wiederholt. Sie kann nicht dekonstruiert werden, weil sie das einzige Vermittlungsglied darstellt, wo sonst allein der Abgrund der fehlenden Erinnerung herrschte. Diese Szene wird im Gegensatz zu den anderen dreimal wiederholt, weil sie im Gedächtnis fehlt und auf keinen Fall fehlen dürfte. Philippe Lejeune spricht von einem nachträglichen Erinnerungsmonument, das über der Leere errichtet wurde:

> Tragique certainement pour la mère, le départ à la gare de Lyon n'est devenu tragique pour l'enfant que rétrospectivement, deux ou trois ans plus tard, quand il a accédé à l'idée que jamais plus il ne reverrait sa mère. C'est alors que le travail de reconstruction a commencé, pour élever un monument sur cet emplacement quasiment vide.[79]

Die Ununterscheidbarkeit zwischen Fiktion und Wirklichkeit, die letztlich das Trauma der Erinnerung ausmacht (im Unterschied zum Trauma des Verlustes der Mutter), setzt sich bis zum Zeitpunkt des Schreibens fort. Der einzig mögliche Umgang damit scheint darin zu bestehen, es literarisch fruchtbar zu machen. Von dieser Begabung zeugt in eindrücklicher Weise Perecs Aneignung des Chaplin-Tricks.

3.3. ›Reliquien‹ als Erinnerungssupplemente

Benjamin stellt der unmittelbaren Erinnerung als negatives Gegenstück das Andenken gegenüber, Proust hebt die »mémoire involontaire« strikt von der »mémoire volontaire« ab. Beide sprechen der unmittelbaren Erinnerung Authentizität und Lebenserfülltheit zu und werten das Andenken bzw. die »mémoire volontaire« als »tote Habe«, als »Zeichen der Selbstentfremdung des Menschen«[80] ab.

Das Ich in WSE greift, nachdem sein unmittelbarer Schatz an Erinnerungen sehr schnell ausgeschöpft ist, auf Andenken zurück. Diese stehen aber nicht so sehr im Gegensatz zu den ersten Erinnerungen, denn auch sie hatten ja jenen Authentizitätsbegriff, der von einer Wahrhaftigkeit des tatsächlich Vergangenen ausgeht, geradewegs verfehlt. Der Rückgriff auf Photographien und anderweitige Dokumente bedeutet vielmehr die logische Fortsetzung eines Erinnerungsvorgangs, der sich schon immer auf supplementärer Basis vollzog. Die Photographien und Dokumente reichen, Postkarten gleich, als bildliches Fragment aus einer fremden Welt in die Gegenwart des schreibenden Bewußtseins hinein. Sie sind,

---

79 Philippe Lejeune, »Le bourreau Veritas«, in: *Cahiers Georges Perec* 2, a.a.O., S. 101-118, hier: S. 111.
80 Vgl. Walter Benjamin, *Zentralpark*, in: *Gesammelte Schriften*, a.a.O., Band I.2., S. 681.

nach der Bestimmung Benjamins, »säkularisierte Reliquien«[81]. Die Reliquien (Überbleibsel des Toten, Photos, die er selbst in der Hand hatte, auf denen ein Schriftzug des Toten zu entziffern ist) als »tote Habe« stehen auch bei Perec für die Abwesenheit eines ›lebendigen Gedächtnisses‹, als Supplement im Zeichen der Entfernung und Entfremdung: Es sind Reliquien, die weniger über eine heilende als vielmehr über eine alterierende Kraft verfügen.

Anstelle der Erinnerungen finden sich zwei unterschiedliche Formen des Ersatzes: erstens Phantasien, die, für Erinnerungen gehalten, mal beibehalten, mal verworfen werden; zweitens den Versuch, die Vergangenheit auf der Grundlage von Zeugnissen zu rekonstruieren: Photographien, Geburtsurkunden, Zeitungen und immer wieder die Erzählungen der Schwester des Vaters, Tante Esther[82]. Die Dokumente sollen ein Vergessen überbrücken helfen und zeugen doch zugleich immer von diesem. Die Informationen, die sie vermitteln, erhalten nie den Status einer Erinnerung, sondern bleiben von außen angefügte Fakten.

Entweder erweist sich die übermittelte Information als allzu objektiv und allgemein (wie zum Beispiel die Rekapitulation der geschichtlichen Ereignisse am Tag der Geburt von Georges Perec oder auch die Bescheinigung über das Verschwinden der Mutter per amtliches Dekret), oder aber der objektive Informationsträger wird wiederum, unter dem Blick des Betrachters, zum verlängerten Arm der Imagination. Dies gilt vor allem für die Photographien, von denen insgesamt sechs angekündigt (»Je possède une photo de mon père et cinq de ma mère« (S. 41)), aber letztlich nur vier beschrieben werden (dasjenige, das den Vater als Soldat zeigt, drei weitere, die die Mutter zeigen). Zwei Photos der Mutter bleiben völlig unerwähnt, das schon so schmale Archiv wird also nicht einmal ausgeschöpft. Das heißt aber nicht, daß die Photographien gleichgültig ließen. Im Gegenteil, welch obsessive Züge der ›Reliquienkult‹, demzufolge alle Erinnerungen aus einem fixen Punkt abgeleitet werden, annehmen kann, zeigt der Stellenwert eines Photos, das den Vater als jungen Soldat zeigt:

> Sur la photo le père a l'attitude du père. Il est grand. Il a la tête nue, il tient son calot à la main. Sa capote descend très bas [...]. Le père sourit. C'est un simple soldat. Il est en permission à Paris ... (S. 42).

Dieses Bild, das in der Beschreibung als entpersönlichtes erscheint (»le père« statt: »mon père«), hing jahrelang über dem Bett des Sohnes[83] und prägte entscheidend dessen Vater-Repräsentation. Im minimalen Ausschnitt, den das Photo zeigt, soll das Ganze (ganz nach der Logik der Reliquie) enthalten sein. So verdichtet sich für den erinnerungslosen Sohn die Identität des Vaters in dieser

---

81 Ebd.
82 Die Befragungen seiner Tante Esther sind Teil eines größeren, nicht verwirklichten Schreibprojektes. Siehe dazu Georges Perec, »Lettre à Maurice Nadeau«, in: ders., *Je suis né*, a.a.O., S. 51-66, hier: S. 53f.
83 »Pendant longtemps sa photo, dans un cadre de cuir qui fut l'un des premiers cadeaux que je reçus après la guerre, fut au chevet de mon lit ...« (WSE, S. 42).

Photographie. Das Bild wird zum Ausgangs- und Referenzpunkt für alle weiteren Spekulationen über Leben und Tod des Vaters:

> Mon père fut militaire pendant très peu de temps. Pourtant quand je pense à lui c'est toujours à un soldat que je pense. [...] Je vis un jour une photo de lui où il était »en civil« et j'en fus très étonné; je l'ai toujours connu soldat (S. 42).

Die für den Vater ersonnene Identität eines heldenhaften Soldaten verfestigt sich, insofern der Sohn sie mit seinen Zinnsoldaten immer wieder nachstellt und neu erfindet:

> ... l'amour que je portais à mon père s'intégra dans une passion féroce pour les soldats de plomb. [...] J'imaginais pour mon père plusieurs morts glorieuses. La plus belle était qu'il avait été fauché par un tir de mitrailleuses alors qu'estafette il portait au général Huntelle le message de la victoire (S. 44).

Die späteren Erzählungen von Tante Esther widerlegen schließlich das Vaterbild und zerstören den Mythos. Weder starb der Vater eines heldenhaften Todes noch war er durch und durch Soldat. Selbst der Name des Vaters muß nachträglich korrigiert werden. Für den Sohn hieß der Vater lange Zeit André, wie es sich für einen französischen Soldaten, der für das Vaterland gestorben ist, gehört. Eigentlich hieß der Vater jedoch Icek, »ce qui ne voulait pas dire grand-chose« (S. 43).

Erst viel später, und das ist die reflexive Leistung des erinnernden, autobiographischen Schreibens, kann das Photo aus seinem Reliquiendasein befreit werden. Im Text konkurrieren mit der ersten kultischen Verehrung die in Fußnoten angefügten Aktualisierungen und Rektifizierungen des Blickes. Sie behalten dabei explizit ihren nachträglichen Charakter; selbst zum Zeitpunkt des Schreibens wird dem Imaginären der Hauptplatz – im Haupttext – zugewiesen.[84]

Der Status der Photos wandelt sich in dem Moment, wo der Blick des Betrachters in den Vordergrund rückt. In der Differenz der Beschreibungen läßt

---

[84] Das Verfahren des Ineinanderschachtelns verschiedener Erinnerungs- und Schreibstufen erinnert an ein anderes, von Perec anvisiertes, nie vollendetes Projekt, an das schon erwähnte Projekt »Lieux«. Zwölf Pariser Orte, die in seinem Leben eine wichtige Rolle gespielt haben, wollte Perec im Laufe von zwölf Jahren je 24 Mal beschreiben: zwölf Mal in reiner, aktualer und möglichst ›objektiver‹ Beobachtungsweise, zwölf Mal als Gedächtnisort. Pro Monat sollten zwei Ortstexte entstehen, die dann erst einmal sorgfältig in einem Umschlag versiegelt auf ihre Öffnung nach Abschluß des Projektes warten sollten. Was sich Perec davon erwartete, schrieb er einmal in einem Brief an Maurice Nadeau: »Je n'ai pas une idée très claire du résultat final, mais je pense qu'on y verra tout à la fois le vieillissement des lieux, le vieillissement de mon écriture, le vieillissement de mes souvenirs: le temps retrouvé se confond avec le temps perdu; le temps s'accroche à ce projet, en constitue la structure et la contrainte; le livre n'est pas restitution d'un temps passé, mais mesure du temps qui s'écoule; le temps de l'écriture, qui était jusqu'à présent un temps pour rien, un temps mort, que l'on feignait d'ignorer ou qu'on ne restituait qu'arbitrairement (*L'Emploi du temps*), qui restait toujours à côté du livre (même chez Proust), deviendra ici l'axe essentiel« (Georges Perec, »Lettre à Maurice Nadeau«, a.a.O., S. 59f.) läßt

sich in erster Linie die Zeit ablesen. Der Leser, der genötigt wird, vom Haupttext zum Fußnotentext (der in den laufenden Text als Annex integriert ist) zu wechseln, vollzieht damit jeweils einen Zeitsprung. Gerade im Aufbrechen der Illusion einer kontinuitätschaffenden Zeit findet eine Problematisierung der Erinnerung aus wahrnehmungskritischer Perspektive statt. Während bei Proust das erinnernde Schreiben klar gegen das Wirken der Zeit gerichtet ist und die Distanz, die als Bruch durchaus thematisiert wird, im Modus der Kunst eingeschmolzen wird, folgt Perec schreibend den alterierenden Wirkungen der Zeit und macht die durch sie relativierte, momentgebundene Wahrnehmung mehr als deutlich. Die Zeit, lesbar gemacht, bricht die Erinnerung auf und schlägt sich nieder als Alterierung und Vergessen. Dennoch erscheint sie nicht nur im Zeichen des Verlustes, der selbst schon vor dem Einsetzen der Zeit stattgefunden hatte. Die Zeit des Schreibens als Schreiben der Zeit kann durchaus wieder etwas hervorbringen: zwar gelingt ihm nicht die Wiedergewinnung eines Ursprungs, aber doch die Darstellung des Reifens und der Veränderung eines Blickes.

3.4. Sprachbrücken zwischen Mutter und Sohn

Die Erzählung von der Kindheit nimmt ab der Evakuierung und der damit verbundenen Trennung von der Mutter einen anderen Verlauf und findet mit Kriegsende zu einem Abschluß. Dieser zweite Teil der dargestellten Kindheit spielt in einem kleinen Ort in den französischen Alpen, Villard-de-Lans, unweit von Grenoble. An diesen Ort ohne Mutter sind wesentlich mehr Erinnerungen geknüpft als an die Pariser Zeit mit der Mutter. Die Erinnerungen schreiben sich vom Bruch her und sind von ihm durchweg gezeichnet. Das fragmentierte und phantasmagorisch entstellte Bild der Welt in Villard zeugt von einem überdimensionalisierten Kindergedächtnis, das diese neue Welt nicht begreifen, nicht verarbeiten kann. Die Fragmente stehen für die Abwesenheit eines Gesamtbildes, einer Einheit, stehen mithin für eine Zerrissenheit, die sich später in die Zeichnungen des Jugendlichen wortwörtlich einschreibt: die gemalten Menschen und Gegenstände sind alle auseinandergerissen, zerfallen in lauter Einzelteile. Das Vorhandensein von Erinnerungen garantiert also noch lange nicht ein Gefühl von Identität; die fragmentierten Erinnerungen unterstreichen vielmehr den Eindruck der Abwesenheit von Erinnerung, vor allem wenn Erinnerung, wie bei Perec, mit »repère« assoziiert wird. Retrospektiv wird die Zeit in Villard-de-Lans als eine Zeit vorgestellt, die dauert, ohne Sinn zu machen. In der Beschreibung herrscht penetrant ein unpersönliches »on« vor, das für all die Menschen ohne Gesichter steht, für all die Tanten und Großmütter, die auftauchen und wieder gehen und in deren Mitte ungenannt die Mutter fehlt.

Der Fluchtpunkt des zweiten Teils der autobiographischen Erzählung ist die Abwesenheit der Mutter, ein Fluchtpunkt, der außerhalb des Erinnerten und so auch außerhalb des Textes steht, diesen aber im wesentlichen ausrichtet. Ein Zeichen steht immer anstelle des Bezeichneten und hat somit immer schon dessen

Abwesenheit zur Voraussetzung. Umgekehrt aber rückt die Nennung des Zeichens das Bezeichnete auch wieder in eine Nähe, es erinnert an dieses und hebt es damit ins Bewußtsein. Von daher ist es schwierig, wenn nicht gar unmöglich, von Zeichen des Vergessens zu sprechen. Dessen eingedenk schreibt Perec in *Espèces d'espace* :

> Le langage lui-même, me semble-t-il, s'est avéré inapte à décrire ce rien, ce vide, comme si l'on ne pouvait parler que de ce qui est plein, utile et fonctionnel. [...] Mais [...] je ne suis pas arrivé à penser ce rien. Comment penser le rien? Comment penser ce rien sans automatiquement mettre quelque chose autour de ce rien, ce qui en fait un trou, dans lequel on va s'empresser de mettre quelque chose, une pratique, une fonction, un destin, un regard, un besoin, un manque, un surplus ...?[85]

Nicht das Zeichen selbst kann also direkt ein Vergessen meinen, wenn es sich nicht gerade um ein Leerzeichen handelt, aber doch die Zeichenreihe, die Konstruktion, die auf etwas verweist und indirekt deutlich werden läßt, daß sie eigentlich auf etwas anderes, dem Gedächtnis Unzugängliches hätte verweisen wollen. Die Zeichenreihe legt über die Leere eine Struktur und macht aus dieser ein Loch/einen Raum. Ein Loch entsteht in WSE rein graphisch durch Auslassungszeichen als Spur eines fehlenden Kapitels zwischen dem ersten und dem zweiten Teil. Darüber hinaus finden wir eine Schreibweise, die gerade im zweiten Teil der autobiographischen Erzählung von – wenn man so will – Deckerinnerungen geprägt ist, die signalisieren, daß sie nur für eine andere, nicht zugängliche oder nicht formulierbare Erinnerung stehen. Diese Signale sind implizite Widersprüche oder korrigierende, relativierende Einwürfe des Erzählers, der sich durchschaut und dennoch nicht zu einer anderen Darstellung vordringt (vgl. dazu Kap. II, 2.6.).

Eine Vorstufe zu den Zeichen des Vergessens sind die Zeichen, die auf eine Abwesenheit verweisen, ohne diese – im Verweis – wieder zu einer Zeichenpräsenz werden zu lassen. Ein schlichtes, aber durchaus faszinierendes Beispiel dafür ist folgende Photobeschreibung:

> Ce sont, de droite à gauche (sur la photo): a) une chèvre noire avec quelques taches blanches, partiellement coupée par le bord droit de la photo; elle a une très longue barbiche; [...] b) ma tante; [...] elle tient dans ses bras c) un chevreau blanc à tête noire qui ne semble pas autrement enchanté et qui regarde vers la droite, en direction de la chèvre qui est sans doute sa mère; d) moi-même; de la main gauche, je tiens l'une des jambes du chevreau; de la main droite, je tiens, comme si je voulais en présenter l'intérieur à la personne qui est en train de nous photographier, un grand chapeau blanc, en paille ou en toile, qui appartient vraisemblablement à ma tante; je porte des culottes courtes de drap sombre, une chemise à carreaux type »cow-boy«, à manches courtes [...] et un chandail sans manches. Mes chaussettes me tombent sur les pieds; j'ai le ventre un peu ballonné. Mes cheveux sont coupés très court, mais des mèches irrégulières me tombent sur le front. Mes oreilles sont

---

[85] Georges Perec, *Espèces d'espace*, Paris 1974, S. 47f.

grandes et largement décollées; [...] e) une poule blanche, à demi masquée par f) une paysanne d'une soixantaine d'années [...]; à côté d'elle g) un cheval à la robe plutôt foncée, harnaché, muni d'œillères, coupé à mi-corps par le bord gauche de la photographie (S. 136f.).

Das eigentümliche ›Familienphoto‹ steht sowohl in Opposition als auch in metonymischer Folge zu den Photographien des ersten Teils. Die detaillierte Auflistung all dessen, was auf dem Bild zu sehen ist, einschließlich der Tiere, läßt die Abwesenheit der Mutter indirekt schon deutlich werden. Das Lamm hat seine Mutter und schaut zu dieser hin, Georges hingegen kann sich nur an einem Bein des Lammes festhalten. Er trägt einen Hut, dessen Inneres er zeigen will. Semantisch verweist der Hut zurück auf ein früheres Photo: »Ma mère a un grand chapeau de feutre entouré d'un galon...« (S. 71). Der Hut, den Georges in der Hand hält, hat seine Trägerin verloren. Der Erzähler beschreibt sich selbst als kleinen, etwas verwahrlosten Bauernjungen. An seinem Haarschnitt ist erkennbar, daß die ordnende Hand der Friseuse seit einiger Zeit fehlt. Die beste Friseuse war eben gerade die Mutter, die einen kleinen Friseursalon in der Rue Vilin hatte. In der Beschreibung eines früheren Photos wird denn auch der saubere Haarschnitt des kleinen Georges besonders hervorgehoben: »J'ai des cheveux blonds avec un très joli cran sur le front« (S. 70). Während der unregelmäßige Haarschnitt auf dem späten Bild Zeichen der Ferne der Mutter ist, steht der gepflegte Haarschnitt indessen doch wieder nur für eine Erinnerung, die fehlt, die das Ich aber besonders begehrt. In der Beschreibung des ersten Photos heißt es denn auch in Klammerzusatz: »... (de tous les souvenirs qui me manquent, celui-là est peut-être celui que j'aimerais le plus fortement avoir: ma mère me coiffant, me faisant cette ondulation savante) ...« (S. 70).

Das ›Familienphoto‹ aus Villard realisiert also die Erzählung einer Abwesenheit, ohne diese in der Erzählung selbst zu repräsentieren. Mit keiner Silbe wird die Mutter erwähnt; das ist die erste notwendige, aber noch nicht ausreichende Bedingung für die Erzählung ihrer Abwesenheit. Alle Zeichen im Bild verweisen indirekt auf die Abwesenheit der Mutter. Das ist die hinreichende Bedingung für eine Erzählung, deren Hauptthema die Abwesenheit der Mutter ist. Darüber hinaus macht die viermalige Wiederholung des Farbadjektives »blanc« in der Beschreibung dieser Photographie den Bezug zum *blanc* der großen Abwesenheit deutlich.

Zuweilen erstellt das Ich inmitten der fragmentierten Erinnerungen imaginäre Zusammenhänge über phantasmagorische Zeichenreihen, die wie das ›Familienphoto‹ als exakte Spur einer Abwesenheit lesbar werden. Paradigmatisch hierfür mag die Szene stehen, in welcher ein alter Mann Holz, das auf Böcken liegt, durchsägt. Die Szene mutiert zum symbolgeladenen Erinnerungsbild: Der Holzbock, auch St.-Andreas-Kreuz genannt, wird dem erinnernden Ich seiner abstrakten Form nach zum sprachlichen Zeichen: X. Der Begriff »St.-Andreas-Kreuz« enthält zugleich den (falschen) Namen des Vaters, André. X als Zeichen für das Anonyme, Unbekannte, X, die alternative Version des »double V« (»deux

V accolés par leurs pointes« (S. 106)) legt sich mithin über André, markiert den Namen, streicht ihn aus und verwandelt sich weiter, einer »géométrie fantasmatique« zufolge, ins Hakenkreuz, von der Swastika in ein SS-Zeichen und über ein Gittergeflecht in einen Davidstern.

Der Leser wohnt einer unglaublichen Beschleunigung der Imagination in dieser Zeichenverwandlung bei, die alle entscheidenden Erinnerungsorte der Kindheit des Ichs ineinanderschachtelt, extrem verdichtet und unauflöslich miteinander verknüpft. Hier gelingt in der Linearität der Schrift eine Durchbrechung dieser selbst im Sinne einer Traumlogik:

> ... X [...] point de départ enfin d'une géométrie fantasmatique dont le V dédoublé constitue la figure de base et dont les enchevêtrements multiples tracent les symboles majeurs de l'histoire de mon enfance: deux V accolés par leurs pointes dessinent un X; en prolongeant les branches du X par des segments égaux et perpendiculaires, on obtient une croix gammée (卐) elle-même facilement décomposable par une rotation de 90° d'un des segments en ⌐ sur son coude inférieur en signe ⌐⌐; la superposition de deux V tête-bêche aboutit à une figure (XX) dont il suffit de réunir horizontalement les branches pour obtenir une étoile juive (✡). C'est dans la même perspective que je me rappelle avoir été frappé par le fait que Charlie Chaplin, dans *le Dictateur*, a remplacé la croix gammée par une figure identique (au point de vue de ses segments) affectant la forme de deux X entrecroisés (XX) (S. 106).

Erst in dieser nachträglichen Assoziation, die weniger Bildergedächtnis als Sprach- und Zeichenreihe ist, bekommen einzelne Fragmente eine Bedeutung zugeschrieben, die zwischen den Erinnerungsfragmenten einerseits, der objektiven, vernichtenden Geschichte andererseits und schließlich der anderen, schon in der Kindheit ausgeprägten Phantasie W vermittelt. Diese vom Künstler geschaffene Eigenständigkeit der Erinnerungsbilder und ihre erweiterte Bedeutung verdankt sich nicht zuletzt dem fragmentarischen Charakter, mit dem die Vergangenheit als Sprachgedächtnis in die Gegenwart hineinreicht.[86] Zertrümmert ist

---

86 Der autobiographische Bericht läßt sich auch als Bericht des Spracherwerbs lesen. Das fehlende Bildgedächtnis wird nach und nach durch ein mnemotechnisch geprägtes Wortgedächtnis ersetzt. Die Erinnerungsfragmente selbst werden oftmals vom schreibenden Ich interpretiert im Hinblick auf das Erlernen von Bedeutungen und Dichotomien: »Mon souvenir n'est pas souvenir de la scène, mais souvenir du mot, seul souvenir de cette lettre devenue mot, de ce substantif unique dans la langue à n'avoir qu'une lettre unique« (WSE, S. 105). Stella Béhar interpretiert den autobiographischen Bericht als fortschreitenden Erwerb kulturellen Wissens: »Chaque chapitre présente une étape de cet apprentissage culturel et littéraire de Perec. Les marques de cet apprentissage prennent des formes diverses: jeux de mots, calembours, lectures, films ... « (Stella Béhar, *Écrire pour ne pas dire* ..., a.a.O., S. 150). In diesem Sinne vgl. auch Wolfgang Orlich, »Buchstäblichkeit ...«, a.a.O., S. 197, der das Erlernen von technischem Vokabular und sprachlicher Differenzen als Erwerb von Selbstversicherungen interpretiert. Schließlich wird das fehlende Gedächtnis an die Kindheit durch ein literarisches Gedächtnis ersetzt: »Source d'une mémoire inépuisable, d'un ressassement, d'une certitude: *les mots étaient à leur place*, les livres racontaient des histoires; on pouvait suivre; on pouvait relire, et relisant, retrouver, magnifiée par la certitude qu'on avait de les retrouver [...] je relis les livres que j'aime et j'aime les livres que je relis, et chaque fois avec la même jouissance, que je relise vingt pages, trois chapitres ou le livre

die Erinnerung aus ihrer eigentlichen, die Vergangenheit repräsentierenden Funktion entlassen, und sie wird zum (todernsten) Spielstein des gestaltenden, reflektierenden Künstlers, der mehr vor hat als die schiere Rekonstruktion seiner Geschichte: Sein Anliegen ist es, die eigene Geschichte mit der fremden und doch nahen, im wesentlichen abwesenden und in der großen Geschichte aufgehobenen Biographie der Mutter kommunizieren zu lassen. Eben dies gelingt über Zeichenreihen, die imaginäre Korrespondenzen zwischen den getrennten Wegen von Mutter und Sohn entstehen lassen. Diese Korrespondenzen, die sich schon in der Interpretation der imaginierten Unfälle (Kap. II, 2.6.) abzeichneten, stellen eine kryptische Isotopie dar, die das Zeugnis W fortwährend mit dem autobiographischen Text in Verbindung setzt.

So drehen sich die Erinnerungsfragmente des zweiten autobiographischen Teils stets um Momente der Gefahr und um das Erleiden ungerechter Strafe unter der Herrschaft von willkürlichen Gesetzen. Daran ist das Ich schon einmal gestorben, überlebt hat es in den zerstückelten Phantasmen, in denen es zurückkehrt und nur noch als fragmentierter Wiedergänger habhaft wird. Einmal mehr zeigt sich, daß wir das Fragment nicht als rein ästhetische Wahl lesen dürfen, sondern dazu genötigt werden, es als eine Form wahrzunehmen, in der sich ein Ich sprachlich zu konstituieren sucht und sich zugleich ständig zerstückelt.[87]

In diesen fragmentierten Phantasmen scheint im Überleben der Tod auf, scheinen mithin – trotz der vollkommen getrennten Bereiche Collège Turenne/ Konzentrationslager und Überleben des Sohnes/Sterben der Mutter – (imaginäre) Korrespondenzen auf. In der Tat ist die Welt von Villard von willkürlichen Gesetzen geprägt, einer grausamen Art, Sport zu treiben und Strafen anzuwenden, von Aspekten also, die sich in der Allegorie W in analoger Weise wiederfinden. Es zeichnet sich hier so etwas wie eine Identifikation beider doch so getrennter Schicksale ab, eine phantasmagorische Nähe zwischen dem Überlebenden und der Toten, zwischen dem Weg nach Villard und dem Weg nach Auschwitz.[88]

Die Ereignisse stehen parallel zueinander und doch gegeneinander gerichtet. Eine Gemeinsamkeit ist nur in der Differenz erkennbar. Untrennbar bleibt das

---

entier: celle d'une complicité, d'une connivence, ou plus encore, au-delà, celle d'une parenté enfin retrouvée« (WSE, S. 193, ich unterstreiche).

87 Auf Perecs Fall zutreffend scheint mir die extreme Formulierung von Maurice Blanchot zu sein: »Écrire son autobiographie soit pour s'avouer, soit pour s'analyser, soit pour s'exposer aux yeux de tous, à la façon d'une œuvre d'art, c'est peut-être chercher à survivre, mais par un suicide perpétuel – mort totale en tant que fragmentaire« (ders., *L'écriture du désastre*, Paris 1980, S. 105).

88 Die imaginäre Identifikation des Sohnes mit der (weitgehend unbekannten) Mutter beginnt indes schon im ersten Teil der autobiographischen Erzählung: die Mutter sei des Französischen kaum mächtig, sie mache viele Fehler. Fehler macht auch der Sohn (verbindendes Moment), allerdings beim Schreiben ihres polnischen Namens (trennendes Moment). Die ersten Verletzungen, die genannt werden, stehen ebenfalls homolog zueinander. Der Sohn trägt noch die Narben von einer Verbrühung seiner Hand, die ihm seine Mutter zugefügt hat. Die Mutter durchsticht sich bei der Arbeit in einer Fabrik die Hand, so zumindest meint sich das Ich zu erinnern.

Schicksal der Mutter, das getrennt von ihm stattfindet, mit dem seinen verbunden. Sein Überleben erscheint nicht als Rettung, sondern als ein Fehler. Und so stehen seine erlittenen – echten und imaginierten – Wunden und Unfälle aus der Zeit in Villard einmal mehr für die anderen unsäglichen Schmerzen, welche die Abwesenheit der Mutter zugefügt hat und welche die Mutter wahrscheinlich selbst erleiden mußte.

Die erzählerische Verknüpfung der beiden Wege – der Weg der Mutter und der des Sohnes – wird allerdings erst dank der erfundenen Geschichte W möglich. W läßt sich zurückführen auf das Ich, dessen Phantasma und Erinnerung W ist (Erinnerung an eine Geschichte, die es erfunden hat), W ist zugleich die allegorische Darstellung eines Konzentrationslagers. Die Metapher des Sports verweist sowohl auf Zwangsarbeit und willkürliche Gesetzgebung im Lager als auch auf die kindlichen Ungerechtigkeits- und Zwangserfahrungen in der Schule. Jeder Erinnerungsraum des Ichs (früheste Kindheit in der Rue Vilin [Kap. 4, 6, 8]; Grundschule in Belleville [Kap. 10]; Collège Turenne in Villard-de-Lans [Kap. 15, 19, 21, 25]; Pension in Lans-en-Vercors [Kap. 27]) ist von einer spezifischen Körpereinschreibung gekennzeichnet, in der die Erinnerung an einen Unfall oder an eine ungerechte Strafe bewahrt ist, Erinnerung, in der der Zusammenhang von Gesetz und Aufhebung des Gesetzes, von Willkür und Terror aufscheint.

1) In der Grundschule in Belleville (vgl. S. 75) wird das Ich aufgrund eines Versehens hart bestraft. Im Treppenhaus läßt der Junge im allgemeinen Gedränge versehentlich ein Mädchen stolpern. Die Medaille, die ihm kurz zuvor für besonders gutes Verhalten und gute Leistungen angesteckt wurde (»agrafer«), wird ihm daraufhin von der Lehrerin wieder entrissen (»arracher«). Die Erfahrung der Ungerechtigkeit, die darauf beruht, daß zwischen Versehen (Unschuld) und Absicht (Schuld) kein Unterschied gemacht wird, bleibt in den Körper eingeschrieben (»reste [...] fortement inscrite dans mon corps«). Diese körperliche Erinnerung kehrt zurück und schlägt sich u.a. in der W-Erzählung nieder. Dort heißt es:

... toute faute, volontaire ou involontaire – cette distinction n'ayant sur W aucun sens – entraîne automatiquement la disqualification, c'est-à-dire la défaite, sanction ici extrêmement importante, pour ne pas dire capitale (S. 98).

Hinter der ersten Indifferenz zwischen Versehen und Absicht scheint eine zweite, wichtigere auf, die das sich gegenwärtig erinnernde Ich in diese Erinnerung hineininterpretiert. Für das schreibend-reflektierende Ich meint die Erinnerung »d'une médaille arrachée« vielmehr das Gegenteil: »celui d'une étoile épinglée« (S. 76). Erst jetzt kann die Schulerinnerung im vollständigen Sinne an Antisemitismus und Judenvernichtung angebunden werden. Die ungerechte Strafe wird nun als Stigmatisierung und diese als schmerzhafte Körpereinschreibung[89] ge-

---

89 Mit »étoile épinglée« wird suggeriert, daß der Stern mit spitzen Nadeln angesteckt wurde und damit physischen Schmerz ausübte, während er in Wirklichkeit an den Mantel genäht wurde.

deutet, als eine Körpereinschreibung (»l'étoile épinglée«) im Sinne der verordneten Erinnerung daran, daß das Ich Jude ist. Somit scheint in der Erinnerung an den eigenen Körper ein Grundmuster der Deportation und der Gefangenschaft im Lager auf.

2) Auf die phantasierte Körpereinschreibung folgt eine echte Körpereinschreibung, die als Oberlippennarbe sichtbar bleibt, einen zentralen Identifikations- und mithin Identitätspunkt für das überlebende Opfer darstellt und somit eine ähnliche Rolle einnimmt wie die eintätowierte Nummer bei manchen KZ-Überlebenden, die diese Nummer gleichsam zum Beweis der Authentizität ihrer Lagererinnerung vorzeigen. Bei Georges rührt die Narbe vom Skisport[90] her, vom Sport, der im Gesamttext die Leitmetapher der Grausamkeit bildet. Ski und Skistock können zur Waffe werden, zum Instrument, mit dem einem anderen Schmerz zugeführt werden kann. Wieder bildet ein Versehen den Ausgangspunkt von plötzlicher Gewalt. Georges läßt versehentlich seinen Ski fallen, der das Gesicht eines Kameraden streift. Sofort sticht ihm dieser, als Strafe bzw. Rache, mit dem Skistock ins Gesicht, verletzt ihn an der Oberlippe, wovon er noch die Narbe trägt.

3) Eine weitere Steigerung erfährt die Erfahrung willkürlicher Strafe in der Pension in Lans-en-Vercors und rückt damit den autobiographischen Text noch näher an die Welt W heran: In der erinnerten Szene wird Georges grundlos beschuldigt, ein Mädchen in der Besenkammer eingesperrt zu haben. Er wird dafür mit mehreren Tagen Quarantäne bestraft (S. 172). Einige Tage später sticht ihn eine Biene, worauf sein Bein dick anschwillt. Für alle und vor allem für ihn selbst ist der Stich der Beweis dafür, daß er das Mädchen eingesperrt hatte: »... c'était le Bon Dieu qui m'avait puni« (S. 173).

Diese Bestrafungsgeschichte wird nun nicht mehr nur im Zeichen der absoluten Ungerechtigkeit gedeutet, sondern – zunächst aus der Perspektive des erlebenden Ichs, nicht des erinnernden Ichs – als höhere Strafe angenommen, welche die Schuld im Nachhinein als vorgängigen Grund setzt. Der eben zum Katholizismus konvertierte Jude Georges deutet gleichsam sein früheres Judentum als Schuld, für welche die Besenkammergeschichte als Deckerinnerung stehen könnte. Die zufällige Verletzung wird hier nicht zum Zeichen des Opfers (wie in den anderen Unfallszenen), sondern zum Zeichen des schuldigen Sünders und reflektiert indirekt christlich-antisemitische Deutungen der Judenvernichtung als gerechte Strafe sowie religiöse Deutungsversuche von Auschwitz durch die Juden

---

Die assoziative Verknüpfung von »médaille« und »étoile« regelt die Übertragung auf der Ebene des Textes und verweist weiter auf eine imaginäre Übertragung der äußerlichen Kennzeichnung auf eine körperliche Stigmatisierung, wie sie dann im KZ mit Tätowierungen vollzogen wird.

90 Der Skisport als Wintersport weckt Assoziationen an den *Vélodrôme d'Hiver*, wo nach der Judenrazzia 1942 die Pariser Juden gefangengehalten wurden; er weckt Assoziationen an Kälte, die auch das Leben auf der Insel W konditioniert (»le paysage constamment glacial et brumeux« (WSE, S. 90), »la nuit glaciale« (WSE, S. 199)).

selbst und macht – nun aus der erinnernden Perspektive – die Unzulänglichkeit solcher Sinnzuschreibungen deutlich. Die Biene steht für den absoluten Zufall wie Auschwitz für die absolute Willkür, und wer darin einen höheren, göttlichen Sinn sehen will, betreibt Idolatrie und Blasphemie.

4) Erst aus der hier eröffneten Perspektive bekommt die früheste Kindheitsszene, in der die Mutter *versehentlich* mit einer heißen Brühe die Knöchel des Kindes verbrennt, ihre volle und zugleich schockierende Bedeutung. Es ist das einzige Versagen der Mutter, an das sich das Kind erinnern kann. Nach der Logik von Versehen und Strafe, die das Ich kennengelernt hat, wäre dies ein ausreichender Grund, um deportiert zu werden.

3.5. Die Schrift als Spur des Unsagbaren

Nach dem Versuch, in der Verschränkung von früheren Texten und aktuellen Rektifizierungen (Texte aus den Jahren 1955-1970) die Biographie der Eltern zu evozieren, hält das Ich inne und reflektiert sein Versagen:

> Quinze ans après la rédaction de ces deux textes, il me semble toujours que je ne pourrais que les répéter: quelle que soit la précision des détails vrais ou faux que je pourrais y ajouter, l'ironie, l'émotion, la sécheresse ou la passion dont je pourrais les enrober, les fantasmes auxquels je pourrais donner libre cours, les fabulations que je pourrais développer, quels que soient, aussi, les progrès que j'ai pu faire depuis quinze ans dans l'exercice de l'écriture, il me semble que je ne parviendrai qu'à un ressassement sans issue. Un texte sur mon père, écrit en 1970, et plutôt pire que le premier, m'en persuade assez pour me décourager de recommencer aujourd'hui (S. 58).

Der Grund für die ausweglose Wiederholung[91] liegt in der Unsagbarkeit dessen, was er eigentlich sagen wollte. Das Unsagbare indessen bringt das Schreiben hervor, auch wenn es selbst von der Schrift unerreichbar bleibt: »... l'indicible n'est pas tapi dans l'écriture, il est ce qui l'a bien avant déclenché« (S. 59).

Der Text drückt die Überzeugung aus, daß das Eigentliche nicht gesagt werden kann. Er setzt Zeichen für dieses Ungesagte; als Text bleibt er indes Aussage und Zeugnis, Zeugnis des Paradoxes einer modernen Literatur, die sich gegen sich selbst wendet. Der Text, der eine Erinnerung formuliert, bedeutet Verrat, weil er immer ungenügend sein wird. Und doch brächte ein totales Schweigen ein totales Vergessen mit sich. So bewegt sich der Text auf dem schmalen Grat zwischen Sagen und Schweigen, einem Grat, den man als Spur bezeichnen kann: Schrift als Spur meint Schrift als Marke einer Abwesenheit (»un anéantissement une fois pour toutes« (S.59)). Der Sinn des Schreibens liegt im Schaffen einer

---

91 Wiederholung von etwas, das selbst nicht den Status des Originals beanspruchen kann. Immer schon bewegen wir uns auf der Ebene des Zitats, des Vermittelten.

lesbaren Spur der Spur, welche die Eltern im Schreibenden hinterlassen haben: »... j'écris parce qu'ils ont laissé en moi leur *marque indélébile* et que la *trace* en est *l'écriture*« (S. 59, ich unterstreiche).

Das Verständnis des Schreibens als Spur einer Abwesenheit formuliert Perec in folgendem enigmatischen Satzgefüge, mit dem die Reflexion über den Schreibprozeß und den Sinn seines Schreibens zum Abschluß gebracht wird:

> Leur souvenir est mort à l'écriture; l'écriture est le souvenir de leur mort et l'affirmation de ma vie (S. 59).

Man beachte den symmetrisch-chiastischen Aufbau der Teilsätze[92], die sich, getrennt durch das Semikolon, ineinander spiegeln. Der doppelte Genitiv »leur souvenir« verschränkt die Erinnerung, die die Toten in sich trugen und mit sich ins Grab genommen haben, mit dem Andenken an sie. Beide Formen des Genitivs durchkreuzen sich, streichen sich gegenseitig durch und bleiben darüber hinaus gleichermaßen dem Schreibenden unzugänglich: Schrift und Erinnerung gehören dem zufolge zwei gänzlich geschiedenen Bereichen an. Wo von Erinnerung die Rede ist, erstirbt die Schrift; wo Schrift herrscht, erstirbt die Erinnerung. Will sie zum Anderen, reicht sie an seinen Tod; dort wird sie zum Zeugnis einer uneinholbaren Abwesenheit und damit zur Spur.

Die Erinnerung der Eltern und die Erinnerung an die Eltern bleiben der Schrift unzugänglich. Und doch finden wir im zweiten Teilsatz allein die Schrift als tätiges Subjekt, das Ich selbst ist dabei ganz hinter sie zurückgetreten; die Schrift bahnt sich einmal mehr, über die Dynamik ihrer Eigengesetzlichkeit einen Weg der Erinnerung, zumindest zur Erinnerung hin. Aus der Schrift taucht zuletzt das Ich wieder auf: Ort und Datum des Schreibens (»Paris-Carros-Blévy 1970-1974«) werden unter den Text gesetzt, gleich einer Unterschrift des Autors, der im Akt dieser Einschreibung die Gegenwart eines »Hier und Jetzt« attestiert: »affirmation de sa vie«.

4. Name und Gedächtnis

4.1. Name, Sprache, Übersetzung

Kein Element der Sprache hat zu derart unterschiedlichen Spekulationen über Erinnern und Vergessen angeregt wie der Eigenname. Dabei wird einerseits dem Namen gleich einem Losungswort besondere Erinnerungskraft zugesprochen, andererseits fällt gerade der Name besonders leicht in ein Vergessen. So erscheint

---

[92] Der Chiasmus bildet, darauf weist Wolfgang Orlich hin, wiederum die Figur des X bzw. W, die auch hier auf das Verschwundene, Nicht-Sagbare kryptisch verweist (Wolfgang Orlich, »Buchstäblichkeit ...«, a.a.O., S. 199).

denn in der *Recherche* der Name als Gefäß der Erinnerung, das es allein aufzubrechen gilt, um seinen Erinnerungsgehalt zu entfalten. Selbst wenn diese Entfaltung dann zur Desillusionierung des Erinnerungskonzeptes führt, bleibt die Perzeption von Namen und die mit ihnen verbundenen Assoziationen ein Grundmodus von Marcels Weltwahrnehmung. Die Dinge und die Menschen sind opak, allein ihre Namen versprechen, einen Zugang zu ihrem ›Inneren‹ zu eröffnen. Der Name ist schließlich auch dasjenige Element, das sich nach dem Tod des Namenträgers dem Gedächtnis der Überlebenden anvertraut; dort wird er zum Ausgangs- und Endpunkt der Erinnerung. Über den Namen werden wir des Anderen in der Sprache habhaft. Dieser Logik folgen in der *Recherche* auch jene Szenen, in denen sich zwei Figuren begegnen und einer sich nicht mehr an den Namen des Anderen erinnert, Szenen, in denen unterschiedliche Formen der Leugnung, der Auslöschung des Namens vorgeführt werden. Das Auslöschen des Namens auf den Gräbern – wie es die Friedhofsmetapher der *Recherche* suggeriert – steht mithin für ein radikales Vergessen, das mit dem Ereignis des Todes eingetroffen ist; diese Metapher steigt dabei aus der Mitte einer Vorstellungswelt auf, die gerade dank des Namens das Gedächtnis über den Tod hinaus retten will.[93]

Der registrierte und erinnerte Name bürgt für eine Existenz, für ein Wesen, das geboren und getauft wurde. Der Nachname verweist auf eine Familie, eine Herkunft, der Tauf- bzw. Vorname individualisiert den Einzelnen innerhalb der Gruppe der Familie. Die Namentaufe setzt gleichsam die göttliche, schöpferische Geste der Benennung fort.[94] Darüber hinaus benennt der Mensch fortwährend die Dinge seiner Umwelt. Während jedoch der erstere Akt der Benennung die Individualisierung meint, erweist sich der letztere Akt vielmehr als begriffliche Bestimmung: im Gegensatz zur Namensgebung handelt es sich bei ihm um die Zuweisung von Signifikanten, um Konzepte (Signifikate), die im Signifikanten evoziert werden. Der Eigenname läßt sich jedoch weder auf einen Signifikanten noch auf ein grammatikalisches Element in der Sprache zurückführen; er bildet eine eigene linguistische Gattung. Insofern der Name nichts bedeutet als sich selbst, steht er gleichsam als absoluter Vokativ für das absolut Singuläre in der Sprache. Doch da der Name auch Teil der Sprache ist, wird er gleichsam in die differentielle Dynamik der Signifikanten mit aufgenommen und droht dabei immer, seinen einmaligen Status der Benennung zu verlieren. Es gibt also im strengen Sinne keinen Eigennamen, der nur für sich (bzw. für das ›Eigene‹) stehen würde. Daraus folgt zweierlei: Jeder Name ist erstens tendenziell ein Signifikant, der auf ein Signifikat verweist, das für eine Menge von gemeinsamen Eigenschaften steht. Dieser Tendenz verdankt sich wohl die imaginäre Kraft des Eigennamens, seine besondere Eignung, Assoziationen ganz unterschiedlicher Art

---

93 Vgl, dazu Kap I, 9. des ersten Teils dieser Arbeit.
94 Vgl. Walter Benjamin, »Über Sprache überhaupt und die Sprache des Menschen«, in: *Gesammelte Schriften*, a.a.O., Band II.1., S. 140-157, hier: S. 150: »Mit ihm [dem Namen] wird jedem Menschen seine Erschaffung durch Gott verbürgt.«

hervorzurufen. Zweitens folgt, daß jede Benennung einen Akt der Aneignung darstellt, der sich im selben Moment selbst dekonstruiert. Im Namenaussprechen gehen Aneignung und Enteignung unauflöslich miteinander zusammen. »Le nom propre efface le propre qu'il promet«[95] – eine dem Namen innewohnende Aporie, die er, der in der Sprache wie ein Fremdkörper steht und zugleich doch ihren Regeln unterworfen ist, besonders deutlich in der Übersetzung offenbart. Der Name widersteht der Übersetzung, und zugleich muß er, als Teil der Sprache, des Textes, mit übersetzt werden.

Gabe und Verlust des Eigennamens im Hinblick auf Identität und Gedächtnis strukturieren sowohl die Kindheitserinnerung als auch den fiktionalen Text W*.

Die Geschichte der Familie Perec ist eine Geschichte, in der sich das Drama von Aneignung und Enteignung des Namens über mehrere Generationen als Grenzüberschreitung und Übersetzung abspielt: Übersetzung des Familiennamens ins Russische nach der Teilung Polens; Übersetzung der polnisch-jüdischen Vornamen ins Französische bei der Emigration nach Frankreich; fehlerhaftes Rekonstruieren der polnischen Namen durch den französischen Sohn; ein gescheiterter Versuch, den Vornamen Georges an das hebräische Alphabet anzuknüpfen; schließlich – im fiktiven Teil des Textes – Auswechslung des Namens, um die eigene Identität zu verbergen (Gaspard Winckler) und Verlust des Namens beim Eintritt in die Welt W, um dort in einem Zeichensystem aufzugehen, in dem jeder Name einen präzisen Ort in der Hierarchie des Sportes markiert (Kap. 4.3.). Die Übersetzung des Namens durchkreuzt dabei das Gedächtnis des Sich-Erinnernden, der hofft, gerade im Namen noch einmal die unverstellte Anwesenheit des Erinnerten greifen zu können. Der Zugang zu einer vergangenen Wirklichkeit, der sich in der Sprache – als Erinnern des Namens – gleichsam jenseits der Sprache ankündigt, entpuppt sich schließlich als Ort, an dem sich das Identitätsversprechen (im Namen, in der Identität von Damals und Heute, von Wirklichkeit und Erinnerung, über den Tod hinaus) und mithin das Erinnerungsversprechen als Falle erweisen. Was Bernd Stiegler als einen Kernpunkt der mnestischen Kraft der Namen ausmacht, nämlich die von ihnen – als Überlebende – errungene Suspension der Opposition von Leben und Tod, Anwesenheit und Abwesenheit, weil sie, die Namen »Passagen im Inneren der Sprache« seien[96], wird durch einen Text, der nicht nur die Zerstörung der Namenträger, sondern auch die Zerstörung der Namen vorführt, insofern widerlegt, als das Überleben nicht als Gewinn, sondern als Verlust des Lebens, als Reduzierung des Lebens auf Überleben zu verstehen ist. Gerade im Namen zeigt sich die Konsequenz der Vernichtungsgeschichte, die – durch die Vernichtung des Einzelnen – schon längst für die Zerstörung der bewahrenden Gedächtnisse gesorgt hat. Denn die Vernichtung setzt nicht erst mit dem Tod ein, sondern schon zu Lebzeiten mit dem Verfälschen, Falschschreiben und Übersetzen des Namens.

---

95 Jacques Derrida und Geoffrey Bennington, *Jacques Derrida*, Paris 1991, S. 102.
96 Bernd Stiegler, *Die Aufgabe des Namens. Untersuchungen zur Funktion des Eigennamens in der Literatur des zwanzigsten Jahrhunderts*, München 1994, S. 105.

4.2. ›Archäologie‹ und Entstellung von Namen

Das Problem des Namens und des an ihn geknüpften Gedächtnisses, Leitmotiv des ganzen Textes, kündigt sich schon in der allerersten Erinnerung, der sogenannten »gammeth«-Erinnerung an. In dieser Erinnerung zeigt sich verschlüsselt der (vergebliche) Versuch, den eigenen, französischen Namen (in lateinischer Schrift) an das Hebräische und damit an die jüdischen Wurzeln anzubinden. Wie ich in Kap. II, 3.2. gezeigt habe, kann eine solche Vermittlung nur als Gewaltakt verstanden werden. Um das »G« von Georges auf den im übrigen nicht existierenden Buchstaben »gammeth« zurückzuführen, muß der Erzähler das »G« um 180° drehen (eine Doppelspiegelung) und bringt dabei unwillkürlich ein fast komplettes Bild des Hakenkreuzes hervor. Der Versuch der Rückbindung ist der Reflex einer Entfremdung, für die das Wüten des Nationalsozialismus der Hauptgrund ist. Jede Rückbindung trägt darum die Spur dieser Ursache in sich.

Die Geschichte von Georges Perec zeigt sich auch anderweitig als eine der gewaltvollen Entstellungen der Namen. Der Familienname Perec ist durch Versehen bzw. Unkenntnis eines Schreibers entstanden. Ursprünglich hieß die Familie Peretz, doch mit der Teilung Polens und dem Einzug der russischen Machthaber wird in einer Kanzlei der Name Peretz ins Russische eingegliedert: im Russischen schreibt sich der Laut [ts] »с« und somit alteriert Peretz zu Perec.[97] Der Name wird in der aneignenden Übersetzung seines Name-Seins beraubt, denn er wird zum russischen Signifikanten (mit der Bedeutung »Pfeffer«). Eine weitere Stufe der Entfremdung vom ursprünglichen Namen betrifft die Vornamen der Eltern. Jedenfalls konkurrieren im Gedächtnis des Sohnes zwei völlig unterschiedliche Namenwelten. Seinen Vater Icek lernt er unter dem Namen André kennen, seine Mutter Cyrla unter dem Namen Cécile. Wann diese Auswechslung der Namen genau stattgefunden hat, bleibt indes ungewiß. Entweder gaben die Eltern im Hinblick auf eine bessere Assimilation ihre Namen auf, oder aber die Namenentstellung vollzog sich später – nach dem Verschwinden bzw. dem Tod der Eltern. Der Ich-Erzähler vermutet:

> Pour ma part, je pense plutôt qu'entre 1940 et 1945, lorsque la plus élémentaire prudence exigeait que l'on s'appelle Bienfait ou Beauchamp au lieu de Bienenfeld, Chevron au lieu de Chavranski, ou Normand au lieu de Nordmann, on a pu me dire que mon père s'appelait André, ma mère Cécile, et que nous étions bretons (S. 51).

---

[97] Hier zeigt sich eine forcierte (scheinbare) Identitätsetzung zwischen gesprochener und geschriebener Sprache, welche die Differenz zwischen beiden Ebenen schlechthin leugnet. Die Aussprache eines Wortes hat sich – folgt man de Saussure – immer relativ unabhängig von seinem Schriftbild entwickelt. Für de Saussure sind die phonetischen Deformationen bzw. die Deformationen, die das Schriftbild bezüglich der Aussprache erleidet, teratologische Fälle. Vom Aussprechen des Namens geht, ich erörterte es schon, potentiell Gewalt aus.

Die Ambivalenz der Namen als Garant der Erinnerung und zugleich als Ort der Auslöschung der Erinnerung findet sich auch schon bei Proust gestaltet. Gilberte versucht zum Beispiel, den Namen ihres Vaters aus der Erinnerung an ihre Herkunft verschwinden zu lassen (auch als Leugnung ihrer jüdischen Abstammung, die in Zeiten eines verschärften Antisemitismus ihre gesellschaftlichen Ambitionen vereiteln könnte). Die erneute Heirat ihrer Mutter Odette kommt auch ihr gelegen: sie nimmt den Namen ihres Stiefvaters Forcheville an und trägt fortan den Namen ihres Vaters, ihren Familiennamen, nur noch als S., gleichsam als zweiten Vornamen: Gilberte S. Forcheville. Gerade weil das Gedächtnis auf den Namen basiert, erweist sich eine Auslöschung des Namens als besonders wirksame Weise, ein Vergessen herbeizuführen, mit dem Ziel, sich eine neue Identität zu schaffen. Und obwohl der Erzähler ausdrücklich diesem Verrat des Gedächtnisses durch seinen Roman entgegenwirken will, indem er Swann ein Denkmal setzt, sagt er selbst von seinem Roman, daß in ihm, wie auf einem Friedhof, mit der Zeit die Namen verwischen und unlesbar werden. Allerdings beschleunigt der Künstler wesentlich den Verwitterungsprozeß, auf den hier angespielt wird. Das heißt: Das Kunstwerk ist wiederum nicht einfach Bewahrung, sondern immer auch Übersetzung und damit Entstellung des Namens.

Die Veränderung des Namens ist ein Sakrileg, das sich hier zugleich als Schutz erweist, als Schutz des wahren Namens vor der Entstellung durch fremde Hand. Im Schutz, im Verdecken hinwiederum droht das Vergessen des eigentlichen Namens einzusetzen.[98] Für den Sohn, der sich der Eltern unter ihrem falschen Namen erinnert, will der richtige Name zunächst nichts bedeuten, insofern er ihn nicht mit dem von ihm bezeichneten Individuum in Verbindung bringen kann. Dies gilt vor allem für den Vater, den er sich jahrelang als französischen Soldaten vorstellt, zu dem der »sympathische Name« André gut paßt (S. 43). Der Sohn versucht nachträglich, über kulturelle Vermittlungen, den anderen ursprünglichen Namen für sich ›sprechend‹ zu machen, d.h. ihn mit einem Bild, einer Bedeutung aufzuladen und ihn dann schreibend für sein Gedächtnis zu retten. Dies gelingt nur unter Vorbehalt: »Icek«, so heißt es, »était évidemment Isaac et Judko est sans doute un diminutif de Jehudi« (S. 51). Die biblische Referenz wertet den verlorenen Namen wiederum auf, verleiht ihm eine Aura, im Schatten derer dann der Name André als zufällig erkannt und abgelehnt werden kann. Direkt nach dieser etymologischen Herleitung des wahren Namens heißt es denn auch für den zuvor noch gefeierten, »sympathischen« Namen:

---

98 In dieser Aporie bewegt sich letztlich auch der Name Gottes, von dem alle anderen Namen abgeleitet sind. Die gläubigen Juden setzten für den heiligen Namen das unaussprechliche Tetragrammaton bzw. viele andere Namen, gleichsam Decknamen, um dem Mißbrauch des Heiligsten vorzubeugen. Im Übergang vom Judentum zum Christentum und der Übersetzung des heiligen Textes aus dem Hebräischen ins Griechische vollzieht sich eine Übersetzung des Tetragrammatons in *kyrios* [Herr] (vgl. dazu Johann Maier, *Die Kabbalah. Einführung, klassische Texte, Erläuterungen*, München 1995, S. 19). Der Name Gottes erfährt in der Übersetzung eine Lesbarkeit, Zitierbarkeit, die dem jüdischen Gottesverständnis gerade fremd sein muß.

> On aurait effectivement pu appeler mon père André, comme d'une façon à peine moins arbitraire, on appelait son frère aîné [...] Léon, alors que son prénom d'état civil était Eliezer (S. 51).

Die biblischen Namen verfügen indes über eine »vertu évocatrice«[99], verweisen sie doch nicht auf ein Individuum, sondern wie die mythologischen Namen auf Figuren. Sie sind längst keine Eigennamen mehr, sondern haben einen Prägecharakter, den man sich immer wieder von neuem individuell aneignen kann. Besonders deutlich wird dies zum Beispiel, wenn sich das Ich den Vater seiner Mutter, seinen Großvater Aaron, vorstellt. Dieser erhält in der Phantasie des Ichs die Züge eines Hohepriesters:

> Aaron, mon grand-père, que je ne connus jamais, prend souvent l'aspect d'un sage. Au soir, ses outils soigneusement rangés, il chausse des lunettes à monture d'acier et il lit la Bible en psalmodiant. Les enfants sont vertueux et disposés en rang d'oignon autour de la table et Laja [die Großmutter Perecs, J.K.] prend l'assiette qu'ils lui tendent tour à tour et y verse une louche de soupe (S. 46f.).

Mythische Bilder, wie sie sich der Ich-Erzähler zur Konstruktion der eigenen Geschichte aneignet, vermitteln sich hauptsächlich über Namen. Sicherlich nicht zufällig wird der Großvater Aaron lesend, eben in der Bibel lesend, der er gleichsam selbst entstammt, vorgestellt.

Das Wiederfinden des Namens und dessen schreibende Wiederaneignung als fragiler Erinnerungsakt gestaltet sich in seiner abgründigsten Form im Namen der Mutter. Die Fehler, die das Ich beim Niederschreiben ihres Namens macht, werden als Spur im Text bewahrt, und zwar als Spannung zwischen Haupt- und Fußnotentext, durch die der Schreibprozeß und die in ihm hervorgebrachten Fehler auch dem Leser sichtbar werden. Die Kurzbiographie der Mutter (1955 geschrieben und unverändert im Text wiedergegeben) beginnt mit dem falsch geschriebenen Namen Cyrla Schulevitz (S. 45), Name, der erst 15 Jahre später in einer Fußnote korrigiert wird:

> J'ai fait trois fautes d'orthographe dans la seule transcription de ce nom: Szulewicz au lieu de Schulevitz (S. 55).

Das erinnernde, trauernde Ich verhält sich wie der russische Schreiber, der einst den Namen Peretz zu Perec umschrieb. Wieder geht der Schreiber, diesmal der Sohn, vom Lautbild des Namens aus und schreibt dieses um, halb der französischen, halb der deutschen Lautschrift folgend. Geht man den drei Fehlern im einzelnen nach, kann man zunächst beobachten, daß »sz« zu »sch« mutiert, im Deutschen das Schriftzeichen für [ʃ]. Die mit »sch« beginnenden Lehnwörter, die das Französische größtenteils dem Deutschen und dem Hebräischen entliehen hat, bilden eine Liste, in der sich semantische Kontaminationen abzeichnen, die

---

99 Vgl. Walter Benjamin, *Passagenwerk*, a.a.O., S. 645.

sich – via Sprachgedächtnis – im bedeutungsleeren Namen »Schulevitz« ablagern können: »schéol«[100], »schibboleth«[101], »schisme«, »schiste«[102], Verbindungen mit »schizo-«, dann aber auch »schlague«[103], »schlamm«, »schlass«, »schlinguer«, »schlittage«, »schlitte«, »schlitter«, »schnaps«, »schnauzer«, »schupo«, »schuss«. Ich möchte behaupten, daß der Orthographiefehler den Namen in diese Wortgruppe einschreibt, aus dem er in sprachassoziativer Weise hervorgeht und dessen semantische Summe er gewissermaßen im Schicksal des Namenträgers verdichtet.

Während der mittlere Konsonant des Nachnamens »v« statt »w« (!) für [v] durch die französische Phonetik motiviert ist, erscheint die Endung »-tz« sowohl durch das Wissen um die ursprüngliche Schreibweise des Namens Perec hervorgebracht als auch durch das Deutsche, dessen typische »-tz«-Endung sich zum Beispiel über viele polnische Ortsnamen gelegt hat: Liegnitz (statt Legnica), Kattowitz (statt Katowice), Gleiwitz (statt Gliwice) – und Auschwitz (statt Oswiecim). Der Ort der Vernichtung scheint schließlich im falschgeschriebenen Namen der Mutter anagrammatisch und phonetisch auf: SCH – ULE-W(V)-ITZ/AUSCHWITZ. Die spezifisch fehlerhafte Schreibweise des Mädchennamens der Mutter erweist sich somit als eine von der Geschichte kontaminierte, und das Gedächtnis des Ichs, das diesen entstellten Namen hervorbringt, von den Perversionen der Geschichte stark beeinträchtigt. Das Verhältnis des überlebenden Gedächtnisses zum Ort der Auslöschung, an den es sich erinnern soll, ist dasjenige eines *Sch*ibboleth, das eine unheilvolle Ambiguität in sich trägt: »... schibboleth, signe d'appartenance et menace de discrimination, discernement indiscernable entre l'alliance et la guerre«[104].

---

100 Die Definition lautet nach dem *Petit Robert*: »dans la religion de l'Ancien Testament, séjour des morts«.
101 Dazu der *Petit Robert*: »mot hébreu »épi«, du récit biblique selon lequel les gens de Galaad reconnaissaient ceux d'Ephraïm en fuite à ce qu'ils prononçaient [sibolɛt]«; an der Aussprache des Wortes erkannten die Gileaditer die feindlichen Ephraimiter; wer wie sie *sibboleth* statt *schibboleth* aussprach, durfte die Grenze nicht passieren und wurde getötet (Richter 12, 5). In der phonetischen Annäherung des Namens der Mutter an die biblische Geschichte vom *schibboleth* spiegelt sich ihr Schicksal: sie selbst will (den Gang der Efraimiter gleichsam wiederholend) eine Grenze, die Grenze zur freien Zone Frankreichs, überschreiten; die Flucht mißlingt, was einem Todesurteil gleichkommt. Wer im übrigen versuchte, das »W« über eine typographische Analogie an das Hebräische anzubinden, brächte ein Shin [ʃin] bzw. Sin [sin], also genau jene unauflösliche Unentschiedenheit zwischen [sibolɛt] und [ʃibolɛt] hervor.
102 »schisme« und »schiste« können selbstverständlich sehr leicht lautsprachlich zu »fascisme« und »fasciste« mutieren.
103 Ein Wort, das in der KZ-Literatur, zum Beispiel bei Antelme und Rousset, im Jargon der Nationalsozialisten häufig auftaucht.
104 Jacques Derrida, *Schibboleth – pour Paul Celan*, Paris 1986, S. 88.

4.3. Die Proliferation von Namen

Das sich im Namen vollziehende Gedenken wird konfrontiert mit dem Verfall der Namen, der sich abzeichnet im Differenzenspiel der Sprache und Sprachen einerseits, im Wirken der Zeit andererseits oder auch brutal in seinem Ausgeliefertsein an Akte willkürlicher Usurpation, Proliferation und Auslöschung.

Nicht nur die Erzählung, sondern auch die Makrostruktur von WSE reflektiert die Ambivalenz von der Bewahrung und der Löschung des Gedächtnisses im und durch den Namen selbst. Im Gegensatz zu einem ersten Leseeindruck, dem zufolge man meinen könnte, daß man es mit einem weitgehend anonymen Text zu tun hat, führt ein Inventar der Personen- und Ortsnamen in WSE etwa 790 Erwähnungen von Eigennamen (Personen- und Ortsnamen) an. Man kann ca. 250 verschiedene Eigennamen ausmachen; jeder wird im Durchschnitt dreimal genannt – viele von ihnen werden bei einer Lektüre sogleich wieder vergessen. Erst eine wiederholte Nennung des Namens und seine Einbindung in einen spezifischen Kontext würden eine Struktur bilden, die sich dem Gedächtnis einprägen könnte. Dieses Überleben der Namen im Lesergedächtnis findet indes nur in wenigen Fällen statt: für den W-Teil mag das zunächst für Otto Apfelstahl und Gaspard Winckler zutreffen; im autobiographischen Teil für die Orte Villard-de-Lans, Paris, Belleville, die Tante Esther und nur mit Einschränkung für die Namen der Eltern. Die vielen einmal zitierten Namen bleiben anonym wie die Namenlisten in einem Telefonbuch. Sie nehmen weniger die Funktion der Herbeirufung und Entfaltung von Gestalten ein als vielmehr diejenige, Zeichenmaterial für den Schriftsteller abzugeben. Sie führen immerhin dem gebeutelten Gedächtnis Textsubstanz zu. Allerdings erweisen sich die Namen hier nur insofern als »Blankoformulare, die mit Empfindungen ausgefüllt werden können, weil sie noch nicht von der Sprache rationalisiert sind«[105], als sie in den meisten Fällen (auf die Erinnerung bezogen) tatsächlich weiß bleiben.

Sobald sich jedoch der Erzähler Namen als Zeichen (mit Bedeutungen) aneignet, gibt er sie einer Entstellung preis, die noch einmal Spuren der vormaligen Vernichtung der Namen trägt, von der W* erzählt. Dort vollzieht sich eine grausame Vergewaltigung von Namen gerade durch deren Überführung in ein ausgeklügeltes onomatologisches System: die Ortsnamen sind abgeschafft; an ihre Stelle tritt die Chiffre W + Himmelsrichtung; die Personennamen mutieren zum Titel und damit zum Rangindex. Das Gedächtnis in W reduziert sich auf die Übertragung von Siegertiteln, die aus den Namen der Gewinner der ersten Spiele überhaupt abgeleitet sind:

> Dès la fondation de W, il fut décidé que les noms des premiers vainqueurs seraient pieusement conservés dans la mémoire des hommes et qu'ils seraient donnés à tous ceux qui leur succéderaient au palmarès. [...] L'abandon des noms propres appar-

---

105 Ernst Robert Curtius, zit. nach Walter Benjamin, *Passagenwerk*, a.a.O., S. 647.

tenait à la logique de W: bientôt l'identité des Athlètes se confondit avec l'énoncé de leurs performances (S. 129f.).

Die Siegertitel sind Namen, die mit einem Artikel versehen werden; jeder Artikel-Name weist auf einen ganz bestimmten hierarchischen Platz, der im Sportkampf errungen wurde. Dabei werden bei mehrfachen Siegen die mit dem jeweiligen Wettkampf korrespondierenden Namen addiert; derselben Logik zufolge wird der Name bei einer Niederlage wieder substrahiert. Ein Athlet zum Beispiel, der mehrere in W* genannte Qualifikationskämpfe gewonnen hat und bei den »Olympiades« und »Atlantiades« als Sieger hervorgegangen ist, hat dem System zufolge den außerhalb der Logik des Sportes nicht mehr einprägsamen Namen »le Gustafson de Grunelius de Pfister de Cummings de Westerman-Casanova« gewonnen. Diesen kann er bei der ersten Niederlage auch wieder verlieren. Name und Sieg gehen in eins, es gibt keine Namensidentität mehr, die eine Niederlage bzw. einen Sieg überleben würde.

Namen als weitgehend anonyme Masse finden sich auch in *Je me souviens*, einem Text, der in gewisser Weise die Fortsetzung von WSE darstellt und die Erinnerungen des Ichs ab seinem 10. Lebensjahr, also ab dem Ende des Krieges evoziert. Im Anhang dieses Textes werden alle Substantive und Namen in alphabetischer Reihenfolge verzeichnet – gleich dem Index eines Erinnerungsatlas. Im Gegensatz zu der Proliferation von Namen in WSE strukturieren hier jedoch Orte (bzw. Ortsnamen) und Personennamen den Text als Gedächtnisraum: einem kulturellen Gedächtnis entstammend, bilden sie *loci*, an denen unter Umständen Erinnerungen auffindbar werden. Orts- und (berühmte) Personennamen bilden hier die Schnittstelle zwischen einem gleichsam leeren individuellen und einem kulturellen Gedächtnis, an das sich ersteres anzubinden sucht. So schreibt Perec mit Blick auf *Je me souviens*:

> Le principe en est simple: tenter de retrouver un souvenir presque oublié, inessentiel, banal, commun, sinon à tous, du moins à beaucoup.[106]

Je me souviens mutiert zum *On se souvient*, denn allein im Allgemeinen, Kollektiven bleibt für Perec so etwas wie eine persönliche Erinnerung bewahrt. In WSE wird dieser Zusammenhang am deutlichsten, wenn es sich bei den zitierten Eigennamen um Namen von Autoren oder Protagonisten handelt (Kap. XXXI). In diesen Namen findet das Ich sein Gedächtnis wieder als ein literarisch geschultes und genährtes. Die Lektüren sind die einzigen gesicherten persönlichen Erinnerungen, die sich mitteilen lassen.

---

106 Georges Perec, *Je me souviens. Les choses communes I*, Paris 1978, S. 119.

4.4. Namen als mnemotechnische Knoten

Die Verbindung zwischen den beiden Teiltexten verdankt sich nicht zuletzt auch der Metamorphose von Namen. So bringt der Name der Mutter, Cyrla bzw. Cécile, den Vornamen der fiktiven Mutter Caecilia Winckler hervor. Die Heilige Cäcilia, Schutzheilige der Musiker, ist gleichsam die Namensgeberin für die Mutter. Die fiktive Caecilia Winckler, berühmte österreichische Opernsängerin, steht unter der Schutzmacht der Heiligen. Der Heiligen Cäcilia ist in Albi eine Kathedrale gewidmet. So gedenkt diese Schutzheilige der Musiker zugleich der Albigenser, die einem Kreuzzug zum Opfer gefallen sind. Nicht zuletzt stirbt Caecilia Winckler eines Todes, der in vielem an den Tod der Heiligen Cäcilia erinnert[107] und der über ein Detail mit den Menschenverbrennungen im KZ in Zusammenhang gebracht werden kann:

> Mais la mort la plus terrible – berichtet Otto Apfelstahl – fut celle de Caecilia; elle ne mourut pas sur le coup, comme les autres, mais, les reins brisés par une malle qui, insuffisamment arrimée, avait été arrachée de son logement lors de la collision, elle tenta, pendant plusieurs heures sans doute, d'atteindre, puis d'ouvrir la porte de sa cabine: lorsque les sauveteurs chiliens la découvrirent, son cœur avait à peine cessé de battre et ses ongles en sang avaient profondément entaillé la porte de chêne (S. 80f.).

Und später, am Ende des Textes, äußert das autobiographische, sich erinnernde Ich:

> Plus tard, je suis allé avec ma tante voir une exposition sur les camps de concentration. [...] Je me souviens des photos montrant les murs des fours lacérés par les ongles des gazés ... (S. 213).

Das Wissen, das sich krustenartig um den Namen der Mutter bildet, stellt zunächst den vergeblichen Versuch dar, aus Ursprung und Bedeutung des Namens Informationen über das Wesen der Mutter abzuleiten. Doch erst auf der Ebene des Gesamttextes bekommt dieses zufällige Wissen einen gestalterischen Sinn, ermöglicht es doch nun die Generierung des fiktiven Textes und dessen Rückbindung an die Autobiographie. Ähnliches läßt sich für »André« beobachten, den Namen, unter dem sich der Sohn lange Zeit seines Vaters erinnert, um dann zu erfahren, daß es sich um einen falschen, um einen arbiträren Namen handelte. Icek und André schließen sich zunächst gegenseitig aus, tauchen dann aber nebeneinander, allerdings verschlüsselt, wieder im fiktiven Text auf. Icek findet sich als Anagramm in W-I-N-C-K-L-E-R, André in der zweiten Silbe im Namen

---

[107] Die Heilige Cäcilia wurde zu Folter und Tod verurteilt. Der Legende zufolge wurde sie einen Tag und eine Nacht in eine Badezelle gesperrt und sollte dort in den heißen Dämpfen ersticken. Als man sie nach dieser Folter noch lebend findet, wird sie niedergeschlagen. Cäcilia bleibt in ihrem Blut liegen und stirbt erst nach drei Tagen.

des Schiffes SYLVANDRE. Der Vater, von dem im fiktiven Bericht nicht gesprochen wird, wird also auch dort – sprachassoziativ – ins Gedächtnis gerufen.

Die Verbindung von Name und Identität, die Präsenz der Identität im Namen, ihre Bestätigung durch den Namen verliert in Anbetracht der analysierten Beispiele ihre Verbindlichkeit. Die erste Erfahrung ist diejenige, daß der Name nicht mehr für die Dauer einer Identität einsteht. Seine »vertu évocatrice« ist eine rein sprachassoziative.

Die analysierten Beispiele erzählen jeweils von Besitznahme und Usurpation, von Enteignung und Wiederaneignung des Namens. Der Eigenname zeigt in diesen Geschichten die Unmöglichkeit seines Eigen-Seins. Was Perec in seiner autobiographischen Geschichte leidvoll erfahren muß, gestaltet er in verdichteter Form in der fiktiven Geschichte. Die Verbindungen und Textschöpfungen, die dank der Namen möglich sind, zerstören den Eigennamen als solchen. Der Name gibt sich auf, indem er in den Text eingeht und zum Zeichen wird, das Bedeutung trägt und anderes bezeichnet. Die Namen haben mithin ihre unmittelbare erinnerungsauslösende Funktion verloren, sie werden indessen schöpferisch in den Text eingebunden und in ihm aufbewahrt; dort bilden sie mnemotechnische Knoten und wirken kryptisch kohärenzstiftend, sie verlieren indessen ihre identitätsstiftende Funktion, verweisen sie doch nicht mehr auf die Identität einer außertextlich existierenden Person, sondern in erster Linie auf andere Textelemente und stehen damit für eine Gedächtnisvernetzung, die sich der Schreibende neu schafft. Der Eigen-Name überlebt, dank dieser Ent-Eignung durch den Schreibenden. So wird der Name noch einmal gerettet, zwar als längst Entstellter, aber doch als Ort der Anrufung und Verantwortung, im *eigenen* Namen, der immer auch der Name eines Anderen ist, zu sprechen.

DRITTER TEIL
Vergessen des Ichs und Eingedenken des Anderen
(Roland Barthes, *La chambre claire*)

Vorbemerkung

Der Gedächtnisdiskurs als Erkenntnisdiskurs führt das monadologische Ich in eine (nachträgliche) Beziehung zur Welt ein. Diese Beziehung beruht auf einer vorgängigen Trennung von Subjekt und Objekt, die durch eine einholende, greifende Geste des Gedächtnisses aufgehoben werden soll. Inszenierungen eines solchen Gedächtnisses konnten wir in der *Recherche* verfolgen, die zugleich die Grenzen dieses Zugangs aufzeigte. Die Hauptausrichtung des Gedächtnisses gilt dem Anderen, doch offensichtlich verschließt sich das voluntaristische Konzept der Möglichkeit des wahrhaftigen Gedenkens des Anderen, zeitigt doch das Erinnern zwangsläufig dessen Reduzierung auf das Eigene. Der Weg zum Anderen wird als einer vorgeführt, der scheitert, weil sich der Andere dem Versuch, ihn in Besitz zu nehmen, fortwährend entzieht. Um dem Anderen in der Erinnerung gerecht zu werden, reicht es indes nicht, den Erinnerungsdiskurs durch einen moralisch gefärbten Alteritätsdiskurs zu überblenden, sondern die Dynamik des Gedächtnisses muß grundsätzlich umgelenkt werden. Abgesehen von den schon dargelegten erzähllogischen Zweifeln bezüglich der »mémoire involontaire« als Poetik kann man sich fragen, ob Proust nicht durch die Wende von einem greifenden, willkürlichen Gedächtnis zu einem empfangenden Gedächtnis die Chance angezeigt hat, das Gedächtnis schließlich auch als gebendes zu verstehen im Sinne des Eingedenkens des Anderen. Mit Eingedenken soll hier in Anlehnung an die begriffliche Bestimmung von Benjamin ein Erinnern gemeint sein, das weniger mit dem Greifen als vielmehr mit dem Ergriffenwerden, weniger mit dem Inkorporieren als vielmehr mit dem Begegnen in Verbindung steht.[1] Dies betrifft weniger die historischen Daten, sondern das Unerinnerbare selbst, die plötzliche Wiederkehr dessen, was nie bewußt erinnert und mithin nie auf der Zeitachse registriert worden war. Von diesem Unerinnerbaren her ist die Vorstellung von einem Aufsprengen des zeitlichen Kontinuums, die Benjamin in den sogenannten Geschichtsphilosophischen Thesen entwickelt[2], überhaupt erst verstehbar. Eingedenken meint mithin eine Vergegenwärtigung des Vergangenen als Einbruch des Anderen in die Gegenwart. Dieser Andere agiert in Bezug auf das Gedächtnis, er »schlägt den Blick auf« – schreibt Benjamin. Aura und »mémoire involontaire« stehen gleichsam jenseits des Aktionsmodus des Gedächtnisses, also jenseits der Erinnerung:

> Die Aura einer Erscheinung erfahren, heißt, sie mit dem Vermögen belehnen, den Blick aufzuschlagen [...]. Die Funde der mémoire involontaire entsprechen dem.

---

1 Vgl. Walter Benjamin, »Über einige Motive bei Baudelaire«, a.a.O., v.a. S. 637ff.
2 Ders., »Über den Begriff der Geschichte«, in: *Gesammelte Schriften*, a.a.O., Band I.2., S. 701.

(Sie sind übrigens einmalig: der Erinnerung, die sie sich einzuleiben sucht, entfallen sie ...).³

Im Kontext des Eingedenkens interessiert die Aura weniger als Größe, die die Kunst mit dem Kultischen verbindet und die in der sogenannten Moderne dem Verfall preisgegeben ist, denn vielmehr als Ereignis des Anderen, als dessen schockhafter Einbruch in die Gegenwart des Gedächtnisses.⁴

Der Differenz zwischen Erinnern und Eingedenken gilt es im folgenden nachzugehen. Sie soll insbesondere im Kontext der Trauer bedacht werden. Denn die Trauer, auch das wurde (bislang indirekt) durch die Lektüre von Proust und Perec deutlich, ist jener Moment, welcher Erinnerung offensichtlich nicht nur identitätslogisch, sondern darüber hinaus auch ethisch notwendig erscheinen läßt. Sie impliziert nicht nur die Erinnerung des Selbst, sondern in erster Linie das Andenken an den Anderen, der nicht mehr ist. Trauer meint mithin die Konfrontation mit dem Ereignis des Todes, das selbst als Unverständliches auch unerinnerbar bleiben muß. Das Gedächtnis jedoch, das die Er-Innerung in den Vordergrund spielt, meint im Akt der Trauer auch noch den Tod in sich aufnehmen zu können und ihn – im Akt der Bewahrung – gleichsam in Leben (bzw. Unsterblichkeit) zu transformieren. Das Gedächtnis hingegen, das des Todes im wahrhaftigen Sinne eingedenk ist, des Todes, der sich zwischen es selbst und dem Betrauerten eingeschrieben hat, vermag diesen Riß nicht in Kontinuität der Bewahrung zu verwandeln. Eingedenken meint ein Gedächtnis des Anderen (im Sinne des *genitivus subjectivus* und des *genitivus objectivus*), das immer vom uneinholbaren Tod gezeichnet ist.

Einen Versuch, die Proustsche »mémoire involontaire« als spontane Wiederkehr einer vergangenen, gestorbenen Welt neu zu lesen als poetologische Figur des wahren Eingedenkens, stellt Roland Barthes' letzter Text *La chambre claire* (1980)⁵ dar, der im übrigen zahlreiche intertextuelle Bezüge zur *Recherche* unterhält. Dies impliziert für Barthes zweierlei: Erstens, die Wiederkehr des Vergangenen, wie sie sich in der »mémoire involontaire« vorstellt, als schockhafte Einsicht in die untrennbare Verknüpfung von »souvenir« und »néant« (Proust) zu lesen. Erst in dieser aporetischen Doppelung kommt das Ereignis des Todes als Unleugbares, Unwandelbares, Nicht-Reduzierbares ins Spiel. Zweitens, die »mémoire involontaire« als schockhaftes Ereignis zu verstehen, welches das Gedächtnis in eine radikale Passivität stürzt, aus der heraus es allein empfangen

---

3 Ders., »Über einige Motive bei Baudelaire«, a.a.O., S. 646f.
4 Wenn Benjamin am Ende seines Essays über Baudelaire schreibt: »Er [Baudelaire] hat den Preis bezeichnet, um welchen die Sensation der Moderne zu haben ist: die Zertrümmerung der Aura im Chockerlebnis« (ebd., S. 653), dann deutet sich damit nicht zuletzt die Verschiebung vom Kultischen zum Anderen an, deren gemeinsamer ästhetischer und ethischer Bezugspunkt das Erhabene bleibt.
5 Im folgenden wird zitiert nach der Erstausgabe des Textes: Roland Barthes, *La chambre claire. Note sur la photographie*, Paris 1980; mit Hinweis auf die Seitenangaben in der Gesamtausgabe, Roland Barthes, *Œuvres complètes*, Band I-III. Édition établie et présentée par Eric Marty, Paris 1993-1995.

(und nicht aktiv nehmen und selektieren) kann. Die bedingungslose Aufnahme des Anderen in diese Passivität ist die Voraussetzung für ein Eingedenken, das den Anderen nicht zum Objekt eines Erinnerungsvorganges macht. Das eigene Gedächtnis einschließlich seiner diskursiven Kraft wird in dieser Konstellation grundlegend erschüttert.

Der Verlauf der gedanklichen Entwicklung in Barthes' Text suggeriert indessen zunächst einen ganz anderen Ausgangs- und Zielpunkt. *La chambre claire* beginnt mit einem Diskurs, in dem ein Ich aus einer einerseits kultursemiotischen und andererseits subjektiv-intuitiven Perspektive nach dem Wesen der Photographie fragt. Dieser erste Teil läßt sich als eigenwillige Abhandlung über das Bildmedium lesen; er zählt heute zum Kanon der theoretischen Texte über die Photographie neben denen von Benjamin, Kracauer, Sontag und Krauss.

Doch die kultursemiotische, subjektiv-hedonistische Perspektive erweist sich nach Bekunden des forschenden Ichs als ungenügend, um dem Geheimnis der Photographie auf die Spur zu kommen. Am Ende dieses ersten Teils von *La chambre claire* heißt es:

> Cheminant ainsi de photo en photo (à vrai dire, toutes publiques, jusqu'à présent), j'avais peut-être appris comment marchait mon désir, mais je n'avais pas découvert la nature (l'*eidos*) de la Photographie. Il me fallait convenir que mon plaisir était un médiateur imparfait, et qu'une subjectivité réduite à son projet hédoniste ne pouvait reconnaître l'universel. Je devais descendre davantage en moi-même pour trouver l'évidence de la Photographie ... (S. 95f./III, 1148f.).

Dies leitet den zweiten Teil des Textes als Gedächtnis- und Erinnerungsdiskurs ein (»... je devais descendre davantage en moi-même ...«), der jedoch keine reine Innenschau meint, sondern weiterhin ein Betrachten von Photographien. Dieses wird nun insofern als Frage geschärft, als der Referenzbereich in die Schmerzzone des Ichs führt. Nach dem Tod der Mutter betrachtet der trauernde Sohn Photographien. Er sucht die Mutter in Abbildern. Viele bleiben ungenügend, weil sie der Mutter nur ähnlich sind (sie ist es beinahe, aber nicht ganz), bis das Ich schließlich auf ein Bild stößt, auf dem es die Mutter im »wahrhaften Sinne« wiedererkennt (»la vérité du visage«, S. 106/III, 1157). Das Wiedererkennen führt jedoch nicht zur Beruhigung der Trauer, sondern zur schockhaften Wahrnehmung des irreduziblen und unwandelbaren Ereignisses des Todes, dank der Photographie, deren *eidos* im selben Moment als punktuell-zeitliche Verschränkung eines »ça a été«, und »c'est ça« erkannt wird, die immer auch das »plus jamais« impliziert. Nach der wiederholenden, exklamativen Affirmation dieses Schocks, die nunmehr in einer Art kindlichen Stammelns stattfand, bricht der Text ab.

Seiner Chronologie zufolge vollzieht der Text somit eine Steigerung von einem kulturellen Interesse an der Photographie über die Entdeckung des Affekts beim Schauen bis zur Klimax der Offenbarung einer wahren Erinnerung.

Im Gegensatz zu den meisten Interpretationen, die sich an die steigernde Folge im Text anlehnen, möchte ich den umgekehrten Weg bestreiten. Ich beginne mit einer Interpretation des Trauerdiskurses des zweiten Teils von *La chambre claire*, der einen Gedächtnisdiskurs entwickelt, in dem die Proustsche »mémoire involontaire« in den Bereich der Medialität eingeführt wird, von dort schockhaft auf das Gedächtnis des Ichs zurückwirkt und dessen egologische und inkorporierende Struktur durchbricht. Dies hat sowohl weitreichende Konsequenzen im Hinblick auf die Zeit der Trauer als auch im Hinblick auf die uns begleitende Frage nach der Rolle des Gedächtnissupplements, als welches ja die Photographie vorzugsweise fungiert.

In einem zweiten Schritt soll die Geste der Barthesschen Trauer zurückgeführt werden in den Bereich kultureller Bilder, den Barthes im ersten Teil seines Buches erörtert: Wie gestaltet sich die medial vermittelte Teilnahme des Einzelnen am kulturellen Gedächtnis? Kann des Singulären öffentlich und kulturell gedacht werden? Wie stehen öffentliche Akte des Gedenkens und wahres Eingedenken zueinander? Barthes' Text, der sich ganz auf die Welt der Bilder und Gedächtnissupplemente einläßt, skizziert von dort aus Leitlinien für eine Lektüre des kulturellen Gedächtnisses, die in dieses einerseits das Verständnis für das Nicht-Erinnerbare innerhalb der Bewahrung und andererseits für die Chance der Begegnung mit dem Anderen dank eines gleichsam erinnerungslosen Gedächtnisses einführt.

I. Das Gedächtnis des Todes

1. »souvenir« und »néant«

In *Le plaisir du texte* (1973) entwickelt Barthes eine Lektürepraxis, die den intertextuellen Bezug als »mémoire involontaire«-Erlebnis beschreibt, und dies nicht allein durch die Referenz auf Proust, sondern insbesondere durch die Art, wie diese Referenz dargestellt wird:

> Je comprends que l'œuvre de Proust est, du moins pour moi, l'œuvre de référence, la *mathésis* générale, le *mandala* de toute la cosmogonie littéraire – comme l'étaient les Lettres de Mme de Sévigné pour la grand-mère du narrateur, les romans de chevalerie pour Don Quichotte etc.; cela ne veut pas du tout dire que je sois un »spécialiste« de Proust: *Proust, c'est ce qui me vient, ce n'est pas ce que j'appelle: ce n'est pas une »autorité«; simplement un souvenir circulaire.* Et c'est bien cela l'inter-texte: l'impossibilité de vivre hors du texte infini – que ce texte soit du Proust ou le journal quotidien, ou l'écran télévisuel: le livre fait le sens, le sens fait la vie.[1]

Der Proustsche Kosmos wird nicht herbeigerufen, sondern er kommt dem Leser immer wieder zu: »c'est ce qui me vient, ce n'est pas ce que j'appelle« meint eine unwillkürliche Erinnerung, welche Wahrnehmung, Lesen und Schreiben prägen kann. Die Reminiszenz einer Lektüre ist nie wissenschaftlich exakt, sondern sie verdankt sich Verdichtungen und Verschiebungen, die etwas Neues hervorbringen: insofern meint die Intertextualität die Wiederaufnahme und die Umschreibung zugleich. In diesem Sinne ist auch Barthes' Proust-Lektüre zu verstehen, wie sie sich in *La chambre claire* darbietet. Sie führt Gedächtnisformen zusammen, die bei Proust kontrastiv gegeneinandergestellt werden und sich gegenseitig ausschließen. Die kryptische Kontamination der »mémoire involontaire« durch die Mnemotechnik, die im ersten Teil dieser Arbeit beobachtet wurde, wird bei Barthes zum literarischen Programm. Für ihn kann eine »mémoire involontaire« von der Photographie ausgehen, also von einem Medium, das in der *Recherche* hingegen weitgehend negativ konnotiert ist. Dort werden zwar Photographien zur Aneignung eines Wissens und zur Ausbildung eines Begehrens herangezogen[2], im Kontext der Erinnerung jedoch werden sie als künstliche, mechanische

---

[1] Roland Barthes, *Le plaisir du texte*, II, 1512, ich unterstreiche.
[2] Man denke an die photographischen Reproduktionen von Kunstwerken, die sich sowohl Swann als auch Marcel zu Zwecken des Studiums aneignen, um an ihnen ihren Kunstsinn zu schärfen. Über sie holt sich Marcel die Welt ins Krankenzimmer. Dort wirken sie als Auslöser für eine Sehnsucht nach der wahren Begegnung mit dem Referierten, das sich – bei Einlösung – meist als weniger zauberhaft erweist als in den Photographien. Swann geht sogar so weit, daß er reproduzierte Kunstwerke zwischen sich und die Gegenwart (namentlich seine Frau Odette) stellt,

Abziehbilder abgetan, die geradewegs die Wiederauferstehung der Vergangenheit als Kontinuum verhindern. Somit kann die Photographie sogar zur negativen Metapher eines willentlichen Suchens im Innern des Gedächtnisses werden:

> J'essayais maintenant de tirer de ma mémoire d'autres instantanés, [...] mais rien que ce mot me la rendait ennuyeuse comme une exposition de photographies ... (IV, S. 444).

Wahre, vollständige Wiederauferstehung des Vergangenen und das Betrachten von Photographien schließen sich in der *Recherche* gegenseitig aus. Im Kapitel »Intermittences du cœur« aus *Sodome et Gomorrhe*, das in den laufenden mondänen Diskurs die Trauer um die verstorbene Großmutter gleichsam als Anachronismus einführt, werden jedoch im Zeichen des Schmerzes »mémoire involontaire« und Photographie ein einziges Mal eng aufeinander bezogen. Über eine abrupte Reminiszenz wird sich Marcel zu Beginn seines zweiten Balbec-Aufenthaltes der Abwesenheit seiner Großmutter bewußt, in dem Moment, da sie ihm noch einmal vollständig erscheint:

> Je venais d'apercevoir, dans ma mémoire, penché sur ma fatigue, le visage tendre, préoccupé et déçu de ma grand-mère, telle qu'elle avait été ce premier soir d'arrivée; le visage de ma grand-mère, non pas de celle que je m'étais étonné et reproché de si peu regretter et qui n'avait d'elle que le nom, mais de ma grand-mère véritable dont, pour la première fois [...] je retrouvais dans un souvenir involontaire et complet la réalité vivante (III, S. 153).

Die vollständige Wiederauferstehung koinzidiert in dieser Szene wie sonst nie in der *Recherche* mit dem gleichzeitigen Bewußtsein der Abwesenheit:

---

um letztere nicht wahrnehmen zu müssen. Dabei nimmt er die Kunstreproduktion – Botticellis *Zephora* – als Photographie Odettes wahr: »Il plaça sur sa table de travail, comme une photographie d'Odette, une reproduction de la fille de Jéthro. [...] Quand il avait regardé longtemps ce Botticelli à lui qu'il trouvait plus beau encore et, approchant de lui la photographie de Zéphora, il croyait serrer Odette contre son cœur« (I, S. 221f.). Auch Marcel begehrt die Photographie als Ersatz für die reale Begegnung, welche die Sehnsucht nach dem Realen unterdessen steigert. Beispielhaft hierfür steht die Photographie der Mme de Guermantes, die Marcel bei seinem Freund Saint-Loup erblickt, sofort begehrt und besitzen will: »Je regardais la photographie de sa tante et la pensée que, Saint-Loup possédant cette photographie, il pourrait peut-être me la donner, me fit le chérir davantage et souhaiter de lui rendre mille services qui me semblaient peu de choses en échange d'elle. Car cette photographie c'était comme une rencontre de plus ajoutée à celles que j'avais déjà faites de Mme de Guermantes; bien mieux, une rencontre prolongée, comme si, par un brusque progrès dans nos relations, elle s'était arrêtée auprès de moi, en chapeau de jardin, et m'avait laissé pour la première fois regarder ce gras de joue, ce tournant de nuque, ce coin de sourcils (jusqu'ici voilés pour moi par la rapidité de son passage, l'étourdissement de mes impressions, l'inconsistance du souvenir ...« (II, S. 379). Die reale Flüchtigkeit kann, aufgrund des durch Begehren angeleiteten Studiums in dauerhafte Kontemplation verwandelt werden: »Ces lignes qu'il me semblait presque défendu de regarder, je pourrais les étudier là comme dans un traité de la seule géométrie qui eût de la valeur pour moi« (ebd.).

... et ainsi, dans un désir fou de me précipiter dans ses bras, ce n'était qu'à l'instant [...] que je venais d'apprendre qu'elle était morte (ebd.).³

Für Marcel führt die Einsicht in die Verschränkung von »souvenir« und »néant« zu einem neuen Blick auf die Photographie der Großmutter, die Saint-Loup während des ersten Balbec-Aufenthaltes besorgte und die Marcel zunächst als eine seiner Großmutter unwürdige Koketterie ablehnte. Die Entstellung durch das Abbild wird nun zum Sinnbild der paradoxen Empfindung von An- und Abwesenheit des anderen, die durch die Betrachtung der Photographie als Schmerz noch gesteigert wird:

> Je sentais que je ne me la rappelais vraiment que par la douleur et j'aurais voulu que *s'enfonçassent plus solidement encore en moi ces clous qui y rivaient sa mémoire.* Je ne cherchais pas à rendre la souffrance plus douce, à l'embellir, à feindre que ma grandmère ne fût qu'absente et momentanément invisible, en adressant à sa photographie [...] des paroles et des prières comme à un être séparé de nous mais qui, resté individuel, nous connaît et nous reste relié par une indissoluble harmonie. Jamais je ne le fis, car je ne tenais pas seulement à souffrir, mais à respecter l'originalité de ma souffrance telle que je l'avais subie tout d'un coup sans le vouloir, et je voulais continuer à la subir, *suivant ses lois à elle, à chaque fois que revenait cette contradiction si étrange de la survivance et du néant entrecroisés en moi* (III, S. 156, ich unterstreiche).

Die Photographie wirkt in dieser Trauerszene nicht als Erinnerungsauslöser, sie wirkt jedoch – durch ihre alterierende Kraft – als Medium der Schmerzsteigerung, durch die für Marcel der Affekt (die Traurigkeit) zu wahrhaftiger Erinnerung wird. Das Betrachten der Photographie bedeutet einen kontemplativen Stillstand, dem keine Transzendierung folgt. Es markiert eine Zäsur im Diskurs. Die »Intermittences du cœur« unterbrechen im buchstäblichen Sinne den Erzähl- und Erinnerungsverlauf des Romans, bedeutet doch der Ausdruck »intermittence« – der für Proust die diskontinuierliche Zeitlichkeit der menschlichen Sensibilität meint und daher die abrupte Wiederkehr des Vergangenen ermöglicht – auch das Aussetzen des Herzschlages, die Herzrhythmusstörung. Die »intermittences«, gelesen als trauernde Haltung der Physis, imitieren geradewegs die Herzstillstände der Großmutter, die bei ihr zum vollständigen Herzstillstand und Tod geführt haben. Als Ausdruck höchster Trauer im Sinne des symbolischen Nachsterbens sprechen die »intermittences« zugleich auch schon vom Tod der Trauer als Tod des Affekts: denn ein Herz, das nicht schlägt, spürt auch nichts mehr.

---

3 Ernst Robert Curtius beschreibt diese Szene als Wiedergewinnung der lebendigen Erinnerung an die Großmutter, als reine »mémoire involontaire«, und er verfehlt damit die paradoxe Konstellation von »souvenir« und »néant« (Ernst Robert Curtius, *Marcel Proust*, Stuttgart 1925, S. 36). Samuel Beckett hat hingegen in seinem aus derselben Zeit stammenden Proust-Essay genau jene Verschränkung zwischen Wiederkehr und Abwesenheit interpretiert als Tatsache, daß »... les morts ne sont morts que dans la mesure où ils continuent à exister dans le coeur de celui qui survit« (Samuel Beckett, *Proust* [1930], Paris 1990, S. 55).

Buchstäblich müssen die »intermittences« als Symptom der Trauer den Diskurs zum Abbruch bringen. Treffend, wenngleich etwas knapp, deutet Antoine Compagnon die Verbindung von schmerzhafter Reminiszenz als »intermittences« und dem Aussetzen von Diskursivität in seinem Kommentar zu *Sodome et Gomorrhe* an: »Les „intermittences" sont aussi des réminiscences malheureuses, que l'art jamais ne transcendera.«[4] Damit es also Kunst gibt, müssen die »intermittences« selbst wieder unter- bzw. abgebrochen werden. Erzähltechnisch wird dies auf dreierlei Weise gelöst: erstens dank der Begrenzung des Trauerdiskurses durch ein dichtes, in sich abgeschlossenes Kapitel, das gleich einem Fremdkörper im Gesamtroman ein Eigenleben führt; zweitens durch die Umformung der schockhaften Wahrnehmung in Gewöhnung – so gibt Marcel zu, daß ihm das wiederholte Betrachten der Photographie weniger Schmerz zufügt: »je m'habituais à lui« (III, S. 176); drittens durch die Kontrastierung der trauernden Haltung als sprachloses Betrachten einer Photographie mit einem zweiten Trauerdiskurs: demjenigen der Mutter, der ebenfalls von der schmerzhaften Überkreuzung von »souvenir« und »néant« gezeichnet ist[5] – sie jedoch verweigert den Blick auf die Photographie, denn er müßte dieses schmerzliche Paradox unweigerlich bestätigen:

> ... ma grand-mère avait un air de condamnée à mort, un air involontairement sombre, inconsciemment tragique qui m'échappait mais qui empêchait maman de regarder jamais cette photographie, cette photographie qui lui paraissait moins une photographie de sa mère que de la maladie de celle-ci, d'une insulte que cette maladie faisait au visage brutalement souffleté de grand-mère (III, S. 176).

Die Haltung der Mutter zeugt dort, wo sie Verdrängung zu sein scheint, von einer Geste der (virtuellen) Bewahrung des Schocks. Sie gliedert ihn nicht in die Gewohnheit ein, die ihn auszulöschen droht, sie läßt sich jedoch auch nicht auf den Anblick ein, welcher den Tod offenlegt, der sich in die Form der Bewahrung eingeschrieben hat. Stattdessen ergeht sie sich in einer melancholischen Haltung, welche Gegenwart verweigert, indem sie das eigene Leben durch die Imitation des vergangenen Lebens der Verstorbenen ersetzt hat. Marcel kommentiert die Trauer der Mutter folgendermaßen:

> ... ce n'était plus ma mère que j'avais sous mes yeux, mais ma grand-mère. [...] Enfin dans ce culte du regret pour nos morts, nous vouons une idolâtrie à ce qu'ils ont aimé. Non seulement ma mère ne pouvait se séparer du sac de ma grand-mère, devenu plus précieux que s'il eût été de saphirs et de diamants, de son manchon, de tous ces vêtements qui accentuaient encore la ressemblance d'aspect entre elles deux, mais même des volumes de Mme de Sévigné que ma grand-mère avait toujours avec

---

4 Antoine Compagnon, *Notice* zu *Sodome et Gomorrhe*, III, S. 1227.

5 »... je me rendis compte avec épouvante de ce qu'elle pouvait souffrir. Pour la première fois je compris que ce regard fixe et sans pleurs [...] qu'elle avait depuis la mort de ma grand-mère, était arrêté sur cette imcompréhensible contradiction du souvenir et du néant« (III, S. 165).

elle, exemplaires que ma mère n'eût pas changés contre le manuscript même des *Lettres* (III, S. 167).

Marcels Mutter vollzieht handelnd denselben Akt der Bewahrung wie die Photographie: nämlich durch exakte Imitation. Der Blick auf die Photographie dürfte ihr unerträglich sein, weil er ihr das Bild ihrer eigenen Erinnerungsweise mitteilen würde.

In dem Konzept der »intermittence« deutet sich das unauflösliche Konfliktfeld an, in dem sich der Affekt angesichts des Todes befindet: die »intermittence« ist Ausdruck der Treue, insofern sie ein Einhalten des Lebens meint, eine imitative Geste des Nachsterbens; sie erweist sich schließlich als Untreue, insofern sie selbst – auf bio-logischer Ebene – zur Unterbrechung des Herzschlags, also zur Unterbrechung des Affektes führt und – auf ästhetischer Ebene – zum Abbruch des Diskurses, der das Andenken garantieren könnte.

2. Trauer und Melancholie

Der hier am Beispiel der »Intermittences du cœur« eingeführte Begriff der Trauer bezeichnet mehr als den Affekt, die Gefühlseinstellung (für die vielmehr der Begriff »Traurigkeit« oder »Kummer« zuträfe), er impliziert immer schon das Ausdrucksproblem der Traurigkeit sowohl in individuellen Gesten als auch in institutionalisierten, durch eine Kultur festgelegten Handlungen. In der interpretierten Szene werden unterschiedliche Haltungen der Trauer vorgeführt, die sich theoretisch als Trauerarbeit und Melancholie beschreiben lassen. Noch einmal dient Freud zur kontrapunktischen Auseinandersetzung, um die Frage literarischer Gedächtnisdiskurse aus theoretischer Sicht zu schärfen – und umgekehrt.

Freud hat in seinem berühmten Essay »Trauer und Melancholie« (1917)[6] ein progressives Konzept der Trauer entworfen, das sich späterhin in dem von ihm geprägten Begriff »Trauerarbeit« verdichtet hat. Doch eigentlich erfährt man im besagten Essay nur sehr wenig über das, was Trauerarbeit heißen soll. Es sei der normale, gesunde Weg der Trauer, der zum Abbau der Trauer führe. Schließlich heißt Trauer bei Freud immer schon Trauerarbeit. Trauer erweist sich mithin als eine Bewegung, die sich von vornherein gegen sich selbst wendet, sich selbst auflöst. Doch anstatt näher auf diese offensichtlich paradoxe Wendung der Trauer einzugehen, erklärt Freud den Fall der Trauer für »restlos aufgeklärt« und wendet sich (in seiner Eigenschaft als Therapeut und Analytiker) dem »rätselhaften Fall der Melancholie«[7] zu, der – folgt man seiner Theorie – gewisserma-

---

6 Sigmund Freud, »Trauer und Melancholie«, in: *Studienausgabe*, a.a.O., Band III, S. 193-212.

7 Abgesehen davon, daß es problematisch ist, zwischen normaler bzw. gesunder und pathologischer Trauer zu unterscheiden, ist es frappierend, daß Freud seine Aufmerksamkeit beinahe ganz der Melancholie widmet, der Essay aber vor allem im Hinblick auf das Konzept der Trauerarbeit rezipiert worden ist.

ßen das Gegenteil des progressiven Trauerbegriffs darstellt, nämlich die pathologische Reaktion eines Ichs auf den Verlust seines Bezugsobjektes. Der Melancholiker scheint aufgrund seiner Traurigkeit dem Toten nachzusterben. Er verliert alles Interesse für die Außenwelt (was auch für die erste Phase der »normalen« Trauer typisch ist), aber vor allem verliert er jedes Selbstgefühl: »Bei der Trauer ist die Welt arm und leer geworden, bei der Melancholie ist es das Ich selbst.«[8]

Erst in der Beschreibung der Melancholie kommt in den Freudschen Überlegungen zur Trauer der Andere überhaupt in Betracht, auf den es hier eigentlich ankommt, gilt doch ihm der Affekt. Freud schildert für den Fall der Melancholie eine schier unauflösliche Verschränkung von Ich und Anderem. Der Andere erweist sich als etwas, das über das Ich und dessen Kräfte hinausreicht, und zugleich als etwas, mit dem sich das Ich ganz identifiziert hatte, zu dem das Ich eine narzißtische Beziehung aufrechterhielt und in gewisser Weise weiterhin aufrechterhält. In diesem narzißtischen Verhältnis werden allerdings Ich und Anderer verwechselt. Der Verlust des Anderen wird dann als Verlust des Ichs, als Absterben des Selbst empfunden. Auf diesen Verlust folgt – in der Logik der narzißtischen Identifizierung – die imaginäre Einverleibung des Anderen als Leugnung des realen Verlustes, »und zwar der oralen oder kannibalischen Phase der Libidoentwicklung entsprechend, auf dem Wege des Fressens«[9]. In unserem Zusammenhang wichtig ist die Tatsache, daß diese Identifizierung von Ich und Anderem als mimetischer Prozeß beschreibbar ist. So sind wir in der Lage, den psychologischen Vorgang mit den Gesetzen der Mimesis, den Affekt mit Abbildung theoretisch zueinander in Beziehung zu setzen. Der mimetische Vorgang weist dabei abermals über die Opposition von Ich-Identität und Alterität des Anderen hinaus, bedeutet er doch eine Alteration und Entstellung *in* der »treuen« Repräsentation, die wir schon anhand des imitativen Verhaltens von Marcels Mutter und der Proustschen Photographie beobachten konnten. Das Ich wird in der Melancholie zum Anderen, indem das Ich den Anderen auf es selbst reduziert.

Zuletzt wird deutlich, daß beide Fälle der Trauer – Trauerarbeit und Melancholie – das Problem des Anderen ausklammern, indem es jeweils unter die Gesetze des Ichs – Ich-Erhalt und Libidoregulierung einerseits, narzißtische Identifikation andererseits – subsumiert wird. In beiden Fällen mündet die Trauer in eine nachmalige Verdrängung bzw. Tötung des Anderen: als Abstoßen des ehemaligen Liebes- und Bezugsobjektes in der allzu ökonomischen Trauerarbeit, als bildliche Fixierung in der Melancholie. Beide Reaktionen sind Formen des »Erledigens«, der Reduktion im Zeichen der Identität. So erklärt sich die bemerkenswerte Wendung, die Lagache für den Freudschen Trauerbegriff gefunden hat: »Trauern heißt: den Tod töten«[10].

Unter dem Diktum der Trauerarbeit als *Norm* wird die Melancholie, in der zumindest die Komplexität des Verhältnisses zwischen Ich und Anderem auf-

---

8 Sigmund Freud, »Trauer und Melancholie«, a.a.O., S. 200.
9 Ebd., S. 203.
10 Zitiert nach Jean Laplanche/Jean-Baptiste Pontalis, *Vokabular der Psychoanalyse*, a.a.O., S. 512.

scheint, als pathologische Form ausgegrenzt. Dies bringt eine eigentümliche Dialektik von Ausnahme und Regel ins Spiel: Jede Trauer sei immer schon Trauerarbeit (und eine Analyse des institutionellen Rahmens der Trauer, der Beerdigungsriten, bestätigt das). Trauerarbeit wird als Regel, als Norm und *Normal*fall vorgestellt, jedoch in einer Lage, die den Affekt außergewöhnlich erschüttert, in einer *Ausnahme*situation: Verlust einer geliebten Person, Abschied, Konfrontation mit dem Tod. Die Diskrepanz zwischen der konkreten Situation der Ausnahme und der geregelten Reaktion gibt zu bedenken, ob das rational-ökonomische Modell sich nicht letztlich als inadäquat in einer Situation erweisen muß, die über das rationale Denkvermögen weit hinausreicht. Der Tod, der von andersher kommt, als etwas grundsätzlich Fremdes, läßt sich nicht einfach in eine erprobte Gefühlsökonomie integrieren. Insofern läßt sich auch sagen, daß jede Trauer immer dazu neigt, Melancholie (»Trauerwahn«)[11] zu sein. So zeigt sich zum Beispiel Freud selbst darüber verwundert, daß die Realitätsprüfung, die dem Libidoentzug in der modellhaften Trauerarbeit zugrundeliegt, immer so schmerzhaft ist und sich daher sehr lange hinziehen kann. Diese zeitliche Verzögerung steht dem ökonomischen Modell »Trauerarbeit« entgegen. »Tatsächlich wird aber das Ich nach der Vollendung der Trauerarbeit wieder frei und ungehemmt.«[12] Im Essay begegnet uns dieser Satz ebenso unvermutet wie an dieser Stelle. Freud vollzieht schreibend den Sprung, die prompte Setzung eines Neuanfangs, die zügige Ersetzung des Alten durch etwas Neues, die in der Trauer auf diese Weise in den seltensten Fällen stattfindet. Die Trauertheorie erweist sich als Idealkonstruktion eines Trauerarbeit-Konzepts, das den Ich-Erhalt reguliert und das – als Konstruktion und Inszenierung von Trauer – der Kultur einer Gemeinschaft zugrunde zu liegen scheint.[13] Melancholische Anteile, die jedem Traurigkeitsgefühl inhärent sind, werden durch die Freudsche Theorie abgespalten. Trauer als spannungsvolles Miteinander von Erinnern und Vergessen kann gelesen werden als ein Akt der Erinnerung, der durch Transformation das unwiederbringlich Vergangene sublimiert. In dieser Transformation liegt jedoch ein Vergessen verborgen: das Vergessen des Unwandelbaren, das Vergessen des Todes. Die Melancholie als Form extremer Inkorporierung verwandelt ebenfalls das zu Erinnernde, ohne es allerdings in einem kulturellen Wert zu sublimieren. Sie

---

11 In der abendländischen Tradition wird der Fall der Melancholie auch als »lypémanie« (Trauerwahn) bezeichnet und immer schon als Form der Trauer *par excellence* vorgestellt (vgl. dazu Raymond Klibansky, Erwin Panofsky und Fritz Saxl, *Saturn und Melancholie. Studien zur Geschichte der Naturphilosophie und Medizin, der Religion und der Kunst* [1964], Frankfurt a. M. ²1990, S. 14.
12 Sigmund Freud, »Trauer und Melancholie«, a.a.O., S. 199.
13 Der Erhalt einer Gemeinschaft beruht gerade auf der institutionellen Ausklammerung des Todes. Vgl. hierzu die Forschungen zum Trauerdiskurs in der griechischen *polis* von Nicole Loraux, *L'invention d'Athènes. Histoire de l'oraison funèbre dans la »cité classique«*, Nouvelle édition abrégée, augmentée d'une préface, Paris 1993. Sie versteht die »oraison funèbre« als eine »tradition de louange qui tente d'exorciser la mort au moyen de la parole de gloire« (S. 23), also als einen Diskurs, der jeden Verlust in einen postumen Ruhm und mithin als Gewinn für die Gemeinschaft umzuwandeln weiß.

vergißt jedoch in dem Moment, da sie treu verinnerlichend erinnert, ihrerseits den Tod als radikalen Einschnitt zwischen Vergangenheit und Gegenwart.

Beide Haltungen angesichts des Todes erweisen sich mithin als Formen des Vergessens im Erinnern, als Vergessen des Anderen und Vergessen des Todes. Wie hingegen kann sich ein wahrhaftiges Gedenken des Anderen, Gedenken des Todes formulieren?

3. Jenseits von Trauer und Melancholie

Während nun offensichtlich in den »Intermittences du cœur« die zwei Möglichkeiten der trauernden Reaktion, die Freud beschreibt, auf zwei Personen (Marcel und seine Mutter) verteilt werden, zwei Möglichkeiten, die auf je ihre Weise »den Tod töten« – einmal durch die Gewöhnung an ihn, einmal durch die narzißtische Imitation der Verstorbenen –, siedelt sich Barthes' Trauertext insofern jenseits der skizzierten Möglichkeiten an, als er schreibend eine trauernde Haltung sucht, die den Tod gerade nicht tötet.

Die ausführliche Vergegenwärtigung der Proustschen »intermittence« meint die Rekonstruktion des wichtigsten intertextuellen Bezugs von *La chambre claire*, der den Text gleichsam nach Art einer schockhaften und verdichtenden »mémoire involontaire« prägt. Die Szene, die ich in ihren voneinander geschiedenen Phasen, Medien und Reaktionen dargelegt habe, verdichtet sich bei Barthes zu einem untrennbaren Zugleich. Während in der *Recherche* die Verknüpfung von »souvenir« und »néant« als »intermittence« schockhaft aufscheint, um dann doch auf die eine oder andere Weise diskursiv bewältigt zu werden, auf trauerndem oder melancholischem Wege, scheint der Zielpunkt des Schreibens bei Barthes, als Ausdruck seiner unermeßlichen Trauer, genau der »néant« zu sein, der sprachlich nicht überwunden werden kann. Vielmehr muß der »néant« den Diskurs selbst vernichten – und dies bei gleichzeitiger Aufrechterhaltung des Herzschlags und des Schreibens selbst als Schreiben des »souvenir«, das man dem Literalsinn der »intermittences« folgend auch als Schreibmaschinenanschläge verstehen kann.[14]

Obwohl bei Freud Trauer und Melancholie als zwei grundsätzlich unterschiedliche Gedächtnishaltungen erscheinen, haben sie zwei Dinge gemeinsam: offensichtlich neigen beide – ob in der »Realitätsprüfung« oder in der innerlichen Fortsetzung des Verhältnisses mit dem Toten – zur Verdrängung des Todes. Auch die »Realitätsprüfung« erweist sich entgegen ihrem Namen zwar als Anerkennung der Abwesenheit des Anderen, sie kann aber nicht klären, warum der Tote dennoch die Gegenwart beeinflußt. Wo der Melancholiker das radikale

---

14 Für Barthes selbst wird im übrigen gerade beim Schreibmaschineschreiben der Zusammenhang zwischen Schrift und Körper einsichtig. Im Fragment »Fautes de frappe« in *Roland Barthes par Roland Barthes* spricht er beispielsweise davon, wie sich sein Körper geradezu unmittelbar in Tippfehler übersetzt (vgl. III, S. 168f.).

›nicht mehr‹ vergißt, scheint der Trauernde zu vergessen, daß das ›nicht mehr‹ trotz allem ein ›immer noch‹ in der Erinnerung einschließt. Beide Haltungen gehen dabei implizit von einer Vormachtstellung des eigenen Gedächtnisses aus, das inkorporierend und/oder ausscheidend handelt, je nach Bedarf. Der Tote ist in beiden Fällen Objekt des Gedächtnisses.

Die Reminiszenz, die das Ich in *La chambre claire* erfährt, ist dagegen keine, die sich dem eigenen Gedächtnis verdankt. Die Situation des Trauernden bringt es mit sich, die Photographien, die im Nachttischchen der verstorbenen Mutter liegen, aufzuräumen. Mit dieser Situation beginnt der Trauerdiskurs:

> Or, un soir de novembre, peu de temps après la mort de ma mère, je rangeais des photos (S. 99/III, 1155).

Die Photographien sind zunächst enttäuschend, sucht doch die Traurigkeit in ihnen einen identifikatorischen Bezugspunkt, den sie gerade dort nicht findet: »... ces photos que j'avais d'elle, je ne pouvais même pas dire que je les aimais« (S. 100/III, 1155). Trotz dieser Enttäuschung legt das Ich die Photographien nicht beiseite, um sich fortan auf die inneren Gedächtnisbilder einzulassen, sondern es setzt die Suche im Reich der Bilder fort. Jenseits des persönlichen Gefallens oder Mißfallens machen die Photographien die Geschichte sichtbar, die das Ich von der Dargestellten trennt. Die Geschichte ist nicht die eigene, sie ist darum nicht als Anamnese, also ausgehend vom eigenen Gedächtnis, wiederzugewinnen. Geschichte meint vielmehr einen ich-fremden Raum, bzw. einen Raum, der dem Ich vorausgeht.[15] Es selbst ist aus diesem Raum ausgeschlossen, was die notwendige Voraussetzung des Sehens bedeutet und zugleich das Sehen bzw. Betrachten, im Gegensatz zu einer imaginären Innenschau, erfordert:

> Ainsi, la vie de quelqu'un dont l'existence a précédé d'un peu la nôtre tient enclose dans sa particularité la tension même de l'Histoire, son partage. L'Histoire est hystérique: elle ne se constitue que si on la regarde – et pour la regarder, il faut en être exclu. [...] Le temps où ma mère a vécu avant moi, c'est ça, pour moi, l'Histoire (S. 102/III, 1156).

Da die Differenz zwischen dem Ich und der Geschichte des Anderen (»l'Histoire«) nicht im eigenen Gedächtnis gespeichert sein kann, liegt der Griff nach Gedächtnissupplementen, die zugleich Realitätsbeweise und nicht nur imaginäre Substitute sind, nahe.[16] Das eigene Gedächtnis öffnet sich somit für eine Begeg-

---

15 Insofern Barthes an dieser Stelle ausdrücklich von »Histoire« spricht (und nicht von »Familiengeschichte«), legt er ganz bewußt seine Aufmerksamkeit auf die schon in der familiären Nähe sich einschreibende Fremde, auf die Schwierigkeiten der Transmission von Gedächtnis.
16 In zugespitzter Weise ist dies der Fall in *W ou le souvenir d'enfance*, jedoch läßt die geringe Anzahl von Dokumenten nur wenig Raum für eine Reflexion und Suche, die sich das Ich in *La chambre claire*, das von einer Fülle an Materialien umgeben ist, erlauben kann; hier stellt sich angesichts des umfangreichen Materials die Frage nach dem Umgang mit diesem, während WSE

nung, eine Begegnung mit fremden Bildern. Diese ist zunächst weiterhin ganz deutlich von der Prävalenz des Eigenen gezeichnet: eine Photographie erhält Eingang ins Gedächtnis, unter der Voraussetzung, daß sie gefällt. Getestet wird, ob sie den Vorstellungen des eigenen Gedächtnisses entspricht oder nicht. Sie wird als prinzipiell Fremde einem dem Gedächtnis innewohnenden Ähnlichkeitsregister unterworfen und daran gemessen. Eine solche Begegnung führt jedoch zwangsläufig zu einem differentiellen Erkennen:

> Au gré de ces photos, parfois je reconnaissais une région de son visage, [...]. Je ne la reconnaissais jamais que par morceaux, c'est-à-dire que je manquais son être, et que, donc, je la manquais toute. Ce n'était pas elle, et pourtant ce n'était personne d'autre. Je l'aurais reconnue parmi des milliers d'autres femmes, et pourtant je ne la »retrouvais« pas. Je la reconnaissais différentiellement, non essentiellement (S. 103/III, 1156).

Die Ähnlichkeit des Wiedererkennens impliziert immer den schmalen, aber unüberbrückbaren Spalt des »presque«, gerade weil die Photographie auf dem von ihr gezeigten Realen insistiert. Dieses differentielle Reale läßt sich nicht einfach durch einen Akt der Einbildungskraft in das Gedächtnis integrieren, sondern agiert vielmehr als Widerstand.[17] Doch das Ich in *La chambre claire* verharrt trotz seines Ungenügens in der Auseinandersetzung mit der Photographie:

> ... devant la photo comme dans le rêve, c'est le même effort, le même travail sisyphéen: remonter, tendu, vers l'essence, redescendre sans l'avoir contemplée, et recommencer (S. 104/III, 1157).

Inmitten dieser Welt des Medialen, Mittelbaren ereignet sich schließlich dank der Anstrengung des Willens, diese Suche fortzusetzen, eine Epiphanie, die den »mémoire involontaire«-Momenten Prousts in nichts nachsteht.

> Pour une fois, la photographie me donnait un sentiment aussi sûr que le souvenir, tel que l'éprouva Proust, lorsque se baissant un jour pour se déchausser il aperçut brusquement dans sa mémoire le visage de sa grand-mère véritable ... (S. 109/III, 1158).

Bei Barthes ereignet sich die Wiederauferstehung der Vergangenheit, im Gegensatz zur Logik der *Recherche*, im und durch das Gedächtnissupplement, sie ereignet sich, die Logik der *Recherche* weiterführend, paradoxerweise im Bild und doch jenseits der Ähnlichkeitsverhältnisse, im Dargestellten und doch jenseits des Darstellbaren. In diesem Paradox steigert sich die Betrachtung zu einem wahren Wiederfinden, und zwar nicht des Eigenen, sondern von etwas, das nie Teil des

---

vorführt, wie ein Ich unter akutem Erinnerungsmangel Photographien als Ausgangspunkt für seine imaginären Konstruktionen zu nutzen weiß.

17 Dies ist Proust möglicherweise bewußt gewesen, wenn er aus seinem Ähnlichkeitsdenken die Photographie als perfekte Ähnlichkeit ausschließt und vielmehr der Alteration zuschlägt.

Gedächtnisses sein konnte und das erst im Moment der Erscheinung eine Gedächtniseintragung zeitigt. Diese Wiederkehr des Vergangenen stellt insofern ein Grenzereignis des Gedächtnisses selbst dar, als hier die Epiphanie die Wiederkehr von etwas bedeutet, das im strengen Sinne nie erinnert worden ist. Die Epiphanie bedeutet mithin eine Erinnerung, die paradoxerweise im ›Wieder‹ zugleich ein erstes Mal darstellt und damit unvergleichlich ist. Denn die Photographie, welche diese Epiphanie schenkt, stammt aus dem Jahre 1898 und zeigt die Mutter, als sie fünf Jahre alt ist, an der Seite ihres Bruders:

> La photographie était très ancienne. Cartonnée, les coins mâchés, d'un sépia pâli, elle montrait à peine deux jeunes enfants debout, formant un groupe, au bout d'un petit pont de bois dans un Jardin d'Hiver au plafond vitré. Ma mère avait alors cinq ans (1898), son frère en avait sept. [...] elle avait joint ses mains, l'une tenant l'autre par un doigt, comme font souvent les enfants, d'un geste maladroit. Le frère et la sœur, unis entre eux, je le savais, par la désunion des parents, qui devaient divorcer peu de temps après, avaient posé côte à côte, seuls, dans la trouée des feuillages et des palmes de la serre [...].
> J'observai la petite fille et je retrouvai enfin ma mère. La clarté de son visage, la pose naïve de ses mains, la place qu'elle avait occupée docilement sans se montrer ni se cacher [...] tout cela formait la figure d'une *innocence* souveraine [...]. Sur cette image de petite fille je voyais la bonté qui avait formé son être tout de suite et pour toujours, sans qu'elle la tînt de personne; comment cette bonté a-t-elle pu sortir de parents imparfaits, qui l'aimèrent mal, bref: d'une famille? Sa bonté était précisément hors-jeu, elle n'appartenait à aucun système ... (S. 106 f./III, 1157f.).

Inwiefern ist die Beschreibung dieser Photographie als epiphanisches Ereignis mehr als reine Behauptung? Inwiefern trägt die Beschreibung selbst, das einzige, was dem Leser zuteil wird, Spuren eines Gedächtnisereignisses, das offensichtlich *anders* ist? Denn nicht allein die Affirmation einer Epiphanie interessiert in diesem Kontext, sondern auch die Bedingungen, unter denen sie sich ereignet, die Frage nach dem in ihr Kommunizierten und schließlich die Art und Weise, wie sie vom Gedächtnis empfangen und weitergetragen wird.

Es ist bezeichnend, daß ausgerechnet eine Photographie, die zeitlich weit über das Gedächtnis des Ichs hinausreicht und, mehr noch, auch die Fühler der Ähnlichkeit übersteigt, mit denen das Gedächtnis prinzipiell alle zeitlichen Räume durchqueren kann, diejenige Bild darstellt, das ein wahres Wiederfinden ermöglicht. Das Bild geht dem eigenen Gedächtnis nicht nur zeitlich voran, sondern es trifft in diesem ein, ohne durch dessen Register gefiltert, sondiert und kategorisiert worden zu sein. Insofern ist es unklassifizierbar, unvergleichbar. Zugleich erfährt das Ich offensichtlich diese Begegnung mit dem Bild nicht als ein Wiedererkennen äußerer Ähnlichkeiten, sondern als Erkennen des Wesens der Mutter, ihrer Wahrheit. Das Register der Ähnlichkeit hingegen könne nur die Identität bezeugen, jedoch nicht die Wahrheit:

> Ces photos-là [...] n'étaient qu'analogiques suscitant seulement son identité, non sa vérité; mais la Photographie du Jardin d'Hiver, elle, était bien essentielle, elle ac-

complissait pour moi, utopiquement, *la science impossible de l'être unique* (S. 110/III, 1160).

Wie ist dieser Anspruch auf Wahrheit zu verstehen? Barthes deutet ihn als Utopie an und doch zugleich als ein reales Ereignis, das eingetroffen ist. Die Utopie wird gleichsam selbst in die Aporie hineingenommen, in der offensichtlich diese Wahrheit statthaben kann. Wahrheit in der Aporie, die mithin als mögliche und unmögliche zugleich und damit gerade nicht als metaphysische Setzung erscheint, sondern als eine Wirkung, ein Eindruck, der aus einer spezifischen Konstellation *im* Bild erwächst. Diese Konstellation ist offensichtlich nicht im mimetischen Verhältnis zwischen Bild und Wirklichkeit zu suchen, sondern im Verhältnis, das die bildlichen Elemente, die sich dem Vergleich darbieten, *im Bild selbst unterhalten*. Dieses Verhältnis, diese spezifische Spannung wird für den Betrachter zum einmaligen und nur für ihn nachvollziehbaren sinnbildlichen Ausdruck einer Singularität. So kann die Berührung der Hände (nicht die Hände selbst können es) zum Sinnbild der Güte werden, die der Betrachter in anderen Gesten und Momenten erfahren hat. Die Güte ist ein Wesenszug, der sich nicht in Ähnlichkeiten ausdrücken läßt, ebenso wenig die »Klarheit des Gesichtes« oder die »souveräne Unschuld«, die sich als Paradox von vornherein der bildlichen Vorstellung verschließen. Dies Unvergleichliche und zugleich so Vertraute ist das Singuläre, das jenseits jeden Vergleiches stehen muß und sich daher nicht als Ähnlichkeit kommuniziert. Erst aus einem Bild, das der Logik des Gedächtnisses ganz fern steht, kann sich das Singuläre als zugleich Wesenhaftes (als Wahrheit) mitteilen. Die glückliche Konstellation der gefundenen Photographie stellt selbst ganz buchstäblich diese Einmaligkeit vor: das »presque«, das jeder Photographie bezüglich ihres Referenten *a priori* eingeschrieben ist, erweist sich in der Wintergartenphotographie ganz in sie selbst gewandelt, im verblassenden Zeichenträger aufgehoben als »montrait à peine«. Das Bild nimmt sich in seiner abbildenden, referentiellen Kraft gewissermaßen zurück, gibt seine mimetische Kraft auf und eröffnet mithin den Blick auf es selbst als erste und einmalige Erscheinung. Durch die Verlagerung der Beziehungen in das Bild hinein vollzieht sich eine Ablösung desselben von seinem Referenten, auf den es dennoch unablässig verweist; dies öffnet es wiederum für die neue Wahrnehmung durch einen Dritten.

4. Absolute Ähnlichkeit

Das von der Realität abgezogene Abbild trägt in sich die Illusion einer Präsenz und spricht doch als Abgezogenes, Losgelöstes zugleich von der Abwesenheit. In seiner absoluten Ähnlichkeit (in der es sich allein auf sich selbst bezieht) ist es ein Bild, das den Versuch vergegenwärtigt, den Tod gedanklich als mimetisches Problem zu begreifen. Wenn bei Proust der Tod des Anderen in der bildlichen Entstellung bewußt wird, so wird dieser Einschnitt bei Barthes insofern gesteigert, als der Tod als das erkannt wird, was nichts ähnlich ist außer sich selbst, mit nichts verglichen werden kann außer mit sich selbst und damit eine Figur absoluter Ähnlichkeit darstellt, die gewissermaßen in sich abgeschlossen ist. Der gedankliche und erinnernde Zugang, der über Ähnlichkeitsparameter verläuft, kann den Tod nicht fassen, weil dieser mit nichts vergleichbar ist, es sei denn mit sich selbst. Maurice Blanchot, Philippe Lacoue-Labarthe und Sarah Kofman haben diesen Gedanken in je unterschiedlicher Weise paraphrasiert. Sie führen die absolute Ähnlichkeit durch die Figur der Leiche ein, die dem Blick unerträglich ist, die nicht umgewandelt werden kann und daher aus dem Blick genommen (sprich: begraben) werden muß. Diese Unerträglichkeit muß auch für das Bild gelten, das als absolut ähnlich erkannt wird.[18]

Vor diesem Hintergrund wird die Dimension der Begegnung mit der Wintergartenphotographie, die Barthes als einmalig und schockhaft beschreibt, erst recht deutlich. Denn sie kann gerade nicht in einem theoretischen Wissen aufgehoben werden.[19]

In der Wintergartenphotographie fällt für das Ich, und nur für das Ich, die Begegnung mit dem Anderen als dem irreduzibel Differenten und dem zugleich Absolut-Ähnlichen zusammen. Dies bedeutet ein Wiedererkennen, das eine erste, wahrhaftige Wahrnehmung des Todes meint. Der Kummer wird also gerade nicht in der bildlichen Inkorporierung aufgehoben wie beim Melancholiker und auch nicht abgebaut durch Trauerarbeit, sondern er zielt genau auf diese schockhafte Wahrnehmung des Todes im Modus der absoluten Ähnlichkeit, die nicht

---

18 Vgl. hierzu beispielhaft die Ausführungen von Maurice Blanchot, *L'espace littéraire*, Paris 1955, S. 344 und 346: »L'image, à première vue, ne ressemble pas au cadavre, mais il se pourrait que l'étrangeté cadavérique fût aussi celle de l'image. Ce qu'on appelle dépouille mortelle échappe aux catégories communes: quelque chose est là devant nous, qui n'est ni le vivant en personne, ni une réalité quelconque, ni le même que celui qui est en vie, ni un autre, ni autre chose. [...] Fait frappant [...], à ce moment où la présence cadavérique est devant nous celle de l'inconnu, c'est aussi que le défunt regretté commence à ressembler à lui même [...]. Oui, c'est bien lui, le cher vivant, mais c'est tout de même plus que lui, il est plus beau, plus imposant, déjà monumental et si absolument lui-même qu'il est comme *doublé* par soi, uni à la solennelle impersonnalité de soi par la ressemblance et par l'image. [...] Et si le cadavre est si ressemblant, c'est qu'il est à un certain moment la ressemblance par excellence, tout à fait ressemblance, et il n'est rien de plus. Il est le semblable à un degré absolu, bouleversant et merveilleux. Mais à qui ressemble-t-il? À rien«. Sarah Kofman setzt die Faszination für das künstlerische Portrait mit derjenigen für die Leiche (Anziehung und Abstoßung zugleich) gleich: »Cette fascination par l'inquiétante étrangeté de l'art est la même que celle que provoque le *cadavre*, ce double du vivant qui lui ressemble parfaitement au point d'être confondu avec lui sans être pourtant lui ...« (Sarah Kofman, *Melancolie de l'art*, Paris 1985, S. 18).

19 Der philosophische Diskurs, der den Zusammenhang von Ähnlichkeit, Bild und Leiche als allgemeingültigen formuliert, kann weder eine schockhafte Erfahrung vergegenwärtigen noch selbst eine solche hervorrufen. Für Barthes wäre er dem Bereich des *studium* zuzuordnen, den er im ersten Teil seines Textes erörtert als Form der Wahrnehmung, die sich einem ›intellektuellen Interesse‹ verdankt, jedoch selbst keine Verletzung darstellt. Zur Opposition zwischen *studium* und *punctum* (der Gegenkategorie zum *studium*), siehe Kap. II, 4. des dritten Teils dieser Arbeit.

transformiert bzw. transzendiert werden kann.[20] Ein Diskurs, der dies nicht nur theoretisch formuliert, sondern auch als Erfahrung praktiziert, muß von dieser absoluten Ähnlichkeit selbst in Mitleidenschaft gezogen werden.

Der epiphanische Einbruch des Anderen in das Gedächtnis versetzt dieses offensichtlich in eine radikale Passivität. Die selektierenden und reizabwehrenden Mechanismen sind durch das Ereignis außer Kraft gesetzt. Das Gedächtnis funktioniert nicht als nehmende, aneignende Kraft, sondern es sieht sich dem Bild ausgesetzt; nicht das Gedächtnis agiert, sondern das Bild. Dieses ist aktiv, insofern es eine Dynamik von Präsenz und Absenz entwickelt, die auf das Gedächtnis einwirkt und dessen Trauer bzw. Melancholie gleichermaßen durchkreuzt. Wo Trauer nach Absenz strebt, bewirkt das Bild (*spectrum*) Präsenz als Rückkehr des Vergangenen, und wo Melancholie das Vergangene als innere und verinnerlichte Präsenz bewahrt, führt das Bild (*spectrum*) die Absenz des Vergangenen vor Augen. Dieses Doppelgesicht von An- und Abwesenheit wird »Gespenst« (*spectre*) genannt.[21] Mit ihm gerade rechnet die übliche Trauerökonomie nicht, ist es doch die Erscheinung von etwas Fremdem, das nie bewußt, nie präsent war und in unregelmäßigen Abständen die eigene Gegenwart aufstört; das Gespenst ist die Figur des Unberechenbaren schlechthin. Dem Bild als dem Anderen, Spektralen wird somit eine Eigendynamik zugesprochen, die sich unabhängig von der Dynamik des Gedächtnisses erweist, ja mehr noch, dieser vorangeht. Die von Barthes evozierte gespenstische Dynamik des Bildes macht nun aber deutlich, daß es – empfangen als Geschenk – wie ein Trauma im Bewußtsein weiterwirkt:

... si la photographie devient alors horrible, c'est parce qu'elle certifie, si l'on peut dire, que le cadavre est vivant, *en tant que cadavre*: c'est l'image vivante d'une chose morte (S. 123/III, 1164).

Das Gespenst trifft den Betrachter durch seine Spektralität – d.h. wörtlich durch das gebrochene Licht, dem sich die Photographie (wörtlich: Lichtschrift) verdankt: eben dem Zusammentreffen von Licht und Silberhalogeniden. Das Licht als Gebrochenes und brechende Kraft geht gewissermaßen durch die Photographie hindurch, trifft auf eine weitere aufnehmende Substanz, auf das Gedächtnis.

---

20 Die Unterbrechung der Inkorporierung, die ja immer auf der Schaffung von Bildern beruht, vollzieht sich inmitten der Bilder. Diese Geste verdammt nicht einfach die Bilder in ikonoklastischer Manier, sondern erkennt an, daß Bilder unweigerlich existieren.

21 Das Gespenst hat in der neueren französischen Philosophie und Psychoanalyse einen prominenten Platz eingenommen. Intertextueller Bezugspunkt ist einmal mehr Freud, der das Gespenst zwar aus seinem Essay »Trauer und Melancholie« erfolgreich verdrängt hat, um ihm jedoch zwei Jahre später in dem Text »Das Unheimliche« (1919) wiederzubegegnen. Das Unheimliche stellt sich geradewegs in der perfekten Doppelung durch das Bild ein. In diesem Sinne schreibt beispielsweise Sarah Kofman über das Portrait: »Le bon portrait possède tous les caractères étranges et inquiétants, *unheimlich*, du *double* : fantôme errant dans l'entre-deux, il n'est ni vivant ni mort, ni présent ni absent; présent d'une présence donnant l'impression égarante d'une absence, absent d'une absence d'où émane une plénitude pesante qui occupe, investit tout entier le regard qui l'apprécie« (Sarah Kofman, *Mélancolie de l'art*, a.a.O., S. 42).

Im Bild der Einschreibung einer Spur in eine sensible Oberfläche (Metapher der Wachstafel) finden die Silberplatte, der Körper und das Gedächtnis in einen Wirkungszusammenhang:

> ... la photo de l'être disparu vient me *toucher* comme les rayons différés d'une étoile. Une sorte de lien ombilical relie le corps de la chose photographiée à mon regard: la lumière, quoique impalpable, est bien ici un milieu charnel, *une peau que je partage avec celui ou celle qui a été photographié* (S. 126f./III, 1166, ich unterstreiche).

Die Berührung durch Strahlen stellt die gleichsam körperlich-symbiotische Verbindung zwischen dem Bild und seinem Betrachter her. Im Licht findet sie ihre Transzendierung ins Numinose.[22] Doch zugleich steigern sich die Strahlen – weil das Bild schon beinahe ganz verblaßt ist (»... la Photographie du Jardin d'Hiver, si pâle soit-elle ...«, S. 128/III, 1166) zum Einfall puren Lichts, das den Betrachter blendet. Das Sehen als Erkennen mutiert zur Konfrontation mit dem Unerkennbaren, dem Weißen; die epiphanische Mitteilung kippt in die traumatische Erfahrung des Nichtsehens. Die Wahrheit der Photographie teilt sich also nur vor dem Hintergrund ihrer Nichterkennbarkeit mit.

5. Das zukunftslose Gedächtnis

Wie kann nun aber dieser schockhafte Einbruch des Anderen ins Gedächtnis durch das Gedächtnis selbst weitergetragen werden? Der Andere, der weit über das Gedächtnis hinausreicht, kann in dem Moment, da er in das Gedächtnis eindringt, nicht integriert werden. Auf der Ebene des Textes stellt sich diese Begegnung zwischen dem Anderen und dem Gedächtnis als Konfrontation des Trauerdiskurses mit der Aporie der Wintergartenphotographie dar. Wenn diese Photographie in einer einmaligen Koinzidenz das Wesen der Mutter mit der Traurigkeit des Betrachters zusammenführt, eine unmittelbare und darum

---

22 Immer wieder scheint der Bezug der Wintergartenphotographie zu religiösen Bildern, insbesondere zur Ikone auf. Die Ikone drückt eine Teilhabe am heiligen Geschehen aus, indem sie das Göttliche appräsentiert, mithin das Undarstellbare darstellt. Das Paradox wird künstlerisch und dogmatisch dadurch gelöst, daß man dem Immateriellen im materiellen Bild, eben dem Licht, besondere Bedeutung zuspricht. Pavel Florenskij, einer der wichtigsten russischen Theoretiker der Ikone, beschreibt darum das Bild als Fenster, durch welches das göttliche Licht einfallen könne. Für die Lichtmetaphysik spielt das Gold, das im strengen Sinne keine Farbe ist, eine entscheidende Rolle, weil es über seine eigene Materialität hinausweist (vgl. dazu Pavel Florenskij, *Le porte regali. Saggio sull'icona* [russ. Orig.-Ausg. 1922], hrsg. von Elémire Zolla, Milano 1977, S. 58ff.). Susan Sontag hat aus kulturgeschichtlicher Perspektive darauf hingewiesen, daß die Photographie im Augenblick des Triumphes der Säkularisierung auftauchte und die Leerstelle des Heiligen durchaus als magisches Element zu okkupieren wußte (vgl. Susan Sontag, *Über Fotografie*, [amerik. Orig.-Ausg. 1977], Frankfurt a. M. 1980, S. 148).

schockhafte Begegnung schafft, dann ist sie selbst perfekter Ausdruck der Trauer und durch einen Diskurs nicht zu übertreffen. Indem sie sich selbst absolut entspricht, das heißt nichts ähnlich ist (das heißt auch: ähnlich dem Nichts), kann kein Text sie diskursiv ausbreiten, höchstens ein Text, der sich selbst absolut ähnlich wäre, nichts ähnlich bzw. dem Nichts ähnlich wäre. Ähnlich wie das Bild sich in seinem Referenzcharakter auflöst und zu Licht wird, müßte sich die Schrift in ihrem Zeichencharakter auflösen und zum »Weißen« werden.[23] Jeder andere Diskurs würde ja gerade behaupten, die Unmittelbarkeit in Mittelbarkeit überführen zu können. Doch in der Photographie wird dem Betrachter die Tatsächlichkeit eines Vergangenen direkt gegeben, »sans méditation, le fait était établi *sans méthode*« (S. 125/III, 1165).[24] Angesichts dieses irreduziblen, absoluten Bildes und unter der Wirkung des Schocks, die es auslöst, bleibt nur eine einzige Haltung des Überlebenden: eben vor diesem Bild eine Haltung zu finden, die ihm und der Singularität der Betrauerten gerecht wird, eine Haltung, die das Bild nicht in etwas anderes transformiert im Sinne des kulturellen Trauerrituals. Sie äußert sich darum auch zunächst als explizite Kritik am Konzept der Trauerarbeit:

---

23 In anderen Zusammenhängen hat Barthes immer wieder eine solche Zeichenutopie entworfen. Man denke an sein Japanbuch, *L'empire des signes* aus dem Jahre 1970, in dem er seine Faszination für eine fremde und unverständliche Schrift darlegt, deren Signifikanten keine Signifikate zuordnen kann. Die Faszination steigert sich zur Sehnsucht nach einer Sprache, die nur aus Signifikanten ohne Signifikaten bestünde: »Le rêve: connaître une langue étrangère (étrange) et cependant ne pas la comprendre ... « (Roland Barthes, *L'empire des signes*, II, 748).

24 Die Unmittelbarkeit ist nur scheinbare Transparenz; sie entzieht sich zugleich unserer Wahrnehmung, die Distanz zur Voraussetzung hat. Dem Bild wohnt, wie Georges Didi-Huberman sagt, immer eine »negative Kraft« inne, insofern es sich der Lesbarkeit entzieht (vgl. ders., *Devant l'image*, Paris 1990, S. 174). Die Wahrheit der Photographie liegt darin, daß sie exakte Kopie, banale Wiederholung des Wirklichen ist, bezüglich der es nichts zu sagen gibt, da sie sich nicht weiter ausfalten läßt: »Quel est le contenu du message photographique?« – fragt Barthes im Kontext seiner semiotischen Untersuchungen – »Qu'est-ce que la photographie transmet? Par définition, la scène elle-même, le réel littéral. De l'objet à son image, il y a certes une réduction: de proportion, de perspective et de couleur. Mais cette réduction n'est à aucun moment une transformation« (Roland Barthes, »Le message photographique«, I, 939). In »Rhétorique de l'image« heißt es ähnlich: »... le rapport du signifié et du signifiant est quasi tautologique; sans doute la photographie implique un certain aménagement de la scène (cadrage, réduction, aplatissement), mais ce passage n'est pas une *transformation* (comme peut l'être un *codage*)« (I, 1419); und weiter: »Dans la photographie, en effet – du moins au niveau du message littéral –, le rapport des signifiés et des signifiants n'est pas de „transformation" mais d'„enregistrement" ...« (I, 1424). Denselben Gedanken macht Barthes in *La chambre claire* am Verb »développer« deutlich. Man kann einen Film entwickeln, aber nicht weiterentwickeln: danach bleibt nur die Vergrößerung bzw. Verkleinerung, die aber keine Transformation im Sinne einer ›Vertiefung‹ darstellt (vgl. III, 1178). Die Reihung der Zitate, die um ein und dieselbe Frage kreisen, macht an sich schon das Nicht-Transformierbare deutlich, das sich in der Photographie ausdrückt und das schließlich auch die Reflexion darüber affiziert. Mögliche Transformationen der Photographie im Sinne des Retuschierens kommen in diesem Kontext nicht in Betracht, da sie nicht mehr Teil des strikten Bezugs zum Realen sind, der Barthes an der Photographie interessiert.

> ... cette originalité [l'originalité de ma souffrance] était le reflet de ce qu'il y avait en elle d'absolument irréductible, et par là perdu d'un seul coup à jamais. On dit que le deuil, par son travail progressif, efface lentement la douleur; je ne pouvais, je ne puis le croire; car, pour moi, le Temps élimine l'émotion de la perte (je ne pleure pas), c'est tout. Pour le reste, tout est resté immobile (S. 118/III, 1162f.).

Die Konsequenz, die aus dieser Kritik praktisch längst (noch vor der Formulierung dieser Kritik) gezogen worden ist, ist erschreckend radikal:

> Je ne pouvais plus qu'attendre ma mort totale, indialectique.
> Voilà ce que je lisais dans la Photographie du Jardin d'Hiver (S. 113/III, 1161).

Der schockartige Einbruch des Todes des Anderen ins Gedächtnis schreibt sich dort ein als Tod des Gedächtnisses; Tod des Gedächtnisses insofern, als der Transformationsprozeß eines Vergangenen durch die Erinnerung im Hinblick auf eine Zukunft durchbrochen ist: die Realität des Vergangenen als real Vergangenes (»ça a été«) wird als »intraitable« bezeichnet (S. 120/III, 1163). Das Gedächtnis, vom Ereignis des Todes getroffen, ist zukunftslos. Offensichtlich ist diese empfangende und passive Haltung des Gedächtnisses keine freiwillige, sondern ihre Ursache liegt in der Gewalt des Bildes, die gewissermaßen im Moment der Begegnung mit einem Bewußtsein zerstörend auf letzteres einwirkt. Das Glück dieser Epiphanie ist offensichtlich untrennbar mit einer traumatischen Erfahrung des Schmerzes, der Passivität, des Nicht-Sprechen-Könnens verbunden. Der Diskurs stürzt sich dem zufolge in eine Kreisbewegung um dieses Schockzentrum herum, er zieht alle kulturellen Register (Semiotik, Alchemie, christliche Heilsgeschichte, Buddhismus, Prousts Poetik), um das Erstaunen, den Schock zu versprachlichen, den die an sich banale und doch einzigartige Feststellung, daß dies gewesen ist (»ça a été«), hervorgerufen hat. Doch immer wieder mündet der Diskurs in die minimale, kindliche, fast sprachlose Geste des Zeigens: »c'est ça«.

Der reflektierende Text führt zu keiner sublimierenden Formel: zu keiner dialektischen Bewegung, keiner Katharsis, keiner Interiorisierung, zu keinem Ritual.[25] Die Photographie stellt darum genau das Gegenteil einer Erinnerung vor, die aktiv transformiert:

> Non seulement la Photo n'est jamais, en essence, un souvenir [...], mais encore elle le bloque, devient très vite un contre-souvenir (S. 142/III, 1173).

---

25 Eine weitere Form der Wiederholung als Schreibweise des Vergessens, welche die an der *Recherche* studierte Struktur insofern radikalisiert, als sie zu einem konzentrischen Schreiben verengt wird.

»Contre-souvenir« in dem Sinne, daß die Photographie durch ihren dialektischen Stillstand deutlich macht, daß die Vergangenheit, die unwiederbringlich vergangen ist, doch nie vergangen ist und die Traurigkeit darüber nicht in erinnernde Trauer umgewandelt werden kann.[26]

Der Herzstillstand, der bei Proust als »intermittence« ein Kapitel lang den Erzählfluß durchbricht, weitet sich in *La chambre claire* gewissermaßen zum ganzen Text aus. Aus ihm gibt es kein Entkommen:

> Je suis devant elle [la Photo du Jardin d'Hiver], avec elle. La boucle est fermée, il n'y a pas d'issue. Je souffre, immobile. Carence stérile, cruelle: je ne puis transformer mon chagrin, je ne puis laisser dériver mon regard; aucune culture ne vient m'aider à parler cette souffrance que je vis entièrement ... (S. 140f./III, 1172).

Und noch einmal, in anderen Worten:

> L'horreur, c'est ceci: rien à dire de la mort de qui j'aime le plus, rien à dire de sa photo, que je contemple sans jamais pouvoir l'approfondir, la transformer. La seule »pensée« que je puisse avoir, c'est qu'au bout de cette première mort, ma propre mort est inscrite; entre les deux, plus rien, qu'attendre; je n'ai d'autre ressource que cette ironie: parler du »rien à dire« (S. 145/III, 1174).

Die Verweigerung von Trauerarbeit als kulturelle Transformation meint nicht nur eine dem Leben abgewandte Haltung, sondern sie spricht von einer Bewahrung der Trauer selbst. Sie meint auch nicht die Imitation des Herzstillstandes, die den Tod der Trauer selbst zur Folge hätte, wohl aber eine Sprache am Rande ihres Verlöschens, in deren Horizont der Tod – der des Anderen, der eigene – stets mit aufscheint. Die eingangs formulierte Opposition zwischen Erinnern und Eingedenken des Anderen erfährt durch Barthes' Trauertext ihre reflexive Entfaltung: Das Vergessen des Erinnerns, das nie als freiwilliger Rückzug aufzufassen ist, sondern als Einbruch des Anderen, der die Erinnerung selbst durchbricht, schafft ein mnemonisches Ereignis, das absolut, nicht transformierbar ist: wahres Eingedenken des Anderen kann man dies nennen, weil in diesem Ereignis der Andere agiert, der das Ich seine Nachträglichkeit auch als Passivität erkennen läßt, die es zur Aufnahme zwingt. Damit wird nun implizit auch die Frage problematisiert, wie lange das affektgeladene Andenken anhalten soll. Während die Zeit der Trauer in den Trauerriten durch Konventionen geregelt und damit letztlich als entscheidende Frage verdrängt wird, weitet sie sich hier unendlich aus, da der Affekt unlöschbar scheint und offensichtlich nur durch den Tod des

---

26 Auch diese Einsicht verweist wiederum auf die irreduzible Passivität des Gedächtnisses, das eben nicht, wie das Trauerarbeitskonzept vorschlägt, »zeitliche Distanz erobert«, wie Paul Ricoeur formuliert (vgl. Paul Ricoeur, *Das Rätsel der Vergangenheit* ..., a.a.O., S. 95). Das Vergessen, das von Ricoeur ins Spiel gebracht wird, ist eines, das aktiv die zeitliche Distanz hervorbringt, es betrifft in seinem Denken nie das Gedächtnis selbst.

Trauernden eine Begrenzung findet. Die Zeit der Trauer kehrt dank eines Diskurses, der das konventionelle Maß des Affektes bei weitem übersteigt, als ungelöste Frage nach Vergessen und Erinnern, als Haltung des Gedächtnisses gegenüber sich selbst und gegenüber dem Anderen wieder.[27]

---

[27] Die ungelöste Frage wird weitergetragen beispielsweise in Jacques Derridas Hommage an Roland Barthes, die gleichsam als Trauerrede anläßlich des Todes von Roland Barthes gelesen werden muß. »Les morts de Roland Barthes« (1981) ist sowohl Ausdruck der Trauer, als auch Auseinandersetzung mit dem kulturellen Konzept der Trauer und mit *La chambre claire* (vgl. Jacques Derrida, »Les morts de Roland Barthes«, in: ders., *Psyché. Inventions de l'autre*, Paris 1987, S. 273-304).

II. Das kulturelle Gedächtnis – Ordnung und Heterogenität, Wissen und Affekt

1. Das Archiv

Die Ausführungen zum Trauerdiskurs in *La chambre claire*, einer Trauer, die zugleich eine Auseinandersetzung mit dem Gedächtnismedium Photographie zeitigt, lassen deutlich werden, daß der Verzicht auf Innerlichkeit die Voraussetzung ist, um zum Anderen zu kommen, bzw. mehr noch, den Anderen kommen zu lassen. Dies impliziert, daß das Ich auf seine eigene Erinnerung verzichtet und sich auf ein Supplement einläßt, ein dem Gedächtnis fremdes Element. Wie schon bei Perec ereignet sich erst ausgehend von diesem anderen Ort eine Erinnerung.

Das Gedächtnissupplement, also ein medialer Träger, erscheint hier als Mittelglied zwischen einem individuellen, lebendigen Gedächtnis einerseits und einem kulturellen Gedächtnis andererseits. Indem sich der Einzelne bestimmte mediale Supplemente aneignet, schafft er sich einen Zugang zu einem weiteren Gedächtnis: das kann die Geschichte sein wie im Falle Perecs, das können kulturell konsekrierte Photographien sein wie im Falle Barthes'. Bei Perec wird das Verhältnis von individuellem Trauma und Geschichtsschreibung als konfliktuelles, sich gegenseitig ausschließendes geschildert. Dennoch scheint ihr Bezug aufeinander notwendig zu sein. Nicht umsonst verweist das Perecsche Ich, wenngleich ironisch, mehrmals auf den historischen Kontext, um seine singulären Spuren, die doch gerade durch die große Konstruktion ausgelöscht schienen, genau in diesem Rahmen zu rekonstruieren. Daß es sich bei dem individuellen und dem kulturellen Gedächtnis nicht um strikt getrennte Größen handelt, dürfte somit von vornherein einsichtig sein. Unter dem kulturellen Gedächtnis soll nun jene Bezugsgröße verstanden werden, die auf ein einzelnes Gedächtnis über institutionelle Vermittlung (Erziehung, Schule, Sprache, Medien etc.) einwirkt und gewissermaßen dessen referentiellen Rahmen bildet. Im Gegensatz zum primären Erfahrungsgedächtnis handelt es sich beim kulturellen Gedächtnis um das Überlieferte in einer Kultur bzw. darum, welche Beziehung ein Einzelner zu der Kultur, in der er lebt, aufrechterhält.[1] Während Vorstellungen vom kollektiven Gedächtnis davon ausgehen, daß Gruppen über ein gemeinsames ›Erfahrungsgedächtnis‹ verfügen, das durch bestimmte repräsentative Figuren (Intellektuelle, Politiker) diskursiv dargestellt und diskutiert wird, soll der Begriff des kulturellen

---

1 Die Kulturwissenschaft versteht unter dem kulturellen Gedächtnis die institutionell geregelte Überlieferung des Sinns innerhalb einer kulturellen Gemeinschaft und zwar über Handlung (Ritus), Symbolik und Kommunikation (vgl. dazu Jan Assmann, *Das kulturelle Gedächtnis ...*, a.a.O., S. 21 ff.).

Gedächtnisses hier nur dazu dienen, einen (virtuellen) Raum des Kulturellen zu bezeichnen, in den der Einzelne immer hineingeboren wird und der auf das je einzelne Gedächtnis – sofern es in einen kommunikativen Kontext eingebunden ist – in gewisser Weise einwirkt.[2] Diese so weitsichtige wie auch allgemeine Perspektive, die sich im wesentlichen dem Soziologen Maurice Halbwachs verdankt, vermag, so Jan Assmann, das Vergessen als Aussetzen des kommunikativen Kontextes zu erklären.[3] Die Rahmentheorie verdeckt jedoch ein Vergessen, das sich in der kommunikativen Übermittlung selbst ereignen kann, sie bringt darüber hinaus weitere Fragen mit sich, von denen nur einige wenige in dieser Arbeit gestellt werden können: Inwiefern zum Beispiel ist dieses kulturelle Gedächtnis, das – nach der Halbwachsschen Begriffsprägung als Rahmen bezeichnet wurde[4] – dem Einzelnen erreichbar, d.h. welche kommunikativen Formen prägt die Kultur aus? Sind es Vorschriften oder ist es ein Dialog? Ist es ein Aufnehmen oder ein Ablehnen? Mit anderen Worten: Was für eine Bedeutung hat eigentlich ein Rahmen? Welches spezifisch dialektische Verhältnis bilden der Rahmen und sein Bild zueinander aus? Und kann schließlich das ›individuelle‹ Gedächtnis überhaupt sinnvoll als Bild verstanden werden, das von diesem angenommenen Rahmen umfaßt wird? Ich werde im folgenden, wenn ich den spezifischen Umgang des Barthesschen Ichs mit den Photographien erläutere, die als kulturelle Daten auf sein Gedächtnis treffen, auf diese Fragen zurückkommen.

Um das Konzept des kulturellen Raumes theoretisch zu schärfen, soll hier eine weitere Kategorie eingeführt werden: diejenige des Archivs, welche die Ordnung und Systematik dieses Raumes betrifft. Das Archiv steht für die prinzipiell unausschöpfliche Möglichkeit, das einzelne und aktuale Gedächtnis zu entlasten, Vergangenes in Form von Dokumenten aufzubewahren, und zwar in einer festgelegten Ordnung, die das Wiederfinden ermöglicht. Neben dem Speichern sorgt das Archiv für eine gesteuerte Selektion, der zufolge Inhalte aktualisiert werden. Es ist als Pfeiler einer kulturellen Identität im Sinne der Wahrung von Kontinuität und Homogenität angelegt.

Mehr oder weniger explizit haben Foucault, Lyotard, Derrida und Barthes an einer Kritik des Kulturellen als einer Kritik des Archives gearbeitet. Dies in ganz unterschiedlicher Weise und doch vor dem Hintergrund einer gemeinsamen Sensibilität für die Sprache als institutionell konstituierte Rhetorik bzw. als immer schon ausgebildeter Diskurs, durch den sich Sprache als Macht äußert.

---

2 Jan Assmann unterscheidet zwischen zwei Modi des kulturellen Gedächtnisses: es existiere einmal »im Modus der Potentialität als Archiv, als Totalhorizont angesammelter Texte, Bilder, Handlungsmuster, und zum zweiten im Modus der Aktualität, als der von einer jeweiligen Gegenwart aus aktualisierte und perspektivierte Bestand an objektiviertem Sinn« (Jan Assmann, »Kollektives Gedächtnis und kulturelle Identität«, in: ders. und Tonio Hölscher (Hrsg.), *Kultur und Gedächtnis*, Frankfurt a. M. 1988, S. 9-19, hier: S. 13).
3 Vgl. Jan Assmann, *Das kulturelle Gedächtnis...*, a.a.O., S. 36f.
4 Maurice Halbwachs, *Les cadres sociaux de la mémoire*, [1925]. Postface par Gérard Namer, Paris 1997.

So hat sich Foucault eingehend mit Ordnungs- und Klassifikationssystemen auseinandergesetzt, die regeln, was in einer Kultur akzeptiert und was aus ihr ausgeschlossen wird. In seinem Werk *Archéologie du savoir* führt er explizit den Begriff Archiv ein, worunter er das Gesetz dessen versteht, was gesagt werden kann. Das Archiv steht nicht so sehr für die Summe aller Texte, die eine Kultur als Dokumente ihrer eigenen Vergangenheit oder als Zeugnis ihrer Identität bewahrt hat, als vielmehr für eine Gesetzmäßigkeit, die das Erscheinen von Aussagen als einzelner Ereignisse beherrscht.[5] Das Archiv agiert zwischen Sprache und Corpus, zwischen Tradition und Vergessen, indem es regelt, welche Aussagen fortbestehen und wie sie modifiziert werden. »C'est *le système général de la formation et de la transformation des énoncés*.«[6] Die Kritik am Archiv setzt darum in der Regel dort an, wo die Selektion als Ausübung einer Herrschaft (*arche*) erscheint. Denn was gespeichert wird, ist in der Regel nicht mehr aktives, ausgelagertes Gedächtnis. Das Archiv, das bewahrt, regelt zugleich, wenn es die gegenwärtigen Gegebenheiten erfordern, auch die Reaktivierung des Bewahrten für das »Funktionsgedächtnis« einer Gemeinschaft.[7] Das Vergessen erscheint in dieser Kritik als das zwar Bewahrte, aber von der Selektion und Konsekration Ausgeschlossene. Insofern erweist sich der archivarische Imperativ, der vor dem Vergessen warnt, immer auch als Steuerungsmacht einer Kultur, die das Vergessen reguliert.[8]

Lyotard geht hinter die von Foucault eingeleitete Kritik insofern noch zurück, als er jede Form des Archivs in Frage stellt ausgehend von einem Unvordenklichen (»l'immémorable«), das sich schon immer jeder Form der Darstellung entzieht. Unterscheiden müsse man zwischen einem »oubli représentatif, remédiable« und einem »oubli qui déjoue toute représentation«[9]. Das Archiv meine zwar, über die Bewahrung das Erinnern zu garantieren, doch eigentlich arbeite es im Sinne des Vergessens. Denn das, was dargestellt werden könne, könne erst recht vergessen werden. Demgegenüber sei allein das Nicht-Assimilierbare vor dem Vergessen geschützt, das jedoch das Vergessene selbst sei. Er schreibt:

> En représentant, on inscrit en mémoire, et cela peut sembler une bonne garde contre l'oubli. C'est, je crois, le contraire. Ne peut s'oublier au sens courant, que ce qui a pu s'inscrire, parce qu'il pourra s'effacer. Mais ce qui n'est pas inscrit, [...] cela qui n'a pas de place dans l'espace ni le temps de la domination, dans la géographie et la diachronie de l'esprit fort de soi, [...] cela ne peut pas s'oublier, n'offre pas de prise à l'oubli, – cela reste présent »seulement« comme une affection qu'on n'arrive pas à qualifier, comme un état de mort dans la vie de l'esprit.[10]

---

5 Vgl. Michel Foucault, *Archéologie du savoir*, a.a.O., S. 170.
6 Ebd., S. 171.
7 Zum Begriff »Funktionsgedächtnis«, vgl. Aleida Assmann, *Erinnerungsräume* ..., a.a.O., S. 133. Es bezeichnet gleichsam das aktuelle Bewußtsein einer Gemeinschaft.
8 Vgl. dazu auch Tzvetan Todorov, *Les abus de la mémoire*, Paris 1995, der diesen Zusammenhang einsichtig macht in Bezug auf den Umgang totalitärer Systeme mit ihrem Gedächtnis.
9 Jean-François Lyotard, *Heidegger et »les juifs«*, Paris 1988, S. 17.
10 Ebd., S. 51.

Lyotards Verdienst ist es, die psychoanalytische Kategorie der Urverdrängung für einen Diskurs über gesellschaftliche und kollektive Formen des Gedächtnisses und des Gedenkens fruchtbar gemacht zu haben, ohne hiermit dem Pathos des Unsagbaren verfallen zu sein. Im Gegenteil, die Kritik setzt genau da an, wo die Politik des Gedächtnisses diese von ihm unabgedeckte Seite, das ihr irreduzibel Heterogene zu vergessen sucht. Dieses nicht darstellbare, unerinnerbare und unvergessene Vergessene ist nichtsdestoweniger immer präsent und ist eben darum nicht in einem Archiv zu finden, das sich stets von der Gegenwart als Vergangenes abzusondern sucht.

In die gleiche Richtung stößt die Kritik von Derrida, der wie Lyotard Freud als Gedächtnistheoretiker ernstnimmt und psychoanalytische Kategorien für die Analyse kultureller Institutionen neu ins Spiel bringt. In *Mal d'Archive – Une impression freudienne* versucht Derrida, die dem Archiv inhärente Logik der Verdrängung aufzuspüren. Das Vergessen erscheint hier nicht nur als das Nicht-Selektierte, Nicht-Aktualisierte, und auch nicht als das Nicht-Darstellbare schlechthin, sondern als eine Dynamik, die dem Archiv immer schon innewohnt. Mehr noch als einen Selektionsmechanismus versteht Derrida das Archiv als Abschließungsmechanismus (»consignation«), der natürlich die Möglichkeit der Memorierung, der Wiederholung und Reproduktion gewährleistet, aber sich dabei – einem Wiederholungszwange zufolge – immer gegen sich selbst wendet. Der Tod des Gedächtnisses wohnt ihm als Schatten inne, gegen den es sich beständig zu wehren sucht, sprich: gegen das ursprüngliche und strukturelle Versagen des sogenannten natürlichen Gedächtnisses. Zugleich verdeckt das Archiv durch die Suggestion seiner Möglichkeiten, die im wesentlichen auf den Möglichkeiten der Repräsentation beruhen, daß es jenseits der Repräsentation Dinge gibt, die zu speichern es nicht in der Lage ist und die es durch seine *potentia* radikal auslöscht.[11] Das Archiv vergißt, daß das Undarstellbare, das Derrida zuweilen das Geheimnis nennt, nicht in es aufgenommen werden kann.[12] Mit Geheimnis meint Derrida das Zerstörte, die Asche, den Rest, dem man in keiner Speicherlogik einen Platz zuweisen kann, weil dieser Rest keinen Sinn mehr in sich trägt und offensichtlich nicht einmal verspricht, daß er als Sinn entschlüsselt werden könnte: »Le secret, c'est la cendre même de l'archive, le lieu où il n'y a même plus de sens à dire »la cendre même« ou »à même la cendre« ...«.[13]

Lyotard und Derrida zielen in ihren Ausführungen auf jene Elemente der Kultur, denen keine manifeste Bedeutung mehr zugesprochen werden kann; die Asche stellt dabei die letzte Schwundstufe des Materiellen dar, kurz vor seinem endgültigen Verschwinden, das ein absolutes Vergessen einzuleiten droht. Insofern müßte in einer Kultur der Erinnerung jedoch genau jene Asche bewahrt werden, die – wenngleich ohne entschlüsselbaren Sinn – doch als letzte Spur von einer Zerstörung zeugt, die stattgefunden hat. Doch da die Kultur (der Erinne-

---

11 Vgl. Jacques Derrida, *Mal d'Archive* ..., a.a.O., S. 26.
12 »Mais du secret lui-même, il ne peut pas y avoir d'archive, par définition« (ebd., S. 154).
13 Ebd.

rung) zugleich in ihren herrschenden Ausdrucksformen und Ordnungsprinzipien immer auch versuchen wird, sich als ein kohärentes und zeitlich stabiles Sinngebilde vorzustellen, muß sie die Asche ihrer selbst – dieses Nichts, das jedes Speichern von vornherein radikal in Frage stellt – verschwinden lassen. Sie wird also stets versuchen, sich entweder über Ausschluß oder über Integration des Heterogenen insgesamt als Homogenität darzustellen.

Die Kritik an dieser der Kultur inhärenten Identitätslogik verlangt zugleich nach einer Sprache, die sich nicht in rhetorischen Feststellungen erschöpft. Barthes' kritische Texte versuchen fortlaufend, ausgehend von einer semiotisch orientierten Kultur- und Gesellschaftskritik, die Ordnungen, d.h. die Doxa, auf der diese homogene, sich als natürlich und selbstverständlich gebende Kultur beruht, zu subvertieren. In allererster Linie ist Kulturkritik Diskurskritik. Als Kritiker ist Barthes Leser des Kulturellen. Dabei gilt die besondere Aufmerksamkeit nun jenen Stellen innerhalb des Archivs, in denen sich das ihm Heterogene noch einmal als Spur bemerkbar macht, also den Momenten, die nicht (mehr) sinngeladen sind, sondern vielmehr Risse, Leerstellen, Falten bzw. Spuren einer Asche darstellen. Sie sind unlesbar, aber doch da, in erster Linie als Widerstand gegen die Lektüre selbst wirkend und einen Affekt auslösend. Die Lesepraxis von Barthes nimmt darum zunächst einmal den aus der Wissenschaft verdrängten Affekt wieder als heuristisches Element in sich auf.[14] Der Affekt, der sich – weil er keinem Zeichen entspricht – der Speicherung des Archivs gleichsam entzieht, muß die von der Kultur vorgesehenen Ordnungen immer wieder durchkreuzen. Dem Archiv mag es kaum gelingen, den Affekt zu steuern, wenngleich es dies immer versuchen wird. Dagegen kann der Affekt selbst, als unkontrollierbare Größe, im Körper des Lesers wohnend, die Lektüre steuern. Eine solche affektgesteuerte Lektüre führt Barthes als subversive Lesepraxis in *Le plaisir du texte* vor. Sie setzt sich souverän (dem Körper und seinen Impulsen folgend[15]) über die lineare Ordnung der Texte, über deren offensichtlich affekterregende Angebote hinweg, geht hingegen sprunghaft vor und setzt immer wieder Momente der Sinnenlust (»jouissance«) frei, die nicht kalkuliert waren und nicht kalkuliert werden können. Diese entzünden sich vor allem an Momenten des Risses, der Inkohärenz im Text selbst. Ausgehend von einer Psychologie der Erotik (die weniger als das Unmoralische denn vielmehr als das Atopische aufgefaßt wird[16]) gelangt Barthes

---

14 Stehen Erfahrung und Affekt einerseits und Wissenschaft andererseits in einem unversöhnlichen Verhältnis gegeneinander, wie Assmann mit Kosellek suggeriert? »Farblos werden, Verlieren, Verblassen – das sind Umschreibungen eines unaufhaltsamen Vergessensprozesses, der nach Kosellek zielstrebig in die Verwissenschaftlichung mündet. Damit stellt er persönlich leibhaftige Erinnerung und wissenschaftlich abstrakte Geschichtsforschung einander gegenüber« (Aleida Assmann, *Erinnerungsräume* ..., a.a.O., S. 14). Barthes hingegen führt den singulären Affekt in sein wissenschaftliches Vorgehen wieder ein.

15 Der aus dem Corpus verdrängte Körper kehrt wieder zurück als Subjekt dieser Lektüre: »Le plaisir du texte, c'est ce moment où mon corps va suivre ses propres idées – car mon corps n'a pas les mêmes idées que moi« (Roland Barthes, *Le plaisir du texte*, a.a.O., II, 1502).

16 Die pornographische Photographie steht dieser Erotik insofern entgegen, als sie ganz im kalkulierten Spektakel der Kulturindustrie aufgeht. Sie ist nicht subversiv (vgl. auch III, 1136).

zu einer Ethik des Lesens, die, eben weil sie ihrem Begehren folgt, immer wieder die heterogenen Momente im Text freilegt und selbst anarchische Spuren und Kratzer im Kulturgut hinterläßt. Dieser Leseweise mag es gelingen, punktuell die homogene Ordnung aufzureißen, wenn sie die Widerstände im Sinngebilde selbst, jene Stellen, die sich zu keinem lesbaren Zeichen verdichten, aufspürt. In diesen atopischen Momenten scheint augenblickhaft das Singuläre auf, das Nicht-Einzuordnende schlechthin.

Barthes' Auseinandersetzung mit der Photographie zeichnet sich durch eine enge Verknüpfung von semiotischen und den Affekt betreffende Fragestellungen aus. Die Photographie als ›sprunghaftes‹ Medium innerhalb des Archives scheint für ihn der Ort zu sein, an dem sich der Affekt in diesem rationalen Raum eingenistet hat. Umgekehrt steuert der Affekt immer auch die zeichentheoretische Überlegung des reflektierenden Ichs:

> Ensuite, ma phénoménologie acceptait de se compromettre avec une force, l'affect; l'affect était ce que je ne voulais pas réduire (S. 41/III, 1122).

Barthes' Phänomenologie der Photographie, die er selbst als »vague, désinvolte, cynique« beschreibt (S. 40/III, 1121), weil sie sich von der Husserlschen im wesentlichen eben durch die Einführung des Affektes als Erkenntnisinteresse und als Erkenntnisweise unterscheidet, wandelt sich schließlich ganz in eine Phänomenologie der Affekte. Jenseits des Psychologismus, eben aus phänomenologischer Perspektive, geht es um Fragen des Begehrens, der Trauer, der Liebe und des Schmerzes. Im Kontext des Zusammenhanges zwischen Wahrnehmung und Gedächtnis ist dies entscheidend, sind es doch die Affekte, die das Gedächtnis ausrichten, motivieren bzw. hemmen und darüber entscheiden, wie stark sich ein Eindruck einprägt. Eine rein abbildungs- bzw. verdrängungstheoretische Perspektive muß diese ›affektiven Wellen‹, die von einem Bewußtsein auf einen Gegenstand treffen, verfehlen. Photographien bzw. Dokumente aller Art sind selbstverständlich immer daran interessiert, bestimmte Affekte auszulösen, und auch das Archiv versucht, den Affekt zu inszenieren und mithin zu kalkulieren. Zugleich handelt es sich hier jedoch um eine inkommensurable Größe, die der Empfindende selbst nicht steuert und die immer wieder die Gefühlsökonomie des Archivs zu durchkreuzen weiß.[17] Im systematischen Kontext des Archivs wirken solche mikrologischen Affekte von vornherein subversiv.

Barthes' Texte, die spätestens seit seinem Japanbuch *L'empire des signes* (1970) der Begegnung von Zeichen und Affekt nachspüren, sind selbst in ihrem theoretischen Duktus von einer solchen affektiven Dynamik durchwirkt. Seine Texte sperren sich allein dadurch gegen die Einordnung in ein Archiv, die nichtsdestoweniger vorgenommen wurde und zum Beispiel in den Bibliotheken zu den un-

---

17 Der Affekt ist in doppelter Hinsicht inkommensurabel, und zwar nicht nur als Kraft, die das Subjekt erleidet, sondern auch als Kraft, die nicht klar zu definieren ist, handelt es sich doch beim Affekt um ein uneindeutiges Gefühl, eine Gefühlsaufwallung und -durchmischung, die sich in keine Typologie der Leidenschaften einordnen läßt.

terschiedlichsten Klassifizierungen ein und desselben Textes führte. Insofern zeugen diese Texte in gleichsam unmittelbarer Weise von einer Archivkritik, die in sie selbst eingegangen ist. Zugleich dürfte die Unklassifizierbarkeit seiner Texte mit dazu beigetragen haben, daß Barthes in mancher Hinsicht heute in Vergessenheit geraten ist, vor allem was seine Sprachkritik als Ideologie- und Gesellschaftskritik angeht. Gerade das Spätwerk – vor allem seine Autobiographie *Roland Barthes par Roland Barthes* und *La chambre claire* – zeugen indessen von einem kongenialen Zusammenfall einer theoretisch orientierten Sprach- und Ideologiekritik einerseits und einer diese in sich aufnehmenden Schreibpraxis andererseits. Sprache, Kritik und Leben sind hier eins, untrennbar aufeinander bezogen. Wenn die Barthessche Theorie die identitätsstiftenden Ordnungen der Sprache, in denen sich Vorstellungen fortwährend zu Stereotypen zu verfestigen suchen, kritisiert, so hat das gerade durch die enge Verflechtung von Kritik und Gestaltung des Lebens existentielle Bedeutung.

Ausgehend von mikrologischen Momenten zielt Barthes zugleich auf die Doxa, das heißt auf herrschende Diskursformen, in denen sich eine Kultur äußert, die sich längst, so kann man hinzufügen, als Archiv organisiert hat.

Den erwähnten Ausführungen zum Archiv ist gemeinsam, daß sie erkannt haben, daß das Vergessen im Archiv nicht einfach gespeichert ist, dort vorübergehend vergessen liegt und zukünftig wiedergewonnen werden kann. Das Vergessen erscheint vielmehr als aktive, im Inneren des Archives selbst wirkende Kraft – als das Undarstellbare einerseits, als die Verfestigung von Gespeichertem zu Stereotypen andererseits. Eine Kritik als Lesepraxis darf sich nicht mit dem Hinweis auf die Pluralität möglicher Selektionen bzw. die Schaffung alternativer Archive begnügen[18], sondern muß den Spuren des Vergessens nachgehen, indem sie Abwesenheiten zu lesen weiß als Unterbrechung und affektive Durchkreuzung der eigenen kulturellen Praxis des Lesens.

2. Kulturelle Rezeptionsweisen

Während im Kapitel I des dritten Teils dargelegt wurde, wie eine ganz bestimmte Photographie, »la Photographie du Jardin d'Hiver«, die Dialektik von Erinnern und Vergessen ausgerichtet hat, geht es nun vielmehr um die Frage der Photographie an sich als medialer Träger und Überbringer eines kulturellen Gedächtnisses. Mit der Schrift ist sie einer der wichtigsten Agenten im Prozeß der Überlieferung von kulturellen, geschichtlichen und politischen Daten. Die Pho-

---

18 Solche Bekundungen weisen dem Vergessen wiederum einen Ort außerhalb des Archives zu, der lokalisiert und durch ›alternative Archive‹ eingefangen werden könne, die wiederum eine Gesellschaft auf das von ihr Verdrängte hinwiesen. Dem Vergessen auf der Ebene des kulturellen Gedächtnisses durch die Speicherung des von ihm Ausgeschiedenen beikommen zu wollen, wie dies zum Beispiel Aleida Assmann vorschlägt (*Erinnerungsräume* ..., a.a.O., S. 343-347), ist Ausdruck einer guten Absicht, bedeutet jedoch noch nicht eine wirklich theoretische Hinterfragung der Struktur des Archivs.

tographie bewahrt, authentifiziert und zeugt für etwas, das einmal tatsächlich stattgefunden hat.

Im Kontext der Begegnung von individuellem und kulturellem Gedächtnis stellt sich die Frage der Rezeption als Frage der Gedächtniseinschreibung. Offensichtlich geht es nicht mehr, wie noch bei Proust, um einen Dualismus von lebender Erfahrung und Lektüre, der erst in der Metapher des Lesens als Totalerfahrung aufgehoben wird, sondern darum, daß alle Erfahrung durch das Lesen vermittelt wird. In *La chambre claire* besteht die Erfahrungswelt ausschließlich aus dem Betrachten von Photographien; nichts scheint dieser medialen Vermittlung vorgängig. Ein Raum der Innerlichkeit, der gegen das Betrachten von Photographien ausgespielt werden könnte, ist aus dem experimentellen Raum des Textes *La chambre claire* von vornherein ausgeklammert. Das heißt aber auch, daß das der Kritik unterzogene Archiv, das ja der Raum der Gedächtnissupplemente ist, unweigerlich den inneren Gedächtnisbildern vorgängig ist. Am Archiv geht kein Weg vorbei, im Gegenteil, Kritik und Gedächtnis führen gleichermaßen in es hinein.[19] Somit ist die Opposition zwischen natürlichem und künstlichem Gedächtnis endgültig hinfällig. Dies hat nicht nur Konsequenzen für das Subjekt und seine Identität, sondern auch für den Begriff der Kultur selbst.

Während man gleichsam fraglos annimmt, daß die ›persönliche‹ und ›lebendige‹ Erfahrung sich ins Gedächtnis einschreibt und dort als Erinnerung weiterwirkt, erweist sich der Prozeß der Gedächtniseinschreibung als entscheidendes Problem, wenn es um die mediale Vermittlung von Fremdausdruck und Fremderfahrung geht. Wie kann die ästhetische Wahrnehmung kulturellen Ausdrucks eine eindrückliche Spur im Wahrnehmenden hinterlassen? Welche Berührungspunkte gibt es beispielsweise zwischen dem Barthesschen Ich und den Photographien von Stieglitz, Wessing, Klein, Avedon, Sander, Clifford, Van der Zee, Kertész, Nadar u.a.? Welches Interesse vermag es diesen in den Kanon der Photographiegeschichte eingegangenen Bildern entgegenbringen? Und mehr noch: Wie kann die (ästhetische) Wahrnehmung zur (ethischen) Begegnung zwischen Betrachter und Betrachtetem werden? Denn selbst wenn der allgemeine Rahmen des kulturellen Gedächtnisses sowohl das Ich mit seinen Erfahrungen und Erinnerungen als auch den Kanon dieser Photographien umschließt, gibt es zwischen beiden zunächst keinen Bezug: weder Erfahrung noch Gedächtnis des Ichs und das in den Photographien Dargestellte scheinen sich zu überschneiden. Ein Bezug über Ähnlichkeiten ist zumindest ausgeschlossen. Wie aber kann der Raum der Repräsentation, der Raum der *mimesis,* sich öffnen im Hinblick auf einen Dritten? Wie kann dieser Dritte, abgesehen von den Registern Ähnlichkeit und

---

19 Erst aus dieser radikalisierten Konstellation heraus, die eine Absage an das logozentrische Subjekt voraussetzt, welches Ursprung und Endpunkt seiner Schöpfungen ist, kann eine wirkliche Kritik am Archiv als dem tatsächlich Vorgängigen stattfinden. Denn sie hebt erstmals die Trennung zwischen einer stets als innerlich vorgestellten Erinnerung einerseits und einem äußerlichen kulturellen Gedächtnis auf und kann die Frage der Anbindung des Singulären ans Kollektive wieder neu stellen. Dabei muß zugleich der politisch-regulative Charakter des Archives immer präsent sein, denn am Archiv gibt es keine voraussetzungslose Teilhabe.

gemeinsame Erfahrung, an dem Gesehenen und Übermittelten teilhaben? *Mimesis* allein bildet noch kein Gedächtnis aus, erst wenn ihr Rahmen gesprengt wird im Sinne der *methexis*, der Teilnahme, kann es zur Begegnung kommen. Wie aber ist die Teilnahme ohne die Grundlage gemeinsamer Erfahrung zu denken, auf der heute in der Regel die theoretischen Konstrukte des kulturellen Gedächtnisses fußen?

An das Archiv, das bewahrt für eine Rezeption durch zukünftige Gedächtnisse, muß neben der Frage der *mimesis* (der treuen Abbildung) auch die Frage gestellt werden, welche Kraft die Abbildung auf einen Dritten, einen Anderen entwickeln kann.[20] Als reine Bewahrung würde sich das Bewahrte abschließen als Referenzraum zwischen dem Abbildenden und dem Abgebildeten.[21] Doch erst in der Überschreibung des Bewahrten an zukünftige Gedächtnisse findet kulturelle Überlieferung statt. Diese Dynamik, die im Mittelpunkt der Überlegungen zur Ausbildung eines kulturellen Gedächtnisses steht, ist weiterhin eine offene Frage, sowohl was ihr Funktionieren als auch was ihr Versagen anbetrifft. Was bewahrt sich? Was verfällt? Was wird erinnert über Generationen hinweg, was fällt relativ schnell in Vergessenheit? Was prägt sich unter welchen Umständen ein und was kann viele Male erzählt und gesehen werden, ohne daß es sich je zu einer Einschreibung ins Gedächtnis verdichtet?

Barthes' Text, der aus einer Position der Nachträglichkeit spricht, und zwar einer Nachträglichkeit, die nicht nur eine Erfahrung, sondern das längst Archivierte betrifft, beleuchtet mithin nicht nur die Frage des Sich-Erinnernden, der seine Erinnerung mitteilen möchte, sondern vielmehr eben die Frage, wie sich Gedächtnis in anderen Gedächtnissen weiterschreibt. Hinter die großen Theoriekonstrukte des Kulturellen zurückgehend, verfolgt der Text intuitiv und sprunghaft verschiedene Formen der Wahrnehmung und Rezeption, spürt dem Nachleben von Texten und Bildern nach und fragt, welche Begegnungen zwischen einem wahrnehmenden Ich und den wahrgenommenen Gegenständen stattfinden können.

---

20 Ein wichtiger intertextueller Bezug dürfte in dieser Hinsicht Jean Paul Sartres *L'imaginaire* (Paris 1940) sein, dem *La chambre claire* gewidmet ist. Sartre denkt in diesem langen Essay das Bild als Beziehung (»rapport«), und zwar weniger im mimetischen als im wahrnehmungsphänomenologischen Sinne. Besonders betont er dabei die Rolle des Affektes. Der Affekt erscheint jedoch bei Sartre ausschließlich als intentional ausgerichtetes Begehren, das zu besitzen verlangt (vgl. ebd., S. 96). Barthes' Denken hingegen dreht sich um eine Art »désir sans possession«, also um eine Art geläutertes Imaginäres.

21 In *Le plaisir du texte* beschreibt Barthes die mimetische Abgeschlossenheit sehr deutlich: »La représentation, c'est cela: quand rien ne sort, quand rien ne saute hors du cadre ...« (ebd., II, 1523).

3. Wissenschaft und Singularität

Die Kultur bietet selbst Modi für ihre Aneignung und Überlieferung an, beispielsweise die wissenschaftliche Untersuchung. Mit dieser Geste beginnt Barthes seine Untersuchung der Photographie. Sie meint bei ihm einen Klassifizierungsversuch in ›strukturalistischer‹ Manier; unterschiedliche Klassen können eröffnet und einander vergleichend-differenzierend gegenübergestellt werden: Photographie/Kino; professionelle Photographie/Amateurphotographie; die Ordnung nach Darstellungsbereichen (Landschaften/Objekte/Porträts/Aktphotographie) und nach Darstellungsformen etc. (vgl. S. 14/III, 1111). Die wissenschaftliche Klassifizierung, die letztlich die Ordnung des Archivs exakt wiederholt und bestätigt (bzw. umgekehrt ist die Ordnung des Archivs auf wissenschaftlichen Klassifizierungskriterien erstellt), erweist sich denn auch für das suchende Ich sehr schnell als ungenügend, wiederholt sie doch die Domestizierung der Photographie und läßt gerade das Singuläre der Photographie selbst (im Vergleich zu anderen Formen der Repräsentation) sowie auch die Singularität jeder einzelnen Photographie unbetrachtet.

Die Photographie, die im Archiv als Medium wirkt, erweist sich, wenn man die Kriterien des Archivs anwendet, als unklassifizierbar. Sie steht für etwas ein, was sich der Ordnung des Wissens entzieht: »On dirait que la Photographie est inclassable. Je me demandais alors à quoi pouvait tenir ce désordre« (S. 15/III, 1112). Der Ordnung des Wissens entzieht sie sich, insofern sie nie für etwas Allgemeines einzustehen scheint, sondern immer das Kontingente, Einmalige darstellt, das durch sie nur technisch reproduziert, jedoch nicht ins Allgemeine transformiert werden kann. Induktion und Deduktion versagen als wissenschaftliche Erkenntnismethoden. Am »absolut Partikularen«, an der »souveränen Kontingenz« (vgl. S. 15/III, 1112), die sie darstellt, zerbricht schließlich sogar die Vorstellung von einer Gattung Photographie. Das Einmalige des Dargestellten drängt so stark ins Bild hinein, daß es die allgemeinen Gesetze ihrer Darstellungsweise, die zur Ausbildung der Gattung führen könnten, fortwährend widerlegt.

Die Entdeckung der irreduziblen Singularität in der Kontingenz der Photographie stellt das Archiv und mit ihm die Wissenschaft in ihrer universalisierenden Verfahrensweise in Frage; zugleich stellt die Singularität die große Herausforderung für das Gedächtnis der Kultur dar. Denn wie kann das Singuläre in ihm bewahrt werden, ohne daß es im selben Moment ausgelöscht wird, indem es in einem Allgemeinen aufgeht? Als technische Emanation singulärer Momente stellt die Photographie vielleicht eine Möglichkeit dieser undialektischen Bewahrung dar. Das forschende Ich revidiert angesichts dieser Entdeckung seine Heuristik. Keine Wissenschaft kann der Singularität der Photographie entsprechen, sondern allein die Singularität des Betrachters:

> Mieux valait, une bonne fois pour toutes, retourner à ma protestation de singularité en raison, et tenter de faire de »l'antique souveraineté du moi« (Nietzsche) un principe heuristique (S. 21/III, 1114).

Der Hinweis auf Nietzsche präzisiert, daß es sich hier nicht um eine einfache Subjektivität der Eindrücke handelt, sondern darum, eine radikale, inkommensurable Subjektivität, die über das sich bewußtseiende Subjekt selbst hinausgeht, wieder in den Stand der Theorie zu heben.

4. Subjektivität des Betrachtens – studium *und* punctum

An die Stelle objektiver Klassifizierungen treten nun subjektive Kriterien: welche Bilder gefallen, welche gefallen nicht? Angesichts der vielen Bilder setzt sich im Ich ein »affect moyen« durch, ein höfliches Interesse an der Kultur selbst, die diese Bilder hervorgebracht hat. Barthes nennt diese Einstellung *studium*:

> Des milliers de photos sont faites [...], et pour ces photos je puis, certes, éprouver une sorte d'intérêt général, parfois ému, mais dont l'émotion passe par le relais raisonnable d'une culture morale et politique. Ce que j'éprouve pour ces photos relève d'un affect moyen, presque d'un dressage. Je ne voyais pas, en français, de mot qui exprimât simplement cette sorte d'intérêt humain; mais en latin, ce mot, je crois, existe: c'est le *studium*, qui ne veut pas dire, du moins tout de suite, »l'étude«, mais l'application à une chose, le goût pour quelqu'un, une sorte d'investissement général, empressé, certes, mais sans acuité particulière (S. 47f./III, 1124f.).

Hinter diesen Ausführungen sind unschwer die Züge Kantscher Ästhetik zu erkennen. »Affect moyen«, »intérêt général«, »*studium*« deuten auf eine affektive Einstellung, die Kant bekanntlich als »interesseloses Wohlgefallen« bezeichnet hat. Dieses ästhetische Verhalten ist später immer wieder kritisiert worden als Ergebnis von Verdrängungen und Reizabwehr. So meint Adornos Kritik am »interesselosen Wohlgefallen« eine Abrechnung mit dem Kulturbetrieb, gegen den es die Kunst zu retten gilt; diese darf nicht in dem von ihm hervorgebrachten Bereich mittlerer Wahrnehmungen versanden. »Interesseloses Wohlgefallen« als ästhetische Einstellung sei das Ergebnis der kulturellen Vereinnahmung der Kunst.[22] Doch gerade darin ist die Aktualität des Begriffs zu sehen, stellt doch das »interesselose Wohlgefallen« die Geste vor, die bezeichnend ist in einer Zeit, in der sehr viele, vielleicht zu viele Bilder auf das einzelne Bewußtsein einwirken.

Die lancierte Generalkritik am »interesselosen Wohlgefallen« verdrängt jedoch zugleich die Chancen, die in diesem Konzept verborgen liegen und die Barthes hier wieder ins Spiel bringt. Denn bezüglich der wissenschaftlichen Klassifizierung stellt die ästhetische Einstellung zumindest eine Unterbrechung des Wissens dar, eine Unterbrechung, die zwar oft allzu schnell durch die Pose des Kunstge-

---

22 Adorno spricht vom »kastrierten Hedonismus«, einer »Lust ohne Lust« (Theodor W. Adorno, *Ästhetische Theorie*, in: *Gesammelte Schriften*, hrsg. von Rolf Tiedemann unter Mitwirkung von Gretel Adorno u.a., Frankfurt a. M. 1970ff., Band 7, S. 25). Dieser Kulturkritik scheint Barthes zu folgen, indem er immer wieder, vor allem in seiner Lektüre-Ästhetik *Le plaisir du texte*, zu einem radikalen Hedonismus, einer subversiven Lust vorzudringen sucht.

nusses überdeckt wird, aber doch vorhanden ist als ein Moment der Sprach- und Machtlosigkeit. Denn das Schöne ist ohne Begriff. Dies bedeutet mithin, daß das Geschmacksurteil keine Erkenntnis darstellt; es bleibt von einem Nicht-Wissen gekennzeichnet. Kant verdeutlicht diesen Sachverhalt am Beispiel der Tulpe: schön ist die Blume ohne Grund. Der Wissende, der Forscher kann alles über sie erfahren, ausgenommen, warum sie schön ist. Die Schönheit kann nicht mit dem Verstand erkannt werden, sie vermag sich nur zu offenbaren. Sie überrascht den Betrachter, sie trifft ihn jenseits der Begriffe, mit denen er sie zu fassen sucht. In ihm werden Affekte angesprochen, Lust- und Unlustgefühle, die nicht auf den Verstand reduzierbar sind.

Das ästhetische, wenngleich gezähmte Gefallen durchbricht in unserem Kontext den wissenschaftlich-semiotischen Erkenntnisdiskurs und führt über den Affekt Momente der Sprachlosigkeit in ihn ein. Der Affekt selbst kennt natürlich unterschiedliche Stufen der Intensität: heißt *studium* »affect moyen«, Wohlgefallen, so meint sein Gegenbegriff *punctum* eine ganz andere Qualität von Affekt. Mit dem Kantschen Erhabenen durchaus vergleichbar (ich komme darauf zurück), bedeutet *punctum* eine Überschreitung der kulturell konsekrierten Empfindung. Es meint die plötzliche Steigerung des Interesses, die das wahrnehmende Ich nicht intendiert hat, sondern von der es gewissermaßen überrascht, ergriffen wird. Erscheint im *studium* noch der Betrachter als derjenige, der aktiv sein unbewegliches Objekt wahrnimmt (wenngleich das Objekt ihn schon in die erkenntnislose Haltung und damit in eine erste Form der Passivität zwingt), so ist es im *punctum* das Bild, das selbst aktiv wird und den Betrachter trifft, durchsticht, verletzt:

> Le second élément vient casser (ou scander) le *studium*. Cette fois, ce n'est pas moi qui vais le chercher (comme j'investis de ma conscience souveraine le champ du *studium*), c'est lui qui part de la scène, comme une flèche, et vient me percer. [...] *punctum*, c'est aussi: piqûre, petit trou, petite tache, petite coupure – et aussi coup de dés (S. 48f./III, 1126).

Gleich dem Erhabenen bedeutet *punctum* eine »Bewegung des Gemüths«, die den Betrachter aus seiner ruhigen Kontemplation herausreißt. Es ist ein unruhiges, weil uneindeutiges Gefühl, in dem Verwunderung, Freude, Staunen und Grausen einander durchwirken.[23] Bei Kant, für den sich das Erhabene allein in der Natur ereignen kann, ist es das Unerreichbare, das Unvergleichbare, das Totale, die Unendlichkeit in der Erscheinung. Das Erhabene ist damit zugleich immer ein sprachlich-kommunikatives Problem, denn es drängt nach Ausdruck und kann doch nicht ausgedrückt werden. Es liegt jenseits jeder Form und kann darum nicht in Form gestaltet werden, es ist immer schon zu stark, um erfaßt werden zu können.

---

23 »Verwunderung, die an Schreck gränzt«, »Grausen und der heilige Schauer« (Immanuel Kant, *Kritik der Urteilskraft*, in: *Werke in sechs Bänden*, hrsg. von Wilhelm Weischedel, Darmstadt ⁵1998, Band V, § 29, S. 359).

Barthes führt das Erhabene als Ausdrucksproblem in die kleinsten Faltungen des kulturellen Raumes zurück. Ihm geht es nicht um das offensichtlich überwältigende Natur- bzw. Kulturspektakel[24], sondern um die minimalen Spuren des Heterogenen, die trotz der homogenisierenden und mithin verdrängenden Dynamik des kulturellen Gedächtnisses aufstören, falls sie mit der Aufmerksamkeit des Betrachters zusammentreffen:

> Dans cet espace très habituellement unaire, parfois (mais, hélas, rarement) un »détail« m'attire. Je sens que sa seule présence change ma lecture, que c'est une nouvelle photo que je regarde, marquée à mes yeux d'une valeur supérieure. Ce »détail« est le *punctum* (ce qui me point) (S. 71/III, 1137).[25]

Ein Beispiel: Das Familienportrait von James Van der Zee aus dem Jahre 1926 (Abb. S. 75/III, 1139) trifft das Ich, nicht weil es Ausdruck der Respektabilität einer wohlgesitteten Familie ist; vielmehr fesseln zwei kaum sichtbare Details den Blick des Betrachters: der breite Gürtel des Kleides der rechtsstehenden Frau sowie ihre altmodischen Riemenschuhe.[26] Auf Kertészs Photo von Kindern aus dem italienischen Viertel in New York von 1954 (Abb. S. 76/III, 1140) sind es die schlechten Zähne eines Jungen, die den Betrachter treffen. Auf der Photographie von Lewis H. Hine, die zwei geistig behinderte Kinder aus New Jersey abbildet (Abb. S. 83/III, 1143), interessieren nicht die überdimensionierten Köpfe, sondern der dicke Verband am Mittelfinger des Mädchens. Offensichtlich haust das *punctum* in den zufälligen Konstellationen innerhalb eines Bildes, die sich nicht der Intentionalität der Abbildung verdanken und insofern aus der mimetischen Abgeschlossenheit hinausreichen und zu einem Dritten streben. In diesen Details wird jene bildliche bzw. sprachliche Eigendynamik (als Gedächtnis der Sprache bzw. des Bildes) erkannt, die auch den Perecschen Text maßgeblich prägt.[27] Ver-

---

24 Im Gegenteil, die Akrobatik der Photographien, die darin besteht, möglichst außergewöhnliche, skurrile und seltene Objekte zu photographieren, steht ganz in der Logik des Arrangements und damit des Homogenen (vgl. S. 57ff./III, 1130). Diese Photographien stehen für einen von ihnen intendierten Schock, der nichts mit dem unkalkulierbaren *punctum* zu tun hat: »Dans ces images, pas de *punctum*: du choc – la lettre peut traumatiser –, mais pas de trouble; la photo peut »crier«, non blesser« (S. 70/III, 1136).
25 »unaire« meint bei Barthes soviel wie »einheitlich«, »glatt«, »homogen«.
26 Die Identifizierung des *punctum* wird im übrigen später nochmals korrigiert; es seien nicht die zwei genannten Details, von denen das *punctum* ausgehe, sondern es handle sich um die schmale Goldkette derselben Frau, die das Ich an eine Kette erinnere, die seine Tante getragen habe. Die Tante selbst sei dem Ich wiederum das Sinnbild existentieller Einsamkeit gewesen. Deutlich wird jedenfalls, wie die Photographie über ihre abbildende Referenz hinaus ein Feld der Kontiguitäten eröffnet, welches das Subjekt selbst nicht eindeutig erschließen kann.
27 Die Kamera registriert mehr als das Bewußtsein des Menschen, denn sie hat – im Gegensatz zum Photographen – kein Bewußtsein. Sie nimmt alles auf, auch das, was der Photograph nicht abzubilden beabsichtigte. Daß hier etwas Unbewußtes ins Bild Eingang erhält, hat schon Benjamin scharfsichtig erkannt: »Aller Kunstfertigkeit des Photographen und aller Planmäßigkeit in der Haltung seines Modells zum Trotz fühlt der Beschauer unwiderstehlich den Zwang, in solchem Bild das winzige Fünkchen Zufall, Hier und Jetzt, zu suchen, mit dem die Wirklichkeit den Bildcharakter gleichsam durchgesengt hat, die unscheinbare Stelle zu finden, in welcher, im

dichtet sich diese Eigendynamik zu einer Begegnung, dann heißt dies auch, daß in diesem Moment die rationalen Wahrnehmungsregister durchbrochen und unbewußte Kräfte beim Betrachter angesprochen werden, die ihn zunächst einmal in Sprachlosigkeit versetzen. Die gegenwärtige Wahrnehmung aktualisiert unbewußte Erinnerungen und wird von diesen beeinträchtigt. Das Unbewußte offenbart sich darin nicht, es insistiert jedoch als Symptom, indem es die Sprache bricht. Es agiert eben wie das Detail im Bild, wie dieses ›fast nichts‹, das nichts abbildet und dem keine Bedeutung zugesprochen werden kann, es sei denn diejenige, daß es die Selbstverständlichkeit und Homogenität des Bildes zerstört. *Punctum* dürfte dann als Zusammenfall jenes punktuell insistierenden Unbewußten und dem ›fast nichts‹ des Bildes zu verstehen sein. *Punctum* ist also weder dem Bild noch dem Betrachter eigen, es kann weder von der einen noch von der anderen Seite erklärt, geschweige denn gesteuert werden. *Punctum* agiert, falls es sich ereignet, vielmehr selbst als Subjekt der Wahrnehmung, das sich durch keine Systematik bzw. Ordnung fassen läßt. Es konstituiert ein Ereignis innerhalb der Ordnung des Archivs, das diese Ordnung durchbricht, ein Ereignis der Begegnung, das nur in der Gegenwärtigkeit, in der *Unmittelbarkeit* stattfinden kann.[28] Wie kann jedoch über das Gedächtnis, das selbst immer schon zwischen Vergangenheit, Gegenwart und Zukunft *vermittelt*, eine Begegnung stattfinden? Es müßte in diesem Fall selbst ausgesetzt werden und mit ihm seine Sprache, sein Inhalt. Das Vergangene müßte gewissermaßen von selbst in die Gegenwart eindringen. Es erschiene damit geradewegs als etwas Lebendiges – im Gegensatz zu dem, was das Archiv aus ihm stets zu machen sucht.[29]

Steht das Archiv für ein rational gesteuertes Gedächtnis, das Wissen und Erkenntnis verspricht und damit auf der platonischen Doppelbedeutung von *anamnesis* beruht (welche Erkenntnis an Wiedererkennen bzw. Erinnern bindet), so wird dieser Nexus dort auseinandergebrochen, wo der Affekt, der an Erinnerungsvorgängen immer beteiligt ist, freigesetzt wird. Stellt die affektbeladene Wahrnehmung einen Moment der Sprachlosigkeit dar, so wird durch sie Erkenntnis über Erinnerung gerade ausgesetzt. Oder mit anderen Worten: im Gedächtnis agieren Affekt und Erkenntnis als widerstreitende Kräfte. Dieser Zu-

---

Sosein jener längstvergangenen Minute das Künftige noch heut und so beredt nistet, daß wir, rückblickend, es entdecken können. Es ist ja eine andere Natur, welche zur Kamera als welche zum Auge spricht; anders vor allem so, daß an die Stelle eines vom Menschen mit Bewußtsein durchwirkten Raums ein unbewußt durchwirkter tritt« (Walter Benjamin, *Kleine Geschichte der Photographie*, in: *Gesammelte Schriften*, a.a.O., Band II.1, S. 368-508, hier: S. 371).

28 Der Logik des Archivs zufolge, das bewahrt, was klassifiziert werden kann, müßte das ›fast nichts‹ zum Ausschuß gehören. Doch gerade das, was das Archiv auszusondern geneigt ist, was aber unwillkürlich in der Photographie bewahrt bleibt, trägt hier maßgeblich zu einem Erinnerungsereignis bei.

29 Emmanuel Levinas entwickelt das Oppositionspaar »représentation« und »rencontre« aus seiner Buber-Lektüre heraus: »... le Je ne se représente pas le Tu mais le rencontre. [...] L'„entre-les-deux", l'intervalle entre le Je et le Tu, le *Zwischen*, est le lien où s'exerce l'œuvre même de l'être« (ders., »Martin Buber et la théorie de la connaissance«, in: ders., *Noms propres*, Montpellier 1975, S. 23-43, hier: S. 30).

sammenhang wird nun gerade dort, wo Gedächtnisformen organisiert werden wollen – wie eben zum Beispiel im Archiv – grundsätzlich verdrängt. Das Archiv, ähnlich wie die Wissenschaft, gibt stets vor, für reine Erkenntnis einzustehen. Damit suggeriert es, daß alles Vergangene erkannt, verstanden und in ein geschichtliches Kontinuum eingeordnet werden könne. Das Kulturelle kennt keine schockhafte Durchbrechung seiner Sprache (es kennt allenfalls die Rhetorik der ›Sprachlosigkeit‹). Der Affekt hingegen durchbricht das Verstehen und leitet stattdessen eine erste Begegnung ein, eine erste Wahrnehmung und eine nachträgliche Erinnerung, der eine Wahrheit zugesprochen wird, die jenseits der rationalen Erkenntnis liegt. Denn das, was das Ich wirklich trifft, ja geradezu durchsticht und verletzt, das *punctum*, ist das, was es gerade nicht benennen kann. Und umgekehrt gilt: »Ce que je peux nommer ne peut réellement me poindre« (S. 84/III, 1144). Dieser Logik zufolge ereignet sich nur dort ein wahres Ereignis des Erinnerns, wo Erkenntnis und Sprache ausgesetzt werden.

Die Passivität, die sich im Ereignis des *punctum* einstellt, enthält in sich als Wiederholung das Gedächtnis an jenen Moment, in dem der Betrachter selbst ins Archiv aufgenommen wurde. Als Photographierter ist er selbst Teil von ihm, immer schon involviert. Das Photographiertwerden ist ein Moment der Erfahrung und der Begegnung, der gerade von der Aufhebung von Erfahrung und Begegnung durch die mediale Bewahrung spricht. Es ist die Erfahrung höchster Passivität. Ins Bild gebannt zu werden, wird als eine Art Antizipation des Todes gedeutet: »Je suis devenu Tout-Image, c'est-à-dire la Mort en personne« (S. 31/III, 1118). Deutlich tritt – gerade am Motiv des Doppelgängers, das die Photographie immer mit evoziert – die Verwandtschaft zwischen Abbildung und Tod hervor. Der ›Schuß‹ (das Klicken der Kamera) verwandelt ein Leben in ein Bild, die Bewegung in einen Stillstand und bewahrt den Augenblick für das zukünftige Gedächtnis. Und mehr noch: er verwandelt den Körper als Ort der Impulse, Triebe, der Lust und des Begehrens in einen domestizierten Corpus. Für die nachmalige Erinnerung, der sich die Photographie übereignet, wird das der Ordnung Widerstrebende von vornherein zurückgedrängt, insofern das Lebendige, Uneindeutige in eine fixe und mithin stereotype Form übergeführt wird.[30]

---

30 Die Erfahrung des Photographiertwerdens macht schließlich deutlich, daß die Singularität des Mediums in keiner Weise mit der Singularität des Ichs koinzidiert. Das Singuläre des Ichs schreibt sich gerade nicht als *eidos* ins Bild ein, sondern es bleibt ihm äußerlich: »... l'essence précieuse de mon individu: ce que je suis, en dehors de toute effigie« (S. 26/III, 1116). Dies ist jedoch nicht in dem Sinne zu verstehen, daß dieses Individuum irgendwo als in sich Geschlossenes und Greifbares existiert, sondern die Nicht-Darstellbarkeit macht zugleich deutlich, daß es nirgends greifbar ist, nicht einmal dort, wo das repräsentierende Medium selbst für eine irreduzible Partikularität einzustehen scheint. Dieses Individuum ist eines, das nie eine präsente und damit zu re-präsentierende Größe darstellt, denn es heißt: »... c'est »moi« qui suis léger, divisé, dispersé et qui, tel un ludion, ne tient pas en place, tout en m'agitant dans mon bocal ...« (S. 27/III, 1116). Dahingegen steht die Photographie gerade für eine fixe Präsenz ein, für eine Ähnlichkeit, die es in diesem Sinne nicht gibt. Die Photographie ist doppelt ambivalent: Sie gehört dem Bereich des Kulturellen an (und entzieht sich dort den Kategorien), und sie suggeriert im Bereich des Kulturellen noch einmal, daß es auch dort, im Archiv, Singularität gibt. Erst durch die Vergegenwärtigung der singulären Erfahrung des Photographiertwerdens, der zufolge

Die Einschreibung des Körpers ins Archiv impliziert schließlich und endlich auch eine Domestizierung der Wahrnehmung, aus der das (kindliche) Staunen zugunsten eines kulturellen Diskurses ausgeklammert wird.[31]

Der ›Schuß‹ der Kamera hat den Betrachteten getroffen im Moment seiner Einschreibung ins Archiv; er bedeutet als Aufhebung der Zeit im Sinne des Andenkens eine Unterbrechung des Lebens.[32] Das *punctum*, das den Betrachtenden trifft im Moment der Einschreibung eines Archivierten ins Gedächtnis, bedeutet abermals eine Unterbrechung, diesmal eine Unterbrechung der Bewegung der

---

jeder schon einmal die Differenz zwischen Selbstbild und Photo erkannt haben mag, kann an das erinnert werden, was die Photographie als generalisierte Form der Archivierung verdrängt hat: die ver-rückte Seite der Verdoppelung, das Unheimliche an ihrer Vorgehensweise, die in der treuesten Repräsentation ein irreduzibles Fremd- und Anderssein hervorbringt (vgl. S. 28/III, 1116f.). Die Doppelung verbirgt und offenbart zugleich die (einzige) Transformation, die in der Photographie stattfand, nämlich diejenige vom Subjekt zum (musealen) Objekt (vgl. S. 29/III, 1117). Das Ich, das diesen Transformationsprozeß mit Unbehagen betrachtet, gesteht zugleich ein, daß es sich selbst diesem immer schon unterordnet. In der Pose antizipiert es schon die Transformation durch das Bild: »... je me constitue en train de »poser«, je me fabrique instantanément un autre corps, je me métamorphose à l'avance en image« (S. 25/III, 1115). Das Singuläre sucht geradewegs um die Aufnahme im Kulturellen. Doch die Aufnahme, die Bewahrung haben einen hohen Preis, nämlich die Enteignung des Selbst, die immer mögliche Verfremdung und Entfremdung, die schon im Akt der Aufnahme (im doppelten Sinne) stattgehabt: »... je ne suis ni un sujet ni un objet, mais plutôt un sujet qui se sent devenir objet: je vis alors une microexpérience de la mort« (S. 30/III, 1117) und weiter: »... lorsque je me découvre sur le produit de cette opération, ce que je vois, c'est que je suis devenu Tout-Image, c'est-à-dire la Mort en personne; les autres – l'Autre – me déproprient de moi-même, ils font de moi, avec férocité, un objet, ils me tiennent à merci, à disposition, rangé dans un fichier, préparé pour tous les truquages subtils ...« (S. 31/III, 1118).

31 Das Ich selbst ist von alldem betroffen. Es sieht sich seiner eigenen Einschreibung ausgeliefert und konstatiert noch vor dem Beginn seiner Reflexion mit den ersten Zeilen des Buches den Verlust des Staunens: »Un jour, il y a bien longtemps, je tombai sur une photographie du dernier frère de Napoléon, Jérôme (1852). Je me dis alors, avec un étonnement que depuis je n'ai jamais pu réduire: »Je vois les yeux qui ont vu l'Empereur.« Je parlais parfois de cet étonnement, mais comme personne ne semblait le partager, ni même le comprendre (la vie est ainsi faite à coups de petites solitudes), je l'oubliai. Mon intérêt pour la Photographie prit un tour plus culturel« (S. 13/III, 1111). Der wiederholte Verweis auf kindlich sprachloses Staunen in *La chambre claire* meint keine Regression, sondern bezeichnet metaphorisch eine fortwährende Unfähigkeit, die Dinge darzustellen, zu versprachlichen und einzuordnen. Vgl. dazu auch aus psychoanalytischer Perspektive Jean-François Lyotard, *Heidegger et les »juifs«,* a.a.O., S. 37, wo er »enfance« als einen psychischen Apparat beschreibt, der noch gar nicht von der Reizabwehr gegen die Wirklichkeit abgeschirmt ist. Dieses kindliche Staunen kann also entweder als Spur des Verlustes, als Eingedenken des Verlustes zurückgewonnen werden oder im Sinne eines exzessiven, aus kultureller Sicht wahnsinnigen, krankhaften psychischen Apparates: »L'âme est excédée: dépossédée, dépassée, excisée, par et de quelque chose. L'infirmité constitutive de l'âme, son enfance ou sa misère« (ebd., S. 38).

32 Der Photograph ist für Barthes der verkannte Agent des Todes. Er schreibt: »Tous ces jeunes photographes qui s'agitent dans le monde, se vouant à la capture de l'actualité, ne savent pas qu'ils sont des agents de la Mort. C'est la façon dont notre temps assume la Mort: sous l'alibi dénégateur de l'éperdument vivant, dont le Photographe est en quelque sorte le professionnel« (S. 143f./III, 1173). Der Tod soll ja gerade, wie Kracauer formuliert, durch die Häufung der Photographie verbannt werden (vgl. Siegfried Kracauer, *Das Ornament der Masse,* [1921-1931], Frankfurt a. M. 1963, S. 35).

Erinnerung, eine Alteration des Gedächtnisses. Die Stillstellung der Zeit, die dem Archiv und seiner Konstitution offensichtlich vorausgesetzt ist, wird im *punctum* nachträglich einsichtig als abermaliger Stillstand, der nun ins Leben zurückführt. Damit erweist sich das *punctum*, das ich als Begegnung zwischen einem heterogenen Detail im Bild und einer unbewußten Regung im Ich beschrieben habe, als reine Intensität, als Stillstand der Zeit, als schockhafter Zusammenprall zwischen dem Gewesenen und dem Gegenwärtigen, ohne daß das Bewußtsein zwischen beiden vermitteln könnte.

Das Gedächtnis, das hier inmitten des Archives agiert, ist ein extrem passives. Dabei war ich von einem ästhetischen Diskurs ausgegangen, der den Begriff des Kantschen »interesselosen Wohlgefallens« eingeführt hatte. Wenngleich dieses als mittlere Affektlage alsbald durch stärkere Affekte abgelöst wurde, kann der Begriff dennoch für eine Poetik passiver Erinnerung fruchtbar gemacht werden. Derrida hat in *La vérité en peinture* die substraktive Logik, die diesem Konzept innewohnt, erkannt und wieder in die ästhetische Debatte eingeführt. Das »-lose« liegt für Kant dort begründet, wo Abbildung und Begrifflichkeit aufhören. Im Bereich der Kunst ist es die Ornamentik, die eben nichts abbildet, nichts vorstellt, zwecklose Schönheit ist.[33] Diese kann gleichsam als Rest bezeichnet werden, als Rest, der bleibt, nachdem alles Bildhafte, Darstellende (Thema und Bedeutung) abgezogen worden sind. Es ist genau dieser Rest, dieses ›fast nichts‹, das den Affekt hervorruft.[34] Das Gedächtnis, das sich aus dem ästhetischen Diskurs herauskristallisiert, behält etwas von dieser substraktiven Logik, die hier ihre ethische Bedeutung erfährt. Affektgeladen wie das Gedächtnis ist, wird es in eine Passivität gestürzt, die es selbst begriffs- und geradezu erinnerungslos macht. Erinnerungslos in dem Sinne, daß es dem Gedächtnis nicht gelingt, das Betrachtete zum Objekt seiner selbst zu machen.[35] Die substraktive Logik als gleichsam ›Begriffs- und Erinnerungsloses‹, das der Erinnerung selbst innewohnt, muß das

---

33 Jacques Derrida, *La vérité en peinture*, Paris 1978, S. 103: »... la trace du *sans* est l'origine de la beauté. [...] La beauté ne va pas sans ce sans, elle *ne va* qu'avec *ce* sans-*là*, elle ne donne rien à voir, surtout pas elle-même qu'avec ce sans-là et aucun autre.«

34 Es ist exakt dieser Sachverhalt, der Derrida das Geschmacksurteil als Trauer am betrachteten Gegenstand interpretieren läßt (vgl. ders., *La vérité en peinture*, a.a.O., S. 52ff.). Während der klassische Trauerbegriff gleichsam von einer Parallelität zwischen Verfall des Bildes und Verfall des Affektes ausgeht, scheint bei Barthes und Derrida gerade der unscheinbarste Rest, der schon sein endgültiges Verschwinden ankündigt, den stärksten Affekt auszulösen. Denn hier kündigt sich innerhalb der Bewahrung abermals der von ihr verdrängte Tod an.

35 Diese ›erinnerungslose Erinnerung‹ korrespondiert mit dem »neutre«, das Barthes' Denken von Beginn an durchzieht. Das »neutre« ist nicht neutral, sondern in erster Linie Durchbrechung einer homogenisierenden und mithin neutralisierenden Gedächtnismaschine, denn es ist als »neutre« irreduzibel, unwandelbar und singulär. Einen Diskurs, der der Weiße des Wintergartenbildes entsprechen würde, hat Barthes in seinem ersten Buch, *Le degré zéro de l'écriture* (1953), mehr angedeutet als theoretisch reflektiert. Die von Barthes so getaufte »écriture neutre«, die er bei Mallarmé, Blanchot, aber auch in *L'Étranger* von Camus zu erkennen meint, ist eine, die sich selbst in ihrem Zeichencharakter gleichsam aufhebt. Sprachliche Formen, die »neutre« seien, entdeckt Barthes im japanischen Haiku (einer extrem kurzen, subjektlosen Form des Gedichtes), er selbst inszeniert ein solches »neutre« in den »anamnèses«, die den atopischen Kern seiner Autobiographie bilden (vgl. III, 177f.).

Gedächtnis – und zwar sowohl das individuelle als auch das kulturelle – in ein irreduzibles Paradox führen. Darüber hinaus scheint allein in diesem Paradox eine wahre, wenngleich begriffslose Erinnerung stattzufinden. Paradigmatisch mag hierfür die schon beinahe verblaßte und vom Verfall gezeichnete Wintergartenphotographie stehen. Angesichts dieses ›bildlosen Bildes‹ (das beinahe weiß ist) ereignet sich eine ›begriffslose, erinnerungslose Erinnerung‹, die als wahres Eingedenken des Anderen beschrieben wurde. Daran anschließend stellt sich unweigerlich die Frage, wie das Archiv mit jenen Bildern umgeht, die vom Verfall durch die Zeit, gegen die es sie bewahren sollte, gezeichnet sind und darum selbst schon kaum mehr etwas sind. Sobald sich ihre referentielle Funktion auflöst, kann ihnen keine eindeutige Bedeutung mehr zugeschrieben werden. Gehören sie darum zum Ausschuß? Die Logik des Archivs mag dies suggerieren. Als ›fast nichts‹ bilden sie einen nicht einzuordnenden Rest, der für das Archiv ›zuviel‹, ihm unerträglich ist.[36] Jedoch ist dieser nicht bedeutungslos, wie die Wintergartenphotographie mehr als deutlich macht, die im übrigen allein deshalb bewahrt wird, weil sie *vor ihrer Übergabe ins Archiv bewahrt wird*. Als ›fast nichts‹ stellen diese Bilder vielmehr die heterogenen Momente bezüglich der archivarischen Ordnung dar; im ›fast nichts‹ kann sich das Gedächtnis als Begegnung, das Gedenken als wahres Eingedenken ereignen.

---

36 Die Semiotik der Leiche, die im Kap. I, 4. des dritten Teils der Arbeit erörtert wurde, scheint hier abermals auf.

III. Die Wiederkehr des Realen – Traumatisierung als wahres Eingedenken

1. Die Maske der Bilderflut

Wenn Barthes von jenen Momenten spricht, in denen der Photographierte (*Spectator*[1]) die Geste der Bewahrung insofern antizipiert, als er für die Aufnahme in einer Pose erstarrt (vgl. 22ff./III, 1114f.), deutet sich an, daß das Archiv aus seiner ihm angestammten Position der Nachträglichkeit hinausweist in die Gegenwart, die es sich sofort anzueignen sucht. Ja, in jenen absurden Gesten des *Spectator*, in denen Barthes den »tableau vivant« wiedererkennt, wird ein Moment antizipiert, der nachträglich als ein in der Vergangenheit gegenwärtiger erscheint, aber im eigentlichen Sinne nie Gegenwart war: er gehörte immer schon der Zukunft des Archivs an.[2]

Das Archiv also, der Drang zur Bewahrung, greift auf die Gegenwart über und läßt sie damit gewissermaßen verschwinden (und mit ihr die Vergangenheit als Zeit des »Es ist gewesen«). Das heißt auch, daß es nichts gibt, was dem Archiv und seinen Bildern vorgängig wäre, vorgängig in jenem Sinne, daß es unmittelbar, ohne mediale Vermittlung, vergegenwärtigt werden könnte. Dies ist die nicht hintergehbare Ausgangssituation von *La chambre claire*. Es geht um die Realität der Bilder als Gedächtnissupplemente, mit deren Hilfe das Reale ins Bewußtsein gerückt werden soll.

Doch selbst dieses Reale (der Referent der Photographie) droht in der Proliferation der Bilder zu verschwinden. Denn das konservierte Bild ist ein Simulakrum, *simuliert* es doch von vornherein das vergangene Reale, insofern es *etwas*

---

1 Der Photographierte wird bei Barthes *Spectator* genannt, der Photograph *Operator*. Die Ambivalenz der Position des Photographierten wird im lateinischen Begriff ausdrücklich, meint doch der *Spectator* auch den Zuschauer, in diesem Fall den passiven Zuschauer seiner selbst im Moment, da das Ich in eine Rolle, in ein Bild (*spectrum*) eingeht.

2 Italo Calvino inszeniert die derealisierende und gegenwartzerstörende Wirkung der Photographie in seiner Erzählung »L'avventura di un fotografo« (in: ders., *Gli amori difficili*, Milano 1993), auf die *La chambre claire* explizit Bezug nimmt. Hier führt die Logik der Bewahrung durch ein einfaches »klick« zum Wahnsinn, alles im Moment seines Sich-Ereignens festhalten zu wollen. Die Chance totaler Bewahrung, die zugleich von einer übersteigerten Angst vor dem Vergessen spricht, führt schließlich zur Verwechslung von Leben und seiner bildlichen Fixierung. Das Leben wird ausgerichtet im Hinblick auf die zukünftige Erinnerung. In Calvinos Erzählung wird der Wahn der Bewahrung insofern auf die aporetische Spitze getrieben, als schließlich der Protagonist Antonino sogar versucht, die Erinnerung selbst zu photographieren, indem er vergangene Situationen nachstellt und dann ablichtet. »La fotografia ha un senso solo se esaurisce tutte le immagini possibili« (S. 61). Dies impliziert auch, wie erzählt wird, daß die Abwesenheit der Freundin photographisch festgehalten wird und zuletzt, als alles photographiert zu sein scheint, die Photographien selbst wiederum photographiert werden.

Simuliertes abbildet. Es dokumentiert gewissermaßen ein Spektakel. Somit stellt es keine Identität dar, sondern ein Spiel der Identität, eine Maske, die als Bedeutung eine Identität suggeriert, während sie die Singularität einer Identität verdeckt.³

Institutionelle Repräsentationen des Vergangenen in einer Kultur sind stets Repräsentationen im buchstäblichen Sinne: Vorführungen, Darstellungen auf der Bühne der Öffentlichkeit. In diese Logik schreibt sich auch die institutionell geregelte Trauer ein, der immer etwas Ostentatives innewohnt. Sie ist an das Spektakel gebunden, ist von daher immer schon Trauerspiel.⁴ Die Gesellschaft des Spektakels vergegenwärtigt ihre Vergangenheit fortwährend über Repräsentationen (Bilder aller Art). Als automatisierte und allgemeine Form verfestigen sich die Bilder, insbesondere die Photographien, zu einem illustrativen Film, der sich über die Wirklichkeit legt und den irreduziblen Realismus der einzelnen Photographie zum Verschwinden bringt.⁵ Die Kritik an dieser Bilder-Gesellschaft äußert sich indessen zumeist als ›Bildersturm‹. In der Tat, die Grenzen der *mimesis* für die Vergegenwärtigung einer Vergangenheit liegen auf der Hand: Was abgebildet wurde, konnte als Sinn erkannt und gestaltet werden; daß es Unverständliches, Nicht-Erkanntes darüber hinaus geben kann, wird geleugnet. Das mimetische Verfahren inkorporiert das Fremde als Eigenes, indem es dieses in die eigene Kontinuität (der Bilder, der Ordnung) zu integrieren weiß. Das mimetische Verfahren – durch seine spezifische Transformation – verstellt den Blick auf die Vergangenheit mehr, als ihn freizulegen. Nichtsdestoweniger sind bildliche Vergegenwärtigungen notwendig im Prozeß der Erinnerung, eine Tatsache, welche die Ikonoklasten in aller Regel verkennen. Sie verkennen damit auch die aporetische Seite des Bildes als Zugleich ihrer Notwendigkeit und ihrer Unmöglichkeit (der Vergegenwärtigung). Genau diese aporetische Seite muß jedoch erkannt und anerkannt werden. Dazu gehört die Entdeckung der scheinbar banalen Tatsache, daß die Photographie eine Form »absoluten Realismus« (vgl. S. 183/III, 1192) darstellt, wenngleich sie die Wirklichkeit immer auch zudeckt. Barthes erkennt in diesem »absoluten Realismus« der Photographie ihre ekstatische Kraft, die über sie selbst hinausweist: die Möglichkeit, im Bild über das Bild

---

3 Die Beobachtung, daß eine Photographie wie eine Maske funktioniert, führt indes nicht zur Leugnung ihrer gesellschaftskritischen Bedeutung. Im Gegenteil, die Expressivität einer Maske, in der Ausdruck und Bedeutung geradezu in eins fallen (als Beispiel führt Barthes Avedons Sklavenbild, aber auch das Projekt von August Sander an), hat immer beunruhigt.
4 Barthes schreibt: »Ce n'est [...] pas (me semble-t-il) par la Peinture que la Photographie touche à l'art, c'est par le Théâtre« (S. 55/III, 1129). Und weiter: »... mais si la Photo me paraît plus proche du Théâtre, c'est à travers un relais singulier (peut-être suis-je le seul à le voir): la Mort. On connaît le rapport originel du théâtre et du culte des Morts ...« (S. 56/III, 1129).
5 »... nous vivons selon un imaginaire généralisé. [...] tout s'y transforme en images: il n'existe, ne se produit et ne se consomme que des images. [...] généralisée, elle [la photographie] déréalise complètement le monde humain des conflits et des désirs, sous couvert de l'illustrer« (S. 182f./III, 1191). In dieser Perspektivik wird zumeist die Problematisierung der generalisierten *mimesis* im medialen Zeitalter formuliert.

hinaus zu gehen und zu einer schockhaften Vergegenwärtigung des Vergangenen zu gelangen. Dies wurde in verschiedener Weise anhand des *punctum* ausgeführt. Am *punctum* wird augenblickhaft einsichtig, was im Prozeß bildlicher Vergegenwärtigung mit jenen Momenten geschieht, die sich nicht darstellen lassen; die sich nicht darstellen lassen, weil sie im eigentlichen Sinne nie wahrgenommen wurden; Momente, die existieren, obwohl oder gerade weil sie nie Bestandteil bewußter Erinnerung waren. Diese unbewußten Anteile des Gedächtnisses sind zwar nicht in Formen der Repräsentation darstellbar, aber dennoch über das Bild ›erfahrbar‹ – als Affekt, den ein Bild durch jene Stellen auszulösen vermag, die es in seiner mimetischen Intentionalität durchbrechen. In diesen Ritzen, Durchbrechungen schlägt das Reale noch einmal als das ganz Andere, nicht Repräsentierbare durch.

Diese ekstatische Kraft des Bildes, durch die es über sich selbst hinausweist, impliziert zugleich seine Zerstörung. Die Wintergartenphotographie ist die zutreffende Chiffre für diesen Prozeß, denn sie ermöglicht ein ›wahres Eingedenken‹ jenseits von Intention und Konstruktion, indem sie sowohl jenseits der Erinnerung des Betrachters liegt als auch jenseits ihrer selbst. Durch die Zeit, von der sie im wesentlichen zeugt, ist das von ihr Abgebildete beinahe aufgelöst worden zu Licht, aus dem es hervorgegangen war.

Barthes' Text, der solche Momente des Realen aufspürt und als existentielle Erfahrung einsichtig macht, als Erfahrung, die im eigentlichen Sinne schon nicht mehr Erfahrung genannt werden kann, insofern sie dem Empfindenden nicht gehört, zeugt zugleich von einer irreduziblen Einsamkeit, die sich wie ein Schatten über die epiphanischen Momente der Mitteilung legt. Bei der schockhaften Erfahrung des *punctum* stellt sich unweigerlich die Frage nach der Versprachlichung dieser Erfahrung, nach ihrer Mitteilung an andere; als singuläre Begegnung scheint sie jedoch weitgehend unteilbar zu sein. Die Einsamkeit begleitet darüber hinaus auch das theoretische Vorhaben, das in der Bilderflut und seiner zynischen Bestätigung durch die Theorie einerseits, in der Bilderbekämpfung andererseits als archaische Spur (wie Barthes selbst seinen Text einmal bezeichnet, vgl. S. 147/III, 1174) unterzugehen droht. Durchgesetzt hat sich längst die Vorstellung, daß wir vom Realen nur noch träumen können wie von einem verlorenen Objekt. Jedoch vermag ja gerade der Traum das Vergangene in der Gegenwart als einmaliges und unwiderrufliches Hier und Jetzt noch einmal durchzusetzen; das Vergangene als ein Reales, das nichts mehr mit den Möglichkeiten der Abbildung zu tun hat (das darum auch nicht als Original für ein Bild steht).

2. Trauma und Eingedenken

Das *punctum* erscheint im kulturellen Archiv (Teil I des Buches) als Detail, das die Logik der Abbildung unterbricht und eine gesteigerte Aufmerksamkeit beim Betrachter hervorruft. Im Kontext der Trauer um die verstorbene Mutter erfährt das *punctum* eine Wendung: Es wird nicht mehr nur als Detail erkannt, sondern als zeitliche Aporie, die jedem Bild eingeschrieben ist und die es zu zerreißen droht. Die gesteigerte Aufmerksamkeit für das Detail wandelt sich in einen heftigen Affekt, eine irreduzible Traurigkeit, oder anders gesagt, das Staunen wandelt sich in Schrecken. Das *punctum* als Zone des Nicht-Mimetischen im Bild selbst wird in beiden Phasen als Form der Zerstörung beschrieben: als Riß, Bruch, Unterbrechung und Verletzung. Zugleich ereignet sich allein im *punctum* das Gedächtnis als wahrhafte Begegnung mit einem vergangenen Realen, das hier das irreduzibel Andere meint. Deutlich wird, daß diese Form des Eingedenkens, die offensichtlich eine besondere Aufmerksamkeit, einen Affekt bedeutet, von Vorstellungen der Verletzung und des Schmerzes nicht zu trennen ist. Sie konkretisiert damit die metaphorische Vorstellung von Einschreibungen ins Gedächtnis als Einritzungen von Spuren in eine empfindliche Materie. Sie wendet sich gegen die institutionalisierten Formen des Gedenkens und der Trauer, die als anästhesierend erkannt wurden; gegen Formen des Gedenkens also, die nicht vom Schmerz befreien, sondern den Schmerz betäuben, gegen Formen, die nicht zuletzt durch neue Metaphern, wie beispielsweise durch diejenige der digitalen Aufzeichnung, die ohne ›Verletzung‹ einer Materie auskommt, auch noch gestützt werden.[6]

Barthes selbst vermag zu dieser Schmerzzone des Gedächtnisses, die das Gedächtnis selbst zu zerstören droht, nur in der Situation akuten Kummers vorzudringen. Angesichts des Verlustes der Mutter ist das Ich an sich schon affektbeladen und sucht nach Erinnerungsbildern, die diesen Affekt nicht abbauen, sondern ihm gerade entsprechen und ihn vielmehr noch bis zur Unerträglichkeit steigern. Im Gegensatz dazu – das macht die Authentizität des Textes aus – erscheint das Betrachten von Bildern ohne direkten persönlichen Bezug affektlos bis affektarm. Die Aufmerksamkeit und die Bereitschaft zur Teilnahme bestehen nicht schon von vornherein, sondern sie müssen erst noch gewonnen werden.

Selbst wenn die beiden Affektlagen klar verteilt scheinen auf das Private, Individuelle einerseits und das Kulturelle andererseits, baut der Text Bezugspunkte auf, die dazu auffordern, die anhand der Wintergartenphotographie gewonnene Ethik des ›wahren Eingedenkens‹ in den Bereich des Kulturellen zu übertragen. Heuristisch bedeutsam ist diesbezüglich das *punctum*, das beide Bereiche durchdringt und – als *punctum* – eben auch ihre Grenzen zu durchstechen weiß. Die Frage ist also, ob seine gesteigerte Bedeutung als wahrer Schock und Verletzung für den Bereich des kulturellen und öffentlichen Gedenkens gewonnen werden kann, ohne daß sie dort im Skandal und in der Sensation aufgeht. Mit anderen Worten: Kann sich ein öffentliches Gedenken als ›wahrhaftes Eingedenken‹ des Anderen und des der Kultur Heterogenen äußern? Kann öffentliches Gedenken Ausdruck eines Kummers sein, der sich nicht sogleich als Trauer und Trauerarbeit gebiert? Und weiter: Kann die kulturelle Vermittlung und Überlieferung zur

---

6 Für Jean-François Lyotard liegt die Katastrophe genau in der Unsensibilität angesichts dieser: »C'est que la question du désastre est celle de l'insensible, j'ai dit: de l'anesthésie« (ders., *Heidegger et les »juifs«*, a.a.O., S. 77).

wahren Teilhabe an nicht persönlich Erlebtem vordringen? Wie kann der Abschwächung von Eindrücken in der medialen Überlieferung entgegengewirkt werden? Inwiefern kann Lesen zu einer lebendigen Erinnerung werden? Und wie kann die Überlieferung dessen eingedenk sein, was sich den Formen der Repräsentation entzieht? Kann sie des Nicht-Erinnerbaren gedenken und damit die Grenzen ihres Gedächtnisses markieren? Und falls ja, wie kann das Gedenken dies tun, ohne sogleich der Rhetorik des Schweigens zu verfallen?

Die Konnotation des *punctum* mit dem Schock, mit der Durchbrechung und Zerstörung, mit einer Kraft, die – dies inszeniert Barthes' Text in eindringlicher Weise – das Gedächtnis außer Kraft setzt und in eine passive Haltung zwingt, läßt es sinnvoll erscheinen, das *punctum* als Trauma zu verstehen.[7] Das *punctum* teilt mit dem Trauma konstitutive Momente, die schon im Zusammenhang mit der Gestaltung der Kindheitserinnerung in *W ou le souvenir d'enfance* bedeutsam wurden, meint doch das Trauma eine Verwundung des Gedächtnisses, eine unheilbare Lücke. Es markiert somit das Nicht-Darstellbare, das die Ursache dieser Verwundung sein mag. Es ist aus der Sprache ausgeschlossen. Das Trauma steht für ein nicht einholbares Vergessen, das nur als Verletzung des gegenwärtigen Gedächtnisses aufscheinen mag, nicht jedoch im eigentlichen Sinne erinnert werden kann. Das Trauma ist jene Größe, die jenseits jeder Form der Repräsentation und jeder Form von Gedächtnisarbeit (Bewältigen, Trauern, Durcharbeiten etc.) liegt. Während die Erinnerungsarbeit stets ein Vergegenwärtigen, Prüfen, Zerkleinern und Abstoßen meint (nach Art des Zerschneidens einer Torte, wie Freud suggeriert[8]), ist das Trauma ja schon das längst ›Zerkleinerte‹ und insofern Zerstörte. Wie kann jedoch etwas Zerstörtes, das nur noch in latenten Symptomen weiterlebt, noch weiter zerschnitten werden? Als immer schon Zerstörtes muß es sich fortwährend jedem Akt der Zerkleinerung – und sei es der Zerkleinerung seiner von ihm ausgesandten Symptome – entziehen. Insofern steht das Trauma – im Gedächtnis – radikal gegen dessen Aktivitäten: also gegen die Erinnerung, die Bewältigung, die Integration des Gewesenen in einen kontinuierlichen Sinnzusammenhang, sprich: gegen die Aktivitäten, die in erster Linie auch die institutionalisierten Formen des Gedächtnisses und der Bewahrung, mithin das Archiv, charakterisieren.

---

7 Barthes selbst spricht in einem frühen Essay vom Traumatischen im Bild als Schock des irreduzibel Realen: »Les photographies proprement traumatiques sont rares, car, en photographie, le trauma est entièrement tributaire de la certitude que la scène a réellement eu lieu: il fallait que le photographe fût là (c'est la définition mythique de la dénotation) [...] mais ceci posé (qui, à vrai dire, est déjà une connotation), la photographie traumatique [...] est celle dont il n'y a rien à dire: la photo-choc est par structure insignifiante: aucune valeur, aucun savoir, à la limite aucune catégorisation verbale ne peuvent avoir prise sur le procès institutionnel de la signification. On pourrait imaginer une sorte de loi: plus le trauma est direct, plus la connotation est difficile« (Roland Barthes, »Le message photographique«, I, 948). Im Photo kann also etwas angezeigt (denotiert) werden, was nicht in Sprache übersetzt werden kann (weil Sprache nie direkt auf etwas zeigt).

8 Vgl. Sigmund Freud, *Traumdeutung*, a.a.O., S. 340.

Durch die Aktualisierung des Traumas als theoretische Kategorie in den Kulturwissenschaften und dessen Aneignung als Deutungsmuster für die Moderne, welches das Unzugängliche und Uneinholbare der Geschichte in den Blick rückt, ergibt sich eine Ausweitung und Universalisierung des Begriffs, die ihn schlechterdings seiner Bedeutung zu berauben drohen. Verweist das Trauma auf etwas Unlesbares, Uneinholbares, so muß es sich selbst der Assimilation durch ein kulturelles Gedächtnis fortwährend entziehen. Mit der Aneignung des Begriffs des Traumas meint hingegen die Kultur, das Trauma auf eine Frage des Wissens reduzieren und schließlich in sich integrieren zu können. Zugleich neigt dann an diesem Ort das Sprechen vom Trauma zum Pathos des Unaussprechbaren, das selbst oftmals nur das verdeckt, was nicht ausgesprochen werden will.[9]

Das Trauma betrifft hier nicht den Einzelnen, der an ihm erkrankt ist (und der dies zu kommunizieren sucht, wie im Falle Perecs), sondern hier stellt sich die Frage der Teilnahme an dieser Verletzung von Seiten einer Kultur, die selbst davon betroffen ist, in dem Moment, da sie ihrer gedenken will.

Wie jedoch kann das Trauma manifester Inhalt eines kulturellen Gedächtnisses werden, wenn es sich doch gerade der Aufnahme immer entzieht? Die einzige Form der Präsenz ist seine Absenz – als Verletzung des Gedächtnisses. Ein Archiv, das tatsächlich in der Lage wäre, das Trauma zu speichern, könnte dies nur in der Durchbrechung des eigenen Funktionsmechanismus tun. Dies betrifft schließlich genau jenen Moment, in dem das virtuell Gespeicherte appräsentiert werden soll durch eine Erinnerung oder durch einen Akt des Gedenkens. Wie kann dieser Akt des Gedenkens des Traumas eingedenk sein, an ihm teilhaben? Während die *methexis* innerhalb der kulturellen Überlieferung zumeist über Identifikationsangebote geregelt wird, scheidet dieses Modell im Falle des Gedenkens an etwas Fehlendes und sich der Repräsentation Entziehendes aus. Das Gedenken des Traumas unterbindet Identifikation oder ›Einfühlung‹, setzen doch diese empathischen Gesten voraus, daß man weiß, was das Trauma ist, das selbst allerdings gerade vom Wissen ausgeschlossen ist.

Barthes' *punctum* stellt sowohl einen Moment der Wahrnehmung als auch eine Verletzung dar. Es meint jene Aufmerksamkeit bzw. Gedächtniseinritzung, die geradezu die dem Gedenken innewohnende Bewegung der wissenden oder fühlenden Aneignung durchkreuzt. Das *punctum* selbst ist kein Trauma, wohl aber seine verschobene Wiederholung auf der Ebene lesender oder schauender Wahrnehmung als schockartiger Affekt im Sinne einer Intensität, auf die der psychische Mechanismus keine adäquate Antwort findet und durch die also Sprache ausgesetzt wird. Im *punctum* ereignet sich gleichsam der nachträgliche Einbruch eines traumatischen Bewußtseins, welches – inmitten des Archivs, des reproduzierbaren Wissens – des Tatsächlichen als des absolut Rätselhaften, Opaken und Fremdartigen gewahr wird und sich als Erschütterung äußert. Der Affekt durchbricht dabei abermals das Gedächtnis, wie es vormals das Trauma ge-

---

9 Vgl. zu dieser Problematik das Vorwort in Elisabeth Bronfen, Birgit R. Erdle und Sigrid Weigel (Hrsg.), *Trauma. Zwischen Psychoanalyse und kulturellem Deutungsmuster*, a.a.O., S. VIIf.

tan hat. Allein diese Durchbrechung, diese nachmalige Zerstörung des Gedächtnisses, falls sie sich ereignet, führt zur Hinterlassung einer Erinnerungsspur, und dies nicht im Bewußtsein, sondern im affektiven bzw. unbewußten Gedächtnis. Das Gedenken vermag sich also nur zu äußern als Unmöglichkeit, sich diskursiv zu artikulieren. Das Trauma überschreibt sich als radikale Passivität des Gedächtnisses auch dessen, der nicht erlebend, sondern nur über die kulturelle Vermittlung an etwas teil hatte. Diese Form des Eingedenkens hätte mithin den Zusammenbruch der souveränen kulturellen Institution, den Ruin der Sprache zur Folge.

3. Die vom punctum *gezeichnete Sprache*

Wenn in den Photographien die Momente der Unterbrechung gespeichert sind, könnte dann nicht ein Akt des Gedenkens, der sich der Notwendigkeit dieser Brüche bewußt ist, ganz auf dem Zeigen von Bildern beruhen? Die bei Barthes implizite, aber nichtsdestoweniger klare Antwort heißt nein, allein schon deshalb, weil es gerade keine Regel für das ›wahre Eingedenken‹ geben kann, denn eine solche würde sich sogleich zu rhetorischen Formeln verfestigen. Darüber hinaus sind ja gerade in den Bildern nur jene Momente von Bedeutung, in denen sich das Bild selbst auflöst. Das ›blinde Feld‹, Markierung des Traumas, absorbiert nicht zuletzt die eine entscheidende Photographie, die gerade für den Leser unsichtbar bleibt. Wie kann jedoch die Sprache solche traumatischen Momente als Spur in sich tragen, wo sich doch Sprache und Trauma geradezu gegenseitig ausschließen? Eine solche Spur setzt Sprache in der Sprache aus, beraubt das Subjekt seiner Sprache, macht es zum Sub-jekt der Sprache. Die Momente der Zerstörung des Mediums bzw. des Aussetzens der Sprache öffnen das Eingedenken für die Begegnung.[10] Wie aber kann eine solche Sprechweise aussehen, die darüber nicht in der Rhetorik der Sprachlosigkeit oder im Schweigen erstarrt? Um nicht in die Formulierung einer neuen Doxa zu verfallen, muß Barthes die Systematik, die er aufstellt, sogleich wieder in Frage stellen bzw. unterlaufen. Daraus selbst wieder eine Regel formulieren zu wollen, ist der Trugschluß, welcher der Wissenschaft ständig droht. Der Schock selbst als augenblickhafte Mitteilungsform eines Traumas entzieht sich *a priori* jeglicher Systematik: er ist das Unkalkulierbare schlechthin. Mit ihm kann darum auch nicht operiert werden, er kann sich nur ereignen, innerhalb und zugleich entgegen der Wiederholungslogik des Archivs. Aus den unzähligen Abbildern kann theoretisch immer wieder

---

10 Die kindlich-sprachlose Geste (*infans*), die in *La chambre claire* den Diskurs immer wieder durchbricht, ist nicht im Sinne einer Regression zu verstehen, sondern sie koexistiert mit der Sprache als Moment ihrer Enteignung und Expropriation angesichts einer stummen Erfahrung bzw. einer Erfahrung im Sinne des Schocks (vgl. Giorgio Agamben, *Infanzia e storia* ..., a.a.O., S. 45ff.). Die Kindheit, die bei Proust und Perec wesentlicher Gegenstand des Erinnerungsdiskurses ist, wird hier als Modus der Erinnerung selbst wieder aufgenommen und insofern handelnd erinnert.

ein Bild zutage treten, dessen Aura ungeachtet der Gesetze der Reproduzierbarkeit erhalten geblieben ist.[11] Im Gegensatz zu den *Abbildern*, die sich durch »Flüchtigkeit und Wiederholbarkeit« auszeichnen, steht das *Bild* für »Einmaligkeit und Dauer«[12], worin »das Gewesene mit dem Jetzt blitzhaft zu einer Konstellation zusammentritt«[13]. Dies gilt auch für die Sprache, in die das Fremde prinzipiell immer einbrechen kann und dort den Diskurs durchbricht. Dies stellt ein Ereignis dar, das nun gerade nicht einer rhetorischen Entscheidung von Seiten des Redners unterliegt.[14] Seinem Willen unterliegt allein die Wiederholung des Erinnerungsaktes, die gewissermaßen ganz in der Logik des Identitäterhaltes und mithin in der Logik des Archivs steht. In dem Moment jedoch, da das schockabwehrende Bewußtsein nach Abbruch des Erinnerungsaktes ruft, um sich zu schützen, stellt es auch seine Identität (die sich über Erinnerung erhält) aufs Spiel. Im Sinne der Identität wird die Wiederholung fortgesetzt und wendet sich schließlich gegen jene selbst. Wenn der Automatismus der Wiederholung wirklich ausgeschöpft wird, wenn die Wiederholung scheinbar nichts Neues mehr hervorbringt und der ruinöse Charakter des Archivs, seine Endlichkeit zutage tritt und damit von einer Verausgabung und Erschöpfung des Gedächtnisses zeugt, dann gelangt dieses von selbst zu jenem Moment der Passivität, in dem es nicht anders kann, als den Anderen bedingungslos aufzunehmen. An diesem (im übrigen nicht kalkulierbaren) Punkt besteht zumindest theoretisch die Möglichkeit, daß die Momente des *punctum* vom Archiv gleichsam ausgespieen werden und in das wahrnehmende Bewußtsein schockartig eintreffen. Wiederholung und Schock schließen sich offensichtlich nicht gegenseitig aus. Denn am Erinnern und Gedenken ist immer auch die fremde Logik des Affektes beteiligt, die sich – unergründlich wie sie ist – sowohl über die geplante Logik des Archivs als auch über diejenige des Betrachters hinwegzusetzen vermag.

---

11 Benjamins Abhandlung über *Das Kunstwerk im Zeitalter seiner technischen Reproduzierbarkeit* (in: *Gesammelte Schriften*, a.a.O., Band I.2, S. 473-508) ist bezüglich der Aura und ihres Verfalls durchaus ambivalent. Wird einerseits ihr Verfall durch die Reproduzierbarkeit konstatiert, ist andererseits nicht ausgeschlossen, daß die Technik selbst wiederum auratische Erscheinungen hervorbringen kann, wie in *Kleine Geschichte der Photographie* ausgeführt wird (vgl. ebd., a.a.O., S. 376).
12 Walter Benjamin, *Das Kunstwerk* ..., a.a.O., S. 440.
13 Walter Benjamin, *Passagenwerk*, a.a.O., S. 576. Dieser Moment beschreibt im übrigen abermals die »Zertrümmerung der Aura« im und durch das Schockerlebnis (vgl. ders., »Über einige Motive bei Baudelaire«, a.a.O., S. 653).
14 Aus dieser Perspektive werden sämtliche Versuche, den Schock als Rede- und Schreibweise zu gewinnen, als Attitude entlarvt. Der Schock, soll er ein solcher sein, kann zu keiner Form finden. Er kann registriert werden, sofern er sich ereignet, er kann aber nicht zu einer systematisch registrierenden Sprechhaltung führen, wie dies zum Beispiel Bettina Lindorfer und Norbert Bolz suggerieren, wenn sie, auf Benjamin Bezug nehmend, schreiben: »Wenn nach Benjamin der Schock die Wahrnehmungsform der Moderne ist, deren Darstellungstechniken (Zeitraffer, Großaufnahmen ...) in den neuen Medien über die Fähigkeiten des menschlichen Wahrnehmungsapparats zu weit hinausgehen, als daß hier noch Kontemplation (und Erfahrung) zum Zuge käme, dann ist die Wahrnehmung von Sinnhaftem zu verabschieden; stattdessen ist die Registrierung von Schocks zu leisten« (Norbert Bolz, *Theorie der neuen Medien*, München 1990, S. 84f.; Bettina Lindorfer, *Roland Barthes. Zeichen und Psychoanalyse*, a.a.O., S. 172 f.).

Nach der Erschöpfung aller Diskurse bliebe zuletzt tatsächlich nur das von Barthes immer wieder anzitierte kindliche Stammeln, das »c'est ça« als »Aussagefunktion ohne Aussage«[15], die gestisch auf das Abwesend-Anwesende verweist, es benennt, ohne es zu benennen. Im Ausruf »c'est ça!« bleiben Subjekt und Objekt unbestimmt und zugleich bilden sie eine tautologische Figur: das Subjekt wird durch das Objekt identifiziert, das »ce« durch das »ça«. Als Ausdruck des Staunens bzw. Schreckens markiert es ausdrücklich die Grenze der Sprache und drückt buchstäblich die Trauer über die Ausdruckslosigkeit mit aus.[16] Die Ausdruckslosigkeit meint als Ereignis, das von anders her kommt, keine Aussageverweigerung, sondern zunächst eine Substitution von Sprache durch Affekt. Während nun der Verlust des sprachlichen Ausdrucks in der Regel gerade durch die diskursive Wiederholung konstatiert, bedauert und mithin sprachlich überbrückt wird, läuft Barthes' Text konsequent auf die Minimaldeixis des »c'est ça« zu, in der die Sprache den Ausdruck ganz an das Andere übereignet.

Dieser Moment der annähernden Sprachlosigkeit, in dem das Gedächtnis als traumatische Begegnung erscheint, meint eine Umkehrung des Verhältnisses von Betrachtendem und Betrachtetem. Das Betrachtete schlägt dann selbst förmlich die Augen auf und zerreißt die Ordnung zwischen Objekt und Subjekt der Betrachtung. In solchen Momenten des Augenaufschlags, von denen der Betrachter gleichsam überfallen wird[17], wandeln sich die Schau und die Wahrnehmung zur Begegnung, welche die Identitäten und Ordnungen von Zeit und Raum außer Kraft setzt. Eine solche Begegnung liefert das Subjekt der Betrachtung ganz an das Betrachtete aus.

Die punktuellen Schocks können nicht einmal als utopischer Zielpunkt des Gedächtnisses formuliert werden. Als Unterbrechung fordern sie eine Fortsetzung, sie selbst stehen nie für eine befriedigende Lösung ein.

Ausgehend vom Uneinholbaren des Traumas erweisen sich Akte des Gedenkens und Eingedenkens nur noch als Konstruktionen mit Zwischencharakter, die weder als vorgängig noch als nachträglich bestimmt werden können, sondern vielmehr eine Konstellation von Zeichen über dem Abgrund des immer schon Vergessenen und mithin Unvergeßlichen bilden, die in sich die Chance tragen, einen Schock zu transportieren.

---

15 Eine weitere Ausprägung, die aus der Kantschen »-losigkeit« ableitbar ist und die für den Barthesschen Erinnerungsdiskurs als wesentlicher Zielpunkt erkannt wurde. Vgl. zu dieser Formulierung Eliane Escoubas, »Zur Archäologie des Bildes. Ästhetisches Urteil und Einbildungskraft bei Kant«, in: Volker Bohn (Hrsg.), *Bildlichkeit*, Frankfurt a. M. 1990, S. 502-542, hier: S. 511.
16 Barthes schreibt dazu in *Le plaisir du texte*: »C'est cela! Ce cri ne doit pas être entendu comme une illumination de l'intelligence, mais comme la limite même de la nomination, de l'imagination« (S. 73/II, 1517).
17 Adorno beschreibt dieses irritierende Phänomen emphatisch in *Ästhetische Theorie* und macht daran seinen Kunstbegriff fest: »Der ihnen [den Kunstwerken] immanente Charakter des Akts verleiht ihnen, mögen sie noch so sehr in ihren Materialien als Dauerndes realisiert sein, etwas Momentanes, Plötzliches. Das Gefühl des Überfallen-Werdens im Angesicht jedes bedeutenden Werks registriert das« (ebd., a.a.O., S. 123).

EPILOG

1. Möglichkeit und Unmöglichkeit des Gedächtnisses – die Frage des Imperativs

Nach Darstellung und Interpretation literarischer Ausformungen des Vergessens und Erinnerns möchte ich mit einigen Überlegungen zur ethischen Dimension der Gedächtnisfrage schließen. Dort, wo es um die Frage der Zeugenschaft und die Frage des Eingedenkens des Anderen geht, wird die Dringlichkeit einsichtig, nach der ethischen Bedeutung von Erinnern und Vergessen zu fragen. Das Gedächtnis und mit ihm das Schreiben können nicht allein als selbstreferentielle Systeme betrachtet werden, sie stehen immer schon im Bezug zum Anderen. Dieser Bezug, insofern er als ethischer verstanden wird, impliziert die Verantwortung für den Anderen. Hinter die konkreten Momente des Ethischen in der Literatur zurückgehend, muß man sich nun fragen, auf welchen Voraussetzungen eigentlich die Übernahme einer Gedächtnisverantwortung beruht. Kann die Verantwortung beispielsweise durch eine imperativische Festschreibung garantiert werden? Und was wiederum setzt eine solche Festschreibung voraus? Kann denn die Öffnung des Gedächtnisses für den Anderen einem Befehl unterstellt werden? Und wie stehen das Gedächtnis für den Anderen (das Eingedenken) und das Gedächtnis als Identitätserhalt zueinander?

Wir kennen die Erinnerung als Gebot aus der jüdischen Kultur. Der Imperativ »Zachor!« – »Erinnere Dich!« bedeutet den Aufruf Gottes an das Volk Israel, seinen Herrn nicht zu vergessen, der es aus Ägypten herausgeführt hat. Zugleich soll sich das Volk Israel immer daran erinnern, daß es in Ägypten Sklave war und wie es seinen Herrn in der Wüste verraten hat. Durch die Thora erinnern sich die Juden unablässig an den Moment der Auserwählung, aber auch an das einstige Sklavendasein, an den Bund mit Gott und immer auch an den Bruch des Bundes, der auch als Katastrophe des Vergessens bezeichnet wird (Ex 32). »Zachor!« ist ein göttliches, unbedingtes und kontextunabhängiges Gebot, ein wahrhaft objektiver Imperativ.

Die Paradoxalität des Imperativs »Zachor!« ist radikal: er stiftet eine Kultur und stellt sie zugleich fortwährend in Frage, insofern er sie immer auch an diejenigen Momente mahnt, die sie in ihrer Identität gefährden müssen.[1] Dagegen

---

[1] Yosef Hayim Yerushalmi schreibt in seinem grundlegenden Buch zur jüdischen Erinnerungskultur: »Vor allem gilt es, der göttlichen Eingriffe in die Geschichte samt der positiven bzw. negativen Reaktionen der Menschen zu gedenken. Ausgelöst wird das Erinnern auch nicht wie üblich durch das lobenswerte Bedürfnis, die Heldentaten eines Volkes vor dem Vergessen zu bewahren; eine Reihe von biblischen Erzählungen scheinen vielmehr geradezu darauf angelegt,

steht der politische Imperativ, der hier nicht das Gesetz meint, sondern die moralische Festschreibung durch eine Kultur selbst, immer schon innerhalb der politischen Gemeinschaft und arbeitet dort im Sinne ihres Erhalts. Er versucht, diejenigen Elemente, die ihre Identität bedrohen, dem Vergessen zu übereignen.[2] Diese grundlegende Differenz zwischen dem Religiösen und dem Politischen wird zuweilen dort verwischt, wo sich die europäische Gedächtnispolitik unter dem Eindruck der Shoah das jüdische Primat der Erinnerung zu eigen macht[3]. Die deutsche Gesellschaft, die sich unter dem Eindruck der Schuld dem Erinnerungsgebot an die Vernichtung der europäischen Juden verschrieben hat, hat dieses auch insofern mißverstanden, als sie Erinnerung allzu schnell in pragmatischer Weise mit ›Vergangenheitsaufarbeitung‹ und ›-bewältigung‹ gleichgesetzt hat; diese Erinnerungskonzeption ist angelegt auf die prinzipielle Integration dessen, was einer Identität radikal entgegensteht. Sie erscheint, sofern sie Bewältigung anstrebt, im Gegensatz zu »Zachor!«, zeitlich begrenzbar, suggeriert also die Machbarkeit und verdrängt die prinzipielle Unmöglichkeit, die angesichts des Ausmaßes dieser Katastrophe eigentlich sofort ins Auge springen müßte.

Es scheint, als gehe der ethische Imperativ des Gedächtnisses heute implizit vom Primat des Identitätserhaltes aus. Dies suggeriert zumindest immer schon ein Konzept wie dasjenige vom kulturellen Gedächtnis. Aus dieser Perspektive erfährt das Gedächtnis ganz unterschiedliche Bewertungen: im Sinne des guten Gebrauches bzw. des Mißbrauches, des Nutzens und des Nachteils. Begleitet werden diese Diskurse stets von einer Klage über die Instrumentalisierung des Gedächtnisses, einer Klage, die indes zu keiner Kritik vordringen kann, solange man doch immer noch an einem ›guten Gebrauch‹, gleichsam einer ›guten Instrumentalisierung‹ festhalten möchte.[4] Durch einen solch egologisch orientierten

---

dem Nationalstolz eins auszuwischen« (ders., *Zachor: Erinnere Dich! Jüdische Geschichte und jüdisches Gedächtnis* [amerik. Orig.-Ausg. 1982], Berlin 1988, S. 23f.). Emmanuel Levinas spricht von einem fundamentalen Paradox, das die Thora zwischen Sklavenschaft und Auserwählung entwirft (ders., *L'au-delà du verset. Lectures et discours talmundiques*, Paris 1982, S. 24).

2 Ein paradigmatisches Beispiel hierfür stellt Ernest Renan mit seiner Rede »Qu'est-ce qu'une nation?« aus dem Jahre 1882, die als zentraler Text für das französische nationale Selbstverständnis angesehen wird: ›L'oubli, et je dirai même l'erreur historique, sont un facteur essentiel de la création d'une nation, et c'est ainsi que le progrès des études historiques est souvent pour la nation un danger. L'investigation historique, en effet, remet en lumière les faits de violence qui se sont passés à l'origine de toutes les formations politiques, même de celles dont les conséquences ont été le plus bienfaisantes. L'unité se fait toujours brutalement ...« (Ernest Renan: »Qu'est-ce qu'une nation?«, in: ders., *Qu'est-ce qu'une nation et autres écrits politiques*. Présenté par Raoul Girardet, Paris 1996, S. 221-246, hier: S. 227).

3 Dies ist die These von Christian Meier, »Erinnern – Verdrängen – Vergessen«, in: *Merkur* 50, 7-12, 1996, S. 937-952: Meier beobachtet, daß in der griechischen und römischen Antike und in europäischen Friedensverträgen bis 1933 der Wunsch, Vergessen zu stiften, vorherrscht. Gegenbeispiele finden sich nur im Deuteronomium, Grundtext der jüdischen Erinnerungskultur. Erst nach 1945 dringt das Primat der Erinnerung in die europäische Politik: als Erinnern, damit Auschwitz sich nicht wiederhole.

4 Die politischen Setzungen, ob sie nun die Erinnerung fordern im Hinblick auf die Konstruktion einer nationalen Gemeinschaft oder die Amnestie im Sinne der Aussöhnung zwischen verfeindeten Gruppierungen (was wiederum ganz unterschiedlich bewertet wird), beruhen auf einem

Blick auf das Gedächtnis (der letztlich jeder Form der Instrumentalisierung zugrunde liegt), wird indes seine ethische Bedeutung grundsätzlich verfehlt.[5]

Von moralischen Bewertungen des Erinnerns und des Vergessens, die die derzeitige kulturwissenschaftlich geprägte Debatte durchziehen, war indes in meiner Arbeit nicht die Rede. Vielmehr dürfte aus den Textanalysen deutlich geworden sein, daß sich Erinnern und Vergessen im konkreten Fall eines singulären Gedächtnisses weder vorschreiben noch im moralischen Sinne bewerten lassen. Während jede Form des Imperativs implizit von einem vernunftbestimmten Subjekt ausgeht, das sich aus Einsicht (oder auch aus Angst vor der Strafe im Falle der Nichtbeachtung) den Anforderungen des Gebotes beugt, wird in den analysierten Texten deutlich, daß wir es zumeist mit einer Durchkreuzung des vernunftbestimmten Vorhabens, sich zu erinnern, von Seiten anderer Kräfte zu tun haben. Das Subjekt, das sich erinnert, ist immer ein geteiltes: geteilt allein schon durch das Bewußtsein vom Vergangenen als einem unwiederbringlich Vergangenen und vom Gegenwärtigen als einem ›nicht mehr‹. Weil es geteilt ist, versucht es, sich über den Akt der Erinnerung seiner Identität zu vergewissern. Doch damit dieser intentional ausgerichtete Akt des Erinnerns auch gelingen kann, ist ein sich gegenwärtiges, einheitliches und freies Subjekt schon längst vorausgesetzt, das in der Lage wäre, sich sein Gedächtnis zum Erwerb von Identität nutzbar zu machen. Mit der Unvereinbarkeit von Absicht und Können, Bewußtem und Unbewußtem innerhalb des Gedächtnisses selbst wird aus identitätsorientierter Perspektive nur insofern gerechnet, als ein nachgestellter Imperativ, ein Sollen, Abhilfe verschaffen kann. Unbedacht bleibt dabei die Möglichkeit einer prinzipiellen Unerreichbarkeit des vom Gebot Abweichenden durch das Gebot selbst. Dieser Tatbestand, der im übrigen für kollektive Gedächtnisfor-

---

Gedächtnisbegriff, der intentional bestimmt und selektiv angelegt ist. Interessanterweise verhandelt Tzvetan Todorov unter dem Titel *Les abus de la mémoire* auch mögliche positive Festschreibungen des Gedächtnisses im Hinblick auf Frieden und Gerechtigkeit. Er ist sich dabei des Problems der untrennbaren Nähe von Gebrauch und Mißbrauch wohl bewußt: »La question qui se pose alors est: existe-t-il un moyen pour distinguer à l'avance les bons et les mauvais usages du passé? Ou, si l'on remonte à la constitution de la mémoire par, à la fois, conservation et sélection d'informations, comment définir les critères nous permettant d'opérer une bonne sélection? Ou devons-nous déclarer que ces questions ne peuvent recevoir de réponse rationnelle, et nous contenter de geindre sur la disparition d'une tradition collective contraignante, qui se charge de sélectionner certains faits et d'en rejeter d'autres, nous résigner donc à l'infinie diversité des cas particuliers?« (ders., *Les abus de la mémoire*, a.a.O., S. 29). Paul Ricoeur unternimmt hingegen den problematischen Versuch, ein Repertoire der Fälle von einem guten und einem schlechten Gebrauch des Gedächtnisses aufzustellen. Bei ihm werden beispielsweise unter Mißbrauch des Gedächtnisses folgende Fälle aufgeführt: das Vergessen, das Unfähigkeit zur Erinnerung meint (»mémoire empêchée«), das Vergessen, das Omission meint (»mémoire manipulée«), das Vergessen, das verordnet wird (»amnistie«) (ders., *La mémoire, l'histoire, l'oubli*, a.a.O., S. 67-111 und S. 574-589). Kategorische Festschreibung und subjektiv-situative Einschätzung durchmischen sich in dieser Klassifizierung in unzulässiger Weise.

5 Kant macht dies an eindrücklichen Beispielen, in denen die Selbstliebe fälschlicherweise als Sittlichkeit ausgegeben wird, sehr deutlich (ders., *Kritik der praktischen Vernunft*, in: *Werke in sechs Bänden*, a.a.O., Band 4, *Schriften zur Ethik und Religionsphilosophie*, erster Teil, I. Buch, 1. Hauptstück, §8, Anm. II).

men, abgesehen von Lyotards wegweisenden Ausführungen zum »l'immémorable«, dem unvergessen Vergessenen[6], noch viel zu wenig bedacht worden ist, entläßt jedoch nicht, das wäre ein fataler Kurzschluß, das einzelne Gedächtnis aus der ethischen Verantwortung. Die entscheidende Beobachtung, daß Erinnern und Vergessen sich nicht auf Abruf und Order vollziehen, daß sie nicht einfach der Modalität des Könnens unterstehen, muß vielmehr die imperativische Festschreibung zugunsten eines anderen ethischen Verständnisses verabschieden.

Die Aufmerksamkeit auf den singulären Ausdruck im literarischen Text kann den Blick für die Inkommensurabilität des Gedächtnisses einerseits und für die Problematik einer imperativisch ausgerichteten Ethik andererseits schärfen. Denn schon das sprachlogische Paradox der Aufforderung »Vergiß!« macht die Problematik des Imperativs deutlich, da er in der Artikulation immer auch das Gegenteil mit hervorruft: sobald der Imperativ auf etwas referiert, was vergessen werden soll, vergegenwärtigt er es auch.[7]

Immer ausgehend vom Singulären scheint es möglich, eine Ethik zu formulieren, die die imperativische Grundlegung einerseits und die subjektiv-identitätslogische Perspektive andererseits hinter sich läßt und vielmehr auf die Differenz aufmerksam macht, die zwischen den einzelnen Menschen agiert. Ein Denken in sozialen, kollektiven und kulturellen Termini neigt hingegen dazu, diese Differenz, die den Raum der Ethik erst schafft, im Integrationskonzept verschwinden zu lassen.[8]

Diese Differenz wird gerade da bewahrt, wo die dem Gedächtnis inhärenten widersprüchlichen Dynamiken sinnfällig werden. Denn dies ist der Ort, an dem der Andere als nun tatsächlich Anderer ins Spiel kommen kann: als Erfahrung des Anderen in mir selbst, als Erfahrung des Anderen in der Sprache und schließlich als der Andere, an den ich mich erinnern möchte und zugleich nicht erinnern kann; für den ich mich erinnern muß und dies doch nur kann aufgrund der Unmöglichkeit, mich für ihn zu erinnern.

---

6 Jean-François Lyotard, *Heidegger et »les juifs«*, a.a.O.. Vgl. Kap. II, 1. des dritten Teils.
7 Der Imperativ findet darüber hinaus seine Wirksamkeit nur vor dem Gesetz. Natürlich kann Vergessen vorgeschrieben werden, d.h. dann, daß bestimmte Erinnerungen nicht mehr öffentlich artikuliert werden dürfen. Hierfür kann paradigmatisch das römische Vergessensgebot des Cicero nach Caesars Ermordung zitiert werden: *omnem memoriam discordiarum oblivione sempiterna delendam* – alle Erinnerungen an die mörderischen Zwieträchtigkeiten seien im Sinne der Friedensstiftung durch ewiges Vergessen zu tilgen. Der sprachlichen Verwandtschaft zwischen *oblivisci* (vergessen) und *oblinere* (ausstreichen) zufolge kann das Vergessensgebot als bewußte Löschung verstanden werden. Dies sagt aber nichts über das tatsächliche Weiterwirken des Vergangenen im Menschen aus. Noch schwieriger dürfte im übrigen eine gesetzliche Festschreibung der Erinnerung sein. Denn wie will man die Unterlassung von Erinnerung sanktionieren?
8 Hier bleibt die problematische Seite des kulturellen Integrationskonzeptes zu bedenken. Es verbirgt letztlich eine ihm inhärente Vorstellung, die sich aus biologistisch-darwinistischem Gedankengut von der Arterhaltung nährt, das es gerade zu überwinden meinte. Zwar ist die Vorstellung von einer Gemeinschaft, die sich nicht auf dem Erbgut, sondern auf einem gemeinsamen kulturellen Schatz und mithin sozialen Gedächtnis erhält, prinzipiell offen für die Aufnahme des Anderen, doch letztlich immer nur unter der Voraussetzung der Hegemonie der eigenen Kultur.

Vom Anderen her stehen die Modalitäten, in denen das Gedächtnis auftauchen kann, wieder zur Diskussion. Diese Diskussion wird in den analysierten Texten auf je eigene Weise ausgetragen. Die *Recherche*, die noch weitgehend auf der Vorstellung der möglichen Integration einer ganzen Welt in ein Gedächtnis und deren sprachlicher Übersetzung in ein Werk beruht, trifft zugleich an die Grenzen dieser Konzeption, wo das Ich mit dem Anderen, der erinnert werden soll, in eine emotional verstrickte Beziehung tritt. Dem Willen, sich zu erinnern, steht die Unfähigkeit, dies zu tun, oftmals unauflöslich konfliktuell gegenüber. Marcel erfährt im Laufe des Romans immer stärker die Ohnmacht des eigenen Gedächtnisses bezüglich der Alterität des Anderen, die er als Alterierung seiner selbst schmerzhaft nachvollziehen muß. Aus der Erfahrung der Grenzen des Wollens und Könnens erwächst die Einsicht, das Gedächtnis aus dem Bereich des Willkürlichen zu entlassen und es dem Zufall des Unwillkürlichen zu überantworten. Mit der Betonung des Nicht-Kalkulierbaren, Unbewußten innerhalb des Gedächtnisses selbst bereitet Proust eine Gedächtnisethik jenseits des instrumentalisierten Gebrauchs einerseits und jenseits der imperativischen Festschreibung andererseits vor. Doch die wertende und mithin starre Opposition von »mémoire volontaire« und »mémoire involontaire«, ihr starker Ich-Bezug verhindern letztendlich eine wirklich ethische Reflexion, ebenso wie sie auch die Diskussion der poetologischen Grundlagen des Gedächtnisdiskurses ausklammern.

Perecs *W ou le souvenir d'enfance* setzt hingegen von vornherein ein Ich, das sich nicht erinnern kann. Doch sieht es sich zugleich vor die Notwendigkeit gestellt, sich zu erinnern, und zwar nicht nur für sich selbst, sondern vor allem auch für die Anderen, denn von denjenigen, die nicht mehr sprechen können, wo sie sprechen müßten, geht ein unerbittlicher Anspruch aus, *für* sie zu sprechen. Damit aus der aporetischen Konstellation von Unmöglichkeit und Notwendigkeit nichtsdestoweniger ein Erinnerungsdiskurs entstehen kann, muß sich das Schreiben mit seinen gedächtnispoetologischen Möglichkeiten auseinandersetzen, die im wesentlichen in der Sprache selbst wohnen. Die Entdeckung der mnemotechnischen Eigendynamik der Sprache wird reflektiert sowohl als Ersatzform für ein lebendes, aber verletztes Gedächtnis wie auch als Ersatzform für die getöteten Gedächtnisse, *für* die sie erinnern soll. Die notwendige und zugleich unmögliche Stellvertretung des Ichs für den Anderen führt das Gedächtnis in eine Verantwortung für den Anderen, in der es selbst gleichsam ›passiv‹ den Anderen aus sich heraus sprechen lassen muß. Der mnemotechnische Ersatz für ein fehlendes Gedächtnis markiert in Perecs Text eine grundsätzliche Wende: Ausgangspunkt des Sprechens und Erinnerns ist eben gerade nicht mehr das Eigene, sondern ein sprachliches Konstrukt, das über das Ich weit hinausreicht und in dem das Andere zur Sprache kommt. Dabei wird innerhalb der Ausschöpfung der mnemotechnischen Möglichkeiten stets mit reflektiert, daß ihrem Einsatz eine Zerstörung von etwas vorausgeht, für das es schlichtweg keinen adäquaten Ersatz gibt.

In Barthes' *La chambre claire* will sich ein Ich erinnern, spürt indessen das Ungenügen des reinen Vergegenwärtigens und erfährt schließlich einen unwillkürlichen Schock, der zur Traumatisierung seines Gedächtnisses, zugleich aber auch zu einem wahrhaften Eingedenken des Anderen, der erinnert werden soll, führt. Barthes' Text schließt mithin die gedankliche Lücke, die die Proustsche Entdeckung von »mémoire volontaire« und »mémoire involontaire« zurückließ. Hier tauchen die beiden Gedächtnismodalitäten nicht mehr als sich gegenseitig ausschließende Alternativen auf. Vielmehr wird deutlich, daß mnemotechnische Mittel notwendig, wenngleich nicht ausreichend sind; daß der Wille, der Wunsch, sich zu erinnern, vorhanden sein muß, daß dies aber noch nichts über die Art aussagt, *wie* sich einer an den Anderen erinnert. Schließlich ereignet sich etwas Unvorhersehbares, nämlich die nicht beabsichtigte, schockhafte Begegnung mit dem Vergangenen als etwas nie Erlebtem und nie Erinnertem. Sie verdankt sich der Durchbrechung der Intentionalität durch eine Art »mémoire involontaire«, die hier als Erscheinung des Anderen zu verstehen ist.

2. Das Gedächtnis des Anderen

»La mort de l'autre, c'est là la mort première«, schreibt Levinas[9]. Das Ereignis des Todes macht wie kein anderes den unverrückbaren und doch so häufig verkannten Sachverhalt deutlich, daß der Andere dem Ich gegenüber nicht sekundär ist, sondern ihm immer schon vorausgeht. Insofern kann der Bezug zum Anderen nicht als moralisches Soll beschrieben, sondern muß als notwendiges Ist angenommen werden. Dies wäre eigentlich die Konsequenz, die man aus der Annahme eines kulturellen bzw. sozialen Gedächtnisses, das mit Halbwachs bedeutet, daß es kein nicht-soziales Gedächtnis gibt, ziehen müßte.

Dies anzuerkennen, darauf zu insistieren und es immer weiter zu entwickeln, kann vielleicht als der grundlegende ethische Beitrag von Seiten der Dekonstruktion angesehen werden. Jean-Luc Nancy hat einmal sehr klar dargelegt, inwiefern die klassische Philosophie regelmäßig das *Mitsein* als Zentrum des Seins verfehlt:

> Non pas, donc, l'être en première instance, puis une adjonction de l'avec, mais l'avec au cœur de l'être. Il est absolument nécessaire, à cet égard, de renverser au moins l'ordre de l'exposition philosophique, pour laquelle, très régulièrement, l'»avec« – et l'autre qui va avec, si l'on peut dire – vient toujours en second, alors même que cette succession est démentie par la logique profonde dont il est question. Or cet ordre est conservé, de manière très remarquable, même par Heidegger qui n'introduit la co-originarité du *Mitsein* qu'après avoir établi l'originarité du *Dasein*. On peut faire la même remarque sur la constitution husserlienne de l'*alter ego*, alors même que celui-ci est à sa manière lui aussi contemporain [...] de l'*ego* dans la »communauté universelle unique« ... .[10]

---

9 Emmanuel Levinas, »La mort et le temps, Cours de 1975-1976«, in: *Cahiers de L'Herne* 60, 1991, S. 38.
10 Jean-Luc Nancy, *Etre singulier pluriel*, Paris 1996, S. 50.

Und weiter:

> ... à travers toute l'histoire de la philosophie, l'être-avec est subordonné à l'être *et* ne cesse pas, en même temps et à la mesure de cette subordination même, de faire valoir son problème comme le problème même de l'être: en somme, *l'être-avec est le problème le plus propre de l'être* ... .[11]

Das *Mitsein* impliziert jedoch nicht einfach eine Symmetrie und Gleichzeitigkeit zwischen Ich und Anderem, sondern setzt die Vorgängigkeit des Anderen voraus.[12] In die ontologische Grundlegung des Verhältnisses zwischen Ich und Anderem schreibt sich mithin eine zeitliche Differenz ein, die das *Mitsein* immer auch zur Gedächtnisfrage macht. Die Vorgängigkeit eröffnet dabei einen Raum des uneinholbar Unerinnerbaren, den Raum einer Vergangenheit, die nie präsent, weil nie bewußt war, von dem sich ein Anspruch, eine Verantwortung an die Gegenwart ableitet. Dieser asymmetrische Bezug, den Levinas maßgeblich in seinem Hauptwerk *Autrement qu'être ou au-delà de l'essence* entwickelt, ermöglicht eine ethisch ausgerichtete Kritik der egologischen Gedächtnisstruktur, die über die Feststellung ihrer negativen Auswirkungen bei weitem hinausreicht. Die Frage, so schreibt Levinas apodiktisch, ob der Andere mich betrifft, stellt sich nur, wenn man davon ausgeht, daß sich das Ich in erster Linie um sich selbst sorgt. Damit bleibt jedoch in der Frage selbst schon der Gedanke der Verantwortung unverstanden:

> Pourquoi Autrui me concerne? Que m'est Hécube? Suis-je le gardien de mon frère? – ces questions n'ont de sens que si on a déjà supposé que le Moi n'a souci que de soi, n'est que souci de soi. Dans cette hypothèse, en effet, il reste incompréhensible que le hors-de-Moi absolu – Autrui – me concerne. Or, dans la »préhistoire« du Moi posé pour soi, parle une responsabilité.[13]

Die Verantwortung, die dem Ich vorausgeht und als Anspruch in seine Gegenwart reicht, liegt in einer unvordenklichen Vergangenheit (»„préhistoire"«) begründet. Das Gedächtnis, das dieser Verantwortung eingedenk ist, anerkennt damit zunächst einmal seine prinzipielle Nachträglichkeit. Es nimmt eine Verantwortung an, der es nie ganz wird antworten können, liegt sie doch dort begründet, wohin das Gedächtnis nie gelangen kann: im Unvordenklichen. Und zugleich jedoch leitet sich der Auftrag des Gedächtnisses genau von diesem Ort

---

11 Ebd, S. 52.
12 Von einer Symmetrie hingegen gehen jene Denkansätze aus, die das ›soziale‹ Gedächtnis als Ergebnis eines interaktiven Austausches zwischen Ich und Anderem verstehen. Sie klammern damit auf unzulässige Weise die umkehrbar zeitliche Dimension des Gedächtnisvorganges aus. Sie sind darum nicht in der Lage, die hier wesentliche ethische Situation der Stellvertretung zu denken, die ja gerade dann erforderlich ist, wenn Kommunikation nicht mehr möglich ist.
13 Emmanuel Levinas, *Autrement qu'être ou au-delà de l'essence*, a.a.O., S. 186.

ab.[14] Die Verantwortung erscheint also unerinnerbar *und* unvergeßlich, insofern sich der Andere fortwährend ankündigt und doch nie im Sinne einer Antwort, eines Wissens einholbar ist.

Als ein unerinnerbarer *und* unvergeßlicher trifft der Anspruch des Anderen auf die Gegenwart des Gedächtnisses eines Ichs. Das Zusammentreffen zwischen beiden Größen bedeutet ein Ereignis, welches die Ökonomie der Ich-Identität durchbricht und das Gedächtnis gleichsam verletzt. Die Begegnung ereignet sich als Schock des absoluten Anspruchs (als einer Art Vokativ), der unwandelbar ist. Im Schock erfährt sich das Gedächtnis als vergessendes und sich vergessendes, indem es den Anderen, ohne es überhaupt beabsichtigen zu können, empfangen hat. Das Vergessen bedeutet in diesem Sinne keine Relativierung der Erinnerung, sondern ganz im Gegenteil die Radikalisierung der Art und Weise, wie ein Gedächtnis den Anderen aufnimmt. Der Schock setzt die gesteuerte, selektierende Erinnerung außer Kraft und führt somit das Gedächtnis des Ichs in einen Zustand des Vergessens. Das Ich sieht sich seinem eigenen Vergessen ausgesetzt angesichts dieses Einbruchs des Anderen, der nicht einfach als Erinnerungsbild im eigenen Gedächtnis Platz findet. Angesichts dieser irreduziblen Alterität verausgabt sich das stets im Vergessen stehende Gedächtnis. Von der außerordentlichen Anstrengung des Gedächtnisses angesichts der Erfahrung der Unverfügbarkeit des Anderen zeugen die drei ausgewählten literarischen Texte in je spezifischer Weise. Bei Proust spricht nicht zuletzt schon der Umfang des Erinnerungsprojektes von der Irreduzibilität des zu Erinnernden, aus der erzähllogisch die Unabschließbarkeit im Sinne einer wahren Offenheit des Textes folgen muß. Bei Perec markiert ein mnemotechnisches Sprachgerüst, das weit über die eigene Erinnerung hinausweist, die unauslotbare Lücke, die das Ich an den Anspruch der Anderen, das Gedächtnis der Eltern bindet. Bei Barthes erschöpft sich das Schreiben kreisend um eine unüberwindbare Trauer in einer fortlaufenden Wiederholungsschleife, die einer Logik des Ich-Erhalts gänzlich entgegensteht. In allen drei Texten dominieren Substitutions- und Wiederholungsfiguren, in denen ein sich verausgabendes, unabschließbares Gedächtnisprojekt sich literarisch manifestieren kann. Unter den dargelegten ethischen Vorzeichen muß der von Freud erörterte und zugleich als psychopathologisches Phänomen diffamierte Wiederholungszwang wieder in sein Recht gehoben werden. Denn er ist letztlich die streng psycho- und erzähllogische Konsequenz, die sich aus dem fortwährenden Entzug des Anderen, der nichtsdestoweniger nicht aufhört zu insistieren, ergibt. Oder umgekehrt: der Wiederholungszwang auf erinnernder-erzählender Ebene ist des

---

14 »La responsabilité illimitée« – schreibt Levinas – »où je me trouve vient d'en deçà de ma liberté, d'un »antérieur-à-tout souvenir« [...], du non-originel, de l'an-archique, d'un en deçà ou d'un au-delà de l'essence« (ebd., S. 24). In ähnlicher Weise ist der psychoanalytische Schuldbegriff zu verstehen, der ein Schuldigsein meint, das noch vor jeder Schuld da ist und die Bedingung für die Möglichkeit jeder Schulderfahrung darstellt. Die Schuld vor aller Schuld bildet aus dieser Perspektive das Bindeglied des Ichs zum Anderen (vgl. dazu Bernhard Baas, »Das öffentliche Ding. Die Schuld (an) der Gemeinschaft«, in: Hans-Dieter Gondek und Peter Widmer (Hrsg.), *Ethik und Psychoanalyse...*, a.a.O., S. 93-130, hier: S. 103ff.).

nicht einholbaren, aber insistierenden Schmerzes, sprich: des Traumas, eingedenk.¹⁵

Die poetologische Konsequenz hieraus ist nun, dieses Entzugs-Vergessen in den Stand der Voraussetzung für literarische Erinnerung zu heben. Die Untersuchung der Sprachen des Vergessens hat deutlich gemacht, daß gerade das Vergessen das Schreiben in Bewegung setzt, während die Erinnerung diese Bewegung stets zu einem Abschluß und mithin Stillstand zu führen sucht. Sich schreibend dem Vergessen zu überlassen, bedeutet, sich mit der Bodenlosigkeit der Sprache zu konfrontieren, die Unmöglichkeit des Schreibens ins Schreiben selbst hineinzutragen. Vom Vergessen her läßt sich mithin eine Literaturauffassung denken, die den Blick für das unauslotbare Risiko des Schreibens, insofern es sich auf die Grenzerfahrung des unvordenklich Anderen einläßt, als gleichermaßen existentielle Aufgabe und Gefährdung eröffnet.

3. Das Gedächtnis als Gabe

Die literarischen Ausprägungen des Gedächtnisses lassen die Schöpfung von Sprache als Eingedenken von einer prinzipiellen Unmöglichkeit her verstehen. Diese Tatsache verändert grundsätzlich den Blick auf die Motivation und Zielsetzung des literarischen Schreibprozesses. Schreiben kann nicht mehr als identitätssichernder Spiegel verstanden werden, sondern erweist sich als radikale Auslieferung des schreibenden Ichs an die Sprache, und dort als Auslieferung an den Anderen. Denn sobald das Ich in die Sprache eingeht, verliert es sich unwillkürlich in deren anderer Logik und deren anderer Zeit. Das Gedächtnis in der Literatur erscheint somit immer als eines, das vom Selbstverlust gezeichnet ist, sich an die Sprache und an den Anderen verausgabt, sich in der Sprache dem Anderen *gibt*.

Die Gabe beschreibt einen ethischen Bezug zum Anderen, der sich nicht unter die imperativische Verordnung subsumieren läßt, insofern sie als freiwillig, unerwartet und unkalkulierbar verstanden wird. Die Asymmetrie zwischen Ich und Anderem, auf der Levinas so insistiert, findet in der Gabe eine konkrete Ausprägung. Sie ist hier klare Bedingung für das Ereignis der Gabe jenseits einer symmetrisch angelegten Ökonomie von Geben und Nehmen.¹⁶

Derrida nennt in seinem diesbezüglich einschlägigen Buch *Donner le temps* als erste konstitutive (und unmögliche) Voraussetzung für die bedingungslose Gabe das Vergessen: das Vergessen der Tatsache, daß das, was ich gebe, eine Gabe ist.

---

15 Gemeint ist hier eine Wiederholungsdynamik, die sich nicht im stereotypen Nachsprechen ergeht, sondern die exzessiv sein muß, um sich in der Verausgabung zu verlieren (zu den beiden Typen von Wiederholung, vgl. Roland Barthes, *Le plaisir du texte*, a.a.O., S. 66f./II, 1514).
16 Diese Ökonomie meint den Austausch, den Handel. Sie schreibt sich etymologisch immer schon in ›Gabe‹ ein (vgl. dazu die Ausführungen von Emile Benveniste, *Le vocabulaire des institutions indo-européennes*, Paris 1969, Band I, S. 65ff.). Ein konkretes Beispiel für diese Ökonomie ist z.B. die Dosis, eine auf eine bestimmte Wirkung hin kalkulierte ›Gabe‹.

Im Vergessen würde die herkömmliche Ökonomie des Gedächtnisses durchbrochen, der zufolge das Nehmen Inkorporieren heißt und das Geben Wiedergabe des so Angeeigneten:

> Pour qu'il y ait don, il ne faut pas seulement que le donataire ou le donateur ne perçoive pas le don comme tel, n'en ait ni conscience ni mémoire, ni reconnaissance; il faut aussi qu'il l'oublie à l'instant et même que cet oubli soit si radical qu'il déborde jusqu'à la catégorialité psychanalytique de l'oubli. Cet oubli du don ne doit même plus être l'oubli au sens du refoulement. Il ne doit donner lieu à aucun des refoulements (originaire et secondaire) qui, eux, reconstituent la dette et l'échange par la mise en réserve, par la garde, par l'économie qu'ils font de l'oublié, du refoulé ou du censuré.[17]

Die wiederholte Nennung des Verbs »devoir« in Derridas Ausführungen will indes keine Vorschrift der Gabe formulieren, sondern skizziert die konstitutiven Bedingungen dafür, daß das Ereignis der Gabe im wahrhaften Sinne stattfindet. Die Gabe darf nicht der Absicht unterstehen[18], sie darf aber auch nicht der Willkür überlassen sein, soll sie noch Gabe sein[19]. Offensichtlich scheint allein die im Vergessen stehende Gabe die paradoxe Bedingung zu erfüllen. Doch wie ist dieses Vergessen zu verstehen? Derrida setzt es explizit vom psychoanalytischen Konzept des Vergessens als Verdrängung ab. Es zeichnet sich durch eine Plötzlichkeit (»il faut aussi qu'il l'oublie à l'instant«) und eine Radikalität (»il faut aussi […] que cet oubli soit si radical«) aus, die auf das Ereignis des Schocks zurückweisen: als erfahre das Gedächtnis einen Schock genau in dem Moment, wo jemand gibt; als ginge also der Schock von der Gabe selbst aus.

Während bei Derrida die Gabe sich auf ›Dinge‹ bezieht und die Frage des Gedächtnisses weitgehend als Frage nach Bewußtsein von und Intentionalität der Gabe erscheint, fallen in den hier skizzierten Überlegungen, in denen das Gedächtnis selbst als Gabe verstanden werden soll, die Ebene der Intention und die Ebene der Ausführung zusammen. Ich möchte also fragen, ob einem Denken zufolge, das die wahre Gabe als eine spezifische Form der ins Vergessen gestellten

---

17 Jacques Derrida, *Donner le temps. 1. La fausse monnaie*, Paris 1991, S. 29.
18 »... un don et un événement prévisibles, nécessaires, conditionnés, programmés, attendus, escomptés, ne seraient vécus ni comme un don ni comme un événement ...« (ebd., S. 156).
19 »... des effets de pur hasard ne formeront jamais un don, un don qui ait le sens d'un don, si dans la sémantique du mot *don* il paraît impliqué que l'instance donatrice ait librement l'intention de donner, qu'elle soit animée par un vouloir-donner et d'abord par le vouloir-dire, l'intention-de-donner au don son sens de don. Que serait un don par lequel je donnerais sans vouloir donner et sans savoir que je donne, sans intention explicite de donner, voire malgré moi? C'est le paradoxe dans lequel nous sommes engagés depuis le commencement. Il n'y a pas de don sans intention de donner. [...] Cependant, tout ce qui relève du sens intentionnel menace aussi le don de se garder, d'être gardé dans sa dépense même. D'où la difficulté énigmatique qui se loge en cette événementialité donatrice. Il y faut du hasard, de la rencontre, de l'involontaire, voire de l'inconscience ou du désordre, et il faut de la liberté intentionnelle, et que ces deux conditions s'accordent – miraculeusement, gracieusement – l'une et l'autre« (ebd., S. 157f.).

Gabe zu verstehen scheint, das Vergessen selbst als Gabe des Gedächtnisses gedacht werden kann.

Das Vergessen bedeutet die Unterbrechung einer auf der *potentia* beruhenden Intentionalität des Gedächtnisses. Als psychische Kraft, Kraft des Entzuges, die ihren eigenen Gesetzmäßigkeiten folgt, verhindert es zugleich, daß das Gedächtnis den Kräften des Zufalls überlassen wird. Das Vergessen würde also einen dritten Raum eröffnen, jenseits von Intention und Zufall, jenseits von Aktivität und Passivität, *potentia* und *impotentia*.

Das Vergessen als Raum der unmöglichen Intention, aber auch als Raum des unmöglichen Gedächtnisses wird zum Ort, an dem sich das Gedächtnis als Gabe ereignet. Da das Gedächtnis selbst im Vergessen steht, sich in seiner Unmöglichkeit zu erinnern erfährt, kann es als der Gebende seine Gabe selbst nur als Gabe empfangen. Dies bedeutet nun, daß aus der Beziehung zwischen Ich und Anderem das Nehmen bzw. Aneignen als Voraussetzung des Gebens herausfällt. Das im Vergessen stehende Gedächtnis gibt gleichsam das, was es nicht hat, nicht besitzt, was es weder greifen noch annehmen kann; es gibt das, was es darum auch weder teilen noch mitteilen kann: eben das Vergessen selbst, das Unerinnerbare.

Vielleicht kommt Barthes' »Photographie du Jardin d'Hiver« dem Ereignis dieser Gabe am nächsten, und zwar in einem doppelten Sinne. Die intentional ausgerichtete Handlung des Ichs, das trauernd im Photoalbum blättert und die Erinnerungen an seine verstorbene Mutter aufsucht, ist die notwendige Bedingung für eine Hinwendung des Gedächtnisses zum Anderen. Die Handlung wird in dem Moment unterbrochen, in dem in einer Photographie, eben der »Photographie du Jardin d'Hiver«, etwas Anderes, von einem anderen Ort Kommendes, hervorsticht und sich schockartig ins Gedächtnis einschreibt. Die Unterbrechung des intentionalen Erinnerns koinzidiert exakt mit dem Gewahrwerden der Mutter als unverwechselbares und zugleich unerinnerbares Wesen, dem sich das Gedächtnis des Ichs jenseits seiner Möglichkeiten und Intentionen ganz *hingibt*. Alles ist in einem Moment gegeben, aber nichts agierend erinnert. Darauf kann nur die Hingabe des Gedächtnisses als gleichsam passives Agieren folgen, das die Zeit des Gedächtnisses selbst durchbricht.

Dieses Ereignis der Gabe ist nur deshalb nachvollziehbar für den Leser, weil es ihm selbst nur gegeben wird, insofern es ihm vorenthalten bleibt. Es wird ihm als unmitteilbares, unteilbares mitgeteilt. Die erzählerische Konsequenz dieses entscheidenden Zusammenhanges ist ein simples Nichtzeigen der entsprechenden Photographie, auf die doch unablässig verwiesen wird. Das Gedächtnis offenbart sich hier als wahrhaft ethisches; denn wo das Unvergeßliche zum Ausdruck drängt und das Unerinnerbare bewirkt, daß das Erinnerte sich diesem Ausdruck stets entzieht, gelingt es ihm, Antwort und Stille zugleich zu geben.

LITERATURVERZEICHNIS

1. Werke und Ausgaben von Roland Barthes:

BARTHES, Roland: *Œuvres complètes I-III*. Édition établie et présentée par Eric Marty. Tome I (1942-1965), Paris 1993; tome II (1966-1973), Paris 1994; tome III (1974-1980), Paris 1995.
– *Sade/Fourier/Loyola*, Paris 1971.
– *La chambre claire. Note sur la photographie*, Paris 1980.

2. Werke von Georges Perec:

PEREC, Georges: *La disparition*, Paris 1969.
– *La boutique obscure. 124 rêves*, Paris 1973.
– *Espèces d'espaces*, Paris 1974.
– *Tentative d'épuisement d'un lieu parisien*, Paris 1975.
– *W ou le souvenir d'enfance*, Paris 1975.
– *Je me souviens. Les choses communes I*. Paris 1978.
– *La vie mode d'emploi*, Paris 1978.
– (mit Robert Bober) *Récits d'Ellis Island. Histoires d'errance et d'espoir*, Paris 1980.
– *Penser/Classer*, Paris 1985.
– *L'infra-ordinaire*, Paris 1989.
– *Je suis né*, Paris 1990.
– *L.G. Une aventure des années soixante*, Paris 1992.

3. Werke und Ausgaben von Marcel Proust:

PROUST, Marcel: *À la recherche du temps perdu*. Édition publiée sous la direction de Jean-Yves Tadié, Paris 1987-1989 (4 Bände).
– *Contre Sainte-Beuve, précédé de Pastiches et mélanges et suivi de Essais et articles*. Édition établie par Pierre Clarac avec la collaboration d'Yves Sandre, Paris 1971.
– *Albertine disparue*. Édition intégrale. Texte établi, présenté et annoté par Jean Milly, Paris 1992.
– *Le temps retrouvé*. Édition établie par Jean Milly et Bernard Brun, Paris 1986.

4. Werke anderer Autoren:

ADORNO, Theodor W.: *Gesammelte Schriften,* hrsg. von Rolf Tiedemann unter Mitwirkung von Gretel Adorno u.a., Frankfurt a. M. 1970ff..
AGAMBEN, Giorgio: *Infanzia e storia. Distruzione dell'esperienza e origine della storia*, Torino 1978.
– *Homo sacer*, Torino 1995.

– *Quel che resta di Auschwitz. L'archivio e il testimone*, Torino 1998.
AMERY, Jean: *Jenseits von Schuld und Sühne. Bewältigungsversuche eines Überwältigten*, München 1966.
ANTELME, Robert: *L'espèce humaine* [1957], Paris 1996.
ARENDT, Hannah: *Elemente und Ursprünge totaler Herrschaft. Antisemitismus, Imperialismus, totale Herrschaft* [amerik. Orig.-Ausg. 1951], München, Zürich 1998.
ARISTOTELES: *Poetik*, übers. von Manfred Fuhrmann, griech.-dt. Ausg., Stuttgart 1993.
– *Rhetorik*, übers., mit einer Bibliographie, Erläuterungen und einem Nachwort von Franz G. Sieveke, München 1995.
– *Über die Seele*, hrsg., übertragen und in ihrer Entstehung erläutert von Dr. Paul Gohlke, Paderborn 1947.
AUGUSTINUS, Aurelius: *Bekenntnisse*, eingeleitet und übertragen von Wilhelm Thimme, München [7]1994.
BAUDELAIRE, Charles: *Œuvres complètes*. Texte établi, présenté et annoté par Claude Pichois, Paris 1975.
BECKETT, Samuel: *Proust* [1930], Paris 1990.
BENJAMIN, Walter: *Gesammelte Schriften*, hrsg. von Rolf Tiedemann und Hermann Schweppenhäuser, unter Mitwirkung von Theodor W. Adorno und Gershom Scholem, Frankfurt a. M. 1974 – 1989.
BERNHARD, Thomas: *Auslöschung* [1986], Frankfurt a. M. 1996.
BLANCHOT, Maurice: *La part du feu*, Paris 1949.
– *L'espace littéraire*, Paris 1955.
– *Le livre à venir*, Paris 1959.
– *L'entretien infini*, Paris 1969.
– *L'écriture du désastre*, Paris 1980.
CALVINO, Italo: *Gli amori difficili*, Milano 1993.
CELAN, Paul: *Gedichte in zwei Bänden*, Frankfurt a. M. [11]1995.
– *Der Meridian und andere Prosa*, Frankfurt a. M. 1983.
CICERO, Marcus Tullius: *De oratore*, latein. u. deutsch, übers. und hrsg. von Harald Merklin = *Über den Redner*, Stuttgart [3]1997.
DELEUZE, Gilles: *Proust et les signes*, Paris 1964.
– *Différence et répétition*, Paris 1968.
DERRIDA, Jacques: *De la grammatologie*, Paris 1967.
– *L'écriture et la différence*. Paris 1967.
– *La dissémination*, Paris 1972.
– *Marges de la philosophie*, Paris 1972.
– *Fors*, in: Nicolas Abraham und Maria Torok, *Cryptonymie. Le verbier de l'homme aux loups. Précédé de* Fors *par Jacques Derrida*, Paris 1976.
– *La vérité en peinture*, Paris 1978.
– *La carte postale, de Socrate à Freud et au-delà*, Paris 1980.
– *Schibboleth – pour Paul Celan*, Paris 1986.
– *Psyché. Inventions de l'autre*, Paris 1987.
– *Mémoires: pour Paul de Man*, Paris 1988.
– *Donner le temps. La fausse monnaie*, Paris 1991.
– *Donner la mort* [1992], Paris 1999.
– *Khôra*, Paris 1993.
– *Passions*, Paris 1993.
– *Sauf le nom*, Paris 1993.
– *Mal d'Archives – Une impression freudienne*, Paris 1995.

- *Résistances de la psychanalyse*, Paris 1996.
- *Demeure*, Paris 1998.

FOUCAULT, Michel: *Die Ordnung der Dinge* [Orig.-Ausg. 1966], Frankfurt a. M. ¹²1993.
- *L'archéologie du savoir*, Paris 1969.
- *Ceci n'est pas une pipe*, Montpellier 1973.
- *La volonté de savoir. Histoire de la sexualité 1*, Paris 1976.
- *Dits et écrits 3 (1976-1979)*, Paris 1994.
- »*Il faut défendre la société*«. *Cours au Collège de France (1975-1976)*, Paris 1997.

FREUD, Sigmund: *Gesammelte Werke in 18 Bänden. Chronologisch geordnet*, hrsg. von Anna Freud, Frankfurt a. M. ⁶1986.
- *Studienausgabe in 10 Bänden (+ Ergänzungsband)*, hrsg. von Alexander Mitscherlich, Angela Richards, James Strachey, Frankfurt a. M. ¹³1997.
- *Briefe 1873-1939*, Frankfurt a. M. 1960.
- *Contribution à la conception des aphasies. Une étude critique*, préface de Roland Kuhn, traduit de l'allemand par Claude van Reeth, Paris 1983.

GOLDSCHMIDT, Georges-Arthur: *Die Absonderung*, Zürich 1991.

HEGEL, G.W.F.: *Enzyklopädie der Wissenschaften III, Werkausgabe,* Band 10, Frankfurt a. M. ⁴1994.
- *Vorlesungen über die Ästhetik I-III. Werkausgabe,* Band 13-15, Frankfurt a. M. ⁴1994.

HOMER: *Die Odyssee*, übers. von Wolfgang Schadewaldt, Hamburg 1958.

KAFKA, Franz: *Schriften, Tagebücher, Briefe*, Kritische Ausgabe, hrsg. von Wolfgang Kittler, Hans-Gerd Koch und Gerhard Neumann, Frankfurt a. M. 1996.
- *Hochzeitsvorbereitungen auf dem Lande und andere Prosa aus dem Nachlaß*, hrsg. von Max Brod, Frankfurt a. M. 1983.

KANT, Immanuel: *Werke in sechs Bänden*, hrsg. von Wilhelm Weischedel, Darmstadt ⁵1998.

KERTESZ, Imre: *Kaddisch für ein nicht geborenes Kind*, Reinbek bei Hamburg 1992.

KOFMAN, Sarah: *Nietzsche et la métaphore*, Paris 1972.
- *Mélancolie de l'art*, Paris 1985.

LACAN, Jacques : *Écrits I*, Paris 1966.

LEVI, Primo: *Se questo è un uomo* [1958], Torino 1989.
- *I sommersi e i salvati*, Torino 1986.
- *Conversazioni e interviste 1963-1987*, Torino 1997.

LEVINAS, Emmanuel: *Humanisme de l'autre homme*, Montpellier 1972.
- *Noms propres*, Montpellier 1975.
- *Autrement qu'être ou au-delà de l'essence*, Den Haag 1978.
- *L'au-delà du verset. Lectures et discours talmudiques*, Paris 1982.
- *Cahiers de l'Herne* 60, 1991.

LEVI-STRAUSS, Claude: *La pensée sauvage*, Paris 1962.

MALLARME, Stéphane: *Œuvres complètes*. Édition établie et annotée par Henri Mondor et G. Jean-Aubry, Paris 1945.

MANN, Thomas: *Dr. Faustus* [1947], Frankfurt a. M. 1993.

MELVILLE, Herman: *Bartleby, der Schreiber. Eine Geschichte aus der Wall-Street* [amerik. Orig.-Ausg. 1853], Bremen 1996.
- *Moby Dick* [amerik. Orig.-Ausg. 1851], Zürich 1977.

NANCY, Jean-Luc: *Etre singulier pluriel*, Paris 1996.
- *Le regard du portrait*, Paris 2000.

NIETZSCHE, Friedrich: *Kritische Studienausgabe in 15 Bänden*, hrsg. von Giorgio Colli und Mazzino Montinari, München ³1993.

PLATON: *Werke in acht Bänden*, griechisch und deutsch, hrsg. von Gunther Eigler, Darmstadt ²1990.
POE, Edgar Allan: *Meistererzählungen*. Aus dem Engl. übers. von Arno Schmidt und Hans Wollschläger, Zürich ⁴1993.
QUINTILIANUS, Marcus Fabius: *Ausbildung des Redners*. Zwölf Bücher, hrsg. und übers. von Helmut Rahn, Darmstadt ³1995.
RENAN, Ernest: *Qu'est-ce qu'une nation et autres écrits politiques*, présenté par Raoul Girardet, Paris 1996.
RHETORICA *ad Herennium*, latein. u. deutsch, hrsg. von Th. Nüßlein, Zürich, München 1994.
RICOEUR, Paul: *Temps et récit I-III*, Paris 1983-1985.
– *Das Rätsel der Vergangenheit. Erinnern –Vergessen –Verzeihen*. Essener Kulturwissenschaftliche Vorträge, Göttingen 1998.
– *La mémoire, l'histoire, l'oubli*, Paris 2000.
ROUSSEAU, Jean-Jacques: *Les confessions. Autres textes autobiographiques*. Édition publiée sous la direction de Bernard Gagnebin et Marcel Raymond et al, Paris 1959.
– *Essai sur l'origine des langues*, in: *Œuvres complètes. Écrits sur la musique, la langue et le théâtre*. Édition publiée sous la direction de Bernard Gagnebin et Marcel Raymond et al, Paris 1995, Band 5, S. 374-429.
ROUSSET, David: *L'univers concentrationnaire*, Paris 1965.
SADE, Donatien-Alphonse-François, Marquis de: *Les 120 journées de Sodome ou l'école du libertinage* [1785], Paris 1975.
SARTRE, Jean-Paul: *L'Imaginaire. Psychologie, phénoménologie de l'imagination*, Paris 1940.
SAUSSURE, Ferdinand de: *Cours de linguistique générale*, publié par Charles Bally et Albert Séchehaye [1916]. Édition critique préparée par Tullio de Mauro, Paris 1995.
SCHOLEM, Gershom: *Über einige Grundbegriffe des Judentums*, Frankfurt a. M. 1970.
– *Zur Kabbala und ihrer Symbolik*, Frankfurt a. M. ⁸1995.

5. Sekundärliteratur:

ABRAHAM, Nicolas und Maria Torok: *Cryptonymie. Le verbier de l'homme aux loups*. Précédé de *Fors* par Jacques Derrida, Paris 1976.
ASSMANN, Aleida: *Die Legitimität der Fiktion. Ein Beitrag zur Geschichte der literarischen Kommunikation*, München 1980.
– mit Jan Assmann und Christof Hardmeier (Hrsg.): *Schrift und Gedächtnis. Beiträge zur Archäologie der literarischen Kommunikation*, München 1983.
– mit Dietrich Harth (Hrsg.): *Mnemosyne. Formen und Funktionen der kulturelle Erinnerung*, Frankfurt a. M. 1991.
– *Erinnerungsräume. Formen und Wandlungen des kulturellen Gedächtnisses*, München 1999.
ASSMANN, Jan und Tonio Hölscher (Hrsg.): *Kultur und Gedächtnis*, Frankfurt a. M. 1988.
– *Das kulturelle Gedächtnis. Schrift, Erinnerung und politische Identität in frühen Hochkulturen*, München 1997.
AUGE, Marc: *Les formes de l'oubli*, Paris 1998.
AUSTIN, John L.: *Zur Theorie der Sprechakte* [amerik. Orig.-Ausg. 1962]. Dt. Bearbeitung von Eike von Savigny, Stuttgart ²1994.

– *Gesammelte philosophische Aufsätze*, übers. und hrsg. von Joachim Schulte, Stuttgart 1986.
BACKHAUS, Inge: *Strukturen des Romans. Studien zur Leit- und Wiederholungsmotivik in ›À la recherche du temps perdu‹*, Berlin 1976.
BAUDRILLARD, Jean: *Simulacres et simulations*, Paris 1981.
BEHAR, Stella: *Georges Perec. Écrire pour ne pas dire*, New York 1995.
BENABOU, Marcel: »Perec et la judéité«, in: *Cahiers Georges Perec* 1 (Colloque de Cérisy, juillet 1984), 1985, S. 15-30.
– (Hrsg.): *Cahiers Georges Perec* 3 (Presbytère et Prolétaires. Le dossier P.A.L.F.) 1989.
BENNINGTON, Geoffrey und Jacques Derrida: *Jacques Derrida*, Paris 1991.
BENVENISTE, Emile: *Problèmes de linguistique générale*, Paris 1966.
– *Le vocabulaire des institutions indo-européennes*, Paris 1969.
BERG, Nicolas, Jess Jochimsen und Bernd Stiegler (Hrsg.): *Shoah. Formen der Erinnerung: Geschichte –Philosophie –Literatur –Kunst*, München 1996.
BERSANI, Jacques, Michel Raimond und Jean-Yves Tadié (Hrsg.): *Cahiers Marcel Proust* 7 (Études proustiennes II), Paris 1975.
– mit Michel Raimond und Jean-Yves Tadié (Hrsg.): *Cahiers Marcel Proust* 14 (Études proustiennes VI), Paris 1987.
BLACK, Max: *Models and Metaphors. Studies in language and philosophy*, New York ^{7}1981.
BLUMENBERG, Hans: »Beobachtungen an Metaphern«, in: *Archiv für Begriffsgeschichte* XV, 1971, S. 161-214.
– *Schiffbruch mit Zuschauer. Paradigma einer Daseinsmetapher*, Frankfurt a. M. 1979.
– *Die Lesbarkeit der Welt*, Frankfurt a. M. 1981.
– *Paradigmen zu einer Metaphorologie*, Frankfurt a. M. 1998.
BOHN, Volker (Hrsg.): *Bildlichkeit. Internationale Beiträge zur Poetik*, Frankfurt a. M. 1990.
BOHRER, Karl-Heinz: *Das absolute Präsens. Die Semantik ästhetischer Zeit*, Frankfurt a. M. 1994.
– »Abschied – eine Reflexionsfigur des je schon Gewesenen (Goethe, Nietzsche, Baudelaire)«, in: Karlheinz Stierle und Rainer Warning (Hrsg.), *Das Ende. Figuren einer Denkform* (Poetik und Hermeneutik, Band XVI) München 1996, S. 59-79.
– *Der Abschied. Theorie der Trauer: Baudelaire, Goethe, Nietzsche, Benjamin*, Frankfurt a. M. 1996.
– »Möglichkeiten einer nihilistischen Ethik«, in: Ludger Heidbrink (Hrsg.), *Entzauberte Zeit. Der melancholische Geist der Moderne*, München, Wien 1997, S. 42-76.
BOLZ, Norbert: *Theorie der neuen Medien*, München 1990.
BOUCQUEY, Eliane: »Les trois arbres d'Hudimesnil. Souvenir retrouvé«, in: *Bulletin des amis de Marcel Proust et de Combray* 38, 1988, S. 74-91.
BRONFEN, Elisabeth, Birgit R. Erdle und Sigrid Weigel (Hrsg.): *Trauma. Zwischen Psychoanalyse und kulturellem Deutungsmuster*, Köln, Weimar, Wien 1999.
BRUN, Bernard: »Les incipits proustiens et la structure profonde du roman«, in: *Bulletin de la société des amis de Proust* 38, 1988, S. 50-53.
– »Roman critique, roman philosophique ou roman«, in: *Bulletin de la société des amis de Proust* 39, 1989, S. 37-43.
BURGELIN, Claude: »Perec et la cruauté«, in: *Cahiers Georges Perec* 1 (Colloque de Cérisy, juillet 1984), 1985, S. 31-52.
– *Georges Perec*, Paris 1988.
CAMPION, Pierre: »Le »Je« proustien. Invention et exploitation de la formule«, in: *Poétique* 89, 1992, S. 3-29.

COMPAGNON, Antoine: »La terre et les morts selon Marcel Proust«, in: *Bulletin de la société des amis de Proust* 39, 1989, S. 113-123.
CURTIUS, Ernst Robert: *Marcel Proust,* Stuttgart 1925.
DAYAN-ROSENMAN, Anny: »*W ou le souvenir d'enfance* de Georges Perec, une métaphore concentrationnaire et une étrange fable glacée«, in: Vincent Engel (Hrsg.), *La littérature des camps. La quête d'une parole juste entre silence et bavardage,* Louvain 1995, S. 181-191.
DESCOMBES, Vincent: *Proust. Philosophie du roman,* Paris 1987.
DIDI-HUBERMAN, Georges: *Devant l'image,* Paris 1990.
DINER, Dan (Hrsg.): *Zivilisationsbruch. Denken nach Auschwitz,* Frankfurt a. M. 1988.
– *Kreisläufe. Nationalsozialismus und Gedächtnis,* Berlin 1995.
DREWS, Jörg (Hrsg.): *Vergessen. Entdecken. Erhellen. Literaturwissenschaftliche Aufsätze,* Bielefeld 1993.
EBBINGHAUS, Hermann: *Über das Gedächtnis. Untersuchungen zur experimentellen Psychologie,* Leipzig 1885.
ECO, Umberto: »An ars oblivionalis? Forget it!«, in: *PMLA* 103, 1988, S. 254-261.
– *I limiti dell'interpretazione,* Milano 1990.
FLORENSKIJ, Pavel: *Le porte regali. Saggio sull'icona* [russ. Orig.-Ausg. 1922], hrsg. von Elémire Zolla, Milano 1977.
GAWOLL, Hans-Jürgen: »Spur: Gedächtnis und Andersheit. Teil I: Geschichte des Aufbewahrens«, in: *Archiv für Begriffsgeschichte* XXX, 1986/87, S. 44-69.
– »Spur: Gedächtnis und Andersheit. Teil II: Das Sein und die Differenzen – Heidegger, Levinas und Derrida«, in: *Archiv für Begriffsgeschichte* XXXII, 1989, S. 269-296.
GENETTE, Gérard: *Figures I.* Paris 1966.
– *Figures II,* Paris 1969.
– *Figures III,* Paris 1972.
– *Fiction et diction,* Paris 1991.
GOLDMANN, Stefan: »Statt Totenklage Gedächtnis. Zur Erfindung der Mnemotechnik durch Simonides von Keos«, in: *Poetica* 21, 1989, S. 43-66.
GONDEK, Hans-Dieter: *Angst Einbildungskraft Sprache. Ein verbindender Aufriß zwischen Freud – Kant – Lacan,* München 1990.
– mit Peter Widmer (Hrsg.): *Ethik und Psychoanalyse. Vom kategorischen Imperativ zum Gesetz des Begehrens. Kant und Lacan,* Frankfurt a. M. 1994.
– mit Bernhard Waldenfels (Hrsg.): *Einsätze des Denkens. Zur Philosophie von Jacques Derrida,* Frankfurt a. M. 1997.
GREWENDORF, Günther, Fritz Hamm, Wolfgang Sternefeld: *Sprachliches Wissen. Eine Einführung in moderne Theorien der grammatischen Beschreibung,* Frankfurt a. M. 1987.
GÜLICH, Elisabeth: »Die Metaphorik der Erinnerung in Prousts „À la recherche du temps perdu"« in: *Zeitschrift für französische Sprache und Literatur* 75, 1965, S. 51-74.
HALBWACHS, Maurice: *Les cadres sociaux de la mémoire* [1925]. Postface par Gérard Namer, Paris 1994.
– *La mémoire collective* [1950]. Édition critique établie par Gérard Namer, Paris 1997.
HAVERKAMP, Anselm und Renate Lachmann (Hrsg.): *Gedächtniskunst: Raum – Bild – Schrift. Studien zur Mnemotechnik,* Frankfurt a. M. 1991.
– (Hrsg.): *Theorie der Metapher,* Darmstadt ²1996.
– (Hrsg.): *Die paradoxe Metapher,* Frankfurt a. M. 1998.
HEIDBRINK, Ludger (Hrsg.): *Entzauberte Zeit. Der melancholische Geist der Moderne,* München, Wien 1997.
HEMKEN, Kai-Uwe (Hrsg.): *Gedächtnisbilder. Vergessen und Erinnern in der Gegenwartskunst.* Leipzig 1996.

HENRICH, Dieter und Wolfgang Iser (Hrsg.): *Funktionen des Fiktiven* (Poetik und Hermeneutik, Band X) München 1983.
JAKOBSON, Roman: *Essais de linguistique générale*, Paris 1963.
– *Langage enfantin et aphasie*, Paris 1969.
JAUSS, Hans-Robert: *Zeit und Erinnerung in Marcel Prousts ›À la recherche du temps perdu‹* [1955], Heidelberg ²1970.
JÜNGER, Friedrich Georg: *Gedächtnis und Erinnerung*, Frankfurt a. M. 1957.
KELLER, Luzius: »Beseelte Landschaften und Landschaften der Seele. Prousts Verhältnis zur Romantik am Beispiel seines Dialoges mit Chateaubriand«, in: Wilfried Wehle (Hrsg.), *Romantik. Aufbruch zur Moderne*, München 1991, S. 325-353.
KITTREDGE, Annette: »Des théodolithes et des arbres. L'arrêt du train, les arbres d'Hudimesnil (Couliville)«, in: *Bulletin d'informations proustiennes* 24, 1993, S. 39-65.
KLIBANSKY, Raymond, Erwin Panofsky, Fritz Saxl: *Saturn und Melancholie. Studien zur Geschichte der Naturmedizin, der Religion und der Kunst* [engl. Orig.-Ausg. 1964], Frankfurt a. M. ²1990.
KLINKERT, Thomas: *Bewahren und Löschen. Zur Proust-Rezeption bei Samuel Beckett, Claude Simon und Thomas Bernhard*, Tübingen 1996.
– *Lektüren des Todes bei Marcel Proust. Sur la lecture IV.* Publikation der Marcel Proust Gesellschaft, Köln 1998.
KNIPS, Ignaz: »Eingedenken und *mémoire involonaire*. Über Walter Benjamin und Marcel Proust«, in: *Weimarer Beiträge* 40, 1994, S. 128-133.
KÖHLER, Erich: *Der literarische Zufall, das Mögliche und die Notwendigkeit* [1973], Frankfurt a. M. 1993.
KRACAUER, Siegfried: *Das Ornament der Masse. Essays*, Frankfurt a. M. 1963.
KRISTEVA, Julia: *Le temps sensible. Proust et l'expérience littéraire*, Paris 1994.
KUNSTFORUM 127, Juli-Sept. 1994: *Konstruktionen des Erinnerns. Transitorische Turbulenzen I.*
KUNSTFORUM 128, Okt.-Dez. 1994: *Zwischen Erinnern und Vergessen. Transitorische Turbulenzen II.*
L'ARC 76, 1979: Sondernummer zu Georges Perec.
LA RECHERCHE PHOTOGRAPHIQUE, Revue semestrielle éditée par Paris Audiovisuel, 1992.
LACHMANN, Renate: *Gedächtnis und Literatur*, Frankfurt a. M. 1990.
– mit Anselm Haverkamp (Hrsg.): *Memoria: Vergessen und Erinnern* (Poetik und Hermeneutik, Band XV) München 1993.
LACOUE-LABARTHE, Philippe und Jean-Luc Nancy: *Le titre de la lettre (une lecture de Lacan)*, Paris 1990.
LAPLANCHE, Jean, Jean-Baptiste Pontalis: *Das Vokabular der Psychoanalyse* [frz. Orig.-Ausg. 1967], Frankfurt a. M. ¹¹1992.
LEJEUNE, Philippe: *La mémoire et l'oblique. Georges Perec autobiographe*, Paris 1991.
– »Le bourreau Veritas«, in: *Cahiers Georges Perec 2 (Textuel* 34/44) 1988, S. 101-118.
LES CAHIERS DE LA PHOTOGRAPHIE. *Roland Barthes et la photo: le pire des signes*, 1990.
LINDORFER, Bettina: *Roland Barthes: Zeichen und Psychoanalyse*, München 1998.
LINK-HEER, Ursula: *Prousts ›À la recherche du temps perdu‹ und die Form der Autobiographie. Zum Verhältnis fiktionaler und pragmatischer Erzähltexte*, Amsterdam 1988.
– mit Volker Roloff (Hrsg.): *Marcel Proust und die Philosophie.* Beiträge des Symposions Proust und die Philosophie der Marcel Proust Gesellschaft in Bonn 1994, Frankfurt a. M., Leipzig 1997.

– *Benjamin liest Proust.* Sur la lecture III. Publikation der Marcel Proust Gesellschaft, Köln 1997.
LORAUX, Nicole (Hrsg.): *Usages de l'oubli. Contributions de Yosef H. Yerushalmi, Nicole Loraux, Hans Mommsen, Jean-Claude Milner, Gianni Vattimo. Au Colloque de Royaumont*, Paris 1998.
– *L'invention d'Athènes. Histoire de l'oraison funèbre dans la »cité classique«*, Nouvelle édition abrégée, augmentée d'une préface, Paris 1993.
MAGNE, Bernard: »Les sutures dans *W ou le souvenir d'enfance*«, in: *Cahiers Georges Perec* 2 (*Textuel* 34/44), 1988, S. 39-56.
– »La textualisation du biographique dans *W ou le souvenir d'enfance* de Georges Perec«, in: *Autobiographie et biographie. Colloque de Heidelberg*, Paris 1989, S. 163-184.
– (Hrsg.): *Georges Perec – écrire/ transformer. Études littéraires* 23, 1990.
– *Georges Perec*, Paris 1999.
MAIER, Johann: *Die Kabbalah. Einführung, klassische Texte, Erläuterungen*, München 1995.
MAN, Paul de: *Allegorien des Lesens* [amerik. Orig.-Ausg. 1979] Frankfurt a. M. 1988.
– *Die Ideologie des Ästhetischen*, hrsg. von Christoph Menke, Frankfurt a. M. 1993.
MARGALIT, Avishai: *Ethik der Erinnerung*, Frankfurt a. M. 2000.
MARIN, Louis: *La voix excommuniée. Essais de mémoire*, Paris 1981.
MARX, Wolfgang: »Das „Wunder der Analogie"«, in: *Romanische Forschungen* 102, 1990, S. 42-57.
MASS, Edgar und Volker Roloff: *Marcel Proust. Lesen und Schreiben*. Zweite Publikation der Marcel Proust Gesellschaft, Frankfurt a. M. 1983.
– (Hrsg.): *Marcel Proust. Motiv und Verfahren*. Vierte Publikation der Marcel Proust Gesellschaft, Frankfurt a. M. 1986.
MEIER, Christian: »Erinnern – Verdrängen – Vergessen«, in: *Merkur* 50, 7-12, 1996, S. 937-952.
MIGUET, Marie: »Fonction romanesque de quelques photographies dans la *Recherche*«, in: *Bulletin de la societé des amis de Proust* 36, 1986, S. 505-516.
MILLER, Anita: *Georges Perec. Zwischen Anamnese und Struktur*, Bonn 1996.
MULLER, Marcel: *Les voix narratives dans ›À la recherche du temps perdu‹*, Genève 1965.
– *Préfiguration et structure romanesque dans ›À la recherche du temps perdu‹*, Kentucky 1979.
MÜLLER, Friedhelm L.: *Kritische Gedanke zur antiken Mnemotechnik und zum Auctor ad Herennium. Mit Text und Übersetzung der drei antiken Zeugnisse im Anhang*, Stuttgart 1996.
NORA, Pierre (Hrsg.): *Les lieux de mémoire*, Paris 1984-1992.
ORLICH, Wolfgang: »Buchstäblichkeit als Schutz und Möglichkeit vor/von Erinnerung. Anmerkungen zu Georges Perecs *W ou le souvenir d'enfance*«, in: Nicolas Berg, Jess Jochimsen und Bernd Stiegler (Hrsg.), *Shoah. Formen der Erinnerung: Geschichte – Philosophie – Literatur – Kunst*, München 1996, S. 183-200.
OULIPO: *Atlas de littérature potentielle*, Paris 1981.
PAINTER, George: *Proust, the later years*, Boston 1965.
PAWLIKOWSKA, Ewa: »Entretien Georges Perec/Ewa Pawlikowska«, in: *Littératures* 7, 1983, 69-77.
PERNIOLA, Mario: *La società dei simulacri*, Bologna 1980.
POGGI, Stefano: *Gli istanti del ricordo. Memoria e afasia in Proust e Bergson*, Bologna 1991.
POULET, Georges: *Études sur le temps humain I*, Paris 1952.
– *L'espace proustien*, Paris 1963.

PROUST, Adrien: *De l'aphasie* [1873]. Extrait des archives générales de médecine, Paris 1972.
RIBOT, Théodule: *Das Gedächtnis und seine Störungen*, Hamburg, Leipzig 1882.
RICARDOU, Jean: *Nouveaux problèmes du roman*, Paris 1978.
RITTE, Jürgen: *Das Sprachspiel der Moderne. Eine Studie zur Literarästhetik Georges Perecs*, Köln 1992.
SCHUBERT, Venanz (Hrsg.): *Gedächtnis und Phantasie*, St. Ottilien 1997.
SEARLE, John: *Speech Acts. An Essay in the Philosophy of Language*, Cambridge 1969.
SMITH, Gary und Hinderk M. Emrich (Hrsg.): *Vom Nutzen des Vergessens*, Berlin 1996.
SOFSKY, Wolfgang: *Die Ordnung des Terrors: Das Konzentrationslager*, Frankfurt a. M. 1997.
SONTAG, Susan: *Über Fotografie* [amerik. Orig.-Ausg. 1977], Frankfurt a. M. 1980.
SPECK, Reiner (Hrsg.): *Marcel Proust. Werk und Wirkung*. Erste Publikation der Marcel Proust Gesellschaft, Frankfurt a. M. 1982.
STEMBERGER, Günter: *Der Talmud. Einführung, Texte, Erläuterungen*, München ³1994.
STIEGLER, Bernd: *Die Aufgabe des Namens. Untersuchungen zur Funktion der Eigennamen in der Literatur des zwanzigsten Jahrhunderts*, München 1994.
TADIE, Jean-Yves: *Proust et le roman*, Paris 1971.
– *Proust*, Paris 1983.
– mit Marc Tadié: *Le sens de la mémoire*, Paris 1999.
TODOROV, Tzvetan: »Les catégories du récit littéraire«, in: *Communications* 8, 1966, S. 125-151.
– *Les abus de la mémoire*, Paris 1995.
WAGNER-EGELHAAF, Martina: *Die Melancholie der Literatur. Diskursgeschichte und Textfiguration*, Stuttgart, Weimar 1997.
WARNING, Rainer: »Supplementäre Individualität. Prousts ›Albertine endormie‹«, in: Manfred Frank/Anselm Haverkamp (Hrsg.), *Individualität* (Poetik und Hermeneutik, Band XIII) München 1988, S. 440-468.
– »Vergessen, Verdrängen und Erinnern in Prousts *À la recherche du temps perdu*«, in: Anselm Haverkamp/Renate Lachmann (Hrsg.), *Memoria. Vergessen und Erinnern* (Poetik und Hermeneutik, Band XV) München 1993, S. 160-194.
– (Hrsg.): *Marcel Proust. Schreiben ohne Ende*. Siebte Publikation der Marcel Proust Gesellschaft, Frankfurt a. M., Leipzig 1994.
WEBER, Elisabeth und Georg Christoph Tholen (Hrsg.): *Das Vergessen(e). Anamnesen des Undarstellbaren*, Wien 1997.
WEIGEL, Sigrid: *Bilder des kulturellen Gedächtnisses. Beiträge zur Gegenwartsliteratur*, Dülmen 1994.
– *Entstellte Ähnlichkeit. Walter Benjamins theoretische Schreibweise*, Frankfurt a. M. 1997.
WEINRICH, Harald: *Tempus. Besprochene und erzählte Welt*, Stuttgart, Berlin ²1964.
– »Typen der Gedächtnismetaphorik«, in: *Archiv für Begriffsgeschichte* VIII, 1964, S. 23-26.
– »Gedächtniskultur – Kulturgedächtnis«, in: *Merkur* 45, 1991, S. 569-582.
– *Lethe. Kunst und Kritik des Vergessens*, München 1997.
WERNICKE, Carl: *Der aphasische Symptomencomplex*, Breslau 1874.
WUNBERG, Gotthart: »Vergessen und Erinnern. Ästhetische Wahrnehmung in der Moderne«, in: Jörg Schönert/Harro Segeberg (Hrsg.), *Polyperspektivik in der literarischen Moderne. Studien zur Theorie, Geschichte und Wirkung der Literatur*, Frankfurt, Bern, New York, Paris 1988, S. 38-58.

YATES, Frances: *Gedächtnis und Erinnern. Mnemotechnik von Aristoteles bis Shakespeare* [engl. Orig.-Ausg. 1966], Weinheim 1990.

YERUSHALMI, Yosef Hayim: *Zachor: Erinnere Dich! Jüdische Geschichte und jüdisches Gedächtnis* [amerik. Orig.-Ausg. 1982], Berlin 1988.

YOUNG, James E.: *Beschreiben des Holocaust. Darstellung und Folgen der Interpretation* [amerik. Orig.-Ausg. 1988], Frankfurt a. M. 1997.